Groß.Stadt.Fieber

Juleska Vonhagen

Groß.Stadt.Fieber

33 Geschichten vom Auswandern in die Hauptstadt – Neuberliner aus ganz Deutschland erzählen

Schwarzkopf & Schwarzkopf

AUSWANDERN – PHASE 1

AUSWANDERN – PHASE 2

AUSWANDERN – PHASE 3

Vorwort

»Du wirst diese Stadt hassen …«, schrie mir ein rotgesichtiger alter Mann entgegen, der mit seiner Bierflasche ausholend gestikulierte und dabei großzügig abgestandenen Gerstensaft durch die Gegend spritzte.

»Hassen wirst du sie. Hassen. Hassen. Hassen. Wir hassen dich auch hier. Wir wollen dich hier nicht!« Er riss die blutunterlaufenen Augen auf, nahm einen schnellen Schluck, tropfte noch mehr Bier auf den Beton neben den Gleisen, streckte dann den Arm aus und röhrte mir entgegen: »Früher hätten wir euch alle vergast …« Es folgte ein schallendes Lachen. Das waren die ersten Sekunden meiner ersten Ankunft in Berlin, am damaligen Fernbahnhof Zoo. Eine Stadt hieß mich, auf ihre ganz eigene Art, *herzlich willkommen.*

Mensch, du bist ganz schön Berlin geworden gilt im Sprachgebrauch längst als semantisch gültige Feststellung, genau wie die verzweifelte Bitte *Berlin mich bitte nicht voll.* Mit jeder anderen als Imperativ eingesetzten Stadt, etwa *Niederpretz bei Passau mich bitte nicht voll,* scheint dieser Satz wenig Sinn zu machen.

»Berlin« allerdings bezeichnet wesentlich mehr als ein 890 Quadratkilometer großes Gebiet. An der Stadt klebt ein tonnenschwerer, überquellender Kanon von Geschichte und Geschichten, von Filmen, Büchern, Musik, von Vorstellungen, von Lebensarten, aber vor allem von Hoffnungen und Erwartungen. Denn »Berlin« ist vornehmlich Platzhalter für die Illusionen von einem neuen, besseren Großstadtleben, denen Tausende junge Menschen, die jedes Jahr nach Berlin gehen, erlegen sind. Jawohl, nach Berlin *gehen.* Nach Karlsruhe zieht man um, aber nach Berlin *geht* man. Feierlich. *Nach Berlin gehen* ist Synonym für den Aufbruch in eine neue Welt, für den Aufstieg von der Kreisliga in die Champions League. *Nach Berlin gehen* heißt für die meisten, direkt an die Hauptschlagader des Lebens zu ziehen, um das maximale *Wenn nicht in Berlin, wo dann?* aus der Lebenszeit gierig raussaugen zu können.

Innerhalb der Stadt sind diese Wahlberliner wiederum das Synonym für ein zielloses, ausschweifendes Leben, für unstete Umzieherei von Altbauwohnung zu Altbauwohnung, für alles wollen, aber morgen was anderes als heute, für bis in die Dreißiger hinein studieren, für keinen *richtigen* Job haben, aber schicke Notebooks, für mit Freunden ein Café leiten, in dem man bezahlen kann, was man will, für sich auf Partys im Juli mit Christbaumschmuck schmücken, für drei Tage durchkoksen, aber mit Bio-Essen auf die Gesundheit achten, für sich ziellos durch das bunte Single-Menü schlafen und sich nie festlegen können, für in einer schlechten Phase gleich zum Psychologen rennen und in einer großen Runde bei Bier und Chips stolz jedem, den man seit drei Minuten kennt, davon erzählen, für überall auf der Gästeliste stehen, aber nie den Gastgeber kennen, für sich für politisch halten, wenn man auf einer Hüpfburg hüpfend »Nein!« zum Stadtschloss sagt, für nie was im Kühlschrank haben, weil der Späti um die Ecke ja immer aufhat, für um die Feiertage nie in Berlin, sondern bei den einen immer noch durchfinanzierenden Mami und Papi in Herzebrock-Clarholz zu sein, um da erst mal allen zu sagen, wie furchtbar provinziell sie sind, weil sie noch immer in Herzebrock-Clarholz wohnen und weil sie nie nach Berlin *gegangen* sind.

So weit all das Gezeter und Gewese. So weit all die Legenden. Aber was passiert wirklich, wenn man *geht?* Was passiert mit all diesen Großstadthungrigen, die nach Berlin pilgern? Wie sieht der Alltag in dieser sagenumwobenen Stadt wirklich aus?

Dass der betrunkene ältere Herr am Bahnhof Zoo mich so liebevoll willkommen hieß, ist mittlerweile fünf Jahre her. Fünf Jahre lang habe ich in Berlin gelebt, erlebt, gearbeitet, studiert, geflucht, gefeiert und Berlin tatsächlich das eine oder andere Mal bis aufs Blut gehasst. Vieles, von dem ich gedacht hatte, dass es mir in dieser Stadt sicherlich passieren würde, ist nicht eingetroffen, allerdings habe ich auch vieles erlebt, das einem nur in einer Stadt wie dieser passieren kann ...

Für dieses Buch habe ich 33 Geschichten zusammengetragen, die allesamt aktuellen oder mittlerweile auch Ex-Wahlberlinern hier passiert sind. 33 Episoden aus dem bunten Chaos der Auswanderung nach Berlin: mal schräg, mal bitter, mal episch, mal wunder- und mal furchtbar. 33 Alltagsgeschichten rausgegriffen aus dem Leben in der größten Jugendherberge Deutschlands ...

Berlin im Frühjahr 2011,
Juleska Vonhagen

Auswandern
Phase 1

DIE 1. GESCHICHTE

Tombola

Linda (23), Volontärin aus Detmold,
über
die Wohnungssuche in Berlin

Ich lebe von Hartz IV und Flaschen«, sagt er nicht ohne Stolz. Die Sonne knallt erbarmungslos durch die dreckigen Kioskfenster. Knallt auf all die kleinen bunten Packungen, die uns mannshoch umgeben. Warme Schokoladensauce in Tafelform. Heiße H-Milch in Tüten. Und fertig gekochte Suppe in Dosen. Er guckt mich blinzelnd an, erwartet eine Reaktion.

»Super«, erwidere ich schließlich, nicht ohne Sarkasmus, der ihm aber wohl entgeht, denn er guckt mich unverändert blinzelnd und fordernd an. Er erwartet noch eine weitere Reaktion. Mühsam ziehe ich meine Gesichtsmuskeln zu einem Lächeln zusammen. Sofort rinnen kleine Schweißtropfen meine Schläfen hinunter. Jede Anstrengung ist eine zu viel in dieser unbeweglichen Stadthitze.

Der Flaschenmann aber ist zufrieden mit meinem Lächeln, diese Art von Reaktion hatte er sich vorgestellt, murmelt »Ich räume hier auf« in seinen Bart und dreht sich dann wieder zum Tresen, wo der arabischstämmige Kioskbesitzer in seiner betonten Zeitlupeneifrigkeit die dritte von fünf übergroßen blauen Planentaschen auf ihren Leergut-Inhalt untersucht.

Flaschenklimpern, Pause, Tastentippen. Das rote LCD der Kasse zeigt minus 25 Cent an. Flaschenklimpern, Pause, Tastentippen. Das rote LCD der Kasse zeigt minus acht Cent an. Flaschenklimpern, Pause, Tastentippen. Das rote LCD der Kasse zeigt wieder minus 25 Cent an. Flaschenklimpern, Pause und kein Ende in Sicht.

Und mir bleiben weniger als zwanzig Minuten bis zur nächsten Wohnungsbesichtigung sowie genau noch drei Tage, um einen Mietvertrag zu unterschreiben. Und Flasche um Flasche und Minute um Minute ziehen an mir vorbei. Mein Kleid klebt mir am Rücken, der Schweiß steht in meinen Kniekehlen, ich fächle mir mit meiner Schufa-Auskunft Luft zu, die ich *nur eben kurz* kopieren wollte – *eben kurz* –, und jetzt stehe ich schon seit mindestens sieben Minuten in diesem angenehm temperierten Berliner Super-Kiosk, der aufgrund seiner Eigenschaft, rund um die Uhr aufzuhaben, Späti genannt wird und auch als Internetcafé und Kopierladen fungiert.

Nach gefühlten sieben Minuten im Späti bleiben mir jetzt also noch hypothetische 13 Minuten, um zu der Wohnung zu finden, über deren Standort ich nicht mehr weiß, als *befindet sich in der Gleimstraße, in Berlin-Prenzlauer Berg*. Über die Gleimstraße in Berlin-Prenzlauer Berg weiß ich wiederum nicht mehr, als die flüchtige Zeichnung auf meinem Notizpapier verrät: Sie trifft *irgendwo* auf die Schönhauser Allee.

Der Späti, in dem ich hinter dem Flaschenmann an der Kasse anstehe, befindet sich zwar auf ebendieser Schönhauser Allee, aber nach vergangenen anderthalb Wochen Berliner Wohnungssuche weiß ich mittlerweile, dass das nicht zwangsweise bedeuten muss, dass ich auch tatsächlich in der Nähe der Gleimstraße bin.

Eine Straße in Berlin kann schließlich gerne mal zehn Kilometer lang sein, muss nicht zwingend einem logischen Hausnummernprinzip folgen und kann auch – wenn es ihr denn gefällt – auf der linken Seite einfach mal anders heißen als auf der rechten.

Manche Straßen haben auch gar keinen Namen, beziehungsweise kein Straßennamensschild, weil – *hey, es handelt sich hier um Berliner Straßen* – es als Trophäe vom Mast montiert wurde, um wahrscheinlich bei Touristen oder allzu lokalpatriotischen Mitbürgern zu Hause über dem Kaffeetisch zu hängen.

Ich scharre vor Ungeduld mit dem Fuß. Stelle diese Handlung dann aber schnell wieder ein. Selbst dafür ist es zu heiß.

Der Kioskbesitzer fischt derweil in aller Seelenruhe die letzte Flasche aus der dritten Planentasche, eine Veltins mit Dreck am Boden, hält sie sich gewissenhaft vor das Gesicht, die Sonne scheint durch das braune Glas, er genießt anscheinend den Moment oder überlegt oder liest das Etikett oder was auch immer und stellt die Flasche dann übervorsichtig ab, bevor er stoisch den Minusbetrag in die Kasse eintippt. Dann dürfen wir ihn dabei beobachten, wie er sich ganz gemächlich und bedächtig nach der vierten Planentasche bückt.

Ich versuche, die in mir aufzüngelnde Rage zu unterdrücken. Ruhig, ruhig Blut. Es bringt nichts, sich aufzuregen. Der Flaschensammler beobachtet das Verfahren des Kioskbesitzers hingegen mit einem eifrigen und begeisterten Nicken. Ihm gefällt, was er sieht. Schließlich dreht er sich erneut zu mir um: »Ich …« Um allen etwaigen Missverständnissen vorzubeugen, zeigt er mit seinem schmutzigen Zeigefinger auf sich selbst: »Ich bringe die Flaschen wieder zurück. Das ist gut für die Umwelt.«

»Mmh«, brumme ich zu fünfzig Prozent zustimmend und zu fünfzig Prozent, um ihn zum Schweigen zu bringen. Aber er redet weiter, irgendwas, ich blende ihn aus.

Die Gleimstraße ist meine dritte Wohnungsbesichtigung an diesem Tag: zwei Zimmer, 56 Quadratmeter, Altbau, abgezogene Dielen, EBK, Hinterhaus, vierter Stock, 300 Euro Kaltmiete, lauten alle Informationen, die ich habe, Informationen, die es zu überprüfen gilt, schließlich gab es auf der Inseratsseite keine Fotos der Wohnung, lediglich vom gepflegten Innenhof, von der Hausfassade und der Straße mit Kiez-Supermarkt und Cafés. Doch auch diese Fotos müssen nichts bedeuten. Sie können Jahre alt sein, von einem anderen Haus oder sogar aus einer komplett anderen Straße stammen. Denn der Berliner Wohnungsmarkt hat nichts mit Aufrichtigkeit zu tun. Es wird gegaunert, betrogen und gelogen, dass sich die Altbaubalken biegen. Es ist Krieg. Kaltblütigster Krieg, bei Temperaturen, die den Berliner Asphalt zu einer grau-schwarz dampfenden Suppe aufkochen.

Und mit meinen anderthalb Wochen Erfahrung auf jenem dampfenden Schlachtfeld bin ich noch immer Söldner in Ausbildung. Andernfalls wäre mir der schwerwiegende Fehler, meine Unterlagen eben schnell zwischen zwei Besichtigungen vervielfältigen zu wollen, wohl nicht unterlaufen.

Letzte Woche machte ich allerdings noch weitaus gravierendere Fehler. Noch gänzlich provinziellen Vorstellungen von Wohnungssuche unterliegend, dachte ich zum Beispiel, dass man sich für eine verspätete Ankunft bei einer Wohnungsbesichtigung entschuldigen müsse, und rief den Makler an. »Ich komme 15 Minuten später. Es tut mir wirklich sehr leid, aber …«, buhlte ich gar angestrengt um Verständnis und Vergebung, aber der Makler unterbrach meine Entschuldigung völlig gelassen und meinte locker: »Ja, ja, machen Sie nur. Bis später. Tschüsschen, ne?!«

Von allen Dächern hatten die Spatzen gepfiffen, dass die Berliner ja ach so unfreundlich, grob und raubeinig seien, und dann überraschte mich der Makler mit dieser generösen Lässigkeit. Ich glaubte erneut an das Gute im Menschen und trug mein freudigstes und freundlichstes Lächeln auf den Lippen, als ich völlig außer Atem genau elf Minuten zu spät an dem betreffenden Wohnobjekt ankam, vor dem letztlich niemand auf mich wartete.

Da aber die Haustür sperrangelweit offen stand und im Hausflur ein Getrampel herrschte, das dem einer Evakuierung gleichkam, ging mir relativ schnell auf, dass die Lockerheit des Maklers nicht daher gerührt hatte, dass er gerne auch noch zehn Minuten länger auf mein wertvolles Erscheinen gewartet hätte, sondern daher, dass unsere Verabredung definitiv keine exklusive war. Berliner Makler sind der Inbegriff von Promiskuität.

Dieses mein erstes Berliner Exemplar hatte sich mit über vierzig Wohnungswilligen gleichzeitig verabredet, kannte von niemandem den Namen, wollte sie auch gar nicht kennen, saß einfach im größten Zimmer der freien Wohnung mit seinem breiten Sitzfleisch auf dem weiß lackierten, absplitternden Fensterrahmen, rauchte eine Zigarette und hortete eselsohrige Zettel auf den Knien.

»Entschuldigung, sind Sie der Makler?«, vergewisserte ich mich lieber noch mal. Er zog an seiner Kippe, blies den Qualm schräg an sich herunter, zuckte mit den Schultern und sagte: »Ich kümmer mich hier um die Vermietung, ja. Und? Willste 'ne Mietbewerbung? Hier. Is' die letzte.« Er reichte mir einen der Zettel, guckte dann prüfend an mir runter und entschied, mir auch noch einen zweiten Zettel zu geben. »Hier has'se auch noch 'ne Bürgschaftserklärung. Ich brauch die Kopie des Personalausweises deines Bürgen dazu und seine letzten drei Gehaltsnachweise. Außerdem eine Schufa-Auskunft und Mietschuldenfreiheitsbescheinigung, falls du schon mal irgendwo Mieter warst. Wenn de das alles nich dabeihast, kannse das später auch noch faxen, die Faxnummer ... Obwohl ...« Er hielt kurz inne und fuhr dann fort: »Wenn de die Sachen nich dabeihast, kannses eigentlich auch vergessen, ich bring die Zettel hier gleich sofort zum Eigentümer und dann wird entschieden. Die warten da eh auf keen Fax mehr.«

Er zog wieder an seiner Kippe. Die Spielregeln waren klar. Ringsherum herrschte geschäftig angestrengte Stille, wie früher bei einer Klassenarbeit. Auf dem Boden, an die Wand gelehnt, gegen den Kohleofen oder professionell mit mitgebrachtem Klemmbrett mitten im Raum stehend, krickelten über vierzig Wohnungsgierige auf ihren Bögen herum, eilig, als hieße es, wer als Erster abgibt, bekommt die Wohnung.

Eine brünette Brillenträgerin in Jeansshorts war als Erste fertig, hechtete nach vorne und legte den Kopf schief, während sie erläuterte: »Hier ist meine Mietbewerbung, inklusive aller Unterlagen. Ich habe auch meine Einkommensnachweise der letzten drei Monate beigelegt, ich bin Freelancerin, verdiene immer unterschiedlich. Falls Ihnen das zu unsicher ist, habe ich aber auch die Bürgschaft meines Vaters hinzugefügt, der ist Staatsanwalt.«

»Schööööön …«, brummelte der Makler desinteressiert, griff mit der Kippe zwischen den Zähnen nach ihren Unterlagen und legte sie sich, ohne sie anzugucken, in den Schoß.

»Ich hätte die Wohnung übrigens sehr, sehr gerne. Wirklich. Ist genau meine Traumwohnung.«

»Mmh«, brummte der Makler, der sie zu hundert Prozent zum Schweigen bringen wollte, und starrte in den Hof hinaus, in den jedes geöffnete Fenster eine andere Geräuschkulisse warf: Reggae gegen Fernseher, Klospülung gegen Telefonat, Mixer gegen Kindergeschrei.

»Wie stehen denn die Chancen für mich? Können Sie das einschätzen?«, fragte das Mädchen in den Jeansshorts wieder, und so, wie sie sich vor dem Makler gebärdete, so gereckt, den Kopf in Schiefhaltung, und so honigsüß, wie sie mit ihm sprach, schien es, als würde sie auch mit ihm schlafen, um die Wohnung zu kriegen.

»Pfff«, machte er nur und blies den Zigarettenrauch in die Wohnung.

»Guck dich doch um.«

Artig und völlig Banane tat sie wie befohlen.

»Und wie viele zählste? Ich hatte 45, nein 44 Mietbewerbungen, die sind mir alle aus den Händen jerissen worden. Deine Chancen stehen also 1:44.«

Zwei Jungs in Muskel-Shirts und eine Dame in den Vierzigern mit fürchterlicher Kurzhaarfrisur gaben stumm ihre Zettel ab, verließen die Wohnung, ohne sich noch mal umzudrehen.

»Aber es haben doch mit Sicherheit nicht alle die gleichen Qualifikationen als Mieter …«

»Der Eigentümer lost das aus. Wenn das Los dich trifft, wirste angerufen, sonst nicht.« Die Shorts seufzten und gingen dann ab.

Ein junges Pärchen wollte kurz darauf gerne den zur Wohnung gehörenden Abstellraum auf dem Dachboden sehen. Der Makler schüttelte jedoch nur lasch den Kopf: »Ganz ehrlich, ich hab jetzt keine Lust, bei dem Wetter da oben in den sechsten Stock hoch zu laufen. Und hier sind auch genug Leute, die die Wohnung wollen, ohne das Ding gesehen zu haben, von daher ...« Die beiden nickten verständnisvoll und der Makler schmiss seine aufgerauchte Zigarette aus dem Fenster in *den gepflegten Innenhof.*

In etwa das Gleiche spielt sich nun seit anderthalb Wochen, mindestens viermal am Tag vor meinen Augen ab. Die Wohnungen sehen zum Großteil immer gleich aus, gleich geschnitten, gleich aufgeteilt, mal renoviert, mal nicht renoviert, mal Zentralheizung, mal Ofenheizung, mal mit Tapete, mal Rauputz, meistens Altbau, meistens Hinterhaus. Einzige Überraschungen waren ein Safe, eine amerikanische Durchreiche sowie Graffiti und Vogelscheiße an Wand und Boden.

Und egal wie abgewohnt, egal wie schäbig, egal wie viel brauner Schimmel sich um die sanitären Anlagen herum platziert hatte, immer waren es mindestens zwanzig, dreißig Bewerber, immer rannten sie auf den Makler oder Hausverwalter zu und immer rissen sie ihm energisch die Mietbewerbungen aus den Händen.

In Friedrichshains beliebter Boxhagener Straße hörte ich gar zwei Mädels, die aus einer heruntergekommenen Fünfzig-Quadratmeter-Wohnung eine Zweier-WG machen wollten, sich zuraunen, dass man so viele Bögen wie möglich greifen sollte, um sie in der Handtasche verschwinden zu lassen, falls der Makler die Bögen nicht austeilte, sondern auf einen Stapel legte: *Wer vor Ort keine Mietbewerbung kriegt, hat keine Chance.*

Krieg.

Der Araber ist inzwischen bei der fünften und letzten blauen Tasche angekommen. Mein Kleid klebt mir noch immer unangenehm am Rücken, draußen auf der Straße hupen in immer kürzeren Intervallen diverse Autos, Menschenmassen schieben sich über die Bürgersteige, und das Luftgemisch aus Abgasen, Gärendem aus den Kanaldeckeln und Schweißaromen flirrt in der Hitze.

Wie viele Wohnungen habe ich bisher gesehen? Vierzig? Wie viele Mietbewerbungen habe ich abgegeben? Vierzig? Und wie viele Rückrufe habe ich erhalten? Keine.

Ich habe selbst alle Makler und Hausverwaltungen noch mal angerufen und sofern jemand erreichbar war, hieß es immer: »Wir haben uns für jemand anderen entschieden, es tut uns leid.« Zwangsläufig überkommt einen das Gefühl, etwas Wichtiges nicht zu wissen.

Als müsste man etwas anderes, etwas sehr Besonderes unternehmen, um letztlich den Zuschlag zu bekommen. Als sei all das Theater mit den Mietbewerbungen nur ein Ablenkungsmanöver, denn eigentlich werden die Wohnungen auf eine ganz andere Art vergeben. Sie sagen es nur nicht jedem, denn erst muss man den Test bestehen, mehrere Wochen erfolglos durch die Gegend fahren und Steckbriefe ausfüllen, und erst wenn du komplett verzweifelst, wenn du bitterlich weinend zusammenbrichst, weil du kurz davor bist, auf der Straße zu stehen, dann rufen sie dich zurück und verraten dir das Geheimnis. Vielleicht. Wer weiß das schon.

Ich starre auf die zwar langsam, aber dennoch leerer werdende blaue Tasche. Noch maximal zwanzig Flaschen, überschlage ich und sehe sehnsuchtsvoll dem Ende entgegen. Endlich diesen Backofen verlassen, denke ich, nach draußen gehen, wo es mit Sicherheit dreieinhalb Grad frischer ist, und endlich Gleimstraße und Wohnung suchen. Eine neue Chance. Ein neues Spiel. Die Wohnung wird es. Bestimmt.

»Die haben nie Kleingeld hier«, sagt der Flaschenmann plötzlich und guckt mich dabei mit einem dermaßen leeren Blick an, dass anzunehmen ist, dass er sich mit diesem Sprechtext auch dann umgedreht hätte, wenn niemand hinter ihm gestanden hätte.

Trotzdem nicke ich. Zeige Reaktion, denke, *ja, rede nur, wir haben es gleich geschafft hier mit deinen Flaschen, dann kann ich endlich die Schufa-Auskunft kopieren und dann Auf Nimmerwiedersehen.*

»Nie haben die Kleingeld. Deswegen gebe ich hier nicht nur die Pfandflaschen ab, ich bring auch immer mein ganzes Kleingeld her«, erzählt er weiter und bevor ich seine Worte richtig verarbeiten kann, hält er auch schon eine der Seitentaschen seines braunen, vollkommen wetteradäquaten Lederanoraks auf. »Guck, hier. Guck!«, fordert er und ich gucke und sehe, wie er mit den Händen durch einen wahren See bronzefarbener Münzen geht.

»Ich hab insgesamt zwanzig Euro in den Jackentaschen. Alles gesammelt. Die meisten sind Fünf-Cent-Münzen. Ein Euro ist aber auch dabei.«

»Großartig«, kommt es aus meinem Mund. Wäre das Leben ein Comic, wäre soeben ein Amboss auf mich niedergesegelt.

»Das geht ja nicht, dass die hier nie Kleingeld haben, da muss man ja was machen. Und ich mache was«, erklärt der Flaschenmann stolz und ich ringe mit mir, will den Kioskbesitzer fragen, ob er nicht ganz kurz meine Kopie dazwischenschieben kann, *ginge das nicht?!* Ich öffne den Mund, bin kurz davor, doch in letzter Sekunde verlässt mich der Schneid, ich bringe es nur zu einem Seufzen.

Was macht es schon, wenn ich nicht pünktlich komme?

Ich werde den wartenden Menschenauflauf vor der Tür verpassen, der zwar ein praktischer und sicherer Anzeiger für die richtige Hausnummer ist, die ich mir ja leider auch nicht notiert habe, aber wen juckt es?! Ich finde das Haus mit Sicherheit auch so. Durch Intuition, einen göttlichen Fingerzeig oder auch einfach durch Anfängerglück. Bestimmt.

Und vielleicht lassen sie ja auch dieses Mal die Haustür wieder offen. Und vielleicht stehen in dieser Straße ja auch nur drei Häuser. Dann wird's doch ein Kinderspiel und es stellt sich letztlich als positiv heraus, dass ich zu spät gekommen bin, schließlich habe ich mir dadurch dann das gelangweilt dreinblickende, feindliche Anstarren vor der Tür erspart, all die leeren Blicke der Jungs mit den großen Kopfhörern, all die hämischen Seitenblicke der Mädchen mit den großen Baumwollstofftaschen.

Habe mir das große Schweigen einer großen Gruppe erspart, die sich doch eigentlich so verbunden fühlen könnte, durch ihr gemeinsames Vorhaben, durch ihre ähnlichen Interessen und nicht zuletzt durch ihren blanken Hass. Den tragen sie alle in sich, denn jeder in den wartenden Menschenaufläufen vor den Häusern ist dein Todfeind. Du wünschst jedem leer dreinblickenden Gesicht, es würde von der Treppe fallen, sich das Genick brechen und somit die eigenen Chancen von eins zu 43 auf glorreiche eins zu 42 erhöhen.

Und erst recht wünscht man sich eine Waffe, im Idealfall eine große Keule, wenn man immer die gleichen Gesichter bei jedem verdammten Termin immer wieder sieht und sie dem Makler immer wieder ihr unbändiges Interesse an genau dieser Wohnung bekunden. Heuchelei.

Das Mädchen mit Jeansshorts und Brille habe ich heute morgen wiedergesehen, in einer Wohnung am Paul-Lincke-Ufer, wie sie vor dem Makler den Kopf schief legte und flötete: »Genau meine Traumwohnung.« Sie macht es jedes Mal.

»Willste wissen, wie ich das mache?«, fragt mich der Flaschenmann plötzlich, reißt mich aus meinen Gedanken. »Also, ich frag die Leute auf der Straße nach Geld. Die geben eh immer nur Kleingeld. Ich sammle so lange, bis ich zehn oder zwanzig Euro zusammenhabe, und dann komme ich hier vorbei und tausch das um gegen Scheine. Dann haben die wieder Kleingeld. Denn das geht ja nicht, dass die hier kein Kleingeld haben. Das brauchen die ja.«

Berlins Bürger sind wirklich nicht raubeinig, grob oder gar unfreundlich, denke ich. Im Gegenteil, die Bettler hier betteln nur, damit die umliegenden Kioske genug Kleingeld haben. So selbstlos. So gütig. So auf die Gemeinschaft bedacht.

Ich beiße mir nervös auf die Lippen. Der Späti-Araber tippt den letzten Minusbetrag in seine Kasse.

»Haste alle Flaschen? Haste?«, fragt der Flaschenmann wieder mit dem Blick nach vorne, begeistert, und der Kioskmann nickt, unbegeistert.

»Und wie viel isses?«

»26 Euro acht Cent.« Der Flaschenmann freut sich. »Hier hab ich auch noch zwanzig Euro«, brabbelt er dann aufgeregt und kippt seine klimpernden Cent-Sammlungen auf den Kassentresen.

Und während die Münzen rollen, wächst mein Magengeschwür merklich. Ich atme tief ein, riskiere doch noch einen Blick auf die Uhr. Zehn Minuten bleiben mir noch. Ausatmen.

Ich hoffe, es ist eine bewohnte Wohnung, denke ich bei mir. Dann trifft der aktuelle Mieter die Entscheidung, welchen der vierzig Bewerber er beim Eigentümer vorstellt. Dann kann man Einfluss nehmen. Bilde ich mir zumindest ein. Gestern war ich in einem winzigen Apartment am Volkspark Friedrichshain, exakt drei Fenster, alle in den Hof, mit direktem Blick in die gegenüberliegende Wohnung. Die Wände waren komplett sonnengelb gestrichen, in der Küche zierten große Wellen und kleine Haifischflossen aus Bastelpapier die Wände und hinter einem inaktiven Lichtschalter klemmte eine Postkarte mit der Aufschrift: »Wehe dem, der schwach ist.«

Die Möbel waren zusammengewürfelt, verschieden hoch, abgewohnt, ein alter Küchenschrank aus den Sechzigern als Bücherschrank, eine blaue Wäscheleine als Kleiderschrank, eine grüne Stoffcouch mit Flecken.

»Ich renoviere nichts«, sagte die Bewohnerin selbstbewusst. »Ich lasse auch alle Möbel drin. Abstandspreis 1500 Euro.« Sie wusste, dass sie sich den Quatsch erlauben kann, sie sah das Bedürftige in unseren Augen. Sie sah unser erduldendes, schwaches Nicken. Was hatten wir für eine Wahl? Ich blieb länger als alle anderen, zwang ihr noch ein Gespräch auf, fragte sie, warum sie im Badezimmer verschiedene Tageszeitungsartikel an die Wand gepinnt hatte, und sie erzählte mir von ihrer Uni-Abschlussarbeit und dass sie sich mit dem Stoff, den sie dafür gebraucht hatte, gerne umgeben hätte, um immer im Denkprozess drin zu sein.

Während in der Küche ein Wasserhahn tropfte, tat ich mein Möglichstes, um einen Draht zu ihr aufzubauen, und fühlte mich dabei wie ein werbender Jüngling auf der Suche nach Beischlaf.

Doch ich wollte nicht sie, ich wollte nur ihre Wohnung.

Zum Schluss entließ sie mich mit einer herzlichen Umarmung und den Worten, dass sie mich empfehlen würde und dass sie mir die Daumen drücken würde und dass ich, wenn alles gut ausging für mich, noch am selben Tag vom Vermieter hören würde. Lachen, winken, bedanken, die Stufen runterlaufen.

Ich hatte am selben Tag nichts mehr gehört. Ich hatte auch heute nichts von der Vermietung der Bastelpapier-Wohnung gehört. Ich müsste später also selber noch mal anrufen. Natürlich nur, um mir meinen endgültigen Korb zu holen. Aber vielleicht ja auch nicht. Vielleicht haben sie sich nur Zeit gelassen. Vielleicht ist jemand krank. Vielleicht.

Die Zeit rennt, denke ich, während ich dem Kioskbesitzer dabei zugucke, wie er kleine Cent-Stück-Türmchen baut.

Meine Zwischenmiete läuft in drei Tagen aus, mein Volontariat beginnt in zehn Tagen.

Derzeitiger Fortschritt gleich null.

Mein WG-Kollege in der Zwischenmietswohnung hat mir geraten, auch mal eher unpopuläre Wohngegenden wie Schöneberg, Moabit, Charlottenburg oder Tiergarten mit in die Suche aufzunehmen. Denn da könne man auch schon mal eine exklusive Wohnungsbesichtigung und ein freudiges Grinsen auf dem Gesicht des Maklers erhaschen, wenn man bei der Besichtigung des letzten topgepflegten Raumes laut ausruft: »Die nehme ich.« Eine gänzlich andere Erfahrung also als das übliche müde »Hätt'se wohl gerne«-Lächeln in den Trendbezirken, während der Putz auf einen herabrieselt und kleine schwarze Tierchen aus den Holzfugen über deine Schuhe wandern.

»So, das sind zehn und das sind auch zehn«, stellt der Kioskbesitzer über die Kupfertürmchen gebeugt fest.

Der Flaschensammler fährt sich über die Lippen, hebt die Hand und setzt dann an: »Sehr gut. Dann hätte ich gerne noch …«

Ich kriege erhöhten Puls.

»Dann hätte ich gerne noch eine Flasche …«, er hält wieder inne. »Kakao«, ordert er dann.

Erleichterung. Der Kakao geht schnell über den Tresen, er erhält sein restliches Geld, dankt, dreht sich dann auf dem Absatz um und sagt: »Bis zum nächsten Mal, ich helfe ja immer gerne.«

Die bunten Packungen, der Kioskbesitzer und ich gucken tonlos zurück. Er nickt noch mal. »Jawollja!«, entfährt ihm, er greift nach der Türklinke. Zaghaft verlasse ich meinen angestammten Platz, wage mich einen Schritt nach vorne, ich darf mich nicht zu früh freuen, denke ich, es ist erst alles gut, wenn ich am Tresen bin und er zu Tür hinaus, ich halte die Luft an, er öffnet die Tür, der Straßenlärm wird kurzzeitig lauter, Autos und Geschrei, dann fällt die Tür zu. Ruhe. Er ist draußen.

Und ich lege meine Schufa-Auskunft auf den Tresen, spreche den Satz, der so lange in mir schlummerte, endlich aus: »Ich würde die gerne zehnmal kopieren, bitte.«

Der Kioskbesitzer nimmt den Zettel, geht zum Kopiergerät, kehrt in weniger als sechzig Sekunden zurück, verlangt zwei Euro, ich zahle, erhalte die Kopien und kann gehen. Ich kann gehen! Manchmal ist es doch erstaunlich, wie sich Dinge, die sich so langsam und kompliziert aufgebaut haben, plötzlich mühelos und schnell selbst in Ordnung bringen. Und ich hoffe nur, dass ich Ähnliches bald auch über meine Wohnungssuche sagen kann.

Wieder auf der geschäftigen Schönhauser Allee stehend, gucke ich nach links, nach rechts, habe keine Ahnung, in welche Richtung ich gehen soll, entscheide mich aber für rechts, Richtung

S-Bahnhof, denn irgendwas mit S-Bahnhof hatte ich mir heute Morgen beim fixen Notieren der Wohnungsbesichtigungsroute noch gedacht. Ich muss mich auf diese vage Ahnung verlassen, setze meine Sonnenbrille auf und seufze, als ich wenige Ladenlokale weiter am nächsten Späti-Kopierer-Super-Kiosk vorbeikomme. Er ist komplett leer.

You can take the girl out of Detmold, but can you take Detmold out of the girl?

DIE 2. GESCHICHTE

Erste Klappe

Björn (22), Physikstudent aus Marl,
über
den ersten Eindruck von Berlin

Berlin lag in der Totalen vor uns. Zum ersten Mal, richtig. Verwirrendes Rohmaterial ohne Schnitt, mit Ton von allen Seiten, und wir mittendrin auf ungepolsterten Sitzen. Wir waren gerade angekommen, hatten nur das Stichwort »Eberswalder Straße«, keine Ahnung woher, keine Ahnung, was uns da erwarten würde, und keine Ahnung, was da passieren sollte, es war einfach das Einzige, was wir irgendwie wussten, und so stiegen wir in die M10, fuhren wenige Stationen, stiegen aus und kamen nicht weit.

Auch wenn ich heute nicht mehr richtig nachvollziehen kann, warum, weil mir dieser Ort heute so normal, ja beinahe schon abgeschmackt vorkommt, so war doch das Gefühl, zum ersten Mal an dieser Straße zu stehen, ein wahnsinniges, um das uns eigentlich jeder in Berlin Geborene beneiden müsste.

Denn wir erlitten so was wie einen Kulturschock, eine völlig überfordernde Eindrucks-Epilepsie, die uns dazu veranlasste, uns nach wenigen Metern die verwahrlosten Stühle des Biergartens ... *an einem Sonntag im August* unter den Hintern zu ziehen. Wir setzten uns wortlos, holten das gerade eingepackte Bier hervor, öffneten es – zisch, klack – und guckten. Guckten einen Film.

Titel: Straßenausschnitt Kastanienallee. Feste Kamera, unser Point of View. Ein Stück Bürgersteig, Straße, wieder Bürgersteig und die hohen Altbauhäuser auf der anderen Seite.

Es war 18 Uhr und die Straße war voller, belebter als die Einkaufsstraße unserer Heimatstadt, wenn alle Menschen des Ortes gleichzeitig auf ihr entlanglaufen würden. Und irgendwas hatte das alles, was wir erst mal nicht in Worte fassen konnten. Aufregung. Das unbestimmte Gefühl, etwas Besonderes zu sehen, ohne es benennen zu können. Es war auf eine Art ein Sich-fremd-Fühlen, auf eine gute Art, ein Sich-klein-Fühlen, auf eine ehrfürchtige Art, ein vorsichtiges Staunen, als Zuschauer in einer anderen Welt mit zu viel auf einmal.

Menschen, Autos, Fahrräder, Trams pumpten sich ständig von beiden Seiten durch die Straße. Die 12 nach Weißensee, Pasedagplatz, gelb mit weißem Dach, hielt vor unseren Füßen, spuckte eine Lieferung attraktiver junger Menschen aus, um dann eine ebenso große Ladung wieder aufzunehmen. Menschen am Fließband. Nie gesehene Haarschnitte. Hochmütige Blicke. Männer mit Altpapier-Einkaufstaschen. Ständige Nachlieferung. Weiterbeförderung.

Wir zoomten von dem Strom der bunten Menschen weg, stellten auf den Vordergrund scharf: ein verdorrter Baum, um ihn herum Fahrrad-Fallobst. Gestapelt, leicht faulig, verrostet, rosa, metallic-blau, lila, Fixie und Rennradrahmen. Dann ein Schwenk die Straße rauf, die Straße runter und jeder Baum und jeder Strommast hatte Fahrräder zu seinen Füßen.

Auf der Straße war das Fallobst in Bewegung, ständig, ein Mann im Trenchcoat, mit roter Mütze und roter Lampe unterm Sattel, windschnittig nach vorne gelehnt. Wir nippten an unserem Bier. Der riesige rosa Altbau gegenüber war oben herrschaftlich, stuckverziert und unten im Fußgängerbereich über und über mit Tags zugesprayt. Es hieß LIMP und ZORO und alles war bunt und nichts machte Sinn.

»Hast du noch 'ne Zigarette?«, fragte Daniel mich lethargisch und ich holte das platte Pack aus meiner Hosentasche, gab ihm eine, schnell angezündet, er inhalierte.

Unter den Fensterbänken des Hochparterre des rosa Altbaus hingen Trainingsjacken auf Bügeln. Eisblaue Adidas aus den Achtzigern neben rot verblichenen No-Names. Daneben ein Metallständer mit lieblos draufgeklatschten ausgelatschten Turnschuhen vergangener Jahrzehnte, wie mein Vater sie gerne zur Gartenarbeit trug. Unter der anderen Fensterbank baumelten Büsten mit alten Biker-Lederjacken, schultergepolstert, sechs Stück, friedlich, wie Würste beim Metzger. Wir brauchten mehrere Close-up-Blicke, bis wir verstanden, dass es sich bei dieser Altkleiderdekoration der unteren Haushälfte um die Auslage eines Geschäfts handelte.

»Soll man das hier so tragen?«, fragte Daniel und stieß Rauch aus.

Ich starrte auf die kleine Ladentür, die sich etwas weiter abseits neben der großen bogenförmigen eigentlichen Eingangstür des Hauses befand und nur mit ihrer oberen Hälfte über den Bürgersteig guckte. Ein Kellergeschäft. »Sieht aus, als wäre das Haus bis zur Hälfte der ersten Etage im Bürgersteig versunken, ne?«, fragte ich und Daniel zuckte rauchend mit den Schultern.

Ein Haus weiter neigte sich eine große dunkelrote Markise gefährlich träge, wie nass, dem Bürgersteig vor einem Obstgeschäft entgegen. Allerdings schien keine Sonne und vor dem Obstgeschäft gab es auch kein Obst, sondern einen blauen Müllsack, gestapelte leere Kisten und Paletten und einen an ein Gitter gelehnten Querholzbesen.

»Guck mal, die ...«, raunte Daniel, ich folgte seinem Blick, sah ein Mädchen im ockergelben Mantel mit braunen Locken und einer großen schwarzen Blume im Haar, das ungeduldig von einem Bein aufs andere tippelte. Wir scannten sie. Close-up. In unserer Heimatstadt wäre sie jedem aufgefallen, jeder hätte ihren Namen gekannt und auf dem Schwarzmarkt wäre mit ihrer Nummer gedealt worden. Hier stand sie einfach nur so ockergelb rum. Eine von vielen. Die Menschen gingen vorbei. Und keine Blicke wegen der großen Blume.

Auch wir konnten unbedarft wieder wegzoomen. Konnten wegzoomen, ohne fürchten zu müssen, dass nicht wieder genau so was Geiles in unser Blickfeld geraten würde. Und das nächste Zufallsbild war fast noch ansehnlicher, eine Asiatin, lange schwarze Haare, strenger Pony, riesige grüne Ledertasche. Sie irrte erst ein wenig umher, las die Tram-Minutenanzeige und blieb dann stehen, neben einem Typen in schwarzen Skatersachen, der sich einfach mal auf die Bordsteinkante gefläzt hatte, um mit den Füßen auf der Straße zu scharren. Er gähnte.

Okay, ihm war langweilig, wir zoomten wieder die Häuserwand an, das nächste Haus in der Reihe war völlig verwittert, vollkommen abgerafft und irgendwo in den Fenstern hing eine Totenkopfflagge vor toten Blumen im Blumenkasten. Gen Bürgersteig schlug das Verwitterte des Hauses dann in ordentlich verputztes Cremegelb um, hier hatte man sich Mühe gegeben, ein Restaurant. *Focacceria Naturale* hieß es nach Eigenaussage auf dem dunkelgrünen Schild über den gestreiften Markisenenden. Davor leere Bänke, davor ein alter VW-Bus, rot, beschmiert, die uneindeutige Botschaft SIEK in hellblauen Lettern über seiner Motorhaube.

Schräg gegenüber, auf unserer Seite, eine schwarze Mercedes C-Klasse und ein Mann mit einem Säugling in einem braunen Tragetuch vor der Brust, der einen großen schreienden Kinderwagen vor sich her schob. Hinter ihm – er versperrte uns kurzzeitig die Sicht – zwei riesige dünne Mädchen in großen bauchigen Glockenmänteln mit dicken silbernen Ringen an allen Fingern, die stehen blieben, als ein ebenfalls riesiger dünner Typ mit hervorstehenden Wangenknochen schräg über die Straße auf sie zu flanierte.

»Guck dir ihn an.«

Ich tat es: dürre, lange Beinchen in einer ausgeblichenen Jeansröhre, die sich an seinem Bein festsaugte und in schwarzen, klobigen Boots, mit schlaff herunterhängender Lasche und offenen Schnürsenkeln verschwand.

Und aus irgendwelchen metaphysischen Gründen erweckten die offenen Schuhe nicht den Eindruck, als sollten sie eigentlich ordentlich geschnürt sein, nein, sie schrien: *Wir sind bewusst offen!,* und ich fragte mich, warum und ob auch ein großer verkrusteter Fleck einer fettigen Speise bewusst hinzugefügt aussehen konnte. Oder eine eingeschlagene Fresse vielleicht oder, oder – ich wusste es auch nicht, wollte Daniel gerade darauf anhauen, als eine Transe mit brauner Pagenkopfperücke rauchend auf Plateau-Heels über die Straße lief, eilig, vor der Brust eine glitzernde Unterarmtasche haltend, graziös. Er spielte seine Rolle gut, von Weitem hätte man ihn für eine Frau halten können.

»Die Straße hat was von ’nem Campus oder so einer Alternativ-Bar, wo man im Sommer draußen sitzen kann und wo am Wochenende Bands spielen und die Wände mit alten Zeitungsausschnitten und Tourplakaten verkleistert sind …«, merkte Daniel an und leerte sein Bier.

Ich wusste, was er meinte, und ein bisschen hatte er recht.

Denn jeder aus dem Stand erreichbare Zentimeter dieser Straße war zugeklebt, fragte: *Are you a member of the bored?,* fand: *More Love Would Be Better*, schrie: FUCK und wollte: SEX. Letzteres wollten wohl viele andere Straßen in anderen Städten auch, aber hier wollten die Wände, Stromkästen und Laternenpfähle noch mehr, hier wollten sie myspace-Seiten, Konzerte, Lesungen und Ausstellungen bewerben, Botschaften überklebten sich gegenseitig, zerstörten sich, halb abgekratzt, *Suche ein Zimmer,* verwischte Sprayreste, Spuckis wollten aktivieren, im Vorübergehen essenzielle Fragen stellen: *Angst?,* Kunst und Kotze, Fetzen alter Poster machten den abgeranzten Schick komplett, waren wie Fransen einer zerschlissenen Jeans. Abgerockt. Musste so sein. Stellte man nicht infrage, gehörte so.

Wie der offene Schuh.

»Alter, ich hab Hunger«, sagte Daniel.

»Ich auch«, stimmte ich zu, aber wir blieben sitzen.

Zwei kleine Mädchen in roten Jacken und grünen Mützen rannten um ihre junge Mutter herum, die 12 Richtung Kupfergraben fuhr ins Sichtfeld, verkündete großflächig, dass die BZ die größte Zeitung Berlins war, und ging wie ein Besen über den Bürgersteig, fegte die Mädchen samt Mutter weg, spuckte Menschen in Freizeitkleidung, aber mit Aktentaschen aus, die eilig nach rechts gingen, während zwei freilaufende Schäferhunde mit der Nase auf dem Asphalt ziellos umherstreunten. Es war nicht auszumachen, wer ihr Herrchen war.

Hinter uns, aus dem ... *an einem Sonntag im August,* trat plötzlich ein altes Ehepaar mit schwarzen Mützen mit Ohrenklappen auf den Bürgersteig. Während die Tür zur Bar offen stand, schallte Indie-Pop auf die Straße, *babababadababababa,* irgendwas, die Tür fiel zu, die Musik war wieder weg, eine Tram ging lautstark in die Ketten und das alte Ehepaar machte angestrengte Gesichter, lief unschlüssig links runter an uns vorbei, ich entdeckte ein kleines Buch in der Hand der alten Frau: *Berlin und Umgebung.* Sie hielten inne, debattieren kurz und gingen dann doch rechts die Straße hoch, weg, raus aus der Kastanienallee.

»Das ist kein Setting für alte Leute mit Ohrenklappenmützen bei fünf Grad«, sagte Daniel und öffnete eine neue Bierflasche.

»Wenn man hier alt sein will, dann ist man lieber alt wie der da vorne«, er zeigte mit seinem Feuerzeug auf einen alten Mann mit grauweißen zurückgekämmten, erstaunlich vollen Haaren, der sich an einem Stromkasten festhielt, während er rauchte. Er guckte mit einem Blick aus seiner Lederjacke heraus, der sagte, dass er alles, was sich hier abspielte, verachtete. Dass er die ganzen kleinen Grashüpfer, die sich hier herumtrieben, am liebsten mit seinen Blicken und heftigen Zigarettenzügen vernichten würde. Totgucken und durch die Glut weginhalieren. Lange konnten unsere Augen aber auch auf ihm nicht verweilen, denn jetzt wurde JAZZ an uns vorbeigetragen. JAZZ in schwarzen Lettern auf einem baumwollweißen Stoffbeutel, der von einer grauen Mantelschulter hing.

»Wieso Jazz?«, fragte Daniel. Ich hatte auch keine Ahnung.

Überhaupt hatte ich das Gefühl, von nichts eine Ahnung zu haben. Keine Ahnung vom Leben, keine Ahnung von diesem Land, in dem ich seit 21 Jahren existierte. Ich hatte das Gefühl, die ganze Zeit in der Wüste gelebt zu haben, nicht ahnend, dass es auch Orte wie diesen gab, wo man nicht nach einem bisschen Wasser suchen musste, sondern wo es aus allen Fenstern im Überfluss herausströmte, wo alles so saftig, frisch und nass war, dass man schon beim Angucken mit den Augen darauf ausrutschte.

Ich glaubte, dass all diese Menschen ein ganz anderes Leben kannten. Ein Leben, von dem ich nichts wusste, von dem mir kein Film, keine Fernsehserie oder Doku jemals berichtet hatten. Und auch wenn einzeln genommen nichts von alledem besonders außergewöhnlich war – der Kellerladen mit den alten Turnschuhen, die großen Glockenmäntel, die vielen hübschen Frauen, die offenen Schuhe, die Poster, Sticker und Botschaften überall –, so war es all das zusammengenommen, in dieser Dichte, was diesen außergewöhnlichen Eindruck erzeugte. Den Eindruck, dass diese Straße und somit diese Stadt in jeder Fuge lebte. Dass sich das Leben hier eben nicht nur hinter verschlossenen Türen in Wohnungen und Häusern abspielte, sondern auch draußen, überall und ständig. Eine außergewöhnliche Überfülle, die einen beim ersten Blick verwirrte und einem dann nach ausgiebiger Inhalation langsam ein neues Bild von *gewöhnlich* einimpfte.

Marihuana wehte über unsere Köpfe hinweg. Ein Grüppchen Menschen mit Spiegelreflexkameras lief vor uns her und ein übergewichtiger Marokkaner im Anzug schob sein Fahrrad über den Asphalt, während er mit einem Langhaarigen im Lacuna-Coil-Pullover französisch redete.

Jeder konnte hier vorbeilaufen. Berlins Türen schienen ständig auf Durchzug zu stehen. Offen. Niemand schien als Gast undenkbar. Ein tolles Gefühl durchfuhr mich. Vorfreude machte sich breit, da ich ahnte, dass ein ganz anderes Leben für mich beginnen würde. Gleichzeitig beschlich mich aber auch ein vorsichtiges Gefühl, eine Mischung aus Angst und Respekt, die daraus resultierte, dass ich nun an einem Ort war, wo man sich selbst scheinbar nicht mehr als Hauptfigur wahrnehmen konnte. Man schien in ein großes Handlungschaos hineingeworfen zu sein, ein großes Mashup vieler verschiedener, gleichzeitig laufender Filme, jeder erzählte seine eigene, scheinbar außergewöhnliche Geschichte, und hier saß ich nun, in meinem eigenen Leben plötzlich Randfigur, und sah die kurzen Ausschnitte des Lebens all dieser Figuren und schien keine Vorstellung davon zu haben, wie es für sie weiterging, wenn sie aus dem Bild gelaufen oder von Tram oder Bus wegtransportiert worden waren. Was erlebten diese Menschen?

»Habta ooch noch ’n Bierchen für mich?«, fragte plötzlich ein blonder Typ um die vierzig in einem abgegriffelten, beigefarbenen Jackett.

Daniel nickte stumm, wühlte in seinem Rucksack, öffnete eine der braunen Flaschen mit seinem Feuerzeug und reichte sie ihm.

»Ohhh, danke, Jungs. Danke«, sagte der Mann, nahm wie selbstverständlich einen der Biergarten-Stühle, zog ihn über den Boden zu uns und setzte sich neben mich.

»Und?«, fragte er, die ersten Schlucke Bier bereits intus. »Wat jeht so bei euch? Wat macht ihr? Sitzen, hier? Bier? Is dit allet oder jeht et später noch wohin?«

Daniel zuckte mit den Schultern: »Ist unser erster Tag in Berlin. Keine Ahnung, wir wissen gar nicht wohin. Wir machen hier jetzt Zivi.«

»Keen Bock jehabt zu dienen, wa?«

Daniel zuckte mit den Schultern.

»Ick bin Künstler«, verkündete er und trank wieder einen Schluck.

»Ick mach Uhren«, sagte er dann.

Ich sah ihn nickend an und bemerkte, dass er roch.

»Ick mach Bilder in Uhren rin, weeßte? Alles, was ick so auffasse und seh, dit mal und fotografier ick und mach dit in Uhren rin. Dann bleibt dit, obwohl die Zeit verjeht.«

Tiefsinnig, dachten wir beide, und merkten, dass wir beide gleichzeitig ein neues hübsches Mädchen entdeckt hatten. Enger Mantel. Breites Becken. Endlose Beine. Ganz in Schwarz. Einziger Farbtupfer war ein weißer Punkt auf ihrer schwarzen Umhängetasche und darin ein weiterer, kleiner roter Punkt. Ein Gesicht wie aus einer Zeitung. Unwirklich schön. Zu schön.

»Bestimmt 'n Model«, meinte Daniel, und wir fragten uns, wo sie wohl hinging, wo sie herkam und wie wohl generell ihr Alltag aussah, wenn sie hier so alltäglich herumlief, und wieder merkten wir, dass wir keine Vorstellung hatten, welchen Film sie lebte.

»Wollta mal eine meiner Uhren sehen?«, fragte der Künstler in dem zerschlissenen Jackett.

Daniel zuckte mit den Schultern.

»Hab leider grad keene dabei. Aber kann ick euch auch nich so jeben. Ick muss ja von was leben. Aber ick zahl euch ditte hier zurück«, er hielt das Bier vor sich hoch und schüttelte es, Blasen stiegen auf. Und das Modelgesicht war aus dem Sichtfeld. Wir sahen der schwarzen Rückseite ihres Körpers nach.

»Sehta dieset Haus da?«, fragte der Künstler dann und zeigte mit der Flasche geradeaus, auf den rosa Altbau mit Kellergeschäft.

»Yo«, antwortete ich. Der Künstler nickte. Und dann sagte er nichts mehr.

Langsam wurde es dämmrig. Über den T-Shirts und Jacken am Altbau gingen plötzlich Lichter an, viele kleine, wie eine Weihnachtsbeleuchtung strahlten sie auf das alte Leder und Polyester der Jacken. Und auch in den Wohnungen gingen hinter ungeputzten Fenstern Lampen an. Nicht ganz zugezogene Spitzenvorhänge wurden sichtbar und eine blaue Mückenlampe richtete ihr hässlich flirrendes Licht auf eine bunte Tapetenwand.

»Ick spiel immer Lotto, weeßte«, meldete sich der Künstler wieder zu Wort. »Und nächste Woche gewinn ick. Und denn koof ick dit Haus da.« Er hielt inne, als eine Straßenbahn hielt, die Tür des ... *an einem Sonntag im August* sich öffnete, Elektropop auf den Bürgersteig schallte und ein Mädchen mit blonden Zöpfen und umgeschnalltem Gitarrenkasten über die Straße spurtete, um die Bahn zu kriegen.

»Oder ick koof det Haus daneben. Det weeß ick noch nich. Muss man ja auch immer gucken, ob die det überhaupt verkoofen wollen, wa?!«

Daniel zuckte wieder mit den Schultern.

»Jedenfalls müssta kieken nächste Woche. Eens von den beiden Häuserchen koof ick auf jeden Fall. Und dann kommta vorbei, klingelt und dann geb ick euch euer Bier zurück, wa?«

Daniel und ich zuckten beide mit den Schultern.

»Könnta dann auch meine Uhren kieken«, er nahm einen weiteren Schluck Bier und schob noch ein »Dann« hinterher.

Ich nickte: »So machen wir's.«

Und links von uns über einem Gebäude, auf dem in Hunderten kleinen glänzenden Plättchen PRATER stand, ging lila und pink die Sonne unter. Und vermutlich konnte es kitschiger nicht sein, aber ich ahnte, dass jetzt hier für uns gerade ein Film anfing. Das war die erste Klappe gewesen, die damit endete, dass die Kamera uns ein letztes Mal zeigte: Daniel, den Uhrentyp und mich in Halbtotale. Dann setzte ich mein Bier noch mal an, die Kamera zoomte langsam raus in die Totale und ein Lied setzte ein. Ein energisches, ein antreibendes Lied mit verheißungsvollem Schwung und der Botschaft, dass was Neues losging, was Ungewisses. Und je weiter die Kamera rauszoomte, desto lauter wurde das Lied.

Das letzte Bild war aus der Vogelperspektive, bot den Blick auf zig fahrende Autos, Straßenbahnen, von Weitem leuchtende Fenster und umherströmende Menschen.

Berlin.

DIE 3. GESCHICHTE

Nachts in der U2 Richtung Ruhleben

Laura (24), Sozialpädagogikstudentin aus Koblenz,
über
denkwürdige Bekanntschaften

Plötzlich und unvorbereitet war der erbarmungslose Ost-Winter über Berlin hereingebrochen. Schneidend kalt war es. Ich hab damals gerade die ersten drei Wochen in Berlin hinter mir gehabt und noch in Wilmersdorf zur Zwischenmiete in einer WG gewohnt. Nach einem ungelenken ersten außerhalb der Uni verbrachten Treffen mit einer Kommilitonin in der Kastanienallee stand ich müde und tief in meinen Wintermantel eingegraben an der U-Bahn-Haltestelle Eberswalder Straße.

Obwohl, oder gerade weil es mitten in der Nacht war, war der U-Bahnhof gerammelt voll. Zig junge Menschen warteten auf das Eintreffen der gelben Züge. Manche traten wie ich unruhig, frierend von einem Bein aufs andere, manche hüpften locker in ihren Partyoutfits durch die Gegend, ein Pärchen lehnte sich knutschend und gurrend gegen einen Infokasten, manche schlemmten eine hautlose Currywurst oder einen Döner mit Kräuter-Sauce und schmierten sich dabei ihre H&M-Synthetik-Wollhandschuhe ein. Ein paar stinkbesoffene Pub-Crawl-Kinder in weißen, dicken, nicht zum allgemeinen Prenzlauer-Berg-Kleidungsstil passenden wattierten Jacken brüllten irgendwas über die Gleise, worin vermehrt das Verb »bumsen« vorkam, aber die U-Bahn-Anzeige verkündete in orangefarbenen Lettern beruhigend: *U2 Ruhleben 1 Min.*

Eine Sache, in die ich mich in Berlin ohne Schwierigkeiten sofort verliebt hatte. Zwar dauerte gerade diese eine Minute gerne mal länger als die handelsüblichen sechzig Sekunden, aber nichtsdestotrotz kam man, besonders am Wochenende, rund um die Uhr überallhin. Und zwar nicht einmal pro Stunde, sondern tagsüber im Fünf- und nachts im ordentlichen 15-Minuten-Takt.

Bevor ich irgendwohin aufbrach, hatte ich anfangs immer noch meine Reise im Internet generalstabsmäßig geplant – mit allen Anschlüssen, wie ich das von zu Hause aus in der Provinz gewohnt war. Jetzt ging ich einfach aus dem Haus oder verließ – wie befreiend! – ein Treffen einfach genau dann, wenn ich es verlassen wollte, in der ruhigen Gewissheit, dass da schon eine Transportmöglichkeit kommen würde. Und es kam immer was.

Das Einzige, was ich noch brauchte, war das zerknitterte Liniennetz, das ich in meinem Portemonnaie durch die Gegend trug. Wenn ich mitbekam, wie Berliner an den Haltestellen stehend inbrünstig über die BVG oder besser die *Dit-kann-ja-wohl-nich-wah-sein-Scheiß-Verein*-Bahn meckerten, konnte ich das oft gar nicht glauben. Denn selbst wenn sie hier siebzig Prozent des Netzes streichen würden, wäre man immer noch zehnmal mobiler als in meinen Heimatgefilden, dachte ich. (Mittlerweile muss ich allerdings eingestehen – ein sicheres Indiz für meinen Status als eingelebte Wahl-Berlinerin –, dass auch mir des Öfteren mal die BVG-Galle hochkommt. *Wie bitte? Neun Minuten warten? Unverschämtheit!)*

Mit einem Rauschen und einer Ladung eisigem Fahrtwind donnerte die U-Bahn schließlich in den Bahnhof ein. Die gelben Türen öffneten sich und ich huschte schnell an einer riesigen Traube aussteigender Partywütiger vorbei in einen der hinteren Wagen. Hier setzte ich mich auf eine der beiden durchgehenden blau-rot gemusterten Polsterbänke und wollte gerade müde meinen Kopf gegen die blinde Fensterscheibe sacken lassen, als ich hörte, wie jemand das Geräusch der U-Bahn-Türen mitsang. »*Tut! Tüt! Tüüüt!* Tschuuuu-rückbleiben, bitte!«, tönte ein Mann um die vierzig, der, kurz bevor die Türen sich schlossen, noch einmal den Kopf nach draußen hielt, nach links guckte, nach rechts guckte, zufrieden nickte und dann fix seinen Kopf wieder reinzog, um sich in die Mitte des Wagenendes zu begeben. Breitbeinig stehend guckte er ausdruckslos nach vorne, den Gang hinunter. Plötzlich griff er mit der rechten Hand auf Hüfthöhe ins Leere und hielt sie so, als würde er etwas umklammern. Dann machte er abrupte Bewegungen mit dem Arm und drückte mit dem linken Zeigefinger auf eingebildete Punkte auf Brusthöhe vor ihm.

Die Bahn fuhr los und mir dämmerte, was das schräge Theater sollte: Der Hagere steuerte den Wagen imaginär mit. Sein Blick war so starr und hoch konzentriert, dass er eindeutig nicht das Bild von zwei parallelen langen Sitzbänken mit mir und den anderen Fahrgästen vor Augen hatte, sondern dass er Schienen sah, auf denen er die U-Bahn gerade steuerte.

Fasziniert und plötzlich ein bisschen weniger müde nahm ich ihn genauer unter die Lupe. Er war ziemlich groß, sehr schlaksig, hager, hatte dunkles, holzbraunes Haar, trug eine beigefarbene Cordhose, ein grün-schwarzes Karohemd und darüber eine gefütterte schwarze Neopren-Weste. Er ging enthusiastisch mit der Bahn in die Kurven und betätigte achtsam mit seinen dünnen, langen Fingern die nicht vorhandenen Schaltknüppel und Knöpfe vor ihm. Kurz vor der nächsten Haltestelle brach er sein Spiel ab, ging einen spastischen Schritt rüber zur Tür und drückte auf einen weiteren nicht vorhandenen Knopf über dem roten, rechteckigen Notbremsenkasten, in Höhe von dessen Aufschrift *Missbrauch strafbar* er röhrte: »Nääächschter Halt: Schenefelderplatzsch. Achten Schie beim Auschteigen auf die Lücke zwischen Tschug und Bahnschteigkante.« Beim Sprechen schien er unglaublich viel

Speichel zu verlieren, denn durch seine vorstehende Oberkiefer-Zahnreihe zischte und schmatzte es beim Sprechen. Obwohl ich so offensichtlich zu ihm hinschaute, schien er mich nicht wahrzunehmen. Er war völlig vertieft in sein Treiben.

Dann klingelte das Handy in meiner Handtasche und mit von der Kälte noch leicht tauben Fingern griff ich hinein und holte es heraus. Meine Mitbewohnerin war dran, sie fragte, wann ich nach Hause käme, weil sie schlafen gehen wollte. Ich sagte, dass ich noch 45 Minuten brauchen würde, und um sie bei Laune zu halten, beschrieb ich ihr, was sich gerade vor meinen Augen abspielte.

Sie kicherte nur: »Das ist der U2-Mann. Ich hab den auch schon ein paar Mal gesehen. Die meisten, denen ich davon erzähle, glauben mir das nie. Hat er dir schon ein Verbot erteilt?«

»Was?«, fragte ich entgeistert zurück, als er auf einmal direkt vor mir stand.

»So, junge Dame, jetzscht müsschen Schie aber auflegen. Die Leute wollen doch auch mal schlafen.«

Er sprach mit erhobenem Zeigefinger und einem energisch besorgten Gesichtsausdruck. Ihm war es ernst. Bitterernst. Seine vorstehenden Zähne karikierten sein autoritäres Ansinnen allerdings so sehr, dass ich Schwierigkeiten hatte, mein Verlangen zu lachen zu einem freundlichen Grinsen zu kastrieren.

»Aber ich wurde doch angerufen«, verteidigte ich mich, während ich meine Mitbewohnerin durch das Handy hysterisch lachen hörte.

»Dasch isch jetzscht irrelevant!«, geiferte er und erinnerte mich von seiner resoluten Sprechweise her an einen Hitler-Parodisten.

»Geben Schie dasch Handy mal her! Ich zeige Ihnen, wo der Auschknopf ischt.« Er streckte mir seine große, dünne Hand entgegen und machte fordernde Bewegungen mit seinen spinnenbeinartigen Fingern.

»Olivia, ich muss jetzt auflegen«, hörte ich mich entschuldigend in den Hörer sagen, ohne dabei den Blick von dem Gesicht mit den vorstehenden Zähnen loszueisen. Dann hielt ich mein Handy so, dass er das Display sehen konnte, und drückte demonstrativ die Taste mit dem roten Hörer. »Hier, sehen Sie, alles gut, ich habe das Telefon ausgeschaltet«, sagte ich in einem beruhigenden Ton und fühlte mich sofort an meine Kindheit erinnert, denn ich klang wie meine Mutter früher. Als kleines Kind hatte ich nämlich die Angewohnheit gehabt, meiner Mutter in leeren kleinen Puppenservice-Tassen imaginären Tee zu servieren. Jedes Mal nahm sie die Tasse, zunächst nur mit einem abwesenden »Danke, jaaa ...« entgegen und telefonierte einfach weiter – meine Mutter verbrachte meine gesamte Kindheit am Telefon. Ich wurde dann stets sehr ungemütlich und stampfte mit dem Bein auf, um ihr klarzumachen, dass sie verdammt noch mal mitzuspielen hatte und bitte schön den imaginären Tee zu trinken hatte. Irgendwann setzte sie dann leicht genervt die kleine staubige Tasse an die Lippen und nahm einen leeren großen Schluck. Jedes Mal sagte sie dazu bestätigend: »Hier, siehst du, alles gut, ich habe meine Tasse ausgetrunken.«

Ich schien jetzt mit einem weitaus größeren Kind zu spielen.

»Ja, gut, Schie haben dasch Handy auschgemacht, aber ich musschte Schie lange darum bitten. Darum kriegen Schie jetzscht Handyverbot.« Er sah mich mit schief gelegtem Kopf an. »Für immer«, setzte er dann noch drohend hinterher. Aus seiner Westentasche holte er ein schwarzes Notizbuch und einen Bleistift. Beide Utensilien hatten anscheinend schon sehr gelitten.

»Scho, junge Dame. Hier tragen Schie schich jetzscht ein.« Er klopfte demonstrativ mit dem Bleistift auf das Notizbuch, ich nickte kreuzbrav, er schlug das Notizbuch auf den hinteren Seiten auf, gab es mir in die Hände und bedeutete mir mit dem Bleistift, wo ich mich einzutragen hatte: »Dahin schreiben Schie jetzscht *Handyverbot für immer*. Daneben machen Schie ein Kreuzschen und schreiben Ihren Namen. Scho!« Ich tat, wie mir befohlen.

»Kreuzschen nicht vergesschen! Und Ihren Namen«, wiederholte er noch mal, während er an mir vorbeiguckte. Mein Blick fiel auf die zig bereits existenten Einträge: *Zu schnell durch den Gang gegangen* stand da zum Beispiel als Bekenntnis einer Frau namens *Insa*, oder *Zu spät noch durch die Tür,* daneben fand sich das obligatorische Kreuzchen und der Name *Konrad*. Nicht alle bekamen also wie ich ein rigoroses Komplett-und-total-für-immer-Verbot, bei manchen reichte wohl auch einfach das schriftliche reumütige Bekenntnis ihres Vergehens. Aber das Kreuzchen durfte bei niemandem fehlen.

»Scho, dann tscheigen Schie mal her«, forderte er und ich gab ihm sein Notizbuch zurück.

»Dasch haben Schie ja ganz anschtändig gemacht«, freute er sich, hielt kurz inne, steckte das Notizbuch schnell wieder in die Seitentasche seiner Neopren-Weste und ging in schnellen, abrupten Schritten zu dem roten Notbremsenkasten zurück, um zu verkünden: »Nächschter Halt: Berlin Alexanderplatzsch. Übergang tschur U-Bahn, Metrotram, tschur Esch-Bahn, zum Regionalverkehr und tschum Metrobusch. *Schange here for Tegel Airport!*«

Kaum hatte er seine Durchsage beendet, ging er sofort zu seiner ganz persönlichen Fahrerkabine am Wagenende und bremste die Bahn mit imaginärer Bremse und Schaltknüppel. Als die Tür neben ihm aufging und zwei Männer einstiegen, brüllte er ihnen entgegen: »Diescher Tschug hat ...« Er machte eine wichtige Pause: »Tschwei!« Er machte eine weitere Pause, »Minuten«, Pause, »Verspätung.« Die Türen schlossen sich, die Bahn setzte sich wieder in Bewegung, aber er ließ diesmal vom Mitsteuern ab, ging stattdessen wieder auf mich zu. Mit ausgestrecktem Zeigefinger zeigte er kopfschüttelnd auf meine Füße. »Junge Dame, Ihre Füßsche stehen viel tschu weit im Gang«, tadelte er immer noch kopfschüttelnd. Die beiden an der Lippe gepiercten Männer, die sich mir gegenüber hingesetzt hatten, guckten sich kichernd an und sahen dann wieder zu mir herüber.

Großes Kino in der U2 Richtung Ruhleben. Unser spezieller U-Bahn-Freund nahm davon allerdings keine Notiz. Stattdessen guckte er mich weiter kopfschüttelnd an, jetzt mit Zornesfalten zwischen den Augen: »Und auch nischt hier mit übereinander geschlagenen Beinen sitzschen. Dasch isch ja auch n bisschen lazschiv, finden Schie nicht?« Sein Kopf sank erneut in die herablassende Schieflage. Ich sagte nichts, guckte ihn nur an. Direkt in die Augen. Unbekümmert. Sein Kopf verharrte schief, sein Blick blieb bittend, aber seine Zornesfalten verschwanden langsam wieder. »Junge Frau, ich tscheig Ihnen jetzscht mal, wie man in der Bahn angemesschen sitzscht«, kündigte er an und ließ sich bedächtig neben mir nieder. Er war einer von der Sorte, die nach dem Hinsetzen sofort einmal an jedem Hosenbein zupften, um es hochzuziehen. Bloß keinen Kontakt zwischen Schuhen und Hosenbeinen!

Dann dozierte er los: »Mit dem Geschäßsch müsschen Schie gantsch hinten ran an die Lehne.« Er setzte sich zurück und machte einen kerzengeraden Rücken. »Nachmachen, Fräulein!«, forderte er und ich tat, wie mir befohlen. »Und die Füßsche kommen scho ...«, er schob seine Füße aneinander, »... direkt nebeneinander. Ordentlich. Hier, nachmachen, jungesch Fräulein«, wies er mich erneut befehlend an, und ich tat ihm den Gefallen, gehorchte und stellte meine Füße artig direkt nebeneinander.

»Und jetzscht die Füßsche nicht scho weit rausch in den Gang, schondern direkt an den Sitzsch.« Mit einer Hand drückte er gegen meine Schienbeine und schob somit meine Füße direkt mit den Ballen an den Sitz. Hätte man mich nun fotografiert, hätte man das Foto später gut als erläuterndes Beispiel in einem Lexikon neben dem Eintrag »Affe auf dem Schleifstein« abdrucken können.

»Aber jetzt sitz ich hier doch wie eine Katze im Karton«, gab ich ihm zu bedenken. Er sah mich nur leer an, dann hörten wir beide das immer lauter werdende Kichern des schwulen Pärchens mit den Lippenpiercings gegenüber. Er warf ihnen einen tadelnden Blick zu, dann drehte er seinen Kopf wieder zu mir: »Nein, junge Frau, so schitzschen Schie ordentlich, wie man hier tschu schitzschen hat.«

Ich wollte meinen Sitz gerade wieder lockern, die Füße wieder weiter nach vorne schieben, als er meine minimalen Regungen bemerkte und wieder energisch wütend den Kopf schüttelte: »Schie bleiben schön scho sitzschen!«, forderte er und ich sah Speicheltropfen auf mich zufliegen.

»Ach, aber das ist doch beschissen, so zu sitzen ...«, versuchte ich allen Ernstes, mit ihm zu debattieren, und erschrak, als er plötzlich erbost aufstand und sich vor mir aufbaute. »Junge Frau, man flucht auch nicht in der U-Bahn. Dasch hört der liebe Gott allesch! Wasch scholl der denn von Ihnen denken?«

Ich zuckte mit den Schultern. *Was glauben Sie erst mal, was der liebe Gott von Ihnen denkt*, lag mir auf der Zunge, aber ich schluckte es runter.

Er wollte sich gerade umdrehen und wieder zu seinem Steuer-Platz am Wagenende gehen, als mir Folgendes über die Lippen kam: »Es ist auch ziemlich kalt hier in dem Waggon, finden Sie nicht? Können Sie da nicht irgendwas machen?«

Er sah mich kurz überlegend an und ging dann schnurstracks wieder auf den roten Notbremsen-Kasten zu, drückte den nicht vorhandenen Knopf und sprach in den Kasten: »Tschentrale, Tschentrale! Ein Fahrgascht meldet: Der Waggon ischt kalt. Wir bitten um Aufheizschung Ihrerscheitsch.« Das war zu viel für das Pärchen mir gegenüber, sie brachen in lautes Gibbeln aus.

Der U2-Mann guckte, davon unberührt, den roten Kasten noch ein wenig an, drehte seinen Kopf dann abrupt zu mir herüber und meinte: »Ich habe dasch für Schie in Angriff genommen. Ändern Schie aber ja nicht Ihre Sitzschposchitschion. Schonscht ...« Er fuchtelte mit seinem langen aufgestellten Zeigefinger in der Luft herum: »Schonscht, ja-ha, schonscht kriegen Schie wieder ein Verbot. Damit dasch klar ischt.« Dann stellte er sich wieder auf Türhöhe, genau mittig zwischen die beiden Sitzreihen in seine Fahrerkabine, brachte seine rechte Hand in Schaltknüppel-Haltung und blickte hoch konzentriert nach vorne. Als wir in den nächsten U-Bahnhof einfuhren, machte er erneut die Durchsage, drückte einen der nicht vorhandenen Knöpfe vor ihm, und genau eine Sekunde später, perfekt getimt, gingen die Türen auf. Sofort krähte er: »Tschug Richtung Ruhleben. Einsteigen, bitte!«

Eine Frau, die genau das gerade tun wollte, machte blitzartig auf dem Absatz kehrt, als sie ihn erblickte, und stieg einen Wagen weiter ein.

»Tschurückbleiben, bitte«, verkündete er, den Blick starr geradeaus gerichtet, und wieder ertönte genau eine Sekunde später das Tuten der sich schließenden U-Bahn-Türen, welches er frenetisch mitsang. Dann fuhr er die Bahn an.

Er war so in seine Arbeit vertieft, dass ich es wagte, mich wieder ein bisschen lockerer hinzusetzen. Das turtelnde Pärchen mir gegenüber guckte mich mit hochgezogenen Augenbrauen und verschmitztem Lächeln um die Mundwinkel an, ihr Blick sagte deutlich: *Gewagt, junge Frau! Wenn er das gleich sieht! Oweia!* Aber er schien es nicht zu bemerken. Ich musste gähnen und tat gedankenverloren das, was viele Leute tun, wenn sie gelangweilt irgendwo sitzen: Ich holte mein Handy aus der Tasche und warf einen Blick auf das Display. 2 Uhr 7 Minuten.

Plötzlich saß ich im Schatten.

Wie aus dem Nichts hatte er sich wieder vor mir aufgebaut: »Scho, diesche junge Frau versteht dasch auch nicht mit dem Verbot, wasch? Schie nehmen dasch nicht ernscht«, fuhr er mich wütend an und betonte jedes Wort mit einer unterstreichenden Geste seines langen Zeigefingers.

»Geben Schie dasch Handy her, isch tscheig Ihnen, wo der Auschknopf ischt!« Er hielt mir seine große weiße Hand mit den langen Fingern gefährlich nah unter die Nase. Seine Finger waren eigenartig krampfig gespreizt.

»Ich möchte mein Handy aber nicht ausmachen«, erklärte ich müde, aber bestimmt, »sehen Sie mal, Berlin ist eine gefährliche

Stadt. Was, wenn mich jemand überfällt? Dann kann ich keinen Notruf rufen, wenn mein Handy aus ist.« Ja, ich saß tatsächlich mitten in der Nacht in einer U-Bahn und musste Argumente dafür finden, warum ich mein Handy nicht ausmachen wollte.

»Schie schind wohl nicht von hier, wie?«, stellte er schließlich etwas hämisch fest. Dann zog er seine ausgestreckte Hand zurück, ließ sie an seinem langen Körper herabfallen, guckte hinter mir aus dem Fenster in das dunkle, vorbeirasende Nichts, guckte dann wieder auf mich runter und meinte nüchtern: »Dasch ischt doch Quatsch, junge Frau. Schehen Schie, wenn Ihnen gleich jemand von hinten einen Stein auf den Kopf donnert, dann bringt Ihnen Ihr Handy auch nichtsch.«

Er sagte das so belanglos, nüchtern und emotionslos daher, dass man den Eindruck gewinnen konnte, es gehöre zur Tagesordnung eines jeden Berliners, ab und zu mal einen schönen Stein auf den Kopf gedonnert zu bekommen.

»Alscho machen Schie dasch Handy ...«, setzte er an, aber mir war ein genialer Einfall gekommen, abrupt stand ich auf, guckte ihm direkt ins Gesicht und fragte aufgebracht: »Wo sind wir?«

Er unterbrach sofort, stand stramm und brüllte wie ein Soldat, der seinem Offizier gehorsam antwortete: »Hauschvogteiplatzsch!«, und in dem Moment bog die Bahn tatsächlich in den U-Bahnhof Hausvogteiplatz ein. Das schwule Pärchen lachte sich derweil kreischend kaputt. Sie kugelten sich auf der Plastikpolsterbank und Lachtränen kullerten aus ihren Augenwinkeln.

Während sich die Türen der Bahn öffneten, fragte ich wissbegierig: »Sind Sie so was wie ein Ordnungshüter der BVG?«

»Ja, ja ...«, er nickte, schien sich wieder zu beruhigen, meine Stations-Frage hatte ihn in höchste adrenalinhaltige Bereitschaft versetzt.

»Wenn ich dasch nicht mache, kümmert schich da ja keiner drum«, schob er noch hinterher und fuhr mit seiner komisch gespreizten Hand streichelnd über seine Neopren-Weste.

»Ich hab von der Stadt aber nur die Nachtschichten bekommen. Dasch ischt schon schehr anstrengend«, gestand er mit wichtiger Miene, man konnte den Stolz in seiner Stimme nicht überhören.

Es entstand eine Pause, in der man nur das Prusten des Pärchens hörte, dann folgte das Tuten der sich schließenden Türen und die Bahn fuhr weiter. Er setzte sich, wieder kerzengerade, auf die blau gemusterte Sitzbank, zupfte an seinen Hosenbeinen und ich hockte mich neben ihn.

»Aber wisschen Schie, ich bin eben der Eintschige, der den Job gut macht.« Kleine Spuckeperlen flogen im gelben Licht der U-Bahn in seinen Schoß. »Ich kann auch alle zehn U-Bahn-Linien und alle 16 Esch-Bahn-Linien auschwendig. Wo wollen Schie hin? Ich kann Ihnen gerne alle Verbindungen schagen. Und immer den kürtscheschten Weg.«

»Ich muss zur Berliner Straße«, antwortete ich, aber er ging nicht darauf ein: »Ich kann auch alle Haltestellen der neuen U55: Berliner Rathausch, Muscheumschinschel …«

Da ich nicht wusste, wie viele hundert Stationen die neue U-Bahn-Linie, von der ich am Rande schon mal was gehört hatte, wohl haben würde, unterbrach ich ihn lieber und fragte: »Und wann nimmt die den Betrieb auf?«

Er hielt inne. Saß plötzlich noch steifer, als er sowieso schon saß, biss sich auf die Unterlippe und ich konnte förmlich sehen, wie es hinter seiner Stirn ächzte und arbeitete.

»Ist nicht so wich…«, wollte ich beschwichtigend ansetzen, aber er unterbrach mich kopfschüttelnd und ein wenig traurig meinte er: »Schehen Schie, jungesch Fräulein, dasch haben die mir nicht geschagt. Und ich weißsch auch nicht, wie ich dasch rauschfinden scholl. Haben Schie Internet?«, fragte er mit schief gelegtem Köpfchen und tat mir nicht zum ersten Mal in dieser Nacht ein bisschen leid. Dass er nicht wusste, wann die U55 Jungfernfahrt hatte, hatte ihn echt mitgenommen.

»Ja, habe ich. Ich kann das gerne für Sie nachgucken«, versprach ich.

»Oh, dasch ischt schehr freundlich«, strahlte er über das ganze Gesicht.

»Schehen Schie, dann will ich jetscht auch mal darüber hinwegschehen, dasch Schie trotzsch desch Verbotsch noch mal dasch Handy rauschgeholt haben. Aber ...« Er zog schwungvoll seinen abgewetzten Bleistift aus der Westentasche und fand zu alter Form zurück: »Schie müsschen schich noch mal in dem Buch eintragen!«

Er klappte das schwarze Notizbuch auf und legte es mir auf den Schoß: »Da eintragen: Ich darf dasch Handy wirklich nicht mehr in der U-Bahn benutzschen. Schonscht U-Bahn-Verbot.« Er guckte mich an. »Für immer«, schob er noch mal donnernd hinterher.

Also schrieb ich lieber, wie mir diktiert wurde.

»Jetzscht noch ein Kreuzschen. Und Ihren Namen daneben«, diktierte er, mit einem Blick auf mein Geschreibsel. Dann gab ich ihm das Notizbuch, er lächelte, steckte es ein und zog dann wieder eine ernste Miene auf: »Aber wirklich. Schie dürfen keine Verstößsche mehr haben. Schonscht dürfen Schie nachtsch nicht mehr U-Bahn fahren!« Keine Frage, er meinte es ernst.

Zum Glück fiel ihm nicht auf, dass ich längst nicht mehr im zweifachen 90-Grad-Winkel auf der Bank saß. Er klopfte sich nur mit seiner gespreizten Hand auf die Seitentasche seiner Weste, in der das Notizbuch steckte. Dann ging er wieder zu seinem imaginären Führerhäuschen zurück, verlor den Blick für das wahre Innenleben des Zuges und schaltete und drückte Knöpfe, was das Zeug hielt. Als die Türen sich öffneten, tönte er vergnügt »Tschug Richtung Ruh-leee-been!« und fuhr den Wagen dann wieder konzentriert an.

Am U-Bahnhof Zoo stieg ich aus, während er gerade dabei war, alle 592 Verbindungen aufzuzählen, die an diesem ehemaligen Fernbahnhof zur Verfügung standen, doch als er sah, dass ich ausstieg, stoppte er abrupt seinen automatischen Sprachfluss, winkte mir mit einer krampfig gespreizten Hand und rief: »Gute Nacht, jungesch Fräulein. Und nicht vergesschen nachtschugucken, wann die U55 Betrieb aufnimmt. Ich verlasch mich auf Schie!«

»Es wird das Erste sein, was ich zu Hause mache!«, versprach ich ebenfalls winkend und verließ die U-Bahn. Es wurden mir, zumindest an diesem Abend, keine Steine auf den Hinterkopf gedonnert. Als ich eine halbe Stunde später also sicher zu Hause ankam, setzte ich mich an mein Notebook und tippte »U55« in die Suchmaschine.

»9. August 2009«, murmelte ich vor mich hin, als ich den ersten Bericht über die neue Linie aufgerufen hatte. Leider hab ich ihn seitdem nie wieder gesehen.

DIE 4. GESCHICHTE

Märchenwald-spielplatz 25

Janine (22), Umwelttechnikstudentin aus Magdeburg,
über
das erste Mal »die« Bar

Ich bin am Ostbahnhof ausgestiegen, hinten, dort wo der große McDonald's ist, bin ich raus, an den Taxis vorbei und dann links abgebogen. Ich genieße es zu laufen, die blutorangefarbene untergehende Sonne, die warme Sommerabendluft, neben mir ein massives Stück Geschichte, die Mauer, bemalt von etlichen Künstlern der ganzen Welt, dahinter die Spree. Und obwohl links von mir die Autos vorbeirasen, hab ich fast das komische Gefühl, als wäre ich ein bisschen raus aus der Stadt, als wäre ich in der Natur. Absurd.

Denn alles um mich herum ist betoniert. So sehr hat mich die Stadt also schon, dass sich bunt bemalter Beton, relativ weite Sicht, wenige Menschen und eine nahe Spree, zusammengemixt mit einem Schuss rotgoldenem Sonnenlicht, schon wie ein Naturerlebnis anfühlen. Ich schüttele den Kopf. Ja, ich mache das absurderweise manchmal auch nur für mich selbst. Wenigstens bin ich mir sicher, den Eingang zur Bar schon mal gesehen zu haben.

Oder war das, was ich im Kopf hatte, der Eingang zu dieser 0815-Strandbar, an der ich gerade vorbeigelaufen bin? Es gibt doch mehrere Eingänge in der Mauer; das hatte ich vorher so nicht realisiert.

Obwohl ich ein bisschen daran zweifele, in die richtige Richtung zu laufen, gehe ich dennoch weiter. Irgendwie entspannend, mal aus dem engen Distrikt von hohen Häusern, Menschenmassen und Baustellenlärm raus zu sein. Die Autos neben mir auf der Stralauer fahren schnell, ein kurzes Vorbeirauschen, kein Drängeln, Hupen, kein Mixkonzert aus etlichen offenen Fenstern und Radios. Manche Bilder der Mauer-Galerie sind von Gerüsten umgeben. Sie werden renoviert. Ein Künstler in lila Pumphose, mit schwarzen Haaren und altem Gesicht steht innerhalb eines solchen Gerüstes auf einer Tapezierleiter und malt mit einem dünnen Pinsel winzige Flächen eines Musters aus. Ein junges Pärchen in offenen Regenjacken steht am Gerüst und guckt ihm zu. Stadtromantik im Sonnenuntergangslicht, an einer sechsspurigen Hauptstraße. Schade, dass ich niemanden fragen kann, wo denn nun der Eingang ist und ob ich nicht schon viel zu weit in die falsche Richtung gelaufen bin. Schließlich kann man nicht fragen, wo die *Bar 25* ist! Ungeschriebenes Kredibilitätsgesetz.

Bei Verstoß degradiert man sich als Neuberliner und wird sofort in die Geächteten-Kaste der *Touristen* eingestuft. Es gilt: Wenn du neu in der Stadt bist, dann verhalte dich wenigstens nicht so. Du weißt, wo die Bar ist. Du nennst sie schließlich auch nur *die* Bar. Denn keiner sagt »Bar 25«.

Du weißt auch, dass du gerade meilenweit in die falsche Richtung gehst, denn alles, was du gerade machst, ist – falls dich jemand fragt – ein kleiner, völlig entspannter Prä-Party-Spaziergang entlang der East Side Gallery.

Auch weißt du, dass dein interessierter Blick durch die Tore dieser 0815-Bar von eben wirklich nur der reinen Neugier geschuldet war und nicht – Gott bewahre! – den Zweck hatte zu prüfen, ob es sich bei dieser konventionellen Aufgeschütteter-Strand-und-Caipirinha-Klitsche vielleicht um *die* Bar handelte.

Denn das wäre ja zu komisch, das wäre ja wie diese Geschichte, die dir vor zwei Wochen auf einem Konzert im Lido passiert ist, als ein Typ auf dich zukam – während du rauchenderweise dem Geschwurbel einer neuen Hipster-Band lauschtest – und dich fragte: »Ey, haste mal 'ne Schrippe für mich?«, worauf du mit hochgezogenen Augenbrauen entgegnetest: »Äh, nein? Wo soll ich die denn hernehmen?!« Und der Typ dann schulterzuckend meinte: »Ich dachte nur, weil du rauchst.« Dann drehte er sich um und haute einen weiteren Raucher nach einem Brötchen an. Nicht zu wissen, dass das Wort »Schrippe« nicht das fesche Berliner Slangwort für »Kippe« ist, ist schon ein sehr tragischer *Fail*, wenn nicht sogar das komplette *Game Over* bei dem von Neuberlinern allseits gespielten Dazugehörerei-Vortäuscherei-Rollenspiel. Nein, natürlich ist es auch nicht das erste Mal heute, dass du in *die* Bar gehst. Natürlich warst du da schon an etlichen Abenden, Morgen und Mittagen.

Hast legendäre Geschichten erlebt, wie die: *Setze hier irgendeine Geschichte eines unglaublichen, selbstverständlich mehrtägigen Partyexzesses ein, der wahnwitzige Kombinationen verschiedener Pillen und/oder Pulvern beinhaltet sowie völlig absurde Sachen, die in Momenten von total krassem sexuellen Exhibitionismus gesagt wurden. Und beende die Geschichte unbedingt damit, dass du, bevor du doch noch nach Hause gegangen bist, dir erst mal das Konfetti aus den Boots gekippt hast.*

Mit all diesem Verhaltenscodex-Wissen intus kann ich einfach nicht fragen. Unmöglich. Als ich an einem roten Backsteingebäude ankomme, auf dem »Der Speicher« steht, merke ich, dass ich fast schon an der nächsten S-Bahn-Haltestelle, an der Warschauer Straße, bin und es geht mir auf, dass ich vermutlich wirklich in die andere Richtung hätte laufen müssen. Ich drehe um. Diesmal laufe ich schneller.

Je später der Abend, desto weniger lassen sie rein, heißt es. Und sie sollen sowieso schon nicht jeden reinlassen. Ich mache mir aber mal keine Sorgen und laufe über den Beton zurück. Lasse die geschichtsträchtigen Bilder, den Künstler und das Pärchen in Regenjacken erneut hinter mir, nur diesmal auf der linken und den Ostbahnhof auf der rechten Seite.

Schließlich finde ich noch einen Clubeingang in der Mauer, der nicht *die* Bar ist, gehe weiter, immer noch Mauer, keine Gallery mehr, die *Maria*, ein Technoclub, überquere eine Straße, dann sehe ich von Weitem gegenüber einer Tankstelle eine Menschentraube. Der Eingang.

Ungefähr vierzig Leute stehen im Pulk vor einer Tür in der Mauer. Neben der Tür sind eine große 25 sowie verschiedene überlebensgroße Menschen mit Tierköpfen und missmutigen, gelangweilten Gesichtern aufgemalt, die ordentlich aufgereiht Schlange stehen. Das vorderste Tier ist ein Esel mit Sonnenbrille in topmodischer Kleidung. Vor der Tür steht eine kleine Absperrung, dahinter eine dünne Frau mit milchkaffeebrauner Haut. Sie trägt eine von diesen Hosen, die an den Beinen eng, aber im Schritt weit sind.

Ihr Oberteil ist getigert, ihre schwarzen Haare modisch kurz, die Augen in ihrem knochigen Gesicht golfballgroß. Sie mustert uns mit flinken, wilden Blicken über die Absperrung, ihr Kopf wippt dabei so hektisch, dass es wirkt, als würde sie nicken. Ich habe sofort das Bild eines dünnen, geschlagenen und deswegen jähzornig verwirrten Zootiers im Kopf, das über seinen Zaun einmal kreisrund nach allen Schaulustigen schnappt. Sie könnte aber auch die auf Kokain abgestürzte ältere Schwester von Halle Berry sein. Nicht mehr alle zusammen, aber in der Sicherheit ihres Käfigs.

»Hier kommt heute niemand mehr rein!«, geifert sie über die Absperrung, einmal mit dem Blick über all unsere Gesichter kreisend. Direkt vor mir steht ein Mädchen mit einer pinkfarbenen Riesenschleife im Haar. »Ach, das sagt sie jeden Sonntag!«, meint sie mit einer wegwerfenden Handbewegung, dann hippelt sie weiter zu den dumpfen Beats, die aus der Bar heraus auf den Bürgersteig wummern.

»Ist ja immer das gleiche Spiel!«, tönt es aus einer anderen Ecke. Man lässt sich nicht verunsichern. Neben mir wird auch gewippt. Ein winziges Mädchen in einer neongelben Strumpfhose und einem Kleid, das aussieht wie das eines vom rechten Pfade abgekommenen Funkenmariechens, hat ihr Gesicht hinter einer schwarzen Maske mit Pailletten verborgen und raucht einen dünnen Joint. Der Duft wabert über die wartenden und größtenteils hippelnden Köpfe. Die Sonne verschwindet. Autos rasen an uns vorbei. Immer wieder tritt jemand nach vorne und versucht, die Türsteherin zu bequatschen.

Wie ein junger Asiate mit Käppi: »Ich kenn den Danny hier. Ich steh eigentlich auf der Gästeliste, aber da ist was schiefgelaufen.«

Obwohl er direkt vor ihr steht, sieht sie ihn nicht an, sondern guckt mit gerecktem Kinn über ihn hinweg, wippt mit Kopf und Knien unruhig zu den Beats, wirkt, als würde sie selbst warten.

»Ehrlich, ey. Und du kennst mich doch auch. Ich steh schon so lange jetzt.«

Sie guckt kurz zu ihm runter, grinst. Ihr Blick sagt: *Ich höre dich, aber es macht so Spaß, dich zu zergen. Eigentlich könntet ihr alle rein. Jetzt sofort. Aber wo wäre dann der Spaß?*

Sie bläst eine große weiße Kaugummiblase, mustert ihn von oben bis unten. *Aber was wäre dann mein Job?*

»Hässliches Käppi!«, sagt sie. *Aber was wäre dann mit dem Mythos der Bar?* Sie dreht sich um, geht zwei schnelle, hektische Schritte zum Eingang zwischen den Mauern, beugt sich rein, als würde sie von da aus erkennen, wie viele Menschen da sind, dreht sich wieder um, geht zu ihrem Ausgangspunkt zurück und sagt dann: »Kannst rein, husch, husch, aber schnell, weg hier jetzt.« Sie weist ihn an, ohne ihn anzugucken. Der Asiate bedankt sich schüchtern, fast ehrwürdig, und flitzt dann schnell an ihr vorbei, bevor sie es sich anders überlegt. Dann streckt sie den Arm aus:

»Du und du!« Sie zeigt auf zwei Mädels, die bunte Sonnenbrillen tragen. »Rein«, lautet der Befehl. Die Mädchen schauen sich lächelnd an und verschwinden durch die Mauer.

»Jaaa, ich hab jetzt meine guten fünf Minuten. Wer will noch alles, he? Du? Du? Du? Du! Du! Du!«, sie feuert etliche »Dus« aus ihrem ausgestreckten Maschinenpistolen-Zeigefinger auf die wartende Traube.

»Ihr wollt alle rein. Kommt ihr aber nicht.«

Sie grinst hämisch. Läuft wieder ein paar Schritte zwischen Eingang und Absperrung hin und her, hält dann plötzlich inne, guckt geistesabwesend, Kaugummi kauend die Straße runter und heftet ihren Blick dann an einen hübschen Blonden im Unterhemd.

»Du! Bist du allein?«

Er nickt: »Yo, bin ich.« Sie zeigt energisch auf den Eingang: »Dann ab!«

Wenige Menschen unterhalten sich, oft klingelt das Telefon. »Ja, ey Mann, wir kommen nicht rein«, »Bis gleich« und wieder *Wie jeden Sonntag*.

Die wartende Traube hört nicht auf zu wippeln, es ist, als würde man sie von etwas abhalten, als wären alle aufgezogene Tanzpuppen, die hier gewaltsam hinter der Absperrung festgehalten würden, wie mit Gurten scheinen sie am ekstatischen Weitertanzen gehindert. Sie wollen nicht rein, sie müssen. Da ist ein starkes Verlangen. Sobald einer rausgepickt wird, lässt die Spannung in ihm nach, er verlässt die zurückgehaltene nervöse Traube erleichtert, aber auch dynamisch. Nur wenige Schritte, dann folgt für ihn die endgültige Erlösung. Die Erlösung Bar. Rein, rein, nur rein.

Die schnappende Halle Berry lässt immer wieder Menschen an der Absperrung vorbei, die von der anderen Seite kommen und ihr Küsschen geben.

»Hey Baby!«, begrüßt sie enthusiastisch ein Pärchen in den Mittdreißigern, beide mit rechteckigen, auffälligen Brillen, sie in einem orangefarbenen Mini mit grauem Oberteil und exzentrischem Silberschmuck. Er mit Bart, in schwarzer Röhre und weißer Tunika. Sie werfen sich Wortfetzen zu, Begeisterung, Partyworthülsen, Gefälligkeit. Der orangefarbene Mini-Hintern mit Stretchanteil wackelt an unseren wartenden Gesichtern vorbei. Jemand stupst mich von hinten an, ich drehe mich um und blicke in das Gesicht eines jungen Mannes mit roten, kurz rasierten Haaren in einer dunkelgrünen Jacke.

»Ach, sorry. Ich dachte, du wärst, aber bist du nicht«, stellt er fest. Ich nicke. Bin ich nicht. Was auch immer.

»Bist du alleine hier?«, fragt er dann.

»Ja, ich treffe drinnen ein paar Bekannte.«

»Aber du bist alleine hier an der Tür, ja? Dann wollte ich nämlich fragen, ob du vielleicht sagen kannst, dass wir zusammen da sind, falls ich mit Frau besser reinkomme.«

Ich nicke. Ob diese alte, merkwürdige Regel hier auch gilt? Ich kann es mir nicht vorstellen. Für die Bar müssen doch andere Regeln gelten, exotischere. Wahrscheinlich, mutmaße ich, ist der Rothaarige nicht von hier und weiß es nicht besser. Vermutlich ist er weit gereist, für eine Nacht oder auch mehrere in einem der legendärsten Clubs Berlins. Deutschlands. Europas. Wahrscheinlich sogar der Welt. Die Bar kennt man eben. Denn sie ist nicht nur ein Open Air Club direkt an der Spree. Man sagt, sie ist gleich eine ganze Lebensform, ein Zirkuszelt, ein Restaurant, ab und zu ein Freiluftkino, und insgesamt ein Experiment, eine Kommune, denn die Betreiber wohnen hier auf dem Gelände, rattere ich in Gedanken jegliche Propaganda herunter, die man mir im Laufe meines noch relativ kurzen Berlin-Lebens über die Bar eingetrichtert hat.

Hier muss man einfach mal gewesen sein, oder gleich familiär *Hey Baby!* dazugehören.

Das abgehalfterte Funkenmariechen neben mir beginnt mit einem verhungerten Typen in Achtziger-Klamotten rumzuknutschen. Sie schmatzen laut. Ich gucke auf das Display meines Handys.

»Sorry«, höre ich mich sagen und trete nach vorne zu der schnappenden Halle Berry: »Ich wollte eine Band sehen, die jetzt gleich anfängt. Kann ich bitte rein, sonst verpasse ich die.« Ich gucke ihr in die braunen Augen. Sie guckt in meine. Prüfend. Sie mustert mich. Ich zähle den Countdown, bis sie eine halbherzige Beleidigung ausspuckt, so läuft das Spiel doch. *Jeden Sonntag.*

»Ich wollte eine Band sehen«, äfft sie mich nach. »Kannst dir nächstes Mal mehr Mühe mit deinem Outfit geben.«

Dann winkt sie mit einer laschen Handbewegung über ihre Schulter, ich kann gehen. Ich grinse sie freundlich an und hoffe inständig, dass mein Blick gleichzeitig sagt: »Nächstes Mal im Eselskostüm, versprochen.«

Am Kassenhäuschen werden *ten Euro* verlangt. Ich zahle und kassiere einen Stempel auf die Innenseite meines Handgelenks. Dann stehe ich mittendrin. Grüne Lichterketten lassen die Blätter der Bäume gegen den schwarzen Himmel unwirklich satt dunkelgrün aussehen, wie saftige, leuchtende Gummibäume.

Neben dem Kassenhäuschen steht ein Wagen, dessen rote Aufschrift »Blume und Taschen« verkündet, beide Türen sind offen. Auf der einen Seite drängeln sich Mädchen, auf der anderen Seite Jungen in das gelblich beleuchtete Innenleben des Wagens. Links von mir ist ein Weg, rechts wird unter einem weißen Zeltdach aufgelegt.

Von dort hämmert ein steter, fester, flacher Beat in die Sommernachtluft, schwillt immer mehr an, als krieche er mir entgegen. Eine ätherische Stimme summt dunkel *More, Give me more, Give me more,* ich setze mich in Bewegung, es klimpert und hallt, mein Körper bebt mit, als ich mich schließlich durch die tanzende Menge schiebe.

Der Klangteppich wird immer dicker. Tanzende Körper rutschen an mir rauf, rutschen an mir runter, wippen auf Zehenspitzen, Zeigefinger in der Luft, zuckendes Licht. Dann bricht der Beat ab. Die bis in die Fingerspitzen angespannten Tanzkörper fallen in sich zusammen, Köpfe nicken auf die Brust. Bohrende, durchdringende Geräusche umschwirren die Menge, geschlossene Augen, volle genießerische Konzentration. Ein Summen umkreist uns, es flirrt, wird lauter, dichter, Blitze zucken, alles spitzt sich zu. Erneute Anspannung in Erwartung. Dann endlich bricht der Beat von ganz weit wieder durch den Klangteppich hindurch, näher, dringlicher, lauter, ganz nah.

Explosion und Ekstase. Ausgelassene Schreie, Hände schnellen in die Luft, erleichternde Erfüllung, lachende Gesichter mit geschlossenen Augen, verwischte Schminke, Silberpuder auf braunem Mädchenrücken. Alle zusammen, jeder für sich alleine. Wie ausgespuckt aus einem Energiefeld stehe ich da, als ich auf der anderen Seite wieder aus dem weißen Zeltdach hinaustrete. Links vor mir steht ein weiß-rotes Zirkuszelt, geradeaus sitzen redende Grüppchen, umgeben von Lichtern auf einem Steg am Wasser. Neben dem Zirkuszelt steht ein verlassenes Autoskooter-Auto. *Die* Bar ist ein Park, denke ich. Ein kleiner Wald vielleicht auch. Ein Märchenwald.

Ein Märchenwaldspielplatz für viel zu große Kinder. Sie tummeln sich unter dem samtschwarzen Sommerhimmel, zwischen Lichtern und Bäumen, in bunten Leggins, in Vintage-Sachen aus dem Jahrzehnt ihrer Geburt, mit Glitzer im Gesicht, Federn in den Haaren und goldenen Klackerschuhen an den Füßen. Unter einer großen Trauerweide ist eine breite Schaukel angebracht, ein Pärchen sitzt rittlings darauf, sie tauschen leicht schaukelnd, weggetretene Zungenküsse.

Über allem hängt eine große Spiegelkugel. Sie wirft Hunderte kleine weiße Lichter, die sich mit ihr drehen und über alles hinwegtanzen. Wenn man zu lange auf den Boden mit den tanzenden Reflexionen guckt, wird einem schwindlig. Ein tolles Spiel. Ich stehe dort und probiere aus, wie schwindlig mir werden kann –

wie ein Kind, das sich mit ausgestreckten Armen auf der Wiese kreiselt, nur muss ich nichts machen, nur gucken.

In einem alten roten Fotoautomaten sitzt eine Frau mit langen Wimpern. Sie hat die Lichtschutzgardine beiseitegeschoben, sitzt breitbeinig in einem weißen Kleid auf dem Hocker und isst eine Pizza. Rechts von ihr ist ein großer, offener Holzverschlag, bis auf den letzten Quadratzentimeter mit einer stampfenden, tanzenden Masse belegt, ächzendes Holz unter Techno-Beats im warmgelben Licht. Daneben ruhig und starr das schwarz glitzernde Wasser der Spree.

Würde Schneewittchen *high as a kite* auf Pilzen vorbeitanzen, ich würde mich nicht wundern. Kleine Feen mit Silberstaub auf den Kleidern gibt es genug und böse Wölfe lauern eh überall. Lametta-Weihnachten, Kindergeburtstag und Karneval, alle Feste der Kindheit zusammengepackt in eines mit Begierde, Rausch und Techno. Fast scheint mir alles aber schon so unschuldig, dass ich die ausschweifenden Geschichten, die man sich zuraunt, nicht mehr glauben möchte.

Ein Mann, Typ ewiger Junge, rennt mit nacktem, dürrem, verschwitztem Oberkörper an mir vorbei, sein Gesichtsausdruck strahlt trotz der tiefschwarzen Augenringe pures Glück aus. Er rennt auf ein kleines Mädchen in Cowboy-Stiefeln zu, hebt sie hoch und reibt dabei seinen Schweiß an ihrer dünnen grünen Filzjacke ab, während über sie hinweg die Lichter der Spiegelkugel tanzen. Ich starre raus aufs Wasser.

Hier seid ihr also immer alle, ihr Berliner Stadtkinder, denke ich mir, stolpere über meine eigenen Füße und betrete das kleine Zirkuszelt. Auf der Bühne singt eine Frau mit einer schwarzen Federmaske zu ruhigen, moosigen Tönen mit elektrischen Klangsplittern, raschelnd, jaulend und mit theatralischen Bewegungen. Vor der Bühne stehen ein paar vereinzelte Party-Kreaturen, nicken den Takt mit, trinken Bier aus grünen Flaschen, ein Mädchen im weißen Streublümchenkleid wiegt sich hin und her, verträumt.

Neben der Bühne steht eine Badewanne. Zwei komplett abgedichtete Endzwanzigerinnen haben sich mit ihren Hintern zuerst hineinfallen lassen, ihre Beine hängen raus, sie lachen hysterisch, spritzen die Herumstehenden mit dem Badewasser nass. Die meisten sitzen, lieben und lehnen auf den Couches und Sitzwürfeln, die den größten Raum im Zelt einnehmen. Auf der rechten Seite im Holzverschlag gibt es eine Bar. Ich erspähe eine der Bekannten, die ich hier treffen wollte, sie wartet an der Bar.

»Hey, da bist du ja.« Ich werde stürmisch umarmt, bekomme Küsse auf die Wangen.

»Ich warte hier schon voll lange auf was zu trinken, aber ich komme einfach nicht ran. Was willst du trinken?« »Bier!«, entgegne ich automatisch.

»Sehr gut!«, lacht sie. »Endlich habe ich jemanden zum Trinken gefunden, die anderen trinken ja alle nicht, die ...« Sie lässt den Satz unvollendet im Raum hängen. In vielen anderen Situationen hätte man den Satz gedanklich mit »... die müssen ja alle fahren!« ergänzt.

Hier ergänzt man ihn mit: »... die ziehen ja alle.«

Koks im Märchenwald.

»Die Band ist total gut. Ist angenehm, so ruhige Klänge mal hier drin. Guck mal, wer alles da ist. Kennst du eigentlich alle? Soll ich sie dir vorstellen?« Sie sieht zu den Sitzgelegenheiten rüber. Ich erkenne kein einziges mir bekanntes Gesicht. Aber es gibt keinen Grund zur Eile, denn wir stehen noch länger an dem Holzverschlag. Ein Typ neben mir trägt eine Papp-3D-Brille mit einem roten und einem grünen Plastikglas. Hinter mir spricht und lacht man englisch mit britischem Akzent. Die Menschen hinter der Bar wirken blasiert, ein wenig stolz, vielleicht auch weltfremd, oder einfach nur high.

Bier, Weißwein, Aperol Tonic, Cola und Wasser mit Zitrone – die Getränke sind umkämpft, es wird gedrängelt, gedrückt und geschoben. Dann sind wir dran: »Zwei Bier bitte.«

Meine Bekannte lädt fröhlich grinsend ein.

»So schön, dass du hier bist!«, strahlt sie, als wir feierlich anstoßen. Doch dann kommt eine große Blonde in weitem Blumenrock vorbei, fällt meiner Bekannten um den Hals, großes Hallo, ein entschuldigender Blick und die beiden schieben sich durch die Leute zum Ausgang des Zeltes. Ich setze mein Bier an, gucke zur Bühne. Die Maskenfrau verrenkt sich im faden gelb-grünen Lichtspiel der Bühnenbeleuchtung. Es kommt mir so vor, als ob ich ihre Musik schon kenne, woandersher, nur besser. Ich lasse mich auf einem der Sitzwürfel nieder, rutsche knautschig tief. Sollte ich nicht besser gleich tanzen gehen? Welche Geschichte soll ich sonst später aus der Bar erzählen? Ich bin da gewesen und hab mich kurz unterhalten? Ich habe unter einem bunt beleuchteten Zelthimmel gesessen und Bier getrunken?

Ich muss doch was erleben, verdammt! Es ist doch *die* Bar. Wahrscheinlich macht sie bald zu. Die machen ja das komplette Spreeufer platt. Noch mehr Beton, diesmal zu Gunsten von wichtigen Medien-Firmen. Berlins Wirtschaft beleben, lautet der Plan. Die Frau auf der Bühne beginnt zu trommeln. Die Endzwanzigerinnen verlassen die Badewanne neben der Bühne, laut gibbelnd rennen sie mit ihren nassen Sachen durch das Zelt.

»Albertooo!«, schreien sie, als sie einen hageren dunkelhaarigen Mann mit Zylinder erspähen. Er lächelt selbstgefällig. Auf seinem weißen T-Shirt prangen die Umrisse eines Turnschuhs, gemalt im Comic-Stil. Ich trinke mein Bier schneller, zügiger. Ich muss lockerer werden. So bin ich zu weit draußen, nüchtern hier sitzend, umgeben von Badenixen, Zylinderträgern und Fabelwesen, kann das kein legendärer Abend werden.

Hätte ich gleich zwei Bier nehmen sollen? Später muss ich wieder so lange auf das nächste warten. Vor mir auf dem Boden liegen etliche lila Bonbons. Ich greife danach, ziehe die Hand dann aber doch wieder zurück. Ich könnte ja gleich noch einen Schnaps zum Bier dazubestellen, oder zwei, überlege ich. Doch als sich jemand neben mir auf den Würfel fallen lässt, werde ich aus meinen Gedanken gerissen.

»Ganz schön frech«, höre ich eine männliche Stimme zu mir sagen. Ich verstehe erst nicht und blicke dann in das Gesicht des Rothaarigen mit der grünen Jacke.

»Du hattest doch versprochen, dass du mich mit reinnimmst. Aber dann bist du einfach ab durch die Mitte.«

Ich hatte ihn ganz vergessen. »Oh, keine böse Absicht, wirklich nicht. Sorry.« Ich lächle lasch.

»Kommst du aus Berlin?«, fragt er. Typische erste Frage in dieser Stadt. Je nach Spielart ist nach einem »Nein« das Spiel oft schon beendet. Falls aber ein problemloser One-Night-Stand auf der Zielgeraden angepeilt wird, kann gerade diese Antwort der Jackpot sein.

»Ja«, antworte ich, aber es fühlt sich noch ungewohnt an: »Ich wohne hier.«

Er nickt. »Habe ich auch lange. Jetzt wohne ich in Hamburg. Welcher Bezirk?«

»Moabit.«

»Ah! Hab ich auch mal gewohnt. Und in Charlottenburg. Später dann im Wedding und in Friedrichshain. Verdammt ...« Er lässt den Blick kreisen: »Ich war früher so oft hier. Und wenn ich das jetzt sehe ... Es ist einfach nicht mehr das Gleiche.«

Ich befürchte, dass das die alten Hasen hier alle behaupten. Schließlich erzählt man sich das doch immer, überall. Früher war eben immer alles besser. Obwohl ich ihn nichts weiter frage, erklärt er: »Ich musste aus Berlin raus, weißt du? Ich konnte das nicht mehr. Und wenn ich das hier alles so sehe, dann weiß ich, dass es richtig war.«

Wie dramatisch, denke ich und um ihn aus seinen leeren Behauptungen rauszulocken, frage ich nach: »Wieso? Was hat Berlin dir getan?«

»Na ja ...«, er lächelt.

»Ich bin hierhergekommen, um zu studieren, damals. Erstes Semester. Von der Uni hab ich nicht viel gesehen. Die Stadt zieht dich einfach in ihren Bann. Dieses Rausgehen, Feierngehen, immer, überall, die Drogen. Ich musste die Stadt hinter mir lassen, um da rauszukommen, um neu zu starten. Ich meine, guck dir die Leute an. Es hat sich nichts geändert, es ist eher schlimmer geworden. Es ist Sonntag. Von denen sitzt morgen niemand in der Uni.«

»Stimmt«, pflichte ich ihm bei. »Es sind ja auch Semesterferien.«

Er grinst: »Ja, gut. Aber im Semester ist es hier doch genauso.«

Ein Mädchen mit schwarzen Locken stolpert über unsere Beine. Ihre Brüste fallen bei diesem Akt gefährlich weit aus ihrem roten Rüschentop. *Hihi*, grinst sie uns keck an, keine Spur von Scham. Auf ihrer rechten Wange klebt ein Bambi-Abziehbild. Sie rennt schwankend einem anderen Mädchen in die Arme und brabbelt dabei lautstark in einem melodiösen Italienisch vor sich hin.

»Vermutlich«, ergänze ich, der Bambi-Italienerin nachguckend.

»Ich bin Gregor, und du?« Er reicht mir plötzlich seine Hand. Mein Bier ist leer, denke ich. Schaffe es aber nicht, das zu sagen, sondern nenne ihm meinen Namen.

»Und was machst du in der Stadt?«

»Studieren.«

»Aber du bist nicht eine von denen, stimmt's?«

Mit »eine von denen« meint er wohl alle um uns herum. Und obwohl *alle um uns herum* so verschieden sind, wie sie nur sein können – zwanzig, Mitte dreißig, Ende dreißig, Student, Künstler, Auszubildender, Journalist, Friseur, Musiker, Kurator, arbeitslos, Abi-Nachholer, Weltenbummler, auf Koks, auf Alk, aus Berlin, aus Hamburg, aus der Uckermark, aus Spanien, Italien, den USA oder Dänemark –, weiß ich dennoch, was er meint.

»Ich glaub nicht«, meine ich vage. Er nickt.

»Soll ich uns noch ein Bier holen?« Ich stimme zu. Als er aufsteht, ist die Band fertig und die Sängerin verweist auf ihre

MySpace-Seite. Meine Bekannte hat mich plötzlich wieder entdeckt und anstatt moderat auf mich zuzugehen, läuft sie schnell und trippelig, wie ein Kind am Sandkasten, das seiner Mami in die Arme rennen will. »Hey, da bist du ja. Das ist Maja, von der ich dir so viel erzählt habe«, stellt sie ihre Freundin mit dem Blumenrock vor und weiß gleich, dass sie Kuratorin aus Berlin-Mitte, geboren in Heidelberg, ist.

»Wollen wir tanzen?«, frage ich die Mädels. Sofort huscht ein schnelles Glänzen in ihre Augen: »Ja, lasst uns nach vorne zu dem weißen Zeltdach gehen.« Zwei Gesichter lächeln mich ansteckend an, dann werde ich umarmt und als wir uns in Gang setzen, begleitet uns die kurzweilige Überzeugung, dass uns von jetzt an die Party unseres Lebens bevorsteht. »Hier, möchtest du eins? Die wurden vorhin überall verteilt«, höre ich von Maja, als ein lila eingewickeltes Bonbon in meiner Hand landet.

Fest steht: Was auch immer die Nacht bringt, ob sie heute die Konfettikanonen anschalten oder nicht, mindestens eine von uns wird später allen erzählen, dass sie sich, kaum zu Hause, erst mal das Konfetti aus den Turnschuhen gekippt hat ...

DIE 5. GESCHICHTE

Heiße Nächte in Alaska

Robert (22), Politikwissenschaftsstudent aus Trier,
über
eine Fahrt »entlang des Hundekopfes«

Es herrschten geschätzte minus zehn Grad. Auch in der Bahn sah man seinen Atem, ließ die Handschuhe, unter denen die Griffel bereits schmerzhaft rot angeschwollen kurz vor Erfrierungsgrad 1 standen, lieber noch an und den dicken Schal am Hals lockerte man nur leicht. Es war mein erstes Semester in Berlin, Wintersemester. Die Stadt hatte mich erst mit hundert Euro Begrüßungsgeld willkommen geheißen und dann erbarmungslos eingefroren. Wortwörtlich. Denn ich blieb sitzen, als die S-Bahn mit ihrer kristallklaren Frauenstimme verkündete: »Nächster Halt Heidelberger Platz.«

Ich blieb auch sitzen, als sie hielt. Ich blieb sitzen, als ich sah, wie sie ihre Türen öffnete und an jeder Tür ein kleines Grüppchen pflichtbewusster Studenten verlor. Ich blieb auch sitzen, als sie bereits ihr typisches *Düt-düt-düüüüt*-Warnsignal ausstieß, mit dem sie einem jeden Fahrgast mitteilte, dass er es gerade noch nach draußen schaffen konnte, wenn er nun rannte und den Kopf einzog, aber dass er, falls er jetzt noch versuchen sollte, nach draußen zu schleichen statt zu rennen, leider erbarmungslos zwischen den beiden sich schließenden Türen zerquetscht werden würde. *Düüt-düüt – Meine freundliche Warnung an euch Ringfahrer – düüüüüt.*

Ich blieb sitzen. Sah, wie sie ihre Türen endgültig schloss, für dieses Mal niemanden zerquetschen musste und dann leise heulend wieder anfuhr. Ich blieb regungslos, als wir am Gleis vorbeifuhren und ich ihn vorbeilaufen sah, den grau-schwarzbraunen Wintermanteltross, der sich unermüdlich auf die Stufen zur U-Bahn zubewegte. Er würde in die U3 steigen und brav zur Universität fahren. Ich aber blieb der lesenden Dame gegenüber sitzen, die so schön nach Multivitaminbonbons roch und sich in ihre braune Bob-Frisur so todschicke weiße Streifen hineingefärbt hatte. Ich blieb sitzen.

Der Hauptgrund war wahrscheinlich die Kälte. Wieder nach draußen zu müssen, in dem Tross schweigend über den gefrorenen Boden zu knirschen, ebenso schweigend und etwas weniger knirschend die Stufen runter in den kalten U-Bahn-Schacht zu steigen, bis die U-Bahn kommt, mit dem *Phantom der Oper* in einer Straßenmusiker-Akkordeon-Fassung beschallt zu werden, in der Bahn langsam wieder aufzutauen, dann aber viel zu schnell wieder aussteigen zu müssen, um wieder in Tross-Formation durch den Schnee zur Uni zu waten, um neunzig Minuten in der Wärme zu verbringen, nur um danach wieder raus in die sibirische Kälte zu müssen, das war einfach keine Vorstellung, für die ich mich an diesem Tag besonders erwärmen konnte.

Bei maximal zwei erlaubten Fehlzeiten pro Kurs riskierte ich also einen kompletten Fehltag – und das, obwohl ich schon in der Bahn saß. Mir war diese Unvernunft kurzzeitig egal, mit meinem Körper waren auch mein Gewissen und mein Verstand eingefroren, funktionierten, eingemattet in starre, kalte Gleichgültigkeitsmasse, nur noch abgehackt, verzögert.

Und dann war da noch diese andere Sache, die an die zugefrorenen Scheiben meiner Entscheidungsfällungszentrale im Gehirn klopfte. Sie kam aus der Erinnerung an den vorherigen Tag, an die Methoden-Vorlesung. Da hatte er eine Reihe vor mir gesessen. Der Prof hatte gerade geendet, das allgemeine Beifall-Klopfen – in den meisten Fällen eher ein Erleichterungsklopfen – war gerade verklungen, als er aufstand und lautstark ein Gespräch fortsetzte, das er während der Vorlesung im Flüsterton geführt hatte.

»Ey und wenn du Berlin wirklich kennenlernen willst, brauchste eigentlich nur mal den Hundekopf entlangfahren.« Seine kleine blonde Gesprächspartnerin kicherte glucksend auf und ich wurde hellhörig. »Ick mein den Ring fahren. Der Ring ist nämlich eigentlich keen Ring, guck dir das Ding auf der Karte mal an, sieht aus wie ein Hundekopf. Aber, wie auch immer, was ick damit sagen will, einmal rum, das sind vierzig Kilometer, da fährste durch alle Stadtteile, die wichtig sind, siehst von überall ’n bisschen was, siehst, welche Leute da ein- und aussteigen und kannst schön aufm Hintern sitzen bleiben. Und wenn’s lustig war, fährste noch ’ne Runde …« Dann hatte er laut gelacht, obwohl es nichts zu lachen gab, seine kleine, blonde Gesprächspartnerin hatte noch freundlich verunsichert gegrinst und so spleenig seine Idee auch sein mochte, sie hatte sich in mir festgesetzt.

Ein Hauch von Stadtromantik.

Einsamer Großstadtwolf fährt Runde um Runde mit der Ringbahn, vielleicht einen ganzen Tag, beobachtet die Leute, sieht, wo sie morgens einsteigen, wo sie abends wieder aussteigen, wird Zeuge verschiedenster Gespräche, Probleme und Geschichten, wird Zuschauer eines sich alle paar Stationen erneuernden Impro-Theaterstücks, für das er nichts weiter tun muss, als zu sitzen und geschätzte 6,5-mal seine Fahrkarte vorzuzeigen.

Spleenig, aber irgendwie super.

Die Frau mit dem Streifenbob klappte ihr Taschenbuch auseinander, der Titel wurde kurz sichtbar, *Heiße Nächte in Alaska*, wie passend, ging mir noch durch den Kopf, dann klappte sie das Buch wieder um. Auch der Lockenkopf neben ihr, der gleichzeitig

Musik über weiße In-Ear-Kopfhörer hörte, las ein Buch mit einem äußert passenden Titel: *Schweigeminute*.

Ja, morgens in der Berliner S-Bahn herrschte die stille Übereinkunft, dass man nicht redete und sich leise verhielt. Schon ein Husten, Brötchentütenknistern und sogar ein Umblättern waren ein Affront, ein Aufreger, bei dem empfindliche Gemüter zusammenzuckten oder sich umdrehten, um böse Blicke abzufeuern oder leise verächtlich, mit gerunzelter Stirn den Kopf zu schütteln. Denn morgens waren alle alleine. Flogen alleine aus, wo immer sie hin mussten, hörten Musik nur für sich oder lasen nur für sich, in dieser typischen Lesepose, mit dem aufgeschlagenen Buch in der rechten Hand, den Daumen zwischen den Seiten und den Arm mit dem Ellenbogen auf dem Bein abgestützt, um in C-förmiger Rückenhaltung den Kopf über das Buch zu beugen.

Der Lockenkopf beispielsweise las so, Alaska las anders. Aber nicht auf diese typische Frauenart, mit der dicken Tasche vor dem gut genährten Bauch, um sie außer als Bauchsichtschutz auch noch als Knietablett für das Buch zu missbrauchen. (Diese Frauen essen dabei meist noch Backwaren, deren Krumen sie während des Lesens äußerst geschickt auf Haaren und Anorak verteilen. Marke: Die faule Genießerin.)

Alaska hielt sich ihr blasslila Buch sportlich mit beiden Händen vor den Kopf, ohne müde zu werden. Vermutlich bemerkte sie ihre Ermüdungserscheinungen aber auch einfach nicht, da sie völlig in ihrem Schmöker verschwunden war, wie ihr konstant zufrieden grinsendes Gesicht andeutete.

Ja, es hatte ganz den Anschein, als erlebte sie gerade wirklich heiße Nächte in Alaska. Passend zu diesem Event hatte sie sich auch feierlich die Fingernägel mit buntem Glitzer bestreut, der in einer durchsichtigen Klarlackmasse haftete.

Draußen vor dem Fenster boten sich nur öde Schneelandschaft, tote Bäume und ein alter, besprayter Güterabfertigungsbahnhof, dann rollten wir in den Innsbrucker-Platz-Bahnhof ein. Ein Mann mit Schäferhund stieg zu, die Bahn warnte ihre Fahrgäste erneut mit ihrem hämischen Warnsignal, die Türen schlossen sich und der Schäferhund öffnete sein Maul, um sich von seinem leicht heruntergekommenen Herrchen den *Straßenfeger*, das Obdachlosenmagazin (das keineswegs ein Straßenfeger war), in einer durchsichtigen Plastikfolie zwischen die Schneidezähne klemmen zu lassen. Das obdachlose Herrchen blieb in Höhe der Tür stehen und der Hund lief demonstrierend mit der Zeitung im Maul durch das Abteil. Er schien stolz zu sein: »Seht her, ich mache das für mein Herrchen und ich mache es gut.«

Während der Hund lief und sich penibel genau vor der nächsten Tür umdrehte, um sich kerzengerade als lebendiger Zeitungsaufsteller hinzusetzen, sagte sein Herrchen den üblichen Text auf: »Ich störe Sie nur ungerne, aber ich verkaufe das Obachlosenmagazin, den *Straßenfeger* ... Aber auch eine kleine Spende würde mich sehr freuen ...«

Nach dem Text entstand eine Pause, der Hund schlug erwartungsfreudig mit dem buschigen Schwanz auf den schmutzigen S-Bahn-Boden, *plock, plock, plock,* das Herrchen wartete kurz und lief dann langsam an den Sitzbänken vorbei, versuchte Blickkontakt aufzubauen. »Haben *Sie* vielleicht Interesse an einer Ausgabe des *Straßenfegers*?«, aber die abgewandten Gesichter blieben genauso unbeweglich wie die Euros in ihren Geldbörsen. Also gingen Hund, Herrchen und Zeitung zum nächsten Sitzabschnitt, um wieder das gleiche, eigentlich sehr rührende Kunststück aufzuführen. Aber in Berlin hatte man das wohl schon mehrere Male gesehen. Auch mit anderen Tieren wahrscheinlich.

Drollige Pinguine hatten vielleicht schon den *Straßenfeger* im Schnabel durch das Abteil getragen, ein Papagei hatte statt des Herrchens den Text aufgesagt und ein Shetlandpony hatte im Stand drei Ausgaben des *Straßenfegers* jongliert, während ein kleiner, putziger Mäusechor Simon and Garfunkels *Homeless* gepiepst hatte.

Außerdem hatte das Herrchen ja keine offenen Wunden, hatte sowohl noch beide Arme als auch seinen Unterleib und von daher sah man, gerade als abgehärteter Großstädter, einfach keine zwingende Notwendigkeit, sein Portemonnaie zu zücken. Hinter den Fenstern tauchten babyblaue, babyrosa und omagraue Container mit Schneehauben auf. Alaska blätterte um und wir hielten am Südkreuz. Der modernste Bahnhof bis dorthin – überdacht von viel Glas, hätte er die minderjährige Schwester vom Hauptbahnhof sein können.

»Aussteigen bitte. Der Zug endet hier. Bitte alle aussteigen«, brüllte eine weibliche Stimme, die so von Genervtheit triefte, dass sie jegliches freundliche »Bitte« gnadenlos ins Nichts nivellierte. Zum Glück galt die Ansage nicht uns, sondern dem Gleis gegenüber, unsere Türen schlossen sich wieder, wir durften im Halbwarmen bleiben.

Alaska legte ihr Buch mit dem Cover nach oben auf ihre Beine, um ein Taschentuch aus ihrer Handtasche zu holen. Ihr selig grinsendes Gesicht machte sie zum Fremdkörper in der Ringbahn. Während sie sich schnäuzte, entdeckte ich am Reißverschluss ihrer Tasche eine kleine bronzefarbene Marke, in die das Wort *Dreamgirl* eingraviert war. Vermutlich besaß sie diese Marke, weil sie so viel träumte. So oder so.

Kurz vor Tempelhof reckten McDonald's, Ikea und Bauhaus ihre Werbetafeln an langen Masten in die Höhe, sie wollten gesehen werden, wohl auch von der Ringbahn aus. In Tempelhof war ich vor noch nicht allzu vielen Wochen gewesen, aber dennoch kamen mir zu der Haltestelle keine Erinnerungen in den Kopf. Alles in Berlin schien mir vom Hören oder vom Lesen irgendwie bekannt, aber dennoch immer auch fremd. Denn ich kannte keine Details, hatte keine Erinnerungen zu den Orten, alles war noch weiß, beschreibbar und somit eben noch austauschbar.

Manchmal ist es schwer vorstellbar, dass ich wirklich hier wohne. Der nächste Halt war Hermannstraße, Neukölln.

Der Lockenkopf mit der *Schweigeminute* verließ uns mit dem Finger zwischen den Seiten des Buches und als Ersatz bekamen wir ein pummeliges Blondding zu unserem Viererplatz geliefert, das sich seinen roten Textilrucksack vor den Bauch legte. Ein Buch kam nicht noch oben drauf, der Rucksack blieb ausschließlich Bauchfettsichtschutz. Die Blonde beließ es beim ausdruckslosen In-der-Gegend-Herumstarren und charmanten Herumspielen an ihrem neongelben Unterlippen-Piercing. Sie schob den Ball immer wieder raus, zog ihn rein, schob ihn raus und machte dabei ein reizend doofes Gesicht. Trotzdem schien sie von ihrem Freundeskreis überaus geschätzt zu werden, denn ihr Rucksack war über und über mit unleserlichen Unterschriften verziert, die mutmaßlich mit halbleerem Edding aufgetragen worden waren.

Um keine Missverständnisse aufkommen zu lassen, prangte neben dem Markenaufnäher »Eastpak« zusätzlich das Bekenntnis: »Nie wieder ohne dich. Knutscha, Asu.«

Vor den Fenstern zogen ein ziegelsteinrotes Einkaufszentrum, ein auf der Ankathete stehendes dreieckiges Hotel und ein merkwürdiges Etwas aus schmutzig pinkfarbenen Stahlträgern vorbei, auf das jemand TODES RAUS gesprayt hatte. Was auch immer.

Ein Typ in Felljacke auf dem Vierer neben uns nahm ein Telefonat entgegen, das sich zuvor durch ein leise sonores Vibrieren angekündigt hatte. Sein Sprechtext durchschnitt von nun an in regelmäßigen Abständen die heilige S-Bahn-Ruhe und so konnten wir alle nicht anders, als ihm zuzuhören. Ja, er sprach zu uns allen, wenn er immer wieder statt eines sauber artikulierten »Ja« ein »Na« von sich gab.

»Na! Naaaa. (Pause) Hassu keinen Versicherungsberater?« Mindestens 15 Fahrgäste in nächster Nähe dachten nun kurz über Versicherungsberater nach. Er hustete in seine Faust: »Doch, ey. Doch, doch. Naaaa! So was gibt's ... Musst du den fragen, ey, ich mach immer bei ... (Pause) Samstach? Weiß nicht. Naa, mindestens Sonntag hab isch Zeit ...«

Mindestens Sonntag. Mindestens fünf Fahrgäste in nächster Nähe korrigierten in Gedanken diesen beliebten Fehler.

Wir erreichten Sonnenallee. Ich wurde langsam müde, langes Sitzen erinnerte meinen Körper zunehmend an die kurze Nacht, er ließ meine Augenlider schwerer werden und verlangte somit trickreich, dass ich meine Augen für mehrere Minuten schloss und meinen Kopf gegen die Scheibe sinken ließ. Als ich meine Augenlider kurz wieder hob, erspähte ich Alaskas Buch, der Blick auf den Klappentext war frei und ich konnte drei fettgedruckte Namen lesen: Sawyer, Charles und Mitch. Ich nahm diese Information auf und klappte die Lider wieder zu.

Treptower Park. Alaska holte einen Holzmarienkäfer an einem langen grünen Stab aus der Dreamgirl-Tasche und legte ihn als Lesezeichen zwischen die Seiten. Ein putziger Holzmarienkäfer unterbrach nun also Sawyers, Charles' und Mitchs verteufelt heiße Nächte in Alaska. Zu dieser unmöglichen Konstellation konnte es auch nur bei meinem Lieblingsfahrgast mit den Streifen im Haar kommen. Ich sah sie verträumt an, während sie sich einen roten Filzschal um den Hals wickelte, aufstand und die Bahn am Ostkreuz verließ. Da ging sie. Tschüss, Alaska.

Ein Mensch, den ich die vergangene halbe Stunde so eindringlich beobachtet hatte, dass ich fast das Gefühl hatte, etwas über ihn zu wissen, ihn ein bisschen zu kennen. Nun ging Alaska raus, verschwand und die Wahrscheinlichkeit war groß, dass ich ihr nie wieder über den Weg laufen würde. Aber ihr leerer Sitz wartete ja nur darauf, mir einen weiteren Bürger dieser Stadt mehrere Stationen lang zu präsentieren. Am Ostkreuz stieg allerdings niemand mehr ein, der willens war, den Platz mir gegenüber zu besetzen, im Gegenteil: Auch Blondie mit Rucksack verließ die Bahn, also döste ich vor mich hin und öffnete erst am Bahnhof Frankfurter Allee wieder meine Augen.

Friedrichshain! Das ach so gehypte Friedrichshain, dachte ich, entdeckte aber nichts Außergewöhnliches im einheitlichen Betongrau, das sich mal hier und mal da unter weißen Schneehaufen und bräunlichem gesalzenen Schneematsch versteckte. Das Einzige, das strahlend hervorstach, war das pinkfarbene Schild, das Werbung für das Ring Center machte. *Bis 21 Uhr geöffnet.*

Dann heulte die Bahn wieder los, ich schloss die Augen und öffnete sie wieder, als wir Storkower Straße erreichten. Mein Fenster hielt direkt vor einem hellblauen Hochhaus, auf dem ein über mindestens 15 Etagen reichender dunkelblauer Wurm zu sehen war, der die große Freude hatte, zeit seines Lebens auf eine drei Etagen große rote Sonne zu starren, die man ihm direkt vor die Nase gemalt hatte. Wir fuhren wieder an, hielten ereignislos an der Greifswalder Straße, hielten an der Prenzlauer Allee, wo eine Frau mit einem roten Trolley zustieg und irgendwo ein Baby greinte.

Draußen lauerte das übliche eintönige Maß an Graffiti, Schnee, kahlen Bäumen, hellgrauen hohen Häusern und Stromkästen mit Schneehäubchen. Hier und da wurde das Einerlei mal mit kleinen grünen Inseln gemeinen Efeus garniert, farbenfroher wurde es aber nicht, so sah die Stadt aus der Sicht der Ringbahn nun mal aus. Grau. Auch im sagenumwobenen Prenzlauer Berg.

An der Schönhauser Allee stiegen Männer mit Mützen ein, setzten sich mir gegenüber. Fast wollte ich wieder wegdösen, als die Bahn Gesundbrunnen hielt und mit einem Schwall wieder Leben in die Bahn gepumpt wurde.

Der Bahnsteig war voll, an jeder Tür versammelten sich zig Menschen, trotz eingefrorener Glieder strömten sie energisch zu uns rein, spähten stumm und verbissen nach einem Platz, die meisten fanden keinen, sammelten sich in den Gängen, standen still. Es ergab sich eine bis auf den letzten Quadratmeter volle Bahn, aber trotzdem herrschten Grabesruhe, leere Gesichter und Eisesstimmung.

Im Kontrast zum Einheitsgrau von Bürgern und Haltestelle warb ein großes kiwigrün-fröhliches Plakat für das Gesundbrunnen Center. *Jeden Tag bis 21 Uhr geöffnet* war auch hier die

Botschaft, doch dabei wollte man es nicht belassen. Neben der frohen Verkündung prangte das Foto eines strahlenden blonden Jungspunds mit pfirsichsamtigem Gesicht im Streifenoberteil, der wahrscheinlich eher in Hamburg-Blankenese wohnte denn in Gesundbrunnen und wahrscheinlich viel lieber segeln ging als in irgendein Nullachtfünfzehn-Einkaufszentrum.

Auf dem Bild stand er aber artig im aufregendsten Geschäft des ganzen Einkaufszentrums – im Supermarkt, direkt vor der farbenfrohen Obsttheke – und grinste wie ein Weltmeister, während seine kleine blonde Freundin über seine Schulter strahlte und sich redlich Mühe gab, mit jedem Muskel ihres Gesichtchens die Botschaft *Ja, Mensch, voll dufte, das mit den Öffnungszeiten* zu verkünden.

Das Plakat strahlte allerdings weitestgehend unbeachtet vor sich hin, die Menschen im Gang unserer Bahn kehrten ihm geschlossen den Rücken zu, standen alle mit dem Blick nach rechts, stumm und steif, und als sich die Türen vor ihnen schlossen, bekam ich das Gefühl, von der Seite in einen Aufzug hineingucken zu können.

Vor den Fenstern zogen ein Trödelladen mit dem herrschaftlichen Namen *Volksbasar*, abgewohnt aussehende, mal bunt gewesene Hochhäuser und ein Fabrikgebäude vorbei. Ich schloss für mehrere Stationen die Augen, genoss die Ruhe und das stetige Fahrgeräusch der Bahn.

Direkt gegenüber der S-Bahn-Station Westhafen standen drei kleine Gartenhäuschen, verloren, eingesunken und vergessen im Schnee, und in meinem Kopf spielten sich mit einem Mal sommerliche Szenen ab: Familie Karlkowsky hatte Familie Schulze zum ersten Mal zum Barbecue mit Buletten und Fassbrause in ihren Kleingarten geladen. Vater Karlkowsky stand, nicht ohne Stolz, an seinem kleinen Holzkohle-Grill und wendete die Buletten, als Vater Schulze neben Vater Karlkowsky vor die kleine braune Gartenhütte trat und sagte: »Mensch, Karlkowsky, da fährt ja ’n Zug durch deinen Garten.«

Und Karlkowsky nickte nur: »Ick weeß, dit is die Ringbahn, da kommt alle fünf Minuten eene, ma von links und ma von rechts.«

Die beiden Männer stießen mit ihren braunen Flaschen an und die Frauen deckten den kleinen klapprigen Gartentisch …

Eine Ringstation weiter, an der Beusselstraße, lockte gleich eine ganze Gartenhäuschenkolonie, die sich an ein wunderschön schmutziges Fabrikgebäude kuschelte. Gartenerholung in der Großstadt.

Und die Mützenmänner stiegen wieder aus. An der Jungfernheide fuhr vor den Fenstern ein gelber Bus los, kichernde Schulmädchen stiegen ein und der wieder frei gewordene Platz mir gegenüber wurde neu besetzt.

Ein Fahrgast aus Charlottenburg. Ein Punk. Oder, besser gesagt, ein käsiger Typ in Lederjacke mit selbst reingedrückten Nieten, einem schlaffen dunkelblonden Irokesen und einer Laptop-Tasche, die an einer rotweißen Absperrkette klimpernd von seiner Schulter hing. Vermutlich fuhr er zur Arbeit. Die Absperrkette an seinem Arbeitsutensil war also seine letzte Artikulation von Rebellion, gegen das Scheißsystem, mit seiner Scheißarbeit. Deswegen trank er auch statt Coffee-to-go ein Bier-to-go, aber weil er es halt doch auch irgendwie ernst meinte mit seiner Arbeit, lieber ein alkoholfreies. Seine wildesten Zeiten hatte der gute Mann aus Charlottenburg definitiv hinter sich.

Die Fahrt wurde bis Halensee immer wieder durch das *Hihihihihi* und *Hehehehe* der Schülerinnen unterbrochen, der Charlottenburger trank seinen Gerstensaft und sonst passierte nichts.

Als in Halensee dann eine Frau mit einem winzigen Hündchen zu uns stieg, rief eine der Schülerinnen durch die Bahn: »Ihr wisst ja, wie dit is, ne? Je kleener der Hund, desto …« und brach dann wieder in Gegibbel aus, was mich dieses Mal umso mehr ärgerte, da ich nur zu gern die Auflösung dieser interessanten Gesetzmäßigkeit erfahren hätte. Natürlich regnete es diverse böse Blicke, hochgezogene Augenbrauen und enervierte Kopfschüttler für die laute Mädchenbande, aber das interessierte die wohl wirklich nicht, nein.

Vor den Fenstern zogen ein HIV-Graffito und ein HERO-Graffito vorbei, kurz hatte man freie Sicht auf die Autobahn – geradeaus ging es nach Schmargendorf und rechts nach Dresden –, das war alles. Das war der Ring, denn der nächste Halt war wieder Heidelberger Platz.

Und wieder blieb ich sitzen ...

DIE 6. GESCHICHTE

Krawall-Touristen

Marius (24), Veranstaltungskaufmann aus Merzig,
über
den 1. Mai in Kreuzberg

Die U-Bahn fährt in den Bahnhof ein, hält, und zwei Menschenmengen stehen sich gegenüber. Die, die raus wollen, und die, die rein wollen, Auge in Auge, starren sich durch die Tür an. Als sie aufgeht, spannt sich alles an, startbereit zum Losschreiten, die einen rein, die anderen raus, ohne Rücksicht auf Verluste.

Doch dann in der entscheidenden Sekunde ein plötzliches Innehalten, es kommt nicht zum Losgehen, Losquetschen, Losdrängeln, denn ein alter Mann schiebt sich schwankend am draußen wartenden Pulk vorbei, betritt die Bahn als Erster und teilt die Masse. Alle schrecken vor ihm zurück, versuchen sich in der unausweichlichen Enge so weit wie möglich von ihm zu entfernen, biegen sich zur Seite, angewiderte Blicke.

Seine Nase ist zertrümmert, ist blau, rot und schief, getrocknetes Blut in seinem Bart, Rinnsale über seinen Wangen, blutunterlaufene Augen, eine Bierflasche ohne Boden in seiner Hand.

»Hier jibbsnisch zu sehn«, brummt er und es klingt, als hätte er eigentlich lieber gebrüllt, aber als fehle ihm die Kraft. Mit verschmierten Händen greift er nach der Haltestange, der Pulk starrt, seine Augen flattern, wenige Sekunden Aufmerksamkeit, dann drängen sie los, die einen raus, die anderen rein, unachtsam aneinander vorbei. Berlin ist nicht die Stadt, in der es jemanden juckt, wenn du vor seinen Augen abkratzt.

So ist es wohl, und einen kurzen Moment peitscht diese kurze Erkenntnis etwas in uns an, erhöht die Spannung, die Gier auf das, was wir glauben, jetzt erleben zu können, als wir uns drängelnd mit dem Wust von Menschen nach draußen schieben, durch die U-Bahn-Tür auf den Asphalt des Bahnhofs Kottbusser Tor.

Mit all den anderen ziehen wir geschlossen die Stufen hoch. Erwartungshaltung. Und ich denke noch, wie hart es ist, dass alle vor ihm zurückgewichen sind, ihm keiner Hilfe angeboten hat, wie abgestumpft die Großstädter sind und wie absurd es ist, dass ich urteile, obwohl ich selber einer von ihnen war, einer, der nichts gemacht hat, der nur geglotzt und bewertet hat, wie alle anderen auch. Und dann denke ich, es ist so, weil wir uns alle nur als Zuschauer begreifen, passiv dazukommen, zur Live-Übertragung …

Deswegen sind wir schließlich auch nach Berlin gezogen. Um live dabei zu sein.

Wenn der Krieg losbricht, wollen wir in der ersten Reihe stehen, wollen das erleben, was andere nur im Fernsehen sehen, wollen dieses große Gefühl haben, an dem Ort zu sein, an dem sich das große Leben tatsächlich abspielt, die Momente, die was hinterlassen im großen Ganzen, die es ein bisschen verändern, das große Ganze. Wir wollen dabei sein, dazugehören, nicht nur unser eigenes Leben leben, sondern Zeitgeschichte miterleben. Aber hauptsächlich glotzen wir nur.

Als wir die letzten Stufen nach oben steigen, öffnet Patta ihr viertes Bier für heute Abend, den Kronkorken wirft sie über ihre Schulter auf den Asphalt, zu all dem anderen Müll, all den Flaschenverschlüssen und Scherben, die unter unseren Sohlen knirschen. Es ist leicht diesig, die Straßenbeleuchtung gelblich, dichtes Gemurmel, von irgendwoher tönt Musik, die Menge schiebt sich einig nach links, zur Adalbertstraße. Pattas Handy klingelt in der Seitentasche ihres Anoraks, sie geht ran.

»Ja?«, meldet sie sich, nimmt einen Schluck aus der braunen Bierflasche, das Getränk schwappt zurück, neben mir ein Grüppchen Althippies, lange Dreads und Gürteltaschen, ein Bindi auf der Stirn.

»Echt?«, stößt Patta aus, macht große Augen, vor mir beginnt eine Frau in blauer, viel zu weiter Hose zu tanzen, Vorfreude, neben ihr HipHop-Jugendliche mit tief sitzenden Mützen und finsteren Blicken, die wohl gerade Ghetto spielen.

»Und was macht ihr jetzt? Ja ... ja ... gut.«

Auf einmal Aufruhr in der Menge vor uns, Patta beendet zeitgleich das Telefonat, zieht an meinem Jackenärmel und sagt: »Die haben dichtgemacht. Wir kommen in die Oranienstraße nicht mehr rein. Wir kommen nicht rein.«

Der Pulk hat es soeben auch erfahren. Er kann nicht mehr weiter, wird gestoppt, der Eingang zur Adalbertstraße, die nach wenigen Metern die Oranienstraße kreuzt, ist verwehrt. Polizisten in schwarzen Vollschutzanzügen, mit massiven Helmen und gut sichtbaren, langen Schlagstöcken stehen Kette. Einer hat ein Megafon, spricht aber nicht hinein, sondern ruft in ruhiger, fast gelangweilter Tonlage: »Hier kommt keiner mehr rein, bitte treten Sie zurück. Keiner kommt hier mehr rein.«

»Is ja wie abends im Club ...«, bemerkt ein Typ neben mir, hebt dann seine rechte Hand mit einem Camcorder und beginnt zu filmen, läuft einen Halbkreis um die Menge, nimmt alles auf. Zwei angepunkte Teenager mit roten Haaren und diversen Piercings in den Gesichtern laufen nach vorne zur Polizeikette, fragen den Megafonhalter, wann die Straßensperrung wieder aufgehoben wird. Er sagt, das kann noch dauern, und sie sollen zurücktreten.

»Alle Eingänge zur Oranienstraße sind gesperrt, bitte bleiben Sie zurück«, ruft er dann noch mal etwas lauter. Reggae-Musik tönt von der Adalbertstraße, wir sehen Menschen tanzen, rumstehen, reden, trinken, die Polizei sperrt ein Volkfest ab. Schreie,

Lachen, keine Anzeichen von Gewalt. Was machen wir hier? Patta tritt ungeduldig von einem Fuß auf den anderen, dann nimmt sie ihren Rucksack ab, holt noch ein Bier heraus, drückt es mir in die Hand.

»Ich hab auch Brezeln dabei. Willste eine?«, fragt sie und deutet auf ein weißes Serviettenbündel in ihrem Rucksack, ich zucke mit den Schultern, eine der Brezeln landet in meiner Hand.

»Die anderen sind in einer Kneipe. Haben gesagt, es ist voll die gute Stimmung da. Balkan-Musik. Ach Scheiße, wie kommen wir denn jetzt da durch?« Patta sieht mich ein bisschen quengelnd an, eine junge Frau im Trenchcoat hält ein Taxi an, steigt ein und braust davon.

»Sollen wir auch wieder fahren?«, frage ich Patta, aber sie schüttelt den Kopf.

»Worauf genau warten wir denn? Ich meine, wir können auch zurück nach F'hain fahren und da in eine Kneipe gehen, wo *voll gute Stimmung* ist. Rufen wir Ben an und …«

»Lass uns warten«, meint sie nur bestimmt, die Frau in der viel zu weiten Hose vor uns dreht sich tanzend um, ich beiße in meine Brezel, Patta tut es mir nach, die Blicke der Frau verfolgen unser Kauen. Es dauert drei Sekunden, bis sie fragt: »Brezeln? Oooh, habt ihr auch noch eine für mich?«

»Klar«, Patta setzt ihren Rucksack wieder ab, gibt ihr eine, bietet ihr noch ein Bier an, die Frau nimmt es, strahlt, »korrekt von dir«, bewegt wieder tanzend ihre Hüfte, stößt mit Patta an, sie trinken, das Bier schwappt in den Flaschen zurück, dann beißen wir alle einig in unsere Backwaren, gucken die Polizisten in ihren schwarzen Schutzanzügen an, sehen dahinter die Menschen, die zu Reggae tanzen, sehen, wie plötzlich etwas durch die Luft fliegt.

Ein empörter Schrei, Unruhe im Pulk, Flaschen klirren, wir sehen nichts Genaues, kneifen die Augen zusammen, die absperrenden Polizisten stehen mit dem Rücken zum Geschehen, verziehen keine Miene und dann geht sie los, die Schlägerei. Die Tanzenden weichen etwas zurück, tanzen aber weiter, von der anderen Seite laufen ein paar Polizisten ins Getümmel. Schreie.

Und wir essen unsere Brezeln, spülen sie mit Bier runter.

Und glotzen.

Und warten.

Im großen Ganzen.

DIE 7. GESCHICHTE

Coronation Street

Kristof (24), Grafik-Designer aus Saarbrücken,
über
Berliner Nachbarschaft

Die Tür ging quietschend auf und das Erste, worauf mein Blick wie immer fiel, war das liebevoll in Braunrot auf den Putz geschriebene »Ficket euch doch alle ihr Wichser« und das große, starrende, darunter aufgemalte Auge. Die Tür fiel krachend hinter mir ins Schloss.

Ich nahm meinen Weg rechts vorbei an der auf dem Kopf stehenden Waschmaschine mit eingetretenem Bullauge, verließ das Vorderhaus durch die kleine braune Tür, bei der ich den Kopf einziehen musste, bog dann nach rechts in den Seitenflügel, versuchte wie immer optimistisch den Lichtschalter, es blieb wie immer dunkel und wie immer davon ungerührt watete ich die Stufen in den dritten Stock hoch, auf denen anscheinend jahreszeitenunabhängig totes Laub lag.

Manchmal zählte ich die paar immer wieder woanders dekorativ herumliegenden Zigarettenstummel und wartete gespannt, welche Einkaufsüberreste heute wohl hinter der nächsten Treppenwindung zu finden waren. Im Laufe des einen Jahres, das wir in der X-Straße 37 – ich möchte wegen alldem, was noch folgt, die Identität der dort vielleicht noch wohnenden Parteien lieber verbergen – verbrachten, hatte ich dort Radieschen, zertretene

Cherrytomaten, Unmengen Pistazienschalen und einmal eine ganze Banane entdeckt. Hin und wieder fand sich auch mal ein informativer Post-it-Zettel wie »Frau Hase IV344997, anrufen wegen WR 37«.

Das war der Treppenflur der ersten gemeinsamen Wohnung, die ich mir mit meiner langjährigen Freundin Svea in Kreuzberg teilte. Es mag sicherlich Häuser geben, die einfach nur die Mauern stellen, die dein Hab und Gut in sich einschließen. Dazu gehörte die X-Straße 37 allerdings nicht. Das Haus mit dem Auge und der kopfstehenden Waschmaschine war eines von jenen, die sich mit ihrer Rolle als bloß passive Gehäuse nicht zufriedengaben. Häuser wie die X-Straße 37 wollen aktiv mit dir leben, wollen Einfluss nehmen. Und das tat die X-Straße 37 mit Bravour – auch auf unseren Sprachgebrauch. An diesem Tag zum Beispiel öffnete Svea mir die Tür mit den Worten: »Das war was mit Kohl!« Dann bekam ich den obligatorischen Kuss und die Tür fiel hinter mir zu.

An anderen Tagen sagte sie zur Begrüßung aber auch mal so was wie »orientalisch, scharf, flatulenzfördernd«, bevor sie mich küsste. Der Tag, an dem sie »was mit Kohl« getippt hatte, war relativ kurz nach unserem Einzug gewesen. Wir waren beide so erledigt von dem nicht enden wollenden Kistenauspacken, Zum-Baumarkt-Fahren – was vergessen –, noch mal Zu-Ikea-Fahren und den ständigen Fünf-Euro-Besuchen in dem zwielichtigen Internetcafé um die Ecke, wo besonders zu später Stunde die Stammkunden nicht davor zurückschreckten, die Hose beim Besuch spezieller Internetseiten einfach mal offen zu lassen, dass wir für unsere Verhältnisse früh und sterbensmüde ins Bett fielen.

Kaum hatte ich mit der linken Hand die kleine Nachttischlampe ausgeknipst, begaben wir uns beide automatisch Rücken an Rücken in unsere zum Einschlafen bereite Fötus-Stellung mit Decke zwischen den Knien. Als Abschaltmaßnahme pflegte ich seit Langem das wohlig beruhigende Ticken der Uhr mitzuzählen, um letzte beunruhigende Gedanken aus meinem Hirn zu verscheuchen. An diesem Abend kam ich bis eine Minute und zweiunddreißig Sekunden. Dann erstarrte ich unter der Bettdecke. Soeben hatte sich jemand in unserem Schlafzimmer unter lebensbedrohlichen Qualen erbrochen. Ohne ein Wort zu sagen, fuhr ich meinen linken Arm aus und drückte den Lichtschalter der Nachttischlampe.

Ich blickte prüfend von links nach rechts, sah unseren schwarzen Kleiderschrank, die Tür zum Flur, das Araki-Nobuyoshi-Poster, das noch leere Bücherregal, davor vier gestapelte Umzugskartons mit der krakeligen Aufschrift »Schlafzimmer« und zwei geschlossene Fenster zum Hof hin. Im dämmerigen Licht der Sparlampe drehte ich meinen Kopf nach rechts, mein Blick traf den von Svea, die sich ebenso suchend im Raum umgeschaut hatte. Wo war der Mann? Wo war die Pfütze seiner letzten Expektoration?

»Was zur Hölle war das?«, fragte Svea mit knittrigem Gesicht. Ich zuckte mit den Schultern. Als ich gerade das Licht ausmachen wollte, fuhren wir erneut zusammen.

Da war es wieder! Erst ein fiependes, erbarmungswürdiges Einatmen wie das eines Menschen vor seiner letzten Salbung, dann ein dunkles bedrohliches Röhren, gefolgt von einem nassen, rasselnden, Substanzen bewegenden Husten in drei Stufen. Am Ende ein leises Zischeln. Dann wieder Stille.

»Gut, er scheint nicht in unserem Schlafzimmer zu sein«, stellte Svea fest.

»Nein, aber vermutlich ist er genau hinter dieser Wand«, kombinierte ich, auf den Araki Nobuyoshi zeigend. In uns machte sich in erster Linie so etwas wie Mitgefühl für den armen Mann breit, ich löschte das Licht. Was wir zu diesem Zeitpunkt noch nicht wussten: Es handelte sich dabei nicht um eine einmalige Erkältung, sondern um eine chronische, komplizierte Atemwegserkrankung.

Was genau es war, konnte uns Herr H., seines Zeichens Taxifahrer, Iraner und der deutschen Sprache noch nicht vollends mächtig, nicht so richtig erklären. Unangenehmerweise hatten Svea und ich die einfache Denkleistung nicht vollbracht, dass die Menschen auf der anderen Seite der Wand auch jeden Laut aus unserem Schlafzimmer vernehmen müssten, wenn wir das Einschlafen begleitende Husten des Nachbarn, das später in ein sonores, Wälder abholzendes Schnarchen überging, so klar und deutlich vernehmen konnten.

So endete das erste Treffen, das ich mit Herrn H. wenige Tage später im Flur hatte, mit seinen offenbarenden Worten: »Schlafzimmerwand sehr dünn. Sehr dünn! Aber Sie und Ihre Frau, bleiben Sie gesund! Bleiben Sie gesund.« Dann lachte er väterlich gönnerhaft und ich entschied mich, Svea davon lieber nicht zu berichten, um, na sagen wir mal, gewisse Dinge nicht vorzeitig zum Einschlafen zu bringen.

Herr H. und seine chronische Atemwegserkrankung waren aber nicht alles, was uns das Haus in dieser Nacht an Showeinlagen bot. Ungefähr zwanzig Minuten später – Herr H. war bereits zum Schnarchen übergegangen, ich zählte noch Sekundenschläge und auch Svea wälzte sich noch unruhig hin und her – klopfte es an unserer Tür.

Wieder fuhr mein linker Arm aus, ich – dem Glauben unterliegend, dass ich besser hören könne, wenn es hell ist – knipste das Licht an und horchte auf. Wieder *bumm, bumm, bumm,* drei Schläge gegen unsere Wohnungstür.

»Da klopft jemand an unsere Tür«, stellte Svea folgerichtig fest.

»Geh mal hin«, meinte sie leicht alarmiert, während sie an meinem rechten Oberarm herumschubste. Da ich neben der Tatsache, dass ich bereits genervt war, auch neugierig war, wer um diese Zeit noch an unsere Tür klopfte, schwang ich mich aus dem Bett und öffnete sie. Vor mir stand eine schwarz gefärbte Mittvierzigerin, ungefähr 1,50 m, in Jeans und schmierigem Sweater. Ich dachte erst, ich hätte mich verhört, aber als ich sie irritiert ansah, fragte sie tatsächlich: »Haste mal Feuer?«

»Gute Frau, es ist 23 Uhr, wir schlafen schon«, appellierte ich an ihren Anstand. Sie zuckte mit den Schultern.

»Ich habe kein Feuer.« Sie hob verdeutlichend ihre linke Hand, in der sie zwischen Zeige- und Mittelfinger eine Zigarette hielt.

Ich stöhnte auf, sagte »Moment«, lehnte die Tür an – nicht dass die gute Frau meine Suche nach einem Feuerzeug noch ausnutzen würde, um sich in unserer Wohnung nach weiteren Gegenständen umzusehen, die sie nicht hatte – und verschwand dann in der unbeheizten Küche, fröstelte, durchwühlte die Schubladen, fand kein Feuerzeug, aber eine Streichholzpackung des Hotels, in dem Svea und ich unseren letzten Schweden-Urlaub verbracht hatten.

Als ich zur Tür zurückkam, war diese glücklicherweise noch immer angelehnt und die Frau im Sweatshirt hatte ihre Zigarette bereits in voller Erwartung zwischen die Lippen gepresst. Ich gab ihr die Streichhölzer, sagte gönnerhaft: »Können Sie behalten« und »Ich wünsche eine Gute Nacht«, wartete noch kurz und als ich merkte, dass die gute Frau sich ein »Danke!« einfach mal verkniff, schloss ich die Tür und hörte, wie sie sich ihre Zigarette mitten im Hausflur, immer noch vor unserer Tür stehend, ansteckte. Kopfschüttelnd begab ich mich zurück ins Bett.

Wenige Tage später war Sveas Fahrrad, mit dem sie morgens immer zur Arbeit fuhr, vom Hof verschwunden. Wir dachten zunächst, es handele sich um den einfachen Klassiker »Fahrraddiebstahl« und gaben uns selbst die Schuld: Was waren wir auch für naive Landkinder! Wir waren doch wirklich selbst schuld, wenn wir unsere Fahrräder mit einer einfachen 10-mm-Durchmesser-Kette durch die Speichen und um den Rahmen sichern wollten. Das hier war Berlin-Kreuzberg. Was hatten wir erwartet?

Also machten wir beim Abendessen Späße über unsere provinzielle Naivität und planten schon den nächsten Fahrrad- und vor allem Bügelschlosskauf – als wir eines Besseren belehrt wurden. Diebstahl war *nicht* das Problem der X-Straße. Viel zu profan.

Nach dem Essen wollten wir in einer nahe gelegenen Videothek noch ein paar DVDs ausleihen, als ich zwischen dem Wust der anderen Fahrräder an den Fahrradstangen im Hof Sveas rotes entdeckte. Jemand hatte es von dem kleinen Rasenstück, auf dem sie es platziert hatte, rübergetragen zu den überfüllten Fahrradständern. Unter dem Gepäckträger fanden wir einen DIN-A4-Zettel: *Bitte Melden bei Frau G., rechter Seitenflügel, 4. Etage.*

»Das ist nicht die Hausverwalterin, oder?«, fragte Svea, ich verneinte. »Nein, die heißt M. und wohnt bei uns im Haus«, erinnerte ich sie und zupfte sie an ihrer schwarzen Sweatshirtjacke, um sie zum Weitergehen zu bewegen, aber Svea schüttelte den Kopf. »Wie viel Uhr haben wir es? Halb acht? Es ist noch nicht zu spät, um hochzugehen und zu sehen, was sie will ...«

»Ach, du sollst dein Fahrrad eben nicht auf das Rasenstück stellen, sondern dahin, wo es hingehört, auch wenn du es aus dem Lenker-und-Speichen-Chaos hier vermutlich ohne blaue Flecke weder raus- noch reinkriegst«, ich zuckte mit den Schultern. »Nur weil im Eingangsbereich eine Waschmaschine auf dem Kopf steht, heißt das noch lange nicht, dass hier nicht auch Ordnungsfanatiker wohnen können.«

Aber sie blieb hartnäckig. »Wir müssen schon einen auf gute Nachbarschaft machen«, fand sie und so trotteten wir in den Vierten zu Frau G. Svea klingelte. Keine Reaktion. Svea klingelte noch mal, dann hörten wir dumpfe Schritte, es knarzte leise, Frau G. stand wohl direkt hinter der Tür und beobachtete uns durch den Spion. Ich machte mal vorsichtshalber ein freundliches, gewinnendes Gesicht. Der Plan ging auf, denn langsam wurde schließlich die Tür geöffnet, aber nur so weit, wie es die Sicherheitskette erlaubte. Eine grauhaarige, übergewichtige Frau mit großen, verschreckten Augen hinter Brillengläsern guckte schief über die Kette hinweg.

»Ja?«, fragte sie, als hätte sie gerade nicht die Tür geöffnet, sondern das Telefon abgenommen.

»Frau G.? Mein Name ist F., Sie haben mein Fahrrad umgestellt«, erklärte Svea ihren Besuch und Frau G. brummte ein gebrechliches: »Ah …«, dann entfernte sie klappernd die Sicherheitskette, die Tür wurde ganz geöffnet und der muffige Geruch von seit hundert Jahren nicht mehr gelüftet schwoll uns entgegen. In der Wohnung war es zappenduster, irgendwo sabbelte ein Fernseher, Frau G. trug über ihrer Üppigkeit zartes Blümchenmuster auf weißem Nachthemd und überdimensionale, fellige Hauspuschen.

»Ich habe Ihr Fahrrad umgestellt«, sagte Frau G. mit schwacher Stimme. *Ja, das wussten wir bereits, Sie Eule. Kommen Sie zum Punkt!*

»Ich muss Ihnen dazu etwas sagen!« Sie hob die Hand, fuhr sich mit der Zunge über ihr Gebiss und erklärte dann: »Sie dürfen den heiligen Ort nicht mit dem Fahrrad entweihen.«

Ach so! Na, dann ist alles klar. Wir wissen Bescheid.

Ich biss mir auf die Zunge.

»Das ist mir sehr wichtig.«

Ihre Hand zitterte in der Luft beim Gestikulieren.

»Wenn Sie sich den Boden da genauer ansehen, dann wird Ihnen auch auffallen, dass ich den Ort mit Steinen markiert habe. Einmal ringsrum.«

»Okay …«, meinte Svea zögerlich, mit Falten zwischen den Augenbrauen. »Aber was …?«

»Da ist ein Grab«, fuhr Frau G. langsam fort und Wehmut lag in ihrer Stimme.

»Ein Grab?«, fragte ich gleichermaßen belustigt wie ungläubig, aber ich hatte mich im Griff und war mir sicher, echtes, solides Interesse vermittelt zu haben.

Allerdings sah Frau G. mich nicht an, blendete mich komplett aus, ihre trüben Augen lagen ausschließlich auf Svea, der Grabschänderin.

»Ich habe meine Taube da begraben. Und ich wünsche, dass sie in Frieden ruhen kann …«, ihre Stimme zitterte gefährlich und mein Zwerchfell ebenfalls. Svea schien sich besser zu beherrschen, sie konnte ganz ernsthaft und ruhig vermitteln: »Ich verstehe, Frau G. Ich werde mein Fahrrad von nun an woanders hinstellen.«

»Sieben Jahre sind es jetzt, dass meine Eva verstorben ist. Sieben Jahre. Aber sie braucht ihre Ruhe.«

Beruhigend und gleichermaßen beunruhigend: Hätte ich an dieser Stelle losgelacht, wäre die Plakette für den größten Soziopathen der X-Straße 37 trotzdem nicht an mich gegangen.

»Sicher, Frau G., das verstehen wir doch.«

Svea blieb meisterhaft beschwichtigend, ich befürchtete derweil allerdings, dass Frau G. wegen Eva, der toten Taube, auch noch zu weinen anfangen würde. Da ich in dem Fall endgültig nicht mehr gewusst hätte, wie ich mich verhalten sollte, zupfte ich Svea zum zweiten Mal an diesem Abend an der Sweatshirtjacke.

»Auch nicht rennen und schreien im Hof oder im Sommer grillen; Eva braucht Ruhe …«, flehte Frau G. kläglich.

Auf dem Rückweg die Stufen runter wollte ich lachen, konnte es aber nicht mehr, ich glaubte, Frau G. entlarvt zu haben: »Das ist nur eine Taktik, mit der sie versucht, junges Gemüse wie dich zur verantwortungsvollen Mieterin zu erziehen, die ihr Fahrrad da abstellt, wo es hingehört, im Sommer nicht grillt und im Hof nicht rumpoltert.«

Als wir wieder unten im Hof waren, entdeckten wir allerdings tatsächlich den Steinkreis auf dem kleinen Rasenstück. Wir seufzten und liehen uns in der Videothek etwas mit viel Gewalt aus.

Eine Woche später kamen Svea und ich von meinem Onkel nach Hause, der auch in seinen Jugendjahren nach Berlin gegangen war und nun mittlerweile mit mittelprächtigem Erfolg eine Kanzlei in Kreuzberg unterhielt. Es hatte viel zu trinken und zu essen gegeben, es war spät, wir beide relativ träge. Auf dem Weg von der U-Bahn zur Wohnungstür hatten wir aber auf einmal einen Verfolger.

Als wir aus dem U-Bahn-Schacht herausgekommen waren, hatte er noch unter der Straßenlaterne gelehnt, in grauer Jacke, schwarzer Anzughose, mit vogelartigem Gesicht, indianisch wirkenden schmalen Augen und großem, deplatziert wirkendem Hut. Als wir an ihm vorbeigingen, verließ er seine Position unter der Straßenlaterne und lief uns mit knirschenden Schritten hinterher. Svea hatte sofort instinktiv meine Hand ein bisschen fester gefasst, ihr flehender, angsterfüllter Blick sagte alles. Ich versuchte sie – die es sich bis dorthin sogar verkniffen hatte, abends in U-Bahnen mit ihrem iPod Musik zu hören, damit keiner auf den Gedanken kam, ihren Mp3-Player zu sehr zu begehren – abzulenken, indem ich irgendwelche alten Kamellen aus der Jugendzeit meines Vaters und meines Onkels zum Besten gab, aber auch mir war ein bisschen unwohl. Er war immer genau vier Schritte hinter uns, genau mittig, ansonsten waren die Straßen ausgestorben.

Je näher wir der X-Straße 37 kamen, desto energischer zog Svea an meiner Hand, ging immer schneller, kramte im Laufen schon den Schlüssel aus der Tasche und schloss dann hastig die Haustür auf. *Ficket euch doch alle ihr Wichser.*

Gerade über der Türschwelle warf sie hektisch, aber energiegeladen die Haustür zu. Es versetzte meinem Herzen einen kleinen Sprung, als genau in diesem Moment der Kopf mit dem Hut direkt vor dem Milchglasfenster der Tür auftauchte.

»Oh mein Gott, er steht vor unserer Tür! Er guckt hier rein.« Zittrig schaffte Svea es gerade noch, den Schlüssel in der Tür umzudrehen, dann hechtete sie zu mir rüber, ihr Herz schlug wie wild, wir beide standen baff da und beobachteten seinen Schatten vor unserer Haustür. Er stand, zu uns hineinguckend, regungslos.

Gerade als ich, Svea beruhigend über den Rücken streichend, vorschlagen wollte, jetzt endlich hoch in die Wohnung zu gehen, hörten wir, wie sich ein Schlüssel in der Tür drehte; kaum hatten wir diese Information verarbeitet, sprang die Tür auf und das Raubvogelgesicht mit Hut kam zu uns herein. Ich war verdutzt.

Svea steckte in ihrem Gefühlsgemisch aus blanker Panik und Verlegenheit einfach mal ihren Briefkastenschlüssel in ein Schloss der Briefkästen des Vorderhauses, nur damit es so aussah, als hätte sie was zu tun. Aber der Raubvogelkopf schoss, kaum war er drinnen, sofort auf sie zu. »SIE!«, keifte er mit seiner eigentümlichen Stimme und hoch erhobenem Zeigefinger, seine Augen waren weit aufgerissen und wutentbrannt.

»SIE! Was glaubeeen SIE, weeer Sie sind?«, fuhr er Svea an, ich legte instinktiv einen Arm um sie.

»SIE wollteeen mich aussperreeeen. MICH!« Er machte sich vor ihr groß, seine Nasenflügel bebten und ich streckte meine Hand aus, versuchte ihn auf Abstand zu halten: »Ganz ruhig, ganz ruhig. Wir haben nur die Tür abgeschlossen, das macht man nach 22 Uhr so, wir konnten doch nicht wissen, dass Sie auch hier wohnen.«

»MICH!«, er tobte wie eine in ihrem Stolz gekränkte Diva, warf den Kopf in den Nacken, fixierte abwechselnd Svea, dann wieder mich.

»Ich wohneee hieeer seit fünfundzwanzig Jahreee, ich sagge Ihnen ...« Er hielt seinen langen, dürren Zeigefinger drohend vor seinem rechten Auge hoch. »Mich kriegt ihr hier nicht weg. DU nicht«, er streckte seinen Zeigefinger blitzartig nach Svea aus und tippte ihr auf die Stirn, »und DU auch nicht!«

Ich umfasste seinen ungewöhnlich warmen Zeigefinger mit der Hand und versuchte seinen Arm beschwichtigend runterzudrücken.

»Keiner möchte Sie hier in irgendeiner Form *wegkriegen*«, hörte ich mich beschwichtigen und ahnte, dass das wie eine gewaltige Lüge klingen musste.

Er fing plötzlich wie von allen guten Geistern verlassen an zu lachen. »Ja? Glaubeeen Sie? Ich sagge Ihnen, alleees was Sie in diesem Haus machen, wird ...«, er legte eine Kunstpause ein, sah erst mich hämisch an, dann Svea: »... pro-to-kol-liert.«

Dramatisch betonte er jede Silbe und unterlegte sie mit jeweils einem nachdrücklichen Schlag seines Zeigefingers: »Jedeer Anruf, jedes Fernseeehprogramm, alles wird mitgeeschnitteeen, allees. Und wisseeen Sie, warum?«

»Nein«, gab ich schlicht von mir.

»Weegeen mir.« Er lachte wieder hämisch. »Weegen miiiirrrr!« Er zeigte auf sich, schlug sich mit der flachen Hand auf die schmächtige Brust und in Svea war der Forscherinstinkt erwacht. »Warum?«, fragte sie.

»Sehen Sie ...«, er ergriff Sveas Unterarm, zog sie zur Tür, machte diese auf und deutete auf eines der unteren Klingelschilder.

»Was leeeseeen Sie da?«, fragte er.

Svea las einen arabisch klingenden Namen mit A. vor. Herr A. sprach seinen Nachnamen noch mal ein bisschen flüssiger aus.

»Und was sagt Ihnen daaas?«, fragte er sie.

Svea zuckte mit den Schultern.

»Ich war seit fünfundzwanzig Jahreee nicht mehr in Fés. Fünfundzwanzig Jahreee ...«, brüllte er aus der Tür heraus.

»Seit fünfundzwanzig Jahreee habe ich meine Frau nicht meehr geseheeen. Aber ...«, er hob den Zeigefinger erneut an, »ich habe Elektroteeechnik studiert. Und weegene alleem, was ich weiß und was ich kaann, wollen die mich habeen. Aber sie finden nichts. Nie.« Er guckte die Straße rauf, dann die Straße runter.

»Aachten Sie mal darauf. Ein weeißer Van, er steeht immer in diese Straaße und da sitzen die drin. Die sitzeen da drin und höreen alles aab. Ich sagge Ihnen, nichts ist denen heilig und ich kaann das Land nicht verlassen, seit fünfundzwanzig Jahreeee ...«, brüllte er uns leicht weinerlich in die Ohren.

»Kommen Sie, lassen Sie uns jetzt die Tür wieder zumachen. Es zieht«, argumentierte ich, er wich zurück in den Hausflur, ich schloss die Tür. Das Licht war bereits wieder ausgegangen, Herr A. stand mitten im dunklen Gang, diffuses Straßenlaternenlicht fiel durch das Milchglas auf ihn, er schniefte, wirkte plötzlich ein wenig in sich zusammengefallen, ließ die Schultern hängen: »Siee waren in meiner Wohnung, siee waren driiin.«

Ich schaltete das Licht wieder an.

»All meinee Unterlageeen, von der Universität, all meinee Zeitungsausschnittee, all meine Berichtee, wo ich alleees aufgeschrieeeben hab, auf arabischeer Sprachee, über die Vorkommnisse hieer im Haus, ich habee alleees aufgeschriebeeen gehabt, das können die gar nicht leesen und allees ist weeg. Sie habeen alleees mitgenommeen …« Er schob schnaufend den Unterkiefer vor: »Und SIE sperreen mich einfach aus. Allee sind gegeen mich, alle denken, ich könntee was tun, nur weil ich das alles weeiß, dabei will ich nur zu meiner Frau. Fünfundzwanzig Jahreee.«

In seinen Augenwinkeln glänzte es, ich zupfte Svea am Ärmel.

»Aber ich sagge Ihnen, ich bin vorbereitet …«, er öffnete seine graue Jacke, *zipp,* ging der Reißverschluss nach unten. Falls er nun mit Sprengstoff verkabelt war, riet ich ihm in Gedanken, es schnell zu machen. Er griff mit seinen knochigen Fingern in die Innentasche, Satinfutter, zog die Hand heraus – wir hielten die Luft an – heraus kam ein kleines Küchen-Schälmesser.

Ach, das war sein großer Plan. Äpfel schälen.

»Ich bin vorbeeereitet, wenn die noch mal kommen«, er fuchtelte mit dem Küchengerät in der Luft herum. »Dann schneideee ich deeenen die Keehlen durch, das geeht *ritsch, ratsch* …«

Ein verstörendes Theater.

»Okay, Herr A.«, brachte ich hervor, »wir gehen dann mal nach oben schlafen. Wie gesagt, wir wussten nicht, dass Sie hier wohnen, jetzt wissen wir es.« – *Wir werden es auch nicht so schnell vergessen.*

»Gute Nacht«, meinte Svea noch leise, dann drehten wir uns unisono um und er zeterte: »Schlafeeen Sie, schlafeen Sie nur. Und passeen Sie auf, was Sie am Telefon sagen. Alleees! Allees wird mitgeschnitten …«

Oben in der Wohnung angekommen, mussten Svea und ich uns erst mal setzen. »Was zum Henker war das schon wieder? Wohnen hier denn nur Ferngesteuerte?«, fragte Svea und brachte mich zum Grinsen. »In dem Fall hat das eine bedrohliche Doppeldeutung.«

»Ja, er glaubt, der BND hält ihn für einen Al-Qaida-Schläfer.«

Svea schüttelte den Kopf.

»Und alles, was ihm sein Elektrotechnikstudium gebracht hat, ist das Wissen, wie man zum Supermarkt geht und sich ein Apfelschälmesser kauft. Beeindruckend.«

»Wir sollten morgen aber trotzdem mal zu der Hausverwalterin Frau M. Ich möchte schon wissen, was es damit alles auf sich hat.«

Als ich mir gerade die Zähne putzte, klopfte es an der Tür, ich befürchtete schon, dass »Ich sagge Ihnen« herausbekommen hatte, in welcher Wohnung wir wohnten, und er noch einen Nachtrag zu machen hatte. Aber als ich mit der Zahnbürste im Anschlag die Tür öffnete, fand sich da nur die Sweatshirt-Frau. »Haste mal Feuer?«, fragte sie. Und ich war glücklich, dass ich das dieses Mal guten Gewissens verneinen konnte.

Als wir dann im Bett lagen, war Herr H. schon zum Schnarchen übergegangen, was gut war, denn ich konnte bei seiner gleichmäßigen Schnarchphase wesentlich besser einschlafen als während seiner stark irregulären Hustenphase.

Von Frau M. erfuhren wir am nächsten Tag nach dem Frühstück, dass Herr A. zwar ein harmloses Kerlchen sei, aber tatsächlich ab und zu von einem weißen Van besucht wurde, allerdings hatte der noch zwei rote Längsstreifen und Blaulichter auf dem Dach. Als wir schließlich nach gefühlten zehn Jahreswechseln endlich einen Telefonanschluss bekamen, rief ich meine Mutter an. Ich erzählte ihr von Taubengräbern, vermeintlich politisch verfolgten Irren, Mitternachts-Schnorrern in schmutzigen Sweatshirts, der kopfstehenden Waschmaschine, den dünnen Wänden, der chronischen Atemwegserkrankung und von den zertretenen Cherrytomaten und Radieschen.

Als Resultat brach meine mitfühlende Mutter in schallendes Gelächter aus: »Ja, Sohn. Das *ist* Großstadtleben. Das ist das, was du so dringend gewollt hast!«

Plötzlich war ich mir nicht mehr so sicher.

DIE 8. GESCHICHTE

Ein Besuch bei Dr. Nick Riviera

Daria (21), Geschichtsstudentin aus Daaden,
über
unerwartete Auswanderungsprobleme

Es war ein Dienstagmorgen, in dieser Zeit, in der die Medien nur drei Themen kannten – das plötzliche Dahinraffen mehrerer Weltstars, die bevorstehenden Wahlen und die berüchtigte Schweinegrippe –, als ich mit Gliederschmerzen, einem verschleimten Rachen, heiß brennenden Augenlidern und schädelsprengenden Kopfschmerzen aufwachte.

Schwach schaffte ich mich aus dem Bett und als ich mein Kreidegesicht zwischen Würgeattacken, mit denen mein Körper versuchte, den gelben Schleim aus meinem Rachen zu befördern, im Badezimmerspiegel erblickte, wurde mir klar, dass neu und allein in einer Großstadt zu sein Probleme mit sich brachte, die man vorher nie in dem *Allgemeinen Problemkatalog der möglichen Probleme, ausgelöst durch die Auswanderung in eine entfernte Großstadt* vermutet hätte. Beispielsweise Arztbesuche.

Zu Hause war alles einfach gewesen. Man ging zu dem Arzt, der außer dir auch deine komplette Familie gesund und munter diagnostizierte und therapierte, der deine komplette Krankenakte seit den Achtzigern kannte und der durch seine beruhigende Stimme und Aura der Kompetenz einfach so viel mehr zu sein schien als nur ein Sterblicher, der mal vor etlichen Jahren in Medizin-Vorlesungen geschlafen hatte.

Er war, was ein Arzt zu sein hatte: ein vertrauensvoller, schon immer grau melierter, gepflegter Halbgott in gestärktem Weiß, mit einem Status-Markenkugelschreiber in der Brusttasche, der, während du deine Symptome zu Protokoll gabst, diese im schönsten Steno auf deiner persönlichen Kranken-Karteikarte fixierte. Seine Praxis hatte eine Kiesauffahrt und in jedem Sprechzimmer eine Schrankwand mit etlichen zentnerschweren Medizinbibeln, die er gelegentlich aufschlug, um etwas nachzulesen, was er – natürlich – auch schon vorher gewusst hatte. So war mein Arzt zu Hause in meiner vertrauten Kleinstadt. Nur so einen Arzt konnte ich an diesem schleimspuckenden Morgen gebrauchen – zur Versicherung, dass ich nicht die Schweinegrippe hatte. Denn mal ehrlich, worum geht es bei neunzig Prozent aller Arztbesuche? Um Medikamente? Um Untersuchungen?

Ich wollte von einem Arzt immer nur die beruhigende Gewissheit verabreicht bekommen, doch nicht sterbenskrank zu sein. Er sollte mir nur glaubhaft einimpfen, dass meine Symptome harmlos waren, in drei Tagen verschwunden sein würden und dass Dr. Google mich einfach mal wieder völlig umsonst in Todesangst versetzt hatte.

Aber wo fand man einen solchen Vertrauensarzt auf die Schnelle, wenn man 600 km von zu Hause und dem einzigen je gekannten Arzt entfernt plötzlich vermeintlich sterbenskrank war? Nach einem obligatorischen Gespräch mit meiner Mutter fühlte ich mich, ausgelöst durch ihre besorgten Sätze – »Ja, Kind, leg dich besser hin. Wenn du krank bist, bist du krank! Du kannst so nicht raus! Hast du denn niemanden, der für dich zur Apotheke gehen kann?« – noch schwächer, kränker und vor allem hilfloser. Denn ich war vollkommen alleine krank in Berlin. Ich kannte noch niemanden gut genug, als dass ich ihn hätte anrufen können, um mit extra leiser und gebrechlicher Stimme – denn alles andere wäre ein Verrat an meinem schlechten Zustand gewesen – in den Hörer zu röcheln: »Kannst du mir bei der Apotheke bitte das und das besorgen, es mir vorbeibringen, mir verabreichen und mich dann stützend zu einem Arzt deines Vertrauens bringen und dann vor Ort den Arzthelferinnen, wie meine Mutter früher immer, kurz und zackig klarmachen, dass ich unter gar keinen Umständen so lange in diesem Zustand im Wartezimmer sitzen kann, dass ich *bitte schön sofort* behandelt werden muss?! Und kannst du danach noch mein Bett frisch beziehen, meinen Oberkörper mit beißend riechender Allesheilsalbe eincremen, die Kissen aufschütteln, alle halbe Stunde ekligen Placebo-Tee machen und ansonsten rund um die Uhr an meinem Bett meine Vitalfunktionen überwachen?!«

Ich hatte einfach niemanden für diesen Job.

Und so wurde mir an diesem Dienstagmorgen wortwörtlich siedendheiß klar, dass jetzt der Punkt gekommen war, an dem ich lernen musste, alleine krank zu sein. Aufgrund der Schweinegrippen-Panik war mir ebenfalls bewusst, dass ich unmöglich fünf Tage seelenruhig meine Grippe im Bett ausschwitzen konnte, ohne zuvor einen Arzt gesehen zu haben, der mir hieb- und stichfest bestätigt hatte, dass ich ganz sicher nicht die Schweinegrippe hatte. *Just because you're paranoid doesn't mean the H1N1 aren't after you.*

Wirklich gute Ärzte mit Kiesauffahrt vermutete ich in entfernten, reicheren Bezirken wie Charlottenburg, Steglitz oder Zehlendorf, allerdings waren die mir definitiv zu viele U-Bahn-Stationen und Schienenersatzverkehr-Nerv-Umstände weit entfernt – es war auch die Zeit in Berlin, in der plötzlich sämtliche S-Bahnen, *wir bitten um Ihr Verständnis*, gecancelt worden waren. Also hievte ich meine bleischweren Glieder, heißen Augenlider und meinen vermutlich mit einem Riesenoktopus schwangeren, rumorenden Kopf alleine die sechs Stockwerke zur Straße runter. Meine einzige Lebensversicherung war mein Handy, das ich schwitzig mit meiner todkranken rechten Hand umklammert hielt (die Linke gehörte dem Treppengeländer). Sollte mich auf den tausend Metern zum nächsten Ärztehaus ein Schwächeanfall ereilen, hätte ich also den Notruf nur einen Klick und meine Mutter nur ungefähr vier Klicks entfernt. Das gab mir noch lange kein gutes, aber dennoch ein etwas beruhigenderes Gefühl.

Auf dem Bürgersteig angekommen, verfluchte ich Berlin innerlich aufs Ärgste. Natürlich schien mal wieder die Sonne, natürlich war der Bürgersteig mal wieder so voll wie die Innenstadt meiner Heimatstadt zwei Tage vor Heiligabend, die Menschen drängelten sich in modischsten Outfits mit Notebooktaschen, Jutebeuteln und Coffee-to-go an mir vorbei, die Flyer-Verteiler grinsten mich an und boten mir kostenlose Wahnsinns-Fitnessstudio-Trainingsstunden an, als stünde mir nicht deutlich »Häuflein Elend« auf die Stirn geschrieben.

Zu Hause hätte mich meine Mutter gefahren, dachte ich. Fünf Minuten! Und die Straßen wären wie immer leer gewesen, und die Menschen hätten, auch wenn sie nicht krank waren, genauso schlecht ausgesehen wie ich. Berlin ist kein Pflaster, um krank zu sein, ging mir durch den Kopf. Hier gibt's nur Job oder Party, oder Partyjob oder Jobparty. Krank ist nicht. Oder doch?

Denn an dem besagten Ärztehaus angekommen, überkam mich erst mal Überforderung. Auf winzigen Täfelchen waren mindestens 96 Ärzte angezeigt. Immer der Name, das Fachgebiet und eine Telefonnummer. Natürlich waren diese Ärzte weder nach Fachgebiet noch sonst etwas Logischem sortiert. Herrlich. Neben mir standen dann auch gleich vier weitere Kranke, auch mit Mobiltelefonen in der Hand, die diese aber nicht als Lebensversicherung nutzten, sondern dazu gebrauchten, die Nummern auf den Täfelchen anzurufen. Plötzlich überkam mich ein Wettkampfgefühl. So, dachte ich, die wollen sich wohl einen Vorsprung verschaffen, indem sie anrufen, bevor sie hochgehen, wie? Nicht mit mir, schwor ich, kurzzeitig von neuer Energie beseelt, und suchte mir fix eine Allgemeinmedizinpraxis heraus, die ich für die klügste Wahl hielt, denn es handelte sich um eine Gemeinschaftspraxis – doppelt so viele Ärzte gleich halb so lang warten, rechnete ich – und beide Ärzte hatten den Doktorgrad. Das musste fürs erste Vertrauen ausreichen. Ich schleppte mich also zwölf Stockwerke in dem aufmunternd in allen möglichen farblichen Schattierungen von Erbrochenem gestrichenen Gebäude nach oben, öffnete eine schwere Feuertür – *gleichzeitig klingeln und die Tür aufdrücken, denn die Klingel ist der Türöffner* – und fand mich in einer ansehnlichen Praxis mit hundert Prozent Seniorenanteil wieder. *Wusste ich's doch. In Berlin ist man erst krank, wenn Job und Party nicht mehr laufen.*

Die Sprechstundenhilfe grüßte die Patienten vor mir in der Schlange, die größtenteils ehepaarweise gekommen waren, mit Namen, bevor diese ihre Krankenkassenkärtchen rausgerückt hatten. Ich war beeindruckt. Auf dem Tresen stand ein Sparschwein und davor ein dreieckiger Pappaufsteller mit der Aufschrift: »Grippeimpfschutz jetzt auffrischen.«

Als ich gerade noch über das vermutlich unfreiwillige Zusammenspiel von Sparschwein und Grippeimpfschutz schmunzeln wollte, war ich schon an der Reihe. Ich röchelte gewissenhaft und betont krank meine Symptome herunter, wurde aber jäh unterbrochen: »Entschuldigung. Aber wir nehmen keine akuten Fälle.« Entschuldigung? War ich nicht umgeben von akuten Fällen? »Bitte gehen Sie in Stock 17. Dr. *Nennen-wir-ihn-mal*-Riviera, der nimmt akute Fälle.«

Weggeschickt und rausgekickt wie ein unliebsamer Hund mit Flohbefall, winselte ich mich weitere fünf Stockwerke nach oben, und jede Treppenstufe wurde begleitet von einem neuerlich aufpochenden Schläfenkopfschmerz. Ich schwitzte unter meinem Pulli und begann wieder das innerliche Fluchen: Mal im Ernst, Stock 17? Gab es in meiner Heimatstadt überhaupt 17-stöckige Gebäude?

An der Tür von Dr. Riviera angekommen – *gleichzeitig klingeln und Tür öffnen, denn die Klingel ist der Türöffner* –, blickte ich in die abgespeckte Variante der Praxis, in der ich gerade gewesen war. Ich stand direkt im Wartezimmer, in dessen Mitte zwei weiße Schreibtische provisorisch anmutend zum Tresen aneinandergeschoben standen, an denen zwei Sprechstundenhilfen saßen. Ringsrum in einem Stuhlviereck hockten ausdruckslose, schweigende Patienten. Keine Regung, keiner sagte etwas, nur das Surren der anscheinend gefährlich alten Röhren-Deckenbeleuchtung untermalte Lynch-esk die Szenerie. Keiner sagte »Hallo!«, als ich mich zu den Schreibtischen schleppte, und so entschied ich mich – um nicht unnötig aufzufallen –, es auch nicht zu tun. Eine der Sprechstundenhilfe war ungefähr fünfzig, trug eine Brille mit pinkfarbenem Umhängeband und nahm mich nicht wahr. Sie starrte stur auf ihren flirrenden Bildschirm.

Also sah ich zu der zweiten, am anderen Ende der Schreibtischkonstruktion, hinüber. Sie war Anfang zwanzig, hatte ungekämmte dunkelbraune, verfilzte Haare, ein schwer adipöses, fettig glänzendes Gesicht und wirkte nicht unbedingt wie jemand, der jeden Morgen mit leidenschaftlicher Vorfreude auf seinen Job aus dem Brett sprang. »Guten Tag, ich habe Gliederschmerzen. Halskratzen. Mir ist warm und Kopfschmerzen hab ich auch. Höllische Kopfschmerzen. Besonders hier!« Gewissenhaft zählte ich all meine Symptome auf, zeigte illustrierend an meine Schläfen und fragte überbordend artig: »Ist der Doktor heute noch zu sprechen?«

Keine Reaktion, außer einer ausgestreckten, fordernden Hand. Ich reichte, bemüht freundlich lächelnd, meine Krankenkassenkarte über das Schreibtischprovisorium, aber die Pfannkuchenköpfige sah mich nur gelangweilt aus ihren mattbraunen Augen an, griff mit ihrer speckigen Hand nach meiner Karte, steckte sie kurz in ein Kartenlesegerät, zog sie wieder raus und meinte: »Zehn Euro!«

Kurz beschlich mich die Vermutung, dass das Lesen meiner Karte zehn Euro gekostet hatte und dass das alles war, was man hier für mich tun könnte, aber ich schob den Gedanken schnell wieder weg.

Beim Arzt ging es ja schließlich um Vertrauen. Positiv denken. Das ist erst mal nur das Wartezimmer, sagte ich mir. Ich reichte ihr meinen Zehneuroschein, sie öffnete mit einer beifälligen Bewegung eine Schublade, in der loses Geld zusammen mit Büroklammern und Gummibändern herumflog, schmiss meinen Zehner achtlos hinein, schubste die Schublade wieder zu und wollte sich schon wieder auf ihrem durchgesessenen Drehstuhl aus hässlich glänzendem Lederimitat niederlassen, da sagte sie noch in mein um Instruktionen bettelndes Gesicht: »Si'können sisch setz'n!«

Das tat ich dann auch, mit vier sicheren Sitzen Abstand zu den weiteren Patienten des fröhlichen Wartezimmerstuhlvierecks. Kaum hatte ich mich hingesetzt, begann die Adipöse sich mit ihren fettigen Händen durch ihr fettiges Gesicht zu fahren, pulte mit ihren dicken Fingern in ihren Augen herum, nahm kurz ein Handy in die Hand, das neben ihrem Monitor lag, warf einen Blick auf das Display, schmiss das Gerät wieder zurück und lehnte sich dann vor, um ihr glänzendes Gesicht in den auf dem Schreibtisch aufgestützten Fett-Händen zu vergraben. Sie verblieb so. Vermutlich döste sie. Die andere Sprechstunden-»Hilfe« nahm davon keine Notiz, denn sie war auf airberlin.de (unverkennbares Seitenlayout!) in Flugangebote vertieft. Vier Plätze neben mir saß eine junge Frau in hellblauen Jogginghosen mit Seitenstreifen, die eine Frauenzeitschrift in Praxis-Ummantelung las.

Jedes Mal wenn sie umblätterte, leckte sie vorher ihren Zeigefinger nass und ich hatte gewaltige Schwierigkeiten auszumachen, was nun ekliger war: die Tatsache, dass sie während des Lesens einer Zeitung, die in einer Arztpraxis, jenem Mekka für Bakterien, herumlag, sich die Finger ablutschte, oder die Tatsache, dass andere Patienten in der Zeitung blättern würden, die mit ihrem

Seiber infiziert war. Hinter dem Viereck des Wartezimmers war ein langer schlauchartiger, unbeleuchteter Flur mit diversen Sprechzimmern, aus denen kein Mucks drang. War der Arzt überhaupt da? Warum gab es so viele Sprechzimmer, aber nur einen Arzt und nur die beiden Sprechstundenhilfen? Warum brannte in dem Flur kein Licht? Dann klingelte das Telefon. Die Fünfzigjährige mit dem pinkfarbenen Brillenband ging ran. Mit hartem arabischen Akzent sagte sie: »Praxis Dr. Riviera. Guten Tag!«

Dann verfiel sie in eine arabische Sprache, laut, schrie durch das ganze Wartezimmer, aber keiner nahm Notiz davon, sie stand von ihrem Kunstledersessel auf, der eine Nummer größer als der der Adipösen war, und schlurfte mit ihren Birkenstock-Imitaten schlappend über den beigefarbenen Linoleumboden. Sie geiferte ins Telefon, hörte dann dem Gesprächspartner zu und machte dabei ein paar Schritte in den dunklen Flur. *Flap, flap, flap* schnappten die Birkenstocks an ihren großen, gelblich verhornten Fußballen. Sie stieß die erste angelehnte Sprechzimmertür mit einem Knie an, guckte in den Raum und redete wieder, ich folgte ihrem Blick und sah einen Behandlungsraum des Grauens: Unter einer der Liegen lagen verschiedene rote, zerknüllte Plastikeinkaufstüten einer Supermarktkette, die nicht viele Meter vom Ärztehaus entfernt war, sowie ein alter, hellbräunlich grauer 32-Zoll-Röhrenmonitor, Baujahr circa 1995, mit eingeschlagenem Bildschirm. Sie drehte arabisch diskutierend eine Runde in dem Raum, *flap, flap, flap,* im Hintergrund nur das Surren der Deckenbeleuchtung, dann kam sie wieder raus, setzte sich auf ihren Lederimitatdrehstuhl, beendete das Telefonat, guckte kurz zur gegenüberliegenden, mal weiß gewesenen Wand und las dann weiter verschiedene Flugangebote durch.

Und in mir kam die leise Ahnung auf, dass ich meine Zeit verschwendete. Niemals könnten mir die Worte eines Arztes, der Einkaufstüten und Hardware-Müll unter seinen Behandlungsliegen aufbewahrte, auch nur einen Cent wert sein. Mich überkam ein

Gefühl der Aufgeschmissenheit und Hilflosigkeit. Bilder meiner Heimat-Arztpraxis waberten in meinen Gedanken umher.

Es waren helle, gut geluftete Bilder von Sprechzimmern, freundlich agilen Sprechstundenhilfen und der rummeligen Geschäftigkeit von seriöser *Hilfe*. Hier würde ich keine bekommen, hier war eher welche vonnöten.

Die Adipöse hielt weiter ihr Gesicht in ihren Händen vergraben, es surrte unaufhaltsam und niemand tat oder sagte etwas.

Kurz beschlich mich der Gedanke, dass vielleicht ein Massenmörder unter den Anwesenden sei und alle die strenge Auflage hatten, sich nichts anmerken zu lassen, um so zu tun, als sei nichts, damit immer mehr Patienten ins Netz gingen, um ... um ... ja, um was? An dieser Stelle verwarf ich die These, wurde das bedrückende Gefühl aber nicht los. Dann ging die Tür auf und ein kleiner untersetzter Mann mit kugeligem Bauch unter einem braunen Flanellhemd trat ein. Erst stand er ein paar Minuten im Raum, guckte geradeaus, riss dabei im Drei-Sekunden-Takt die Augen weit auf, als sähe er schlecht, und ließ sie dann wieder auf normale Öffnungsweite zurücksinken.

Er machte drei schwerfällige Schritte nach vorne zu der Schreibtisch-Tresen-Konstruktion und sah die Fünfzigjährige an. Er zögerte kurz.

Dann aber durchschnitt er die Stille mit ausufernden Gesten, strenger Mimik und lautem arabischen Rumgebrülle. Als er geendet hatte, erntete er nur einen ausdruckslosen Blick der Fünfzigjährigen. Sie überlegte wohl, dann sagte sie was Kurzes, das wie eine Verneinung klang, woraufhin der Untersetzte wieder lospolterte.

Die Fünfzigjährige schüttelte frei von Elan den Kopf und ließ dann ihren Blick wieder auf den Bildschirm abgleiten. Die Adipöse erwachte plötzlich aus ihrem Schlaf, erhob sich wie ein Walross aus dem Wasser von ihrem Drehstuhl und ging *schlapp, schlapp, schlapp* zu dem Karteikartenschrank, der neben mir stand.

Sie guckte mich einmal kurz an, ich hielt die Luft an, sie fuhr sich mit dem Handrücken schniefend unter der Nase entlang, öffnete die oberste Schublade und stöberte, für ihre Verhältnisse recht flink, durch Hunderte weiße Krankenkarteikarten. Ich dachte mir nur: Gut, all die Patienten in diesen Karten scheinen Dr. Riviera zu vertrauen, vielleicht leben die ja alle noch. Nur positiv denken, nur positiv denken, nur positiv denken.

Die Adipöse griff schließlich eine Krankenkarte heraus und zeigte sie dem Untersetzten, der immer noch alle drei Sekunden große Golfballaugen machte. Hatte er eine Augenkrankheit? Was wollte er? Warum ließ er sich eine Krankenakte zeigen? Im Hintergrund surrte weiter die Lichtröhre, die blaue Jogginghose leckte ihre Zeigefingerspitze ab, die Hauptschulmädchengang-Anführerin in HipHop-Klamotten starrte weiter dümmliche Löcher in die Luft, der türkische Familienvater mit Schnauzbart blickte weiter auf den Fußboden und der Opa mit Bürstenhaarschnitt und lustgreisigen Blitzen in den Stecknadelaugen lehnte weiter mit dem Hinterkopf an der seit fünf Jahren renovierungsbedürftigen Tapete.

Dem Untersetzten mit dem Augenproblem gefiel irgendetwas in der Krankenakte nicht, er wetterte irgendwie, erhob drohend seine Hand in die Luft, machte auf dem Absatz kehrt und verließ die Praxis. Ich wollte gerade durchatmen, da wurde die trübe Szenerie von einem weiteren Auftritt beglückt: Ein älterer Herr mit rot leuchtendem Alkoholiker-Gesicht und Aktenkoffer kam zur Tür herein. Er grinste fröhlich in die tote Runde, als würde er sagen wollen: »Guten Tag! Wir spielen jetzt *Reise nach Jerusalem*! Das wird Stimmung in den Laden bringen. *Yee-ha*!« Kurz ging mir durch den Kopf, wie es wäre, wenn er das sagen würde und wenn sein Kaugummi, auf dem er schmatzend und unmanierlich kaute, ein Strohhalm und sein glänzender Aktenkoffer ein Lasso gewesen wäre. Aber diese Szene bot sich natürlich nicht. Hatte ich eigentlich Fieber?

Der Alkoholiker-Kopf ging schwungvoll zum Tresen und kaum machte er den Mund auf, schwoll ein künstlicher Energiestrom daraus hervor in Richtung tote, mit Plastikleder bestuhlte Insel *Sprechstundenhilferia*. Mein fiebriges Hirn hatte also recht, er verstand sich als Entertainer. Doch jegliche überschwängliche Verbalenergie, die er losfeuerte, prallte an den beiden Sprechstundenhilfen, die diesen Job mit Sicherheit nur zeitweise machten und sonst eigentlich bei KODI an der Kasse saßen, ab wie Kugelhagel an einem Gebirgskoloss.

»Ich komme vom Pharmakonzern XY und ich hab Ihnen was mitgebracht. Gucken Sie mal hier ...«, er öffnete seinen Koffer und holte zwei Zentner Terminzettelchen mit Pharmakonzern-XY-Werbeaufdruck heraus.

»Nee. Wir brauchen nicht. Wir nicht machen Termine«, wehrte die Fünfzigjährige die Zettel ab und blickte weiter blasiert drein. »Ja, schade. Aber dann braucht ihr vielleicht das.« Er kramte in seiner Aktentasche nach einer Mappe: »Ich habe den Impfstoff gegen die Schweinegrippe. Unser Konzern entwickelt den. Er kommt Ende Oktober, äh, Ende September raus. Gucken Sie hier.«

Er fingerte mit seinen wurstigen Fingern zwei DIN-A4-Papiere mit bunten Word-Diagramm-Säulen aus seiner Mappe heraus.

»Das ist die Wirksamkeit aller blablabla – *Fremdwort, an das ich mich nicht mehr erinnern kann* – Impfstoffe und das ist die Wirkung aller – *anderes Fremdwort, das ich noch nie gehört habe, das aber keinen Eindruck geschunden hat* – blubblubblub Impfstoffe, die wir entwickelt haben. Man muss den Leuten klarmachen, dass sie sich zweimal impfen lassen müssen, einmal gegen die normale Grippe und einmal gegen die Schweinegrippe ...« Er lachte, Kronen und Kaugummi zeigend, und ich hätte ihm nicht mal einen Bleistift für zwanzig Cent abgekauft.

»Aah ...«, die Sprechstundenhilfe nahm das Blatt mit den bunten Säulen entgegen und tat erstens so, als wäre sie interessiert, und zweitens so, als würde sie verstehen, was der Vertreter zu ihr sagte. Er brabbelte fröhlich weiter, die Adiöpse schaukelte derweil ein bisschen auf ihrem Drehstuhl, ließ ihren linken Schlappen immer mal wieder auf das Linoleum fallen, um dann gleich wieder hineinzuschlüpfen und den Schlappen dann wieder am Fuß hinuntergleiten zu lassen.

»Das ist wichtig, dass die Patienten uns da vertrauen«, hörte ich den Vertreter sagen und kurz danach die blaue Jogginghose wieder feucht umblättern. *Vertrauen*, donnerte es in meinem kopfschmerzenden Kopf, der brütend heiß war und mit größter Wahrscheinlichkeit in nur wenigen Minuten kurz oberhalb meiner Stirn aufbrechen würde, um den pulsierenden Riesenoktopus zu gebären. Natürlich würde die Adipöse dann einfach weiter ihr Schlappenspiel spielen, die Jogginghose würde umblättern und die Lichtröhre würde surren, aber von meinen Schmerzen und dem neugeborenen Oktopus würde keiner Notiz nehmen, so viel war sicher. »Der Doktor nicht so sicher, ob Impfstoff kaufen oder nicht. Wir noch warten«, erklärte die Fünfzigjährige langsam und so, als würde sie die Antwort von einem weit entfernten Teleprompter ablesen.

»Gut, wenn das nichts für Sie ist, dann vielleicht was gegen Sodbrennen gefällig?« Der Vertreter lächelte gewinnend: »Die sind nicht verschreibungspflichtig und eine absolute Neuheit auf dem Markt.« Er fingerte eine viel zu bunte Packung aus seinem Aktenkoffer hervor. »Die haben absolut keine pharmakologische Wirkung«, ließ er stolz verlauten und ich dachte erst, ich hätte mich verhört. Hatte ich aber nicht. Denn diese Sodbrennentabletten bildeten lediglich einen Film in der Speiseröhre, der Sodbrennen technisch verhinderte. »Die kann man immer einnehmen. Hält sechs Stunden und in der Zeit kriegen sie dann garantiert kein Sodbrennen!«, lernte ich. Die Sprechstundenhilfe fragte noch mal nach: »Einen Film?« und hatte wahrscheinlich Assoziationen mit DVDs und Kinosälen gebildet, was der Vertreter aber ignorierte: »Ja, ich habe auch noch mehr Infos zu Sodbrennen. Hier! Eine Broschüre, wie Sodbrennen entsteht. Hier! Lesen Sie.«

»Nah...« Die Fünfzigjährige winkte ab: »Wir nichts brauchen Sodbrennen Impfung.«

»Nicht Impfung. Info!« Der Vertreter-Kopf lächelte in seinem schönsten Dunkelrot, er hatte Dummheit gerochen, jetzt musste er nur noch überzeugend sein. In dem Moment öffnete sich eine Tür im dunklen Flur. Ein großer blonder Hüne mit Irokesen-Schnitt schritt das Linoleum entlang.

»Danke! Tschüss!«, röhrte er in die Stille, machte die Tür auf und entschwand. Die Tür fiel zu. Es beschlich mich der Gedanke, dass es witzig wäre, wenn das Dr. Riviera gewesen wäre. War er aber nicht, denn es kam noch ein zweiter Mann den unbeleuchteten Flur herunter ins Wartezimmer. Diesmal war es wirklich Dr. Riviera, ein 1,40 Meter kleiner, dünner Bursche mit Hakennase und dem Grinsen eines frechen Luchses.

Aus seinem Arztkittel quollen Brusthaar und Goldschmuck. »Halloooo«, brüllte er schließlich singend in den Raum, der Vertreter witterte seine Chance, ließ von der Fünfzigjährigen ab und ratterte erneut vor Riviera seinen Text mit den Schweinegrippeninfos herunter. Ich begann derweil dafür zu beten, dass Dr. Riviera kein Interesse an diesen dubiosen Impfungen hatte.

Denn sollte er Interesse haben, würde das seine, von mir aufgrund der Wartezimmersituation unterstellte Unfähigkeit mit unumstößlicher Gewissheit zementieren. Dr. Riviera guckte sich die Word-Diagramm-Säulen an und sagte nur: »Interessaaant. Interessaaant.«

»Er auch hat Impfungen gegen Sodbrennen!«, pflichtete die Fünfzigjährige von ihrem Drehstuhl mit einem Auge auf airberlin.de bei.

Dem Vertreter blieb leider keine Zeit, sie zu korrigieren, denn Riviera wollte Bedenkzeit, der Vertreter solle einen Termin ausmachen. Die Adipöse steckte sich derweil im Beisein ihres Chefs einen Finger in die Nase und Riviera rief die Umblätterin als nächste Patientin auf. Als ich registrierte, dass sie dem Arzt die Hand gab, fasste ich neben dem starken Wunsch, endlich abzuhauen, den todsicheren Entschluss, dem Doktor nicht die Hand zu geben und sofort nach dem Arztbesuch in Sagrotan zu baden. Dann fiel in dem dunklen Flur wieder eine schalldichte Sprechzimmertür zu. Die Lichtröhre surrte und die Adipöse erhob sich schwerfällig aus ihrem Stuhl, um nach der Sodbrennen-Tablettenpackung zu greifen. Meine Kopfschmerzen hämmerten.

Die Adipöse öffnete die Packung und drückte zwei Tabletten heraus. Die Fünfzigjährige sah sie schief an und fragte: »Willst du nehmen?«

Die Adipöse antwortete leider auf Arabisch, aber das Nächste, was ich sah, war, dass beide Sprechstundenhilfen sich jeweils eine Tablette einschmissen. Das war genug. Ich rastete aus. Innerlich. Und textlich in der um Hilfe suchenden SMS, die ich sofort an meine Mutter verfasste. Sie musste von den Umständen hier erfahren. Wenige Sekunden später surrte es in meiner schwachen Hand, meine Mutter hatte sich wie gewohnt kurz gehalten. »Verschwinde da! Such dir einen anderen Arzt«, lautete ihr Urteil. Aber mir fehlte der Schneid. Ich war zu krank, zu matt und auch generell zu feige, um auf den Pressspantresen zu hauen, meine zehn Euro zurückzuverlangen und zu gehen. Das ging nicht. Ich würde das Theater mitspielen müssen. Als irgendwann endlich mein Name aufgerufen wurde und ich auf einem Stuhl vor Dr. Riviera im schalldichten Sprechzimmer Platz nahm, betete ich artig – zum dritten Mal an diesem Tag – meine Symptome runter. Während der Arzt meinen Ausführungen lauschte, fiel mein Blick auf die Bildergalerie hinter Dr. Riviera: zig junge, schwarzhaarige Riviera-Töchter in pinkfarbenen und blauen Satin-Albtraumkleidern vor marmorierten Sofort-Porträt-Fotostudio-Leinwänden. Schließlich äußerte ich meinen Wunsch nach einem Test, ob es sich bei meiner Grippe vielleicht zufällig um Schweinegrippe handeln könnte, aber Dr. Riviera grinste nur sein listiges Luchs-Grinsen: »Es gibt keine Schweinegrippe in Berlin.«

Ich zog die Augenbrauen hoch, wollte aber nicht diskutieren, obwohl ich durch die tägliche Lektüre von Qualitätstageszeitungen wusste, dass das definitiv nicht der Wahrheit entsprach. Dann entdeckte ich zwischen den Fotos etwas, das von Weitem aussah wie ein Flyer für den totalen *Alles-muss-raus-Ausverkauf* eines Orientteppich-Großhandels, ein Design-Albtraum in Braun-, Bronze- und Goldtönen, der in schnörkelig überladener Schreibschrift verkündete »Diploma«.

Dr. Riviera hatte also nicht nur keinen Doktortitel, nein, er hatte sein Diplom augenscheinlich auch noch auf einem Orient-Basar, beim Dschini-Flaschen-Abwerfen, gewonnen. Ich verkniff mir also zu erwähnen, dass ihm doch nicht entgangen sein konnte, dass ganze Schulen in Berlin aufgrund der Schweinegrippe geschlossen worden waren. Stattdessen versuchte ich, das in mir aufkommende Lachanfallgewitter, das sich aus der Entladung von Belustigung, Angst und Verzweiflung zusammengebraut hatte, zu unterdrücken. Der Riviera-Luchs verkniff sich derweil jegliche Untersuchung und begann mir zu erklären, was ich bei meinem Symptomen zu tun hatte: »Sie ma-chen jetzt Fol-gen-des«, nach jedem Wort baute er eine dreiminütige und nach jeder Silbe eine zweiminütige Pause ein, »Sie ge-hen zur Apo-the-ke. Ho-len sich As-pi-rin Plus C, trin-ken kei-ne Koh-lensäu-re und nichts Kal-tes und dann tan-zen Sie mit Wattestäbchen in den Ohren um einen Kreis aus Antibiotika und gucken dabei die Packung Aspirin Plus C so lange an, dass Sie sie dreimal täglich vor Ihrem inneren Auge detailgetreu sehen können. Und wenn das alles nichts hilft, sehen wir uns Freitagmittag in meinem Sprechstundenhotel.«

Letzteres hatte er so zwar nicht ganz gesagt, aber für mehr hatte meine Aufnahmefähigkeit an diesem Punkt nicht mehr gereicht. Völlig verstört verließ ich schwitzend, kopfschmerzend und hustend die Praxis.

Unterm Strich blieb mir nach diesem Erlebnis nur die Erkenntnis, dass ich wohl noch eine lange Reise durch Berlins Wartezimmer vor mir hatte, bevor ich wieder einen Arzt finden würde, dessen bloße Worte mich kurierten und dem ich ohne mit der Wimper zu zucken abkaufen konnte, dass Cola und Salzstangen gegen Durchfall halfen. Diese Reise wird mich viele Nerven und vor allem wohl viele Zehneuroscheine kosten, *ohne pharmakologische Wirkung* natürlich.

DIE 9. GESCHICHTE

Harte Berliner Realität

Leif (22), Architekturstudent aus Garmisch-Partenkirchen,
über
eine nächtliche Fahrt nach Steglitz

Sie hatte geschrieben, dass ich noch vorbeikommen kann, *Würd mich freuen,* mit diesem Zwinkerzeichen dahinter, und ich hab mich nicht lange am Hinterkopf gekratzt, hab die Jungs im *Watergate* stehen lassen, bin im Dusel über die Oberbaumbrücke gelaufen, mein angetrunkener Blick schlitternd zwischen den bunten Lichtern des Universal-Gebäudes und den *Schnick, Schnack, Schnuck* spielenden Neonlampen am Brückenbogen.

Hab mich dann in die U-Bahn gesetzt, mitten in das lärmende Partyvolk. Von rechts holländisches Geschnabbel, Lachen von links und Fotos von vorne. Ich hab die Augen zugemacht, von Station zu Station hab ich sie aber immer wieder geöffnet und mitverfolgt, wie es sich immer weiter ausdünnte, das Partyvolk, denn es stieg aus und niemand Neues stieg zu. Irgendwann war dann Ruhe, ein alter Opa, eine Frau mit tiefen Furchen und türkisfarbenen Kopfhörern, aber kein Holländisch mehr, keine Fotos, kein Umeinander-, Übereinander-Kugeln. Ku'damm bin ich ausgestiegen, musste nicht lange warten, dann kam die U9 – gespenstisch leer. Als sie losfuhr, stand ich allein in ihrem uringelben Licht.

In meinen Ohren steckten noch immer die Stecker meines iPods. Ich hatte die Musik unterwegs irgendwie ganz vergessen gehabt, als wäre sie ganz natürlich in meinen Ohren gewesen, nun hämmerte ein Steve-Aoki-Remix ins leere Nichts, vorwärtspeitschend, zu schnell, auf einmal nicht mehr passend, jetzt, wo ich allein in der Bahn saß. Allein. Ich dachte noch, alkoholisiert unbeteiligt an meinem eigenen Leben, darüber nach, wie witzig das eigentlich war, dass ich vor ein paar Monaten, als ich noch ganz frisch in Berlin gewesen war, genau vor dieser Situation panische Angst gehabt hatte: nachts alleine in Berlin unterwegs mit offensichtlichen Wertgegenständen. Anfangs hatte ich die weißen, verräterischen Stecker meines iPods gegen alte schwarze Stecker ausgetauscht – nicht auffallen, sich nicht zum Ziel machen. Jetzt war ich allein, es konnte keiner Gier auf meinen iPod oder das Handy in meiner Hosentasche entwickeln, denn es war keiner da. Trotzdem riss ich mir die Stecker aus den Ohren, dieses ungute Gefühl. Warum? *Hallo Alkohol? Wirk doch bitte noch. Wie lange bin ich unterwegs? Dreißig Minuten? Da muss doch noch was drin sein, im Blut.*

Die Stecker stopfte ich in meine Jackentasche. Das unordentliche, ungute Gefühl blieb zwischen den Rippenbögen. Das war wohl die Aufregung wegen Sophia. *Nur die Aufregung wegen Sophia.* Diese Kleine mit den wilden Locken aus Steglitz, original Berliner Stadtkind. Großschnäuzig war sie. Hatte mir im *Lovelite* in den Hintern gebissen, mit den Zähnen mittenrein, einfach so, statt *Hallo* mal eine andere Art, auf sich aufmerksam zu machen. Der Berliner Single-Markt war groß. Man brauchte seine Trademark.

Ich lief im leeren Gang auf und ab – grau glitzernder Boden, dreckig –, blieb unter dem Bildschirm mit dem U-Bahn-Fernsehen stehen, das Wetter fürs Wochenende, mein Blick driftete desinteressiert ab, landete auf der Scheibe, durch die man in den nächsten Wagen gucken konnte. Ein Mann stand da. Um die dreißig. Alleine wie ich. Spichernstraße. Wir hielten, die Türen gingen auf, niemand stieg zu, niemand stieg aus. Der Mann im nächsten

Wagen hatte mich gesehen, kam plötzlich näher zu der Scheibe, bis er direkt davorstand, und sah mich an, das Tuten der Bahn, unsere Blicke trafen sich, die Türen gingen zu, er grinste süffisant, merkwürdig, sofort wand ich meinen Blick ab.

Wir fuhren an, hektisch setzte ich mich auf die unruhig gemusterte Seitenbank, merkte plötzlich meinen Pulsschlag zwischen den Rippenbögen, deutlich pochend, stützte meinen Kopf in die Hände. *Alter, was ist los mit dir?* Durchatmen. *Er hat dich angeguckt. Angegrinst. Na und?* Das Rauschen der Bahn auf den Schienen. Das gelbe Licht. *Du bist nur nervös wegen der Kleinen.* Surren. *Du weißt nicht, was sie gleich von dir erwartet. Das ist alles.* Ich guckte wieder hoch, geradeaus, aber ich sah ihn aus dem Augenwinkel. Schwarze Röhrenhose, graue Lederjacke, braune Haare, verlebtes Gesicht.

Er stand genau vor der Scheibe, glotzte zu mir rein, guckte mich an. Ohne Umschweife. *Bleib sitzen, Leif. Bleib genau so sitzen. Wenn du weggehst, bestätigst du ihm, dass dir das komisch vorkommt. Aber es ist doch alles ganz normal. Er guckt halt. Soll er gucken. Was kann er schon wollen? Ist doch nur ein ganz normaler Typ, wahrscheinlich betrunken, so wie du auch, so wie alle um diese Zeit.* Ich sah ihn immer noch aus dem Augenwinkel. *Er guckt dich an. Na und?* Irgendwas machte er. Irgendwas bewegte sich. Ich konnte nicht sehen was. Der Winkel ließ es nicht zu. Güntzelstraße. Die Türen öffneten sich. *Hoffentlich kommt er nicht rüber.* Die Türen schlossen sich. *Warum hätte er rüberkommen sollen? Mensch, Alter.*

Am U-Bahnhof hatte niemand gestanden, wieder mal war niemand ein- oder ausgestiegen. Wir fuhren an und ich rutschte auf dem Sitz zurück. Änderte meinen Sichtwinkel. Er hielt eine Hand platt gegen die Scheibe gedrückt. Alle fünf Finger gespreizt, wie ein eingefrorenes Winken, den Kopf hielt er leicht schräg, grinste mich an, sein anderer Arm hing angewinkelt nach unten. Und verschwand in seiner Hose.

Erschrocken sah ich genauer hin, drehte den Kopf, prüfte.

Seine Hand war tatsächlich in seiner Hose verschwunden, hinter dem Gummi seiner Jeansleggingshose, ohne Knopf, nur mit Gummizug, so wie sie die Mädchen trugen. Die Hand bewegte sich unter dem dünnen Stoff. Immer vor und zurück. *Verdammt.* Ich guckte weg. War am ganzen Körper angespannt, der Puls hämmerte, meine Handinnenflächen wurden feucht. *Verdammte Scheiße, er holt sich einen runter.*

P-dam, p-dam, p-dam, fuhren wir über die Schienen. Ich guckte noch mal. Musste gucken. Und er grinste, hämisch.

Nicht aufstehen, Leif, nicht bewegen, dann sieht es so aus, als würde dich das stören, aber es stört dich nicht. Es ist keine große Sache, wenn du keine daraus machst. Es ist dir egal. Berliner Straße. Wir hielten. *Soll ich aussteigen? Die nächste Bahn nehmen?* Der weiße, glänzend geflieste U-Bahn-Schacht war leer. Natürlich. Während ich noch überlegte, tönte schon das Tuten, wir fuhren wieder an.

Und er rieb. Rieb aufwärts, abwärts, den Mund leicht geöffnet, die Linke schweißig platt gegen die Scheibe gepresst. *Warum mache ich kein Foto mit meinem Handy? Krasse Sache, ein Typ in der U-Bahn holt sich einfach so einen runter. Auf mich. Weißte Bescheid, Sophia, nicht nur Frauen stehen auf mich. Abgefahren, Alter.* Zwischen meinen Rippen immer noch das Pochen. P-dam. P-dam. P-dam. Wie die Bahn. Vielleicht nur noch schneller. *Ist doch abgefahren, Alter.* Ich zog ein lässiges Grinsen auf, guckte ihn an. *Ist mir doch egal, was du machst.*

Seine freie Hand löste sich von der Scheibe, langsam, winkte mir steif aus dem Handgelenk zu, links, rechts.

Ich lasse mir nichts anmerken. Nein, lasse ich nicht.

Dann zog er die Hand aus der Hose, griff mit beiden Händen um den Bund, zog sie langsam nach unten, bis kurz vor die Knie. Sie blieb dort. Ein Stück behaartes Bein. Darüber Shorts, schwarz, eng anliegend. Sein Ständer stand schräg nach oben weg.

P-dam. P-dam. P-dam. Und das Surren. Er bewegte sich langsam, unwirklich langsam, abgehackt, in unflüssigen Bildern.

P-dam. P-dam. P-dam. Seine Finger hakten sich in den Bund der Shorts, dann kippte sein Becken nach vorne, presste sich gegen die Scheibe und langsam zogen die abgespreizten Finger auch die Shorts nach unten. Bundesplatz. Sein Glied stand nackt gegen die schmutzige Scheibe. Die Bahntüren öffneten sich. Ein schwarzhaariger Typ wartete auf die U-Bahn in die entgegengesetzte Richtung. Sonst Leere.

Mein Blick nach rechts, er hielt sein Gemächt fest mit der Hand umschlossen, rieb und als er meinen Blick sah, schloss er die Augen. Genussvoll. Das Tuten ertönte. Die U-Bahn-Türen schlossen sich wieder. Wir fuhren weiter.

Was soll's, Mann? Ein Typ, der sich einen runterholt. Na und? Sein durch den offenen Mund ausgestoßener Atem schlug sich weiß an der Scheibe nieder. Immer wieder. Bei jedem Atemzug. Ich holte mein Handy aus der Hosentasche, 3 Uhr 21, keine neuen Nachrichten, keine Anrufe.

Ich muss eh gleich raus.

Ich gucke nicht mehr hin. Las noch mal Sophias Nachricht. *Würd mich freuen.* Zwinkerzeichen.

Nur noch eine Haltestelle, Mann.

Ich klickte mich durch das Menü meines Handys. Alles beim Alten. Dann abbremsen. Wir fuhren in Friedrich-Wilhelm-Platz ein. Endlich. Ich stand auf, hielt mich an der Haltestange fest, guckte noch mal nach rechts – und er war weg.

Die Türen gingen auf, niemand trat nach draußen und ich sah noch mal nach ihm. Prüfend. Aber nichts. Nur etwas dickflüssig Weißes, wie Dönerkräutersauce, das zäh von der Scheibe des anderen Wagens herunterlief. Die Stufen nach oben zur Straße rannte ich. Kaum oben angekommen, rief ich Sophia an.

»Wat gibt's, ey? Wo steckse?«, hatte sie ins Telefon gefeixt. Wach und agil.

»Ich bin auf dem Weg, fast da, komm gerade aus der U-Bahn, kann nicht mehr abwarten, zu dir zu kommen, und wollt schon mal deine Stimme hören ...«, sagte ich und hoffte, es klang ironisch und neckisch und all so was, aber sie lachte nur. Dreckig.

»Du Süßer, du.«

Und es klang wie *Du Landkind, du*. Und all so was.

DIE 10. GESCHICHTE

Technomaschine

Elisa (24), Redakteurin aus Koblenz,
über
die erste Nacht im »Berghain«

Ein eisiger Wind weht totes Laub um unsere Füße. Wir stehen dicht gedrängt, zwischen die S-förmigen Metallabsperrungen gepackt.

Fast könnte man meinen, wir würden auf den Einlass zu einem extrem populären Popkonzert warten, nur sind alle Fans erheblich älter, als bei solchen hysterischen Veranstaltungen üblich. Sie haben viel ernstere Gesichter, tragen großteils dunkle Jacken, manche mit verschrobenen Hüten, Mützen oder solchen Brillen, die jeden Träger scheinbar magisch sofort in einen Werbeagenturmitarbeiter verwandeln. Jana ist schon eine Windung der geschlängelten Absperrung weiter. Sie lächelt immer wieder zu uns herüber, entschuldigend, weil sie schon weiter ist, gestresst, weil wir schon so lange warten, und unruhig, weil sie endlich rein will. Antonio steht direkt vor mir, ab und zu dreht er seinen Kopf über die Schulter und sagt kurze Wörter über meinen niedrigen Kopf hinweg zu Rob. Gelegentlich hält er sich auch die roten Hände vor den Mund und bläst wärmend hinein.

»Wehe, wenn wir heute Abend nicht reinkommen. Ich sage dir, so lange habe ich hier noch nie gestanden und das in dieser Scheißkälte. Wenn wir gleich wieder zurückmüssen, dann war es das für mich mit dem *Berghain.*« Antonio zieht ein ernstes Gesicht auf, um dem Gesagten mehr Glaubwürdigkeit zu geben.

»Dann müssen die auf meine Besuche leider demnächst verzichten.« Rob hinter mir lacht trocken: »Wir kommen rein. Warum sollten wir nicht reinkommen?«

Guck uns doch an, scheint er, seinem unberührten Tonfall nach, gedacht zu haben.

»Als ich das letzte Mal mit Kerstin hier war, bin ich nicht reingekommen«, meint Antonio, sich kurz umdrehend. »Wir hatten beide Trenchcoats an«, erzählt er dann wieder nach vorne und fügt hinzu: »Beigefarbene Trenchcoats.« Rob lacht erneut kurz auf: »Ein heterosexuelles Pärchen in piefigen Detektivmänteln. Da haben wir es doch schon, wieso das nicht geklappt hat.« Antonio zuckt mit den Schultern.

Ich sehe, wie er die anderen Wartenden prüfend begutachtet, sich mit der Zunge über die Lippen streicht und sich um einen abgeklärten Gesichtsausdruck bemüht. Langsam geht es in der Schlange nach vorne. Wie lange warten wir schon? Eineinhalb Stunden? Die armen Bastarde, die sich regulär hinten angestellt haben und nicht wie wir bis zu den Absperrungen vorgelaufen sind! Das Nachtleben ist kein Ort, wo man sich an Regeln hält. Nicht hier, nicht vor und ganz sicher auch nicht drinnen im *Berghain.*

Ich atme weißen, sichtbaren Atemnebel aus, wie Qualm. Da steht es wenige Meter vor mir: das berüchtigte *Berghain.* Ein großer, schlammfarbener Betonklotz, der mit der Imposanz eines Gotteshauses mitten aus dem Nichts zwischen Kreuzberg und Friedrichshain herausragt. Müde trete ich von einem Bein aufs andere. Meine Hände sind fast erfroren. Neben mir stehen dicht aneinandergedrängt zwei Engländer, akkurat gegelte Seitenscheitel, markante Wangenknochen, hoch gewachsen, sie unterhalten sich sehr spärlich. Überhaupt ist es nicht laut in der Masse.

Dafür, dass Hunderte partywütiger Menschen in einer Schlange vor einem Club stehen, ist es sogar beunruhigend leise. Wer laut ist, sich betrunken aufführt oder wegen seines Einlasses nervös wirkt, kommt bestimmt nicht rein. Diese Überzeugung hängt wie ein eiserner Vorhang über der Szenerie. Resultat: um Abgeklärtheit bemühte Gesichter, je näher sie der Tür und dem optisch düsteren Fürsten der Finsternis kommen, der davor steht. Dennoch kaut eine atemberaubende Schönheit mit vollen, prallen Lippen und herzförmigem Gesicht nervös auf ihren Fingernägeln.

Sie hat braune Haare, trägt einen dunkelgrünen, geöffneten Parka, darunter ein schwarzes kurzes Kleid, das sich über ihre üppigen Brüste spannt. Am Ende ihrer mageren Beinchen lauern dunkelgraue, klobige Boots mit derben Schnallen. Ihr Gesicht ist so schön, dass man kaum weggucken kann.

Man glaubt, man kennt extreme Schönheit aus all den Filmen und aus all den Zeitschriften zur Genüge, man hält sich sogar selbst für schön, wenn man in den Spiegel blickt. Aber wenn man dann vor so einem Menschen steht, stockt einem der Atem. Symmetrie übt Faszination aus. Was auch für das *Berghain* selbst gilt.

Ein schlichter, symmetrischer Koloss mit zwölf langen, vertikalen Fensterreihen, hinter denen dumpfes Licht flimmert und flackert. Genau in seiner Mitte klafft der Eingang, das schwarze, rechteckig gerahmte Loch, der Punkt, auf den sich alles konzentriert, auf den alles zuläuft, der Punkt, auf den sich die Schlange aus Jacken, Mänteln und abgeklärten Gesichtern zuschlängelt.

»Wir sind wie eine große Ladung klumpiger Stuhlgang, der sich durch die Darmwindungen schiebt und hofft, in die große, große *Berghain*-Toilette ausgeschissen zu werden!«, beobachtet ein hagerer Typ mit wenigen wolligen Locken und sein Kompagnon mit Dreitagebart lacht sich scheppernd krumm und bucklig, aber nur, soweit es Vorder- und Hintermann zulassen. Außen, hinter den hohen Baustellenzäunen, die uns umgeben, laufen immer wieder Menschen den Weg zurück. Wohl nicht, weil sie um halb drei nachts das *Berghain* verlassen haben, sondern eher, weil sie nicht reingekommen sind. Einer von ihnen, ein Mann in beigefarbener Jacke, wirbelt mit einem Tritt wütend Laub auf, während er telefoniert. Beige ist wohl wirklich nicht die richtige Farbe fürs *Berghain*. Welch Frevel auch, für solch einen Anlass eine solch fade Farbe zu tragen. Zu Recht ab und fort mit euch. Ich lache tonlos vor mich hin.

Was für ein bitteres Spiel ist das doch. Wir stehen alle hier und warten darauf, unseren Elite-Stempel abholen zu dürfen. Du gehörst dazu. Du warst im *Berghain*. Du darfst Teil, ein winzig kleines Bruchstückchen der Legende sein. Bastele heimlich eine Ansichtskarte, schick sie nach Hause in die Oberpfalz, wo sie wahrscheinlich nicht einmal wissen werden, wovon du redest, oder schick sie besser zu deinem Cousin nach New York und du erntest ein *Well great, dude*, ein weiteres Ehrenzeichen auf deinem Pfadfinderrevers.

Alles, was außergewöhnlich ist, überschreitet schnell den Zenit, wird Sehenswürdigkeit, Erlebenswürdigkeit. Schmale Zeitfenster für alles, was herausragend ist. Wahrscheinlich kommen wir zu spät. Nein, sicher kommen wir zu spät. Sobald Legenden solche sind, haben sie ihre beste Zeit schon hinter sich.

Als ich eine Hand an meiner Taille spüre, während wir gerade wieder – alle automatisch und einheitlich, wie ferngesteuert – ein Stück nach vorne gehen, werde ich abrupt aus meinen Gedanken gerissen. Es ist Rob, er schiebt mich sachte vor sich her. Als wir wieder stehen bleiben, lässt er die Hand an meiner Taille liegen.

»Dicke lassen die eh nicht rein«, höre ich Antonio aus dem Zusammenhang gerissen sagen, wahrscheinlich hatte er jemand Übergewichtiges erspäht.

»Anto, jetzt hör doch auf damit. Wir kommen rein«, höre ich Rob hinter mir genervt entgegnen. Aber meine ganze Konzentration gilt seiner Hand, die mittlerweile seitlich auf meinem Becken liegt. Ich stehe starr. Die Hand auf dem dunkelroten, weichen Leder meiner Jacke wird schwerer. Sie bewegt sich, langsam, erst der Zeigefinger, streichelnd, dann bewegt sich die ganze Hand, kreisend, massierend, selbstsicher, aber immer noch so leicht auf dem Leder der Jacke aufliegend, dass sie runterfallen würde, wenn ich mich abrupt bewegte, und dann wäre alles, als hätte ich es mir nur eingebildet. Eine Nachtfantasie aus klarem Wodka.

Plötzlich verschwindet die Hand. Ich will mich sofort umdrehen, bleibe aber starr stehen und höre, wie Rob sich eine Zigarette mit einem Streichholz anzündet. Er atmet tief ein, ich drehe mich zu ihm um, sehe seinen genießerischen Gesichtsausdruck, bringe nichts anderes zustande, als ihn weiter wortlos anzugucken, sein fein geschnittenes Gesicht. Er bläst Rauch aus, die markanten, dunkelblonden Augenbrauen dicht über den Augen, er guckt mich an, der selbstsichere Blick, die geschwungenen Lippen, an denen jedes Wochenende mit Sicherheit zehn kleine Berliner Mädels hängen, mit all ihren Pailletten-Boleros, dekorativen Häkelmützchen und den blassen Eintritts-Stempeln auf der Innenseite ihrer Handgelenke. Rob grinst süffisant, als könnte er meine Gedanken lesen.

Dann legt er mir seine Hand wieder auf die gleiche Stelle, doch diesmal offen, denn wir gucken uns dabei in die Augen. Jetzt gibt es nichts mehr zu leugnen. Ich drehe mich wieder nach vorne in Warterichtung um. Die Hand kriecht über meinen unteren Rücken nach vorne auf meinen Beckenknochen, sie übt Druck aus, zieht mich verlangend, aber heimlich zu ihm hin.

»Jana ist drin«, stellt Antonio unvermittelt fest, wippelt dabei von einem Bein auf das andere und dreht seinen Kopf rum, um nach einer Reaktion von Rob zu forschen, dessen Finger sich massierend auf dem festen Stoff meines Rockes winden.

»Gut«, liefert der Besitzer der Finger die gewünschte Reaktion ab. Antonio hatte sich wohl mehr Freude von Rob erwartet, irritiert guckt er kurz runter zu mir, merkt aber nichts, guckt wieder zu Rob, als würde er sagen wollen: *Was ist los mit euch beiden? Ist irgendwas? Habe ich was verpasst?*

»Jana haben sie reingelassen«, wiederholt Antonio für sich, den Blick wieder nach vorne gerichtet. »Das ist gut.«

Es vergehen noch zwanzig Minuten, bis wir endlich vorn in der Schlange angekommen sind. Der Türsteher ist eine Erscheinung für sich, um die fünfzig, in einem schwarzen Cape ruht er neben der Tür. Auf seine rechte Gesichtshälfte ist Stacheldraht tätowiert, der nicht einschneidet, der einfach nur zweidimensional aus seinen halblangen, schwarz-grau melierten, zurückgegelten Haaren herausbricht und sich an seine Gesichtshaut anschmiegt. Seine mit dicken Silberringen versehenen Finger stecken leicht aufgesetzt in den Seitentaschen seiner schwarzen engen Designer-Hose. Er ruht völlig in sich, keine Regung, außer den musternden Bewegungen seiner tief liegenden braunen Augen, mit denen er die beiden Mädchen ganz vorne in der Schlange taxiert. Er wirkt wie der Karl Lagerfeld der Düsternis: mit grau-schwarzem Vollbart, silbernem Stab durch die Nase und zwei schrägen, großen, silbernen Ringen durch die Lippe. Seine Füße stecken in schwarzen Cowboystiefeln, er steht wie hingemeißelt.

Dann nimmt er die rechte Hand aus der Hosentasche, die Blicke der Mädchen haften auf ihr, er bewegt sie wie in Zeitlupe, ruhig und bedächtig streckt er dann den Zeigefinger aus, die Mädchen starren, der Zeigefinger bewegt sich, zeigt nach rechts. Rechts ist nicht die Richtung zum Eingang. Rechts ist der Ausgang, ist der traurige Weg über den Schotterboden, durch das tote Laub, hinter dem Baustellenzaun zurück. Ende der Veranstaltung.

Die beiden honighaarigen Mädchen müssen wieder nach Hause gehen. Oder in den nächsten Club, aber dann wird es eben nur ein Club sein, eine simple Disco und nicht *das Berghain*.

Antonio ist der Nächste in der Schlange. Karl Lagerfeld im schwarzen Umhang guckt ihn an, die Hand wieder in der Hosentasche, sein Blick ruht auf ihm, aber es ist schwer zu sagen, ob er ihn wirklich mustert oder ob er nicht einfach nur hoch konzentriert in Gedanken ein Sudoko löst. Aus dem Inneren des Betonklotzes höre ich es dumpf wummern, so als wäre die Tanzfläche noch sehr weit weg, vielleicht unterirdisch, mehrere Stockwerke tief. Karl Lagerfeld mit dem stacheldrahtigen Tattoo im Gesicht hebt den Arm wieder an, der Zeigefinger fährt aus, Antonio hält die schneidend kalte Herbstluft an und die beringte Hand weist ins Innere des Betontempels. Antonio atmet leise aus, dreht sich nicht noch mal zu uns um – nicht falsch verhalten, nichts Falsches sagen, sich nicht freuen, keinen Aufstand machen, bevor seine Akzeptanz wieder an Gültigkeit verliert – und verschwindet durch den Eingang.

Nun stehe ich ganz vorne. Rob neben mir, sein ganzer Arm ist mittlerweile warm um meine Taille geschlungen und ich dulde ihn da. Karl hat seine Hand nicht wieder in die Tasche gesteckt. Rob guckt er nicht an, sein Blick liegt auf mir, er guckt von unten nach oben an mir hoch, guckt mir ins Gesicht, und obwohl er offenbar um einen neutralen Gesichtsausdruck bemüht ist, glaube ich Amüsement in seinen Augen zu lesen. Ich ziehe die Augenbrauen hoch, er streckt den Zeigefinger in Richtung des Inneren. Eine schnelle, dankbare Entscheidung. Direkt hinter der Tür werden unsere Taschen gefilzt, mit Taschenlampe, in schnellen, hektischen, abfertigenden Bewegungen und mit einer Ernsthaftigkeit wie am Flughafen.

Die Frau ist Ende dreißig, flink zieht sie ein braunes, kleines Fläschchen Augentropfen aus dem Inneren meiner Handtasche.

»Was ist das?«, fragt sie.

»Augentropfen«, erwidere ich lahm.

Sie schraubt den weißen Deckel ab, schüttelt die Flasche, riecht daran, guckt mir ins Gesicht, schraubt das Fläschchen wieder zu. Neben ihrem Kopf hängt ein Schild: *Keine Kameras erlaubt, Nicht fotografieren.*

Sie weist mich noch mal gesondert darauf hin, dann gehe ich zahlen. An der Garderobe treffen wir Antonio wieder. Vereint geht es durch eine Tür und plötzlich und unvorbereitet schlägt alles über uns zusammen.

Wir stehen in der Herzkammer. *Poch, poch, poch*, nur das tiefe, satte, alles durchdringende Pochen und ein dunkles, untergründiges, bedrohliches Grollen, der Rest ist dunkel, diffuse Schwärze.

Antonio zeigt auf irgendwas links neben der großen mittigen Stahltreppe, ich verstehe ihn nicht, sehe auch nichts, dann hört er auf zu quatschen. Wir gehen die breite Treppe nach oben und ich verstehe auf der Stelle, was es mit dem Mythos dieses Ladens auf sich hat. Ein beeindruckendes Gefühl.

Es scheint keine Decke zu geben, nur einen großen ausgehöhlten Fabrik-Würfel, das alles füllende, hart arbeitende Geräusch des schnellen Beats und das merkwürdige, unter das Pochen gemischte, verlangsamte Heulen einer Sirene, das klingt wie ein in die Länge gezogenes, sich unwohl fühlendes Jaulen aus einem schlechten Traum, in dem alles in Zeitlupe fließt. Kein Entrinnen. Ich nehme Stufe für Stufe, gehe langsam. Mein Zwerchfell wird mit jedem Bass – *wumm, wumm, wumm* – nach unten gedrückt, mitbewegt, wir werden reingezogen in die große dunkle Maschine.

»Ich liebe den Blick von Menschen, die zum ersten Mal diese Treppe hochsteigen«, höre ich Rob nah an meinem Ohr sagen, er muss wohl schreien, aber es klingt wie ein Flüstern. Antonio lacht über irgendetwas, aber ich sehe ihn nur verzerrt, sehe nur jedes vierte Bild seiner Bewegungen im zuckenden Stroboskop-Licht.

Am Ende der Treppe breitet sich die Tanzfläche aus. Geschäftige Fülle. Menschen tanzen. Mal ist es kurz taghell, dann wird es wieder dunkel, schwarz, blau, schwarz.

»Ich geh uns mal was zu trinken holen. Vielleicht finde ich an der Bar auch Jana …« Antonio zeigt mit dem Zeigefinger nach oben, dann verschwindet er. Rob nimmt unvermittelt meine Hand, zieht mich in die tanzende Masse, zieht mich an einem schwarzen Model in weißem Leinen vorbei, dann an einem Graumelierten mit roter Brille, dann an zwei knutschenden jungen

Frauen mit zerrissenen Strumpfhosen. Es gibt keine Minute zum Rumstehen, um sich erst mal zu orientieren. Der hämmernde Beat bewegt meinen Körper wie eine Naturgewalt, prasselt von allen Seiten aus den riesigen Boxen auf mich ein und fährt dann wie ein Rausch immer neu in einer mächtigen Welle durch meine Glieder. Das verzerrte Sirenengeräusch benebelt mich, trägt mich weg, mein Körper tanzt alleine, ich vergesse Rob neben mir, vergesse die Hand, die er in der Schlange auf meine Taille und auf mein Becken gelegt hat, vergesse seine massierenden Finger, vergesse seine geschwungenen Lippen. Ich bin nur noch Tanz. Es rauscht, es hämmert, es donnert. Ich spüre den Bass in meinem Gesicht, als würde er gegen meine Wangen schlagen, wie eine sich immer wieder neu aufblasende, harte, kalte Masse. Vor. Zurück. Auf. Ab. Schlag. Schlag. Schlag. *Sssup. Sssup. Sssup.*

Ich weiß nicht, wie lange Antonio weg war, aber ich mache die Augen wieder auf, als mir jemand ein kaltes Glas an meine heiße Wange hält.

»Dein Wodka«, sagen Robs Lippen, hören kann ich nur den Bass. Ich nehme das Glas nickend entgegen, trinke, trinke, trinke. Trinke das Glas gierig aus, verliere es dann durch meine nassen Finger, es fällt und ohne ein wahrnehmbares Geräusch zerschellt es auf dem Betonboden. Ich tanze in den Scherben.

Plötzlich dockt etwas an mir an, ich spüre einen Widerstand. Mein Gesäß schlägt mit jeder kreisenden Bewegung gegen einen Körper. Es ist der von Rob. Dicht hinter mir. Ein paar Takte schlage ich ihn auf diese Weise, dann findet er sich in meine Bewegungen ein, begleitet sie mit seinem Becken an meinem Gesäß und seinen elektrisierenden Händen auf meinem Körper.

Ein warmer Schauer durchfährt mich, seine Hände fahren flach, glatt über meine Hüfte, sie gleiten über meine Beckenknochen, über meine Oberschenkel, gen Innenseite, schnellen dann hoch über meinen Bauch, greifen geschmeidig meinen Torso, kurz unter dem BH, und bewegen mich mit der Musik. *Sssup. Sssup. Sssup.*

Es ist, als sei einfach nur mein Herzschlag sehr laut. So laut wie die 16 000 Watt satten Bässe, die uns umgeben.

Eine unmenschliche Anstrengung. Schweißperlen treten mir auf die Stirn. Das leise Rauschen, das mit jedem Schlag immer wieder neu eintritt, ist das meines frischen, durch die Arterien gepumpten Blutes. Vorwärts, weiter, vorwärts, vorwärts, vorwärts. Rob beugt sich runter zu mir, presst seine linke Gesichtshälfte gegen meine rechte, atmet heiß auf meine nackten Schultern, fährt mit der Nasenspitze meine Halsbeuge entlang.

Meine Bewegungen werden langsamer, ich bilde mir ein, die Musik auch langsamer wahrzunehmen, langsamer, langsamer. Alles langsamer. Gespanntes, flirrendes Ausharren vor dem Moment. Es hallt in der Musik, mehrere riesige, spiegelblanke Metallplatten fallen in einer großen, leeren Fabrikhalle rhythmisch um, Echos in allen möglichen Zeitversetzungen auslösend.

Ich fühle Robs Zunge, warm, feucht, zart gleitet sie von meiner Schulter in meine Halsbeuge. Mitten in der pulsierenden, in allen Einzelteilen arbeitenden Maschine stehe ich fast still, spüre ich der Bewegung nach. Er öffnet seinen Mund, langsam. Leidenschaftlich wachsen seine Lippen in meiner Halsbeuge, dehnen sich aus.

Dann saugt er vorsichtig die empfindliche Haut in seine warme Mundhöhle, benutzt seine Zähne, ohne mich zu beißen, saugt, beißt dann doch zu, zieht, fährt mit der Zunge über das lustvoll malträtierte Stückchen Haut, atmet, Kühlung.

Ich drehe ihm meinen Kopf zu, schaue ihm in seine morastigen Augen. Er guckt zurück, konzentriert, mit halb geöffneten Augen. Ich drehe meinen Kopf leicht schräg, so dass er mich küssen kann, und schließe die Augen, aber er schiebt mich mit einem harschen Ruck von sich weg, dreht mich mit festen Händen um.

Die Maschine *Berghain* hämmert weiter, hämmert, hämmert, hämmert. Ich bin irritiert. Alles zittert im Licht. Dann zieht er mich mit einem entschiedenen Blick an sich ran, lässt seine Hände von meiner Hüfte aus meinen Rücken hoch wandern, langsam, aber fordernd.

Er hält mich fest wie eine Beute, es gibt kein Entrinnen, drückt meinen Oberkörper gegen seinen, eng, und bewegt sich zu dem Hämmern der Maschine, links, rechts, geschmeidige, akkurate Bewegungen im fluoreszierenden Licht, eisblau, dunkelblau, taghell, schwarz, glimmernd, blitzend.

Er drückt mit einer Hand meinen Kopf an sein Schlüsselbein, ich rieche seinen Schweiß und den angenehm männlichen Geruch seiner Haut. Er hält meinen Kopf fest, vielleicht zu fest.

Eine unterdrückte Melodie taucht unter dem Beat auf, wie von einer Geige, immer die gleiche abgebrochene, kurze Tonfolge – vor, wieder zurück, zitternd – wird nicht weitergespielt, kann nicht weitergehen. Etwas kracht blechern und vibrierend, die Lichter ahmen es nach, dann nimmt Rob meinen Kopf in beide Hände, schiebt ihn von seiner Brust weg, hält ihn auf sicheren Abstand, sieht mich an. Unsere Körper sind eng gegeneinandergepresst, autonom tanzen sie ohne unsere Aufmerksamkeit, die Maschine hat ihre Steuerung übernommen.

Ein spöttisches, herausforderndes anziehendes Funkeln in seinen Augen, die Geigen flirren einen Ton vor, einen Ton zurück, schneller, dann beugt Rob sich leicht vor und führt meinen Kopf zu seinen Lippen. Weich und warm treffen sie aufeinander, öffnen sich hungrig. Verschlungene Zungen, die Violinen kreischen, das Licht blitzt wie tausend Fotos, die um uns herum geschossen werden, eine seiner Hände wandert in meinen Nacken, langsam bewegt er die kleinen Härchen, und meine Herzmaschine schickt einen warmen Strom Blut von den Oberschenkeln aus nach innen. Prickeln. Er zieht mit seinen Schneidezähnen an meiner Unterlippe, bis es schmerzt, und ich genieße es.

Ich weiß nicht, wie viel später, aber irgendwann sind wir zur Bar gegangen. Haben noch mehr Wodka bestellt. Ein dünner Mann in einem übergroßen T-Shirt mit halbseitig rasierter Glatze und großen braunen Augen beobachtet mich lüstern durch sein Glas. Ein Mädchen mit pinkfarbenen Stulpen sitzt gegen eine Wand gelehnt auf dem schmutzigen Boden und presst sich die Handgelenke gegen die Augen.

Ich stürze den Wodka sofort hinunter, stelle das Glas auf der Bar ab und setze mich auf eine Matratze, die an groben schwarzen Metallketten von der Decke hängt. Rob verschwindet, er sagt, er gehe Eis holen. Ich wundere mich, aber nicke nur.

In der Musik klingt es wie ein verzerrter Indianerschrei, viele U-Laute, abgehackt voneinander, in ein buntes, verstörendes Echo gemischt. Als Rob wiederkommt, hat er tatsächlich einen kleinen blau-weißen Eisbecher dabei, mit hellrotem Erdbeereis.

Er lächelt, als er sich neben mich setzt und mit einem kleinen hellblauen Plastiklöffel Eis aus dem Becher kratzt und mich damit füttert. Es ist zuckersüß und kalt. Erfrischend kalt in meinem heißen Körper, aber viel zu zuckersüß für diese raue Atmosphäre, wie ein Fremdkörper.

Die Bässe wummern. Aber weil ich sitze, bewegen sie mich nicht mehr. Ich bin draußen. Und während ich in sein schönes, verschwitztes Gesicht gucke, denke ich stumpfsinnig, dass es wohl besser wäre, wenn ich Drogen nehmen würde. Es ist nicht das erste Mal, dass ich darüber nachdenke, seit ich in Berlin bin.

Ganz egal, welche Absicht du vorher hattest, die Stadt reicht dir die grinsenden Pillen und das bittere Pulver wie der böse Onkel dem kleinen Kind, das er in sein Auto locken will, die bunten Bonbons.

Mich lässt die Neugier nicht los, was noch mit mir passieren könnte, wenn ich es täte, wie tief ich noch in diese Atmosphäre eintauchen könnte, wenn ich es mir gestatten würde. Die Bässe schütteln mich nur von außen, aber sie könnten auch aus mir herausschlagen, ich könnte Teil von ihnen sein. Statt mich mit den Zahnrädern zu bewegen, könnte ich selbst ein Zahnrad im Getriebe der dunklen, unermüdlich arbeitenden Maschine sein.

Ich könnte mich zusammen mit meiner Garderobe am Eingang abgeben. Könnte die Kontraktionen des pochenden Herzstücks der Maschine selber auslösen, statt sie nur nachzuempfinden, tanzend zu begleiten. Ich könnte vollends ein automatischer, mechanischer Muskel sein, ohne all meine Gedanken, ohne all das, was man gerade nachts lieber zu Hause lässt.

Das Eis schmilzt auf meiner Zunge. Rob guckt mich aus halb geschlossenen Augen verlangend an, der Eisbecher schaukelt neben uns auf dem Kettenbett. Dann küsst er mich gierig, drückt mich auf die Unterlage runter, bringt mich zum Liegen.

Er kniet über mir, hält kurz inne, bläst Erdbeereisatem in mein Gesicht, ein verfremdetes Meeresrauschen peitscht um unsere Ohren, er küsst mich, getrieben von einem plötzlichen Energieschub, immer schneller, greift mich, packt mich grob an den Oberarmen, reißt mich hoch. All der Wodka macht mich schwerfällig. Alkohol löst dich nicht im Ganzen auf, er vernebelt nur deine Sicht, schließt dich schlussendlich vom Ganzen weg, sodass du irgendwann nur noch taumelnder, kraftloser Beobachter bist.

Rob fasst mir mit seinen vom Eisbecher kalten Fingern unter mein Chiffon-Top, bewegt den Stoff, wie neugierige Geschwüre krabbeln seine Hände unter der Bluse nach oben.

Er geht über die Rundungen meiner Brüste, sachte. Das Bett schaukelt ruckartig. Zwei Männer haben sich an das obere Ende gesetzt. Sie reden, dabei sprechen sie immer direkt in das Ohr des anderen, mit abschirmender Hand. Der andere nickt, lässt die Blicke über die tanzende Meute kreisen, setzt dann selber die Hand als Lärmschutz an den Mund und spricht dem anderen ins Ohr.

Ich könnte mich auf diesem Bett vergessen.

Ich *könnte*.

Ein weiterer Schrei ertönt in der Musik, immer derselbe Vokal hintereinander und von allen Seiten. Rob greift nach meiner Bluse, zieht sie mir schnell und mühelos über den Kopf. Trotz der Hitze meines Körpers beginne ich zu frösteln. Rob legt seinen sehnigen, festen, warmen Körper schwer, aber schützend über mich. Er ist nur noch Verlangen, beginnt mich erneut wie wild zu küssen, aber ich bin vollends draußen.

Bin mit meiner Bluse ausgezogen worden, habe den Kontakt zur Maschine verloren. Schnell hatte sie mich eingesogen, zu schnell verkatert wieder ausgespuckt.

Er will noch mit mir kommen, aber ich schüttle den Kopf. »Nein«, sage ich, nehme von der Garderobiere mit asphaltgrauem Nagellack meine Lederjacke entgegen, schüttele weiter ohne Grund den Kopf und laufe alleine durch den großen Raum zurück.

Als ich draußen stehe, ist es taghell. Einfach so hat der Tag begonnen, ohne dass wir da drin irgendwas mitbekommen haben.

Ich fühle mich, als wäre ich plötzlich krank, vertrage das grelle Licht nicht. Meine Augenlider sind heiß und brennen, meine Lippen sind merkwürdig trocken wie Pergamentpapier und glühen. Ich blinzle.

Menschen gehen in beigefarbenen Sachen zur Arbeit, Bäckerinnen verkaufen Brötchen mit Salami und überbackene Käsebaguettes, an der S-Bahn-Haltstelle wird geflucht und 16-Jährige in pinkfarbenen, zu kurzen Polyesterjacken mit großen, filzigen Fellkapuzen schwänzen die Schule, mit ihrem Handy Rihanna hörend. Und ich komme mir einmal mehr vor, als käme ich aus einer anderen Welt.

DIE 11. GESCHICHTE

Tausend Lichter

Carolin (22), Studentin aus Heilbronn,
über
Freundschaft in Berlin

Stadtlichter erhellen das Zimmer. Weißliches Licht durch vier große, quadratische Fenster. Ein Ausblick, frei, weit, scheinbar unendlich. Das Gefühl, als säße nur man selbst oben und könne runtergucken. Die Stadt zu Füßen, der Fernsehturm, winzige fahrende Lichter wie emsige Glühwürmchen, diesig schwarzer Himmel und ein von Wolken und Dunst verhangener Mond.

»Hättest du das gedacht?«, frage ich ihn.

»Was gedacht?«

»Dass dieses Haus solche Wohnungen hat. Als ich hier ankam, ging mir noch durch den Kopf, dass mich keine zehn Pferde jemals dazu kriegen würden, in so eine Neubau-Platte zu ziehen. So ein anonymer, pflasterfarbener Rauputzklotz, dann der kalte Flur mit den flirrenden Neonröhren, eine Etage dunkel, eine beleuchtet, der Schmutz und der Müll auf den Stufen. So eine richtige White-Trash-Burg, hab ich mir gedacht, und dann kommt man hier rein und quasi die ganze Wohnung ist umgeben von Panoramafenstern. Das ist Wahnsinn …«

Er zuckt mit den Schultern.

»Ich war ja schon öfter hier …«

Ich stütze meine Ellenbogen auf der niedrigen Fensterbank ab, sehe eine unscharfe Spieglung meines starrenden Gesichts in der Scheibe und dahinter tausend Lichter.

»Gesine und Louis sind total nett, hab mich vorhin gut mit ihnen verstanden. Warum machen die eigentlich die Party, nur so?«

»Nee, die gehen doch jetzt beide ins Ausland. Louis geht nach Neuseeland und Sina, ach, weiß ich nicht, wohin die geht, irgendwas mit ehrenamtlicher Arbeit für so ein Dritte-Welt-Projekt, keine Ahnung, irgendwas, um ihren BWL-Lebenslauf mit ein bisschen Menschlichkeit aufzuwerten ...« Er lacht, hat längliche Grübchen in seiner blassen Haut, blickt neben mir, auf der grauen Matratze hockend, in das Lichtermeer hinunter.

»Also gehen die auch ...«

»Wieso auch?«

»Es ist so typisch. Immer wenn ich neue Leute kennenlerne, erzählen die mir über kurz oder lang von Auswanderungsplänen ...«

»Wenn ich du wäre, würd ich mir mal Gedanken machen, woran das liegen kann ...«, er knufft mich grinsend in die Seite.

»Ist doch so. Berlin ist die reinste Durchlaufstation, keiner scheint hier längerfristig bleiben zu wollen, alle rennen durch, versuchen alles mitzunehmen, was sie kriegen können, und dann nur weg. Weiter. Und immer gehen sie entweder ins Ausland, wieder zurück in die Provinz oder nach Hamburg. Es sind immer diese drei Ziele. Aber die meisten gehen ins Ausland ...«

Er hält sich die dunkelgrüne Weinflasche an die spröden Lippen und trinkt. Seine Wangen plustern sich dabei auf wie bei einem gierig dürstenden Dauerlaufsportler.

»Es ist ein bisschen wie bei dieser Kinderspielshow, die es mal gab, wo Kinder mit einem leeren Rieseneinkaufswagen durch Toys 'R' Us gelaufen sind, alles reingeschmissen haben, was sie wollten, und wer als Erster an der Kasse war, der durfte alles behalten ...«

»Mmh.«

Er guckt auf seine Armbanduhr, drückt einen Knopf, das Display leuchtet auf.

»Und wie viele Menschen man kennenlernt, die erst gar nicht hier wohnen. Heute Abend auch, diese Marion kommt aus Frankreich, Jeremy kommt aus Tasmanien – Tasmanien! Ich wusste erst gar nicht, wo das ist –, Stephanie ist zu Besuch aus Göttingen, die eine da, ich weiß nicht mehr, wie die heißt, die mit den schwarzen Locken, die ist Erasmusstudentin …« Ich halte inne. »Ich hab das Gefühl, ich kann mir alle Mühe gleich sparen!«

Eindringlich gucke ich ihn an, bis er meine Blicke spürt. Kaum wahrnehmbar zuckt er zusammen.

»Welche Mühe?«, fragt er schließlich artig.

»Die Mühe, die Menschen da drüben im Wohnzimmer kennenzulernen. Es bringt nichts. Es ist egal, es werden eh keine Freundschaften daraus.«

Er sieht mich stirnrunzelnd an und reicht mir dann wortlos die grüne Weinflasche, deren Etikett an den Kanten Knibbel-Spuren trägt.

»Ich will nicht trinken. Danke.«

»Du bist komisch.«

Pause. Wenige Sekunden totale Stille.

Ungeschickt rückt er schließlich ein Stück auf mich zu, legt mir seinen weißen, sehnigen Arm auf den Rücken, rubbelt mit flacher Hand, als würde er mich wärmen wollen.

»Du bist viel zu verkopft, du solltest trinken. Du bist nicht hier, um Freundschaften fürs Leben zu schließen. Hier geht's mehr ums Erleben, Drauflosreden, locker-flockig, Small Talk. Spaß! Und wenn du unbedingt einen Mehrwert willst, solltest du dich *gerade* mit dem aus Tasmanien unterhalten. Frag ihn nach der tasmanischen Hauptstadt, der Einwohnerzahl, nach kulturellen Besonderheiten und – voilà – hast du hier auf dieser Party sogar noch was fürs Leben gelernt …«

»Spinner«, unterbreche ich ihn.

»Trink einfach was!«

Wieder schwebt die grüne Flasche wenige Zentimeter vor meinem Gesicht.

»Ich will nicht, danke. Ich wollte morgen noch was für die Uni machen, das kann ich am besten ohne Kater.«

»Caro, Caro, du weißt, wie man Spaß hat.« Er geht mir spöttisch mit dem Zeigefinger über die Wange. Wir gucken uns an, in die Augen, verweilen, nicht unangenehm.

»Wie lange wohnst du schon in Berlin, Jan?«

Er seufzt, wendet seinen Blick ab, zuckt mit den Schultern.

»Zweieinhalb Jahre?«

»Und wie viele neue Freunde hast du hier gefunden?«

Wie ein nasser Sack fällt sein Arm von meinem Rücken.

»Keine Ahnung, Carolin. Was sollen denn diese Fragen? Ich hab genug Freunde, wieso? Hast du keine? Biste ganz alleine, Tag für Tag, mit deinen Büchern??«

»Nein, aber es ist alles so unverbindlich. Und ich hab das Gefühl, dass es vielen so geht. Alle haben zig Bekannte, reden und reden und reden auf Partys wie dieser, gehen dann aus dem Trubel nach Hause, alleine in die Stille, und alles, was geredet wurde, verpufft in der Bedeutungslosigkeit. Denn nichts wird weitergeführt, alles ist Schall und Rauch und wird großteils durch den Alkohol noch nicht mal erinnert. Gebrabbel ins Nichts.«

Er zieht die Augenbrauen hoch, schüttelt den Kopf, nimmt wieder einen Schluck aus der Weinflasche, starrt aus dem Fenster.

»Zwei Männer, mit denen ich mich mal getroffen habe, wo aber ziemlich schnell klar war, dass daraus nichts wird, melden sich so alle sechs Wochen immer mal wieder per Textnachricht, ob ich nicht dahin oder dahin mitkommen mag, ob ich nicht Lust auf Kochen habe, es kommen noch andere *Freunde,* und *Hey, wie geht es dir eigentlich so? So, generell?* Das sind solche Versuche, etwas, das es gar nicht gab, wiederzubeleben. Und wahrscheinlich melden die sich nicht nur bei mir immer mal wieder.

Die klammern sich an jede Kontaktleiche, auch wenn man ihnen nie zugesagt hat, probieren sie es doch immer wieder, sie verlieren ja nichts. Und wenn es klappt: super. Geräuschespender für einen Abend. Haste solche Bekannte nicht auch?«

»Ach Caro, bei mir rufen ständig irgendwelche Frauen an …«, meint er hochtrabend und grinst. Er glaubt wohl, dass seine Überheblichkeit einen spitzbübischen Charme hat. Seufzend gucke ich wieder auf Berlin runter, Leuchten, Blinken und Fahren. Stille.

»Und was ist mit mir? Zähle ich nicht als neuer, in Berlin kennengelernter Freund?«

»Das ist das erste Mal, dass wir außerhalb der Uni was zusammen machen …«

»Immerhin, immerhin. Und ich habe dich auf eine schöne Party geschleppt, mit ganz vielen netten Leuten, hab dich von deinem Lernwahnsinn entfesselt …«

»Kennst du eigentlich jemanden auf dieser Party außer Gesine und Louis?« Kurzes, genervtes Ausatmen.

»Ich kenne dich«, kommt ihm dann versöhnlich über die Lippen. Sein Arm landet wieder auf meinem Rücken. Ich spanne mich an. Weißliches Großstadtlicht auf seinem Gesicht, seine Nase glänzt, seine Augen auch, alkoholgeschwängert, glasig. Er reibt mir wieder über den Rücken, erst schneller, dann langsamer, kommt mir näher, noch näher, warmer Weinatem gegen mein Gesicht. Ich werde stocksteif, lehne mich zurück, weiß nicht, wie ich reagieren soll, es scheint offensichtlich, ich will ihn nicht vergraulen, will was sagen, aber dann landen seine Lippen schon auf meinem Mund.

Ein gepresster Kuss mit Druck, die offene Weinflasche gleitet aus seiner Hand auf die Matratze, er greift mich mit beiden Händen, öffnet mit der Zunge meinen Mund, abgestandener Weingeschmack, schnelle Bewegungen in meiner Mundhöhle, abgeschlossen von einem Biss in die Unterlippe, er zieht an ihr, guckt mir intensiv in die Augen.

Das soll wahrscheinlich sein Verführerblick sein.

»Warum ...?«, frage ich perplex, er zieht die Stirn kraus, lässt die Hände sinken.

»Wieso?«, kommt zurück.

»Du bist mit Nore zusammen. Wir sehen uns jeden Tag in der Uni, ich dachte, es ist klar, dass wir Kumpel sind oder werden oder ...«

»Ach, blabla ...«, macht er nur, hebt die umgekippte Flasche von der Matratze, eine nasse Pfütze, den übrig gebliebenen Rest trinkt er hastig, stellt die feuchte Flasche dann auf die weiße Fensterbank. Kopfschütteln.

»Jetzt lass dich doch mal fallen. Diese krasse Aussicht, tausend Lichter, Louis' abgeschlossenes Schlafzimmer, diese bequeme Matratze ...«

»Du hast das Schlafzimmer abgeschlossen?«

Er schließt die Augen, legt den Kopf schief und hebt unschuldig die Hände: »Baby, irgendwann muss das mit uns beiden doch mal passieren, warum nicht hier, warum nicht jetzt? All die Vorlesungen, all das Gequatsche, das musste doch dazu führen.«

Er kommt mir wieder näher, streicht mir die Haare aus dem Gesicht: »Was meinst du, warum ich dich hierher mitgenommen habe?«

Er grinst wieder, dieses Grinsen, das spitzbübisch sein soll. Mir fällt nichts mehr dazu ein.

»Du weißt doch, dass ich dich ziemlich super finde, oder?«, sagt er und findet sich gut dabei. Er kommt wieder näher, verwirrt gucke ich in sein nahes, müdes Gesicht, zwei Blätter Papier passen zwischen unsere Nasenspitzen, er streckt seine Hand aus, greift nach meinem Hinterkopf, drückt mich an sich. Ich bin benommen, er küsst mich erneut, diesmal mit mehr Mühe, langsam, zärtlich, erholsam stehen gebliebene Zeit in allgemeiner Eile. Sein anderer Arm schlingt sich um meine Hüfte, hält mich sachte gegen seinen warmen Körper, minutenlang, dann lösen sich unsere

Münder, unsere Köpfe auf leisem Abstand, er flüstert: »Du hast mich zurückgeküsst. Hast du.«

Ja, habe ich.

»Jetzt kannst du es nicht mehr leugnen«, flüstert er mir warm in mein Ohr. »Du findest mich auch ziemlich gut ...«

Ich will was entgegnen, aber mir bleibt keine Zeit, er lässt mir keine Zeit. Drückt mich auf die Matratze nieder, küsst mich, geht mir heiß den Hals entlang, küsst mich aufs Schlüsselbein, atmet, fährt mit den Händen meinen Körper entlang, packt mich fest, reißt mich im Kuss mit dem Mund hoch, hat den Nerv getroffen. Mein vernachlässigter Körper sehnt sich, geht einen anderen Weg, als ihn mein Kopf eingeschlagen hätte. Hitze, Eile, Denken setzt aus.

Viel zu schnell liegen wir ohne Kleidung da, nackt mit dem Hintern auf dem nassen, kalten Weinfleck, der grauen Matratze von Louis' Bett. Großstadtlicht fällt auf meinen blassen Körper, draußen fahren immer noch Autos, massig, blinkend, klein, etliche Stockwerke unter uns, er streicht mit seiner kalten Hand über meine Hüftknochen, gleitet zwischen meine Beine, mein Herz rennt, keine Zeit, es sich doch noch anders zu überlegen, denn eilig stößt er in mich, lässt von meinem restlichen Körper ab, schließt die Augen, ist ganz bei sich, nimmt sich Stoß um Stoß, was er braucht. *Was er kriegen kann.* Ich sehe Berlins dunstig schwarzen Himmel, sehe den rot blinkenden Fernsehturm und schließlich sein aufgelöstes Gesicht, als er sich schweißglänzend im weißen Stadtlicht entlädt.

Er atmet schwer, keucht wie ein Sportler, öffnet die Augen, rollt sich dann schwerfällig nach links ab, von mir runter, bleibt mehrere Minuten stumm neben mir liegen, starrt die ungewöhnlich nahe Decke an, auf der sich graue Schatten langsam bewegen, von rechts nach links, immerzu.

Ich will was sagen. Ich weiß nicht was. Er zieht seine Boxershorts wieder hoch, die um seine Knöchel verharrt hatten, steht auf, greift eilig nach seiner Jeans, der Gürtel klimpert beim Anziehen, er nimmt sein zerknülltes rotes T-Shirt von der Fensterbank, zieht es an, streckt sich.

»Die Party wartet nicht auf uns«, wirft er ins Graue. Ich setze mich auf, mache ein fragendes Gesicht, aber er reagiert nicht, sagt nur: »Wir sehen uns drüben ...«

Die Schlafzimmertür geht auf, er geht raus, schließt die Tür wieder hinter sich. Seine Schritte entfernen sich. Die Tür war nicht abgeschlossen. Benommen schlüpfe ich in meine Unterwäsche, ziehe den Rock über die Hüfte, mein Shirt über meinen Oberkörper, stecke die kalten Füße in meine grauen Converse, richte das Bettzeug auf Louis' Bett.

Mein prüfender Blick findet die Weinflasche auf dem Teppichboden, ich lese sie auf, lege sie vorsichtig in den Papierkorb unter Louis' Schreibtisch. Ruhe. Grau-weißer Lichtschein, ein aufgeräumtes Jungenzimmer mit großen Panoramafenstern, über dem Schreibtischstuhl ein Pullover mit *University of Auckland*-Aufdruck. Mit tausend Fragen verlasse ich das Schlafzimmer.

Er sitzt im gelben Wohnzimmerlicht neben zwei Mädchen auf der Couch, sie reden englisch, lachen, lachen laut. Ich suche seinen Blick, finde ihn nicht, stehe orientierungslos alleine mitten im Raum, über YouTube läuft Paul Kalkbrenner, zwanzig Leute um mich herum reden, reden und lachen.

Der Tasmanier steht unweit von mir, in einem Grüppchen von dreien, langweilt sich, macht einen müden Schritt auf mich zu, fragt auf Englisch: »Du studierst auch mit Elisabeth zusammen?«

»Ich bin alleine hier«, entgegne ich auf Deutsch und beschließe zu gehen, alleine in tausend Lichter.

Auswandern
Phase 2

DIE 12. GESCHICHTE

Afterhour

Mario (27), Informatiker aus Lüneburg,
über
einen Freitagmittag in Friedrichshain

Gerade aus dem U-Bahn-Schacht ausgespuckt, stehe ich in der schönsten Mittagssonne auf der unendlich breiten Karl-Marx-Allee. Ich kann erst mal nicht weiterlaufen, wie ein Tourist bleibe ich stehen und staune.

Die Straße ist wie ein reißender Fluss zwischen dem sandfarbenen symmetrischen Gebäude-Massiv. Ist eine neunzig Meter breite, murrende Strömung rollender Autos mit in der Sonne blitzenden Heckscheiben auf grauem ebenen Asphalt. Mitten im Straßenfluss thront eine grüne Insel, darauf ein Springbrunnen, der unermüdlich rauschende weiße Wasserfontänen emporschäumt, prächtig, imposant und einfach so, mitten im Straßenfluss.

Selten merkt man in dieser Stadt so direkt, wo man eigentlich wohnt. Selten spürt und sieht man den dicken Batzen Geschichte, der sich hier an jedem Stein und jedem Fleck abgespielt hat: Willkommen auf der Boulevardstraße der DDR.

Eine kleine Zeitreise, ohne aufwändige, noch nicht erfundene Technik, einfach mit der U5, für zwei Euro zehn. Wie Animationen wirken die Häuser, die kein Ende nehmen, so unwirklich, mehrere hundert Meter lang, keine Lücke, dann das nächste Haus, unzählige identische Fensterreihen, regelmäßig unterbrochen von kleinen Balkonen mit Säulenbrüstung, alles gleich, Sozialistenbauten aus beigefarbenem Stein.

Vom Zuckerbäckerstil ist bei den Bauten die Rede, und er könnte passender nicht benannt sein, die Häuser wirken wie mächtige, mehrstöckige Sandcremetorten, sorgfältig von einer Spritztüte mit Ornamenten, Säulen und Bogengewölbe dekoriert.

Man hat eine weite Sicht, aber nur nach vorne, die Häuser fassen die Straße ein wie zwei hohe Mauern, versperren links und rechts, geben den Blick nur nach vorne frei, auf den entfernten Fernsehturm, dessen Silberkugel in der Sonne blitzt.

Mich beschleicht diese innere Stimme, die immer wieder predigend sagt: Mensch, Alter, das ist dein Zuhause!

Das ist die Stadt, in der du wohnst!

Du könntest hier jeden Tag vorbeigehen, stattdessen lungerst du in deinem Kiez, kommst nie über deinen Supermarkt, dein Freelancer-Sammelbüro, deine Clubs und Bars hinaus, machst nichts, saugst nichts von alldem, was man einsaugen könnte, in dich auf. Liegst abends faul mit deinem Burger-King-Menü oder deinem Schawarma auf der Couch und guckst *King Of Queens* aus der Konserve.

Warum nur, wenn man doch hier wohnt? Immerhin habe ich mich heute aufgerafft, besuche eine alte Freundin, die mit mir in Lüneburg studiert hat. Elisabeth, für Freunde Elissa. Verdammt lange habe ich sie nicht mehr gesehen. Über Facebook habe ich erfahren, dass sie auch nach Berlin gegangen ist und dass sie hier in der Karl-Marx-Allee ein Kunst-Café eröffnet hat.

Es befindet sich unter den Bögen, nahe der U-Bahn-Station. Ausnahmsweise finde ich es mal schade, dass ich nicht so weit laufen muss, denn – verdammt – was für eine Straße!

Unter den Bögen, nahe an den Gebäuden ist es schön kühl, große, vom Bürgersteig bis zur Ladendecke reichende Panorama-Schaufenster, dahinter karges Design, viel Weiß. Ich öffne die Tür zum Café.

Frank Sinatra läuft, Elissa steht hinter einem kleinen Kuchen-Counter. Als sie mich sieht, kommt sie blitzschnell hervor, läuft auf mich zu, nimmt mich in den Arm. Sie riecht gut, riecht süß, genau wie damals. Nur um ihre hellen Augen sind nun dunkle Schatten.

»Elissa«, sage ich, als wäre es eine Begrüßung und lege meine Arme vorsichtig um ihren Rücken. Wärme. Ich lasse schnell wieder los – nicht zu lange umarmen –, trete einen Schritt zurück und gucke sie an. Ihre aschbraunen Haare hängen unfrisiert, ein wenig nachlässig von ihrem Kopf, der schmale Mund ist rot geschminkt, die Haut edelblass und sie hat immer noch diese Wahnsinnsrundungen unter ihrer Bluse und um ihre Hüfte.

»Mario, wie geht es dir?«, flötet sie mir entgegen. Sie begibt sich wieder hinter ihren Counter, klappert mit den Tassen, wartet nicht auf meine Antwort, fragt: »Magst du einen Tee?«

Ich nicke.

»Welchen?«

»Ist mir egal. Mach du mal«, zucke ich mit den Schultern, sie lächelt mich an, greift gezielt unter den Counter, holt einen großen silbernen Sack Darjeeling-Tee hervor, stellt eine Tasse unter einen Automaten, brühend heißes Wasser schießt ein, sie schaut mich an, flinke Hände mit rotem Nagellack, ein paar Löffel getrocknete Teeblätter in ein Sieb, das Sieb untergetaucht, die Tasse auf einen Unterteller gestellt, Zuckerwürfel auf den Rand gelegt, sie schiebt ihn zu mir rüber.

»Schön, dass du hier bist. Wir haben uns schon so lange nicht mehr gesehen. Obwohl es schade ist, dass wir uns ausgerechnet heute wiedersehen, weil heute ist einfach nur …«, sie rauft sich die Haare, »… ein Höllentag.«

Sie greift nach der roten Marlboro-Zigarettenschachtel neben der Kuchenauslage, steckt sich eine an, inhaliert kurz und ich frage: »Was ist denn los?«

»Ach …« Sie seufzt, zieht noch mal hektisch an der Zigarette, wirkt fahrig, bekommt dann ihre Gesichtszüge wieder unter Kontrolle, strahlt mich an und meint: »Gestern war der letzte Termin, an dem ich meine Magister-Arbeit hätte anmelden können. Gestern.«

Ich unterbreche sie: »Wieso hast du deine Magisterarbeit noch nicht geschrieben? Du bist doch schon seit einem Jahr fertig!«

Sie zuckt mit den Schultern.

Ich versuche einen Schluck Darjeeling, aber er ist zu heiß.

»Ja, sicher bin ich seit einem Jahr fertig, aber ich habe es einfach nicht geschafft. Ich habe andere Dinge gemacht. So wie das hier, wo wir gerade drinstehen.«

Sie macht eine ausladende Geste mit den Händen. Ich gucke mich um:

Die Wände sind mit weißer Brokattapete behangen, grauer Steinboden, kleine weiße Hocker stehen neben kleinen, runden Beistelltischen, zwischendrin sind ein paar Büsten platziert, die Kleider tragen, die sicher mehr Kunst als Kleidungsstücke sind, und in regelmäßigen Abständen stehen und hängen Bilder, die denen ähneln, die man früher im Kindergarten gemacht hat:

Papier falten, aufklappen, in die Knickfalte viele verschiedene Töne Wasserfarbe reinmanschen, Papier wieder zuklappen, Druck auf den gefalteten Bogen ausüben, ausklappen und dann staunen über das Kunstwerk »Symmetrisch zerfetzter Farbenschmetterling«.

»Die Kleider sind toll«, sage ich, um was zu sagen.

Elissa nickt, fährt sich mit der Zunge über die Lippen.

»Die sind mehr Konstruktionsarbeit als Modedesign. Bestehen aus den unterschiedlichsten Materialien, die alle ganz klein geschnitten und dann zusammengenäht wurden, so dass es aussieht wie ein durchgängiger Stoff. Wahnsinn sind die. Aber auch unbezahlbar. Ich glaub nicht, dass wir die jemals verkaufen werden.« Sie lacht.

»Aber wir mussten die einfach hier haben.«

»Kann ich die mal anfassen?«

Sie grinst: »Ja, kannste ruhig kurz, aber vorsichtig. Und nur mit sauberen Pfoten, Herr Mario.«

Ich wische meine Hand an meinem Oberschenkel ab und fasse das leuchtend rote Konstruktionskleid vorsichtig an. Aus dem Augenwinkel sehe ich, wie die Heiterkeit aus Elissas Gesicht verschwindet, sobald ich weggucke.

Magisterarbeit. Höllentag.

»Du musst dich hier jetzt nicht für mich zusammenreißen oder abmühen, jetzt hier 'n nettes Gespräch hinzulegen«, sage ich, als ich mich wieder zum Counter umdrehe. »Wenn du gerade eigentlich was anderes machen musst, dann mach das, ich kann auch die Tage wiederkommen, kein Problem.« Sie legt den Kopf schief, guckt mich milde an.

Es ist lange her, dass wir was miteinander hatten.

Es war diese eine Nacht, meine Studentenbudenküche, der Federweißer, Durchquatschen bis vier Uhr morgens. Sie hatte gehen, mit einem Taxi noch irgendwie nach Hause fahren wollen. Ich hab sie an der Tür einfach festgehalten, hab sie um die Hüfte gegriffen, zu mir umgedreht, angeguckt und dann geküsst.

»Gestern war der letzte Tag«, setzt sie an. »Ich hatte es völlig vergessen. Heute Morgen um sechs Uhr fällt es mir ein, ich sitze auf einmal, schlagartig aus dem Schlaf gerissen, kerzengerade im Bett, stürze sofort zu meinem Notebook und logge mich nach Monaten mal wieder in den E-Mail-Account ein, über den ich die Uni-Mails bekomme. Ich wollte denen schreiben, irgendwas, dass ich mich ja mit Sicherheit noch mit einem Tag Verspätung anmelden könnte ...« Sie zieht an der Zigarette. Rauchen steht ihr. »Aber dann? Was sehe ich da? Eine Mail, drei Wochen alt, von der Professorin, die meine Arbeit betreuen sollte, dass sie die jetzt leider doch nicht betreuen kann, da sie die Uni wechselt, und dass ihr das alles leidtut.«

Elissa lacht trocken: »Dass es ihr leidtut. Es ist nicht zu fassen. Ich hab natürlich gleich recherchiert, wer die Arbeit sonst betreuen könnte, hab sofort eine Mail rausgeschickt, schreibt der Prof mir eben vor einer Stunde, er finde, dass mein Thema überhaupt nicht in den Fachbereich passt und dass ich ein anderes Thema bräuchte, das würde viel zu weit ausufern.«

Sie schüttelt den Kopf: »Das war echt zu viel für einen Tag. Ich meine, ich hab ja auch vorgearbeitet, es ist nicht so, als hätte ich rein gar nichts für die Arbeit gemacht. Das Thema steht für mich schon seit fast zwei Jahren fest und dann das! Alles löst sich an einem Tag in Wohlgefallen auf. Und das einen Tag nach der letzten möglichen Anmeldung. Ich weiß auch nicht, wie kulant die mit dem Überziehen der Anmeldung sind. Wie viel Zeit habe ich, um ein neues Thema und einen neuen Prof zu finden? Und wo kriege ich jetzt überhaupt auf die Schnelle ein neues Thema her? Ich kann mir gar kein anderes Thema vorstellen. Was soll ich machen? Was?«

Elissa zieht wieder an der Zigarette, diesmal hektisch.

Die freundliche, warm-fröhliche Hülle, in die sie geschlüpft war, um mich zu begrüßen, ist im nervösen Redefluss von ihrem Körper geglitten. Sie steht brach da.

»Und das war meine letzte Frist. Ich kann meine Arbeit nach dieser Frist nicht mehr anmelden, denn dann verfallen meine mündlichen Prüfungen, dann muss ich das alles noch mal machen …« Sie sieht mich flehentlich an.

Ich würde sie gerne umarmen. Der Counter ist aber zwischen uns. Und letztlich würde ich mich eh nicht trauen. Nicht bei Tee, nicht im hellen Mittagslicht, nicht vor diesen riesigen Schaufenstern.

»Ich halt's nicht aus«, sagt sie noch kurz, findet dann aber plötzlich zu ihrem freundlichen Überwurf zurück und lacht: »Na ja, was erzähl ich dir das?! Jetzt kann ich ja eh nichts ändern.«

»Musst du denn unbedingt Magister machen? Ist das notwendig für den Bereich, in dem du arbeitest … Ich meine …«, ich lasse meinen Blick kreisen, »… was arbeitest du denn jetzt eigentlich genau? Bist du hauptsächlich Café-Inhaberin und Kuchenschubse oder machst du noch was anderes?«

Elissa sieht mich ein bisschen strafend an. Aber sie kennt mich, sie muss wissen, dass ich das nicht so harsch gemeint habe.

»Das hier ist ein Kunst-Café. Eine Galerie mit Kuchen. Quasi ein Genuss-Raum für Augen und Magen«, fabuliert sie. »Und nebenbei arbeite ich noch in einer etablierten Galerie in Mitte ...«

Sie guckt mich flüchtig an, dann starrt sie über meine Schulter hinweg auf die Straße.

Ein Genuss-Raum für Augen und Magen.

»Natürlich brauche ich den Kulturwissenschafts-Magisterabschluss nicht zwingend, ich hab meinen Fuß drin in der Chose hier, wenn nicht sogar beide Füße, aber ich denk da auch ein bisschen an meine Eltern ...«, erklärt sie.

»Deine Eltern?«

Elissa zuckt mit den Schultern, drückt die Zigarette in einem silbernen, bauchigen Aschenbecher aus, greift in den Muffin-Korb, nimmt sich einen Blaubeermuffin, zieht ihm sein faltiges Papierkleid aus und zerbricht ihn über einer Servierte in mundgerechte Brocken.

»Um noch was für deine Eltern zu machen, bist du zu alt. Das ist dein Leben. Triff die Entscheidungen, mit denen du leben kannst, die Entscheidungen, die dich weiterbringen. Was nützen dir hübsche Randdaten, wenn du sie praktisch nicht brauchst ...« Sie wühlt im Muffinrest in ihrer Hand. Sie guckt nicht hin. Bröckchen für Bröckchen landet auf der Serviette.

»Na, es geht da ja auch um das Selbstwertgefühl. Ich meine ...« Sie legt sich geistesabwesend einen Brocken in den Mund: »Ich hab alle meine Prüfungen in den letzten Semestern mit Eins abgeschlossen. Alle. Und dann lass ich jetzt all diese Leistungen einfach so verkommen? Und schreib mir dann nur noch in den Lebenslauf: Studium scheinfrei beendet, jedoch freiwilliger Verzicht auf akademischen Grad?« Sie kaut.

»Ich verstehe schon. Aber was willst du machen? Die mündlichen Prüfungen noch mal wiederholen?«

»Ich weiß es nicht. Ich weiß es einfach nicht. Ich sehe einfach keinen sich gut anfühlenden Weg raus aus der Geschichte.« Elissa kriegt für einen kurzen Moment einen Starrblick. Ich will ihr sagen, dass sie die Entscheidung über ihr Studium doch eigentlich schon viel früher getroffen hat, dass sie es nur noch nicht bemerkt hat. Ich öffne den Mund, sage aber nichts und schließe ihn wieder.

In der Nacht, in der wir miteinander schliefen, hatte sie rote Unterwäsche an, dunkelkirschrot. Ich atme tief aus. »Und wie läuft der Laden hier so?«, frage ich und hoffe, dass das angesichts der Tatsache, dass ich der einzige Gast bin, nicht die falsche Frage war.

»Oh ja ... gut. Wir haben vor einem Monat aufgemacht und schon ein Bild verkauft. Das ist gut. Für eine kleine Galerie ist es auch mal üblich, monatelang nichts zu verkaufen ...« Sie lächelt ein bisschen bitter.

»Deswegen sind wir ja auch auf die Idee gekommen, zusätzlich noch Kuchen und Kaffee zu verkaufen. Von diesen Katalogen hier haben wir auch viel verkauft.« Sie zeigt auf die glänzende Katalog-Auslage neben dem Counter.

»Was kostet eigentlich so ein Bild?«, frage ich mit Blick auf die gespiegelten, zerfetzten Farbschmetterlinge.

»Die kosten alle um die tausend Euro, die kleinen wenigstens. Wir haben ein großes für dreitausend verkauft. Das war gut.« Ich gucke sie an, ihr direkt in die Augen. Sie grinst kurz, kann oder will meinem Blick nicht standhalten, guckt auf ihre Muffinserviette.

»Und ich muss ja auch nicht alleine die Miete zahlen, ich teile mir den Laden mit drei Freundinnen ...«, redet sie weiter.

Ich trinke einen Schluck von meinem Tee, mittlerweile ist er abgekühlt.

»Und das ist auch dein langfristiger Plan? Galeristin?«

Sie guckt mich entgeistert an: »Du sagst das, als wäre das kein Job …«

»Ich hab ja keine Ahnung, Elissa.« Ich zieh die Schultern an, und lass sie wieder sinken.

»Ich kann mir irgendwie nur nicht so richtig vorstellen, dass das hier was abwirft, mit dem man planen kann. Aber was weiß ich schon? Was weiß ich von Kunst?«

Nichts.

»Das Prinzip ist das: Als kleine Galerie ist es anfangs deine Aufgabe, junge, noch unbekannte Künstler zu finden, sie immer wieder auszustellen, an deine Galerie zu binden und so langsam aufzubauen. Und wenn sie später einen Namen haben, dann rentiert sich das Ganze. Das geht dann 50/50 bei Verkäufen. Ich meine, ursprünglich war das hier auch alles nicht mein Plan, aber Lea arbeitet für so eine Kunst-Millionärin, eine ganz Bekannte in der Sammlerszene, und die hat gehört, dass die Räume hier in der Karl-Marx-Allee frei werden, und dann hat sie Lea mit der Idee angesteckt, hier was draus zu machen. Sie hat uns gefragt, wir haben uns abends nach der Arbeit hundertmal getroffen, Prosecco getrunken, an dem Konzept gearbeitet und den Zuschlag gekriegt und jetzt …« Sie strahlt: »Jetzt haben wir das Ding … Und wir haben diese Sammlerin im Hintergrund, die die richtigen Kontakte hat …«

Elissa pickt mit dem nassen Zeigefinger letzte Krümel ihres Blaubeermuffins auf.

»Ich hab es mir eben schon gedacht, Elissa«, höre ich mich sagen. »Du hast die Entscheidung gegen dein Studium schon viel eher getroffen. Du bist nach Berlin gegangen, ohne die Magisterarbeit geschrieben zu haben …«, setze ich an, werde dann aber unterbrochen, weil wir hören, dass jemand die Tür öffnet.

»Elisssaaa … ..«, grölt eine burschenhafte Männerstimme. Ich brauche mich nicht umzudrehen, denn wenig später steht der Besitzer der Stimme neben mir. Er trägt eine rote Trainingshose, eine blau-orange Skijacke und ein Sternburg-Export in der Hand.

Es ist 13:47 Uhr.

»Elisssaaa, wie geht es dir? Wir haben gedacht, wir kommen noch auf einen Kaffee vorbei, bevor es für uns gleich weitergeht ...« Ich habe ungefähr eine halbe Sekunde Zeit, mich über das »uns« zu wundern, da geht wieder die Tür auf, drei Mädchen und ein weiterer Typ kommen herein, jeder hält ein Sternburg in den Griffeln, alle unterhalten sich durcheinander, ich verstehe nichts und mit einem Mal ist Elissas kleines, beschauliches Café voll: voller Menschen und voll von einem Geruch, der an einen Männercampingurlaub erinnert. Abgestandenes Bier, frischer Schweiß und alter Rauch.

Elissa kommt hinter ihrem Counter hervor, umarmt jeden Einzelnen stürmisch und freundlich. Mit den Mädchen redet sie spanisch, es sind Erasmus-Studentinnen mit zottelig zerrockten Haaren, in Trainingshosen und bunt bedruckten Adidas-Kapuzenpullovern. Sie sind die derzeitigen Lover-Girls der Jungs. Ich höre nur Wortfetzen Spanisch, dazwischen »Golden Gate« und »Ich hab da herum*geshoutet* ...«. Dann gehe ich mit meiner Aufmerksamkeit offline. Die Meute kommt also gerade aus dem *Golden Gate*. Sie waren die Letzten im Club, sind um 13 Uhr rausgeschmissen worden. Ich angele nach den Katalogen und Heften, die stapelweise auf dem Tresen liegen.

»Zeichenbuch für Kinder nach Motiven von Arnulf Rainer« ist der Titel eines weißen DIN-A4-formatigen Heftes, ich erwarte Großes, bin gespannt, was die Boheme-Kids von heute so ausmalen sollen, blättere durch und bin enttäuscht: Innen drin sind nur verschiedene Rechtecke durch parallele Linien geteilt, auf einer anderen Seite ist einfach nur ein gerader Strich, von dessen Ende weitere Strahlen abgehen. Erinnert mich stark an mein Mathebuch aus der Unterstufe. *Berechne alle Winkel ...*

Ob Kinder an dieser Ödnis in Schwarzweiß für läppische 17 Euro wirklich Spaß haben? Ich klappe das Malbuch zu, drehe meinen Kopf zur Seite, der Typ in der roten Trainingshose steht stolz vor einer freundlich grinsenden Elissa und erklärt mit wildem Handgefuchtel: »Ich brauche einen Gürtel für meine Hose. Ich weiß auch nicht, was ich gemacht habe, aber sie rutscht immer runter. Ich habe mir schon einen Gürtel vom dicken Max geliehen, aber der bringt auch nichts, auch nicht im letzten Loch, guck mal ...«

Der Typ drückt mit beiden Händen gegen den braunen Ledergürtel über dem Gummizug seiner Trainingshose und schiebt den gesamten Kladderadatsch über seine schmale Hüfte hinunter, zum Vorschein kommt sein gut sichtbares Gemächt in dunkelblauen Retroshorts.

Dezent wende ich mich ab, öffne wieder das Arnulf-Rainer-Malbuch und entdecke auf der ersten Seite eine Widmung. *Für D.* Darunter noch mal für alle zweisprachig aufwachsenden Kinder: *For D.* Ein multilinguales, gewidmetes Zeichenbuch. Ich lege es wieder auf den Stapel, lasse meinen Blick über den Rest kreisen, der dort noch so liegt, wie etwa das *Free Style Magazine*, das rund ist und in einer Frisbee-Scheibe liegend verkauft wird.

»Ja, Elissa, kannste uns nicht befrühstücken?!«, quengelt die mittlerweile wieder hochgezogene Trainingshose neben meinem Ohr und Elissa schwirrt wie ein fröhlicher Käfer wieder hinter den Counter: »Ja, was wollt ihr denn?« Ein paar schwarz-pinke Onituska-Tiger-Sneakers stellen sich neben mich: »Mach mir mal einen Espresso. Für dich auch, Lasse?«

Der Typ in der roten Trainingshose schüttelt den Kopf: »Nee, ich hätte dann doch lieber einen Kaffee. Und für die Mädels ... *Chicas, qué queréi beber*?«

Sie rufen »Sumo« oder so ähnlich zurück und Elissa öffnet den großen silbernen Kühlschrank.

»Wer bist du eigentlich, Alter? Auch 'n Freund von Elissa?«, fragen die Sneakers neben mir.

»Ja, von früher noch. Vom Studium«, sage ich.

»Ach, aus Lüneburg, ja?! Cool.« Er nickt nervös. »Cool, cool, cool«, schiebt er noch hinterher. Seine Augen sind gerötet, man sieht ihm an, dass er lange nicht mehr geschlafen hat, lange nicht mehr geduscht hat, es ist, als sei er kurz vor Ablauf seines Haltbarkeitsdatums.

»Ey, was mach ich eigentlich mit der Lilli?«, fragt die rote Trainingshose, die links neben mir steht. Er hat eingetrockneten Dreck am Knie.

»Was soll'se da schon machen? Hast dich saudumm verhalten. Saudumm, Alter.«

»Soll ich ihr sagen, dass ich morgen fliege?«

Ich beobachte Elissa hinter dem Counter, fleißig und eilig bereitet sie Espressi und Kaffee, richtet Kuchen und Muffins auf kleinen silbernen Tabletts an. Kaffeegeruch wabert uns entgegen.

Der Typ in der dreckigen roten Trainingshose erhält keine Antwort, also blickt er sich um, stiert eines der Kunstkleider an. »Roter heißer Fummel«, lässt er uns an seinen differenzierten Gedanken zu der Kleidkunst teilhaben.

»Ey, guck mal, Benni, hier ist 'n Reißverschluss, das kann man aufmachen.«

Er stellt sein Sternburg Export klackernd auf den Steinboden und geht der Büste unter den Rock.

»Hier drunter, guck mal, ein breiter Reißverschluss. Uuiuiui. Praktisches Kleid. Und gute Titten!«

Er patscht mit seinen Händen großflächig auf die Brüste der Büste.

»Fühlt sich voll krass an, wie viele kleine Steinchen oder so …« Er rudert in kreisenden Bewegungen mit seinen Händen über das Kleid. Die Büste wackelt. Elissa steht am Kaffeeautomaten, schäumt Milch auf, guckt nicht rüber.

»Ey Jungs, macht mal vorsichtig da«, brumme ich leise dazwischen. »Das Ding ist nicht unwertvoll.«

»Ach, wertvoll. *Buuh*!«, meint der Onitsuka-Sneaker-Typ. »Was bist du denn für ein Spielverderber, mh?«

»Ich bin das große, böse personifizierte *Buuh*«, lasse ich verlauten und die Typen lachen sich scheckig.

Ich bin ja auch wirklich witzig. Eines der zotteligen spanischen Mädchen betrachtet die Szenerie, ich weiß nicht, ob sie uns versteht. Still und mit glasigen Augen wandert sie zu den Kataloghaufen, nimmt von jedem einen runter und setzt sich dann wieder an einen der kleinen Tische zu ihren Zottelfreundinnen.

»Die Schmetterlinge an der Wand sind auch voll krass«, sagt die Trainingshose, macht einen Schritt nach vorne und tritt gegen die Sternburg-Export-Flasche. Es klirrt und ein gelber, plörriger See ergießt sich auf den Steinboden, kriecht um die Büste herum und auf die Hocker zu.

»Elissa-Maus, haste mal Servietten?«, ruft der Sneaker-Typ, als Elissa gerade mit einem mit Afterhour-Frühstück beladenen Tablett um den Counter herumkommt.

»Wieso, was ist denn?« Ihr Blick fällt kurz auf die Jungs, dann auf den Boden, sie seufzt, hört aber nicht auf, freundlich zu grinsen. Alles kein Problem. Sie verteilt das mittägliche Frühstück, Frank Sinatra singt *I Think Of You* und der Sneaker-Typ neben mir stößt lautstark auf. Ein warmer Rülpser aus Magensäften und altem Bier.

Ich proste ihm mit meinem letzten Schluck kalten Tees zu. Er grinst, nimmt von Elissa seinen bestellten Espresso entgegen, hebt die kleine Tasse mit zwei Fingern vom Unterteller herunter und schlürft genüsslich.

Im Moment des Trinkens geschieht durch das kunstvolle Halten der kleinen Espressotasse etwas Bemerkenswertes mit ihm, er sieht trotz seines bald anstehenden Verfalls plötzlich wahnsinnig distinguiert aus.

»Ey, da fällt mir ein, wir haben gerade was erlebt, das gibt es nicht ...« Er lacht wild auf.

Wäre er ein Tier, wäre er ein kleines, dürres Pony mit großen Zähnen und einem wilden, quietschigen Wiehern, überlege ich.

»Wir waren ja im *Golden Gate* …« Er unterbricht, guckt mich forschend an: »Ey, hab ich mich eigentlich vorgestellt, ich bin Benni, und du?«

»Mario«, stelle ich mich vor, als Elissa sich zu uns gesellt. »Schmeckt der Kuchen?«, fragt sie.

»Ja, ja, alles großartig«, erwidert Benni fix.

»Du musst dir die Story auch anhören, Liebes …«

Er guckt Elissa aus seinen großen Augen auf eine merkwürdige Art liebevoll an, stellt dann seinen Espresso ab und legt ihr einen Arm um die Schultern. Einfach so.

»Also, wir waren ja im *Golden Gate* und die haben da ja so ein Zelt draußen, wo man sich aufhalten kann. Und ich war da mit der Eliana …«

»Die haben rumgeknutscht …«, brüllt die Trainingshose auf einmal dazwischen. In seiner linken Hand hält er einen ausgewickelten Schokomuffin und in seiner rechten Hand das weiße Arnulf-Rainer-Malbuch, das er von dem Tisch der Mädchen entführt hat.

»Ja, jedenfalls waren wir da, Lasse auch, und auf einmal, sag ich dir, das hast du noch nicht erlebt, hat es da angefangen zu stinken. Unglaublich. Also echt, das war ein Gestank, den konnteste kaum aushalten. Und das wurde immer krasser. Da hab ich erst gedacht, das war der Lasse, aber der war zu dem Zeitpunkt gar nicht mehr da.«

Lasse beißt in seinen Schokomuffin und krümelt fröhlich auf den Boden. Ich werfe einen Blick auf das schneeweiße Malbuch. Noch keine Flecken. *Noch.*

»Jedenfalls hab ich schon gedacht, auweia, da war das wahrscheinlich die Eliana, aber das konnte ich mir dann auch nicht vorstellen …«

Ein Grinsen schleicht sich auf mein Gesicht.

»Dann haben wir den Gestank irgendwann nicht mehr ausgehalten, sind rausgegangen, und ich musste mal kurz, hab dann da in der Nähe von den Türstehern auf das Rasenstück gepinkelt. Ich bin noch mitten dabei, da kommt einer von den Türstehern auf mich zu und meint: ›Nee, Kinder so nicht! Drinnen gibt's auch ein Klo.‹ Ich so: ›Ja, sorry, aber das war mir jetzt zu weit.‹ Meint er so: ›Ja, mein Gott. Aber musst du das hier so offensichtlich machen?‹ Dann lenkt er ein und meint: ›Obwohl, wir haben heute Abend ja schon Schlimmeres erlebt.‹ Ich so: ›Was denn?‹ Er so: ›Na, es hat irgendjemand da vorne neben das Zelt gekackt.‹«

Das Sneaker-Pony bricht in wasserfallartiges Gewieher aus. Frank Sinatra singt noch immer, um uns rum hängen Kunstdrucke für mehrere Tausend Euro, feinstes Modedesign ruht auf Büsten und das Arnulf-Reiner-Malbuch wird just in diesem Moment schön mit Schokomuffin-Fingern eingesaut. Und wir lachen.

Elissa lacht. Das Pony lacht. Ich lache. Weil jemand neben ein Zelt gekackt hat. Lasse hat den Kopf schief gelegt, guckt uns Lachende an, lacht aber nicht mit.

»Ich bin dann mit Eliana noch mal rüber zum Zelt gelaufen und tatsächlich liegt da direkt neben dem Zelt eine große Kackwurst mit ein paar Taschentüchern drüber. Gibt's so was denn? Also, das ist doch nicht mehr zu fassen, oder?«

Lasse zuckt mit den Schultern, legt das beschmierte Malbuch auf den Counter: »Vielleicht war da ja einer mit seinen Freunden, die im Zelt ein paar Lines ziehen wollten, aber er musste aufs Klo und hat sich gedacht, dass er, wenn er jetzt zurückläuft, nichts mehr abkriegt und hat dann eben heimlich und leise sein Geschäft neben dem Zelt verrichtet.«

Unsere drei Augenpaare gucken Lasse prüfend an. Benni schüttelt nur noch den Kopf, sieht kurzzeitig sogar ein bisschen wütend aus: »Nee, also, irgendwo hört es auch auf.«

Er wirft einen Blick auf seine leere Espresso-Tasse, dreht seinen Kopf dann wieder zu uns und als sich unsere Blicke treffen, beginnen wir wieder herzhaft loszulachen. Wir wissen nicht so genau warum. Magisterarbeit hin oder her. Elissas Körper hin oder her.

Lasse guckt uns verständnislos aus seinen rot unterlaufenen Augen an: »Was ist eigentlich jetzt? Ich wollt' jetzt eben noch kurz um die Ecke nach Hause meine Sonnenbrille holen, aber dann gehen wir noch weiter auf Afterhour in die Zinnowitzer, oder? Also ich geh auf jeden Fall ...«

Von draußen scheint die späte Mittagssonne durch die großen Schaufenster, Autos hupen und der Springbrunnen plätschert. Es ist immer noch Berlin.

DIE 13. GESCHICHTE

Spießrutenlaufen

Julia (24), Germanistikstudentin aus Dormagen,
über
den alltäglichen Wahnsinn auf der Schönhauser Allee

Es ist elf Uhr morgens, Sommer in Berlin, noch schlaftrunken öffne ich den kleinen roten Metall-Briefkasten im Treppenflur, statt Post rutscht mir mal wieder nur ein Haufen Flyer entgegen: »Pizza Deluxe – Eröffnungsangebot: 1 Pizza, 500 ml Eiscreme, 1 Cola oder ein Burger nach Wahl für 3 Euro«, »Wir reparieren Ihre Waschmaschine« sowie die Horrormeldung: »Wir entsorgen all Ihre Hi-Fi-Geräte«. Und weil ich in Prenzlberg wohne, fliegt mir natürlich auch noch das hier entgegen: »Neueröffnung – Mutter-und-Kind-Milchbar!«

Mutter-und-Kind-Milchbar? Mir kommen die krudesten Assoziationen, bin aber zu müde, um auch nur eine richtig zu verfolgen, nehme dann den bunt bedruckten Plastikpapierbatzen und werfe ihn in den grünen Mülleimer, den irgendein kluger Mitbewohner dieses Hauses einst weise unter die Briefkästen gestellt hat.

Da fliegen sie, die Flyer, hinab zu ihren Brüdern und Schwestern, die meine Nachbarn schon vor mir losgeworden sind. Falls es mich eines Tages mal interessieren sollte, wie viele meiner Nachbarn früher als ich das Haus verlassen haben, bräuchte ich eigentlich nur die Flyer nachzuzählen, schießt es mir durch das müde, zermarterte Hirn. Wie praktisch, denke ich kurz, dann schlendere ich kraftlos über den Hof. Aus irgendeinem Fenster plappert leise ein Radio. *Der beste Mix …*

Ich öffne die Holztür zum Vorderhaus, ihr Quietschen bricht unangenehm in die Stille ein, Kühle schwillt mir entgegen und ich betrete den stattlichen Eingangsbereich, ein Traum in zartem Altrosa mit weiß umrahmten Stuckspiegeln auf beiden Seiten. Ich öffne die imposante Haustür und vorbei ist es mit der Ruhe. Das schwüle Großstadtgeflirre bricht mir in seinen krassesten Ausmaßen entgegen: Eine gleißende Sonne brennt auf die Szenerie aus vorbeirasenden Autos, hastig sich den breiten Bürgersteig rauf und runter schiebenden Menschen, aufgewirbeltem Staub und ohrenbetäubendem Hämmern, Bauen und Ächzen an der U-Bahn-Baustelle in der Straßenmitte.

Fahrradklingeln, Hektik, Dunst, Fülle und Eile. Die Tür fällt hinter mir ins Schloss. Ich habe keine Sonnenbrille dabei, kein Schutzvisier, mein müder Kopf und ich müssen ungeschützt aufs Schlachtfeld raus. Ich stolpere die zwei Stufen runter, reihe mich auf das menschliche Laufband ein, das sich Tag und Nacht vor meiner Haustür auf und ab bewegt.

Ein Transportband voller verkniffener Gesichter – wegen der spiegelnden Sonne, wegen des Baulärms, wegen all der Dinge, die zu erledigen sind. Es ist, als würden wir alle durch eine stickige Flugzeugwerkstatthalle transportiert. Neben uns werden Flugzeugteile erst brutal auseinandergehackt und dann funkensprühend wieder zusammengeschweißt, unter Krach, Terror und großer Hitze.

Menschen schreien in ihre Mobiltelefone, mit abschirmender Hand wehren sie sich gegen den Baumlärm, die ausgebeulte, dem Reißen nahe Einkaufstüte in der Armbeuge, ein schreiendes, kleines, zappelndes Kind, das *Rat-ta-ta-tang* der Baustelle. Man kann nicht weit gucken, nur bis zum nächsten Vordermann, nur bis zum nächsten weißen Baumwollshirt mit nassen Inseln unter den Achseln.

»Was bleibst du mitten auf der Straße stehen, du Pisser?«, brüllt ein hitzköpfiger männlicher Fahrer aus dem Fenster eines roten Autos, die Sonne brennt, weit hinten, klitzeklein im diesigen Dunst, funkelt über allem die Kugel des Fernsehturms.

Guten Morgen, Berlin.

Ich atme tief ein, den Geruch von frischen Brötchen und Abgasen. Ich weiß, dass ich noch ungefähr fünf Schritte habe, dann beginnt der allmorgendliche Spießrutenlauf.

1. Schritt: Ein Hund läuft um meine Beine.

2. Schritt: Ich sehe sie schon.

3. Schritt: Die Hundehalterin pfeift ihren Hund wütend zurück.

4. Schritt: Die Sonne brennt jetzt exklusiv auf meine Kopfhaut.

5. Schritt: »Politik aktiv mitgestalten!«, wird mir von einer ausdruckslosen Blonden mit wässrigen Augen betonungslos ins Gesicht gebrüllt. Links hinter ihr am Straßenrand befindet sich ein kläglich grüner Stand der »Bürgerrechtsbewegung Solidarität«, hinter dem Stand steht eine gelangweilte Brünette in viel zu dicken Kleidern. Über ihrem Kopf, an einen traurigen, von Abgasen gezeichneten Baum genagelt, hängt ein weißes Transparent: »Wir sind das Volk!«

Na, herzlichen Glückwunsch.

Auf der grünen Plane des Standes prangt eine in Fetzen gerissene gezeichnete Schlange. Jedes ihrer Fetzen-Glieder ist mit einer anderen Berufsgruppe beschriftet, auf einem steht »Manager« und auf einem anderen »Milchbauern«. Darüber thront die Aussage: »Es geht nur gemeinsam.« Mehr Informationen können meine Augen und Ohren nicht aufschnappen, eilig wandele ich an der blonden Hürde vorüber.

Kaum bin ich an ihr vorbei, murmelt sie langsam und ein wenig traurig vor sich hin: »Wie soll eine Zukunft für diesen Staat aussehen?« *Ich weiß es auch nicht.*

Zwei Schritte weiter liegt eine junge Frau vor einem Mobilfunkanbieterladen auf dem Bürgersteig und zeichnet mit weißer

Kreide irgendeinen Werbeslogan auf den Asphalt. Eine weitere Frau mit amerikanischem Lächeln, in einem Trainingsanzug in den Farben des Mobilfunkanbieters gurrt: »Attraktive Eröffnungsangebote!«, während an der U-Bahn-Baustelle eine Kreissäge drauflosprescht.

Davon unberührt hält mir das amerikanische Lächeln mit unermüdlicher Freundlichkeit einen ihrer Flyer unter die Nase. Ich schüttle den schweren Kopf. Die Mobilfunktante war gestern noch nicht da. Super, ein weiteres Glied in der Folterschlange. *Es geht nur gemeinsam.*

Der Baustellenlärm fräst sich durch meine Schläfen in meinen Kopf. *Rat-tat-tat-ang, rrrrrrrrr, ra-tang, rrrrrrrrr.* Die nächste Station ist die Sparkasse. Ein kleines, lockenköpfiges Kind im rosa Kleidchen läuft mit Begeisterung laut stampfend die Metallrampe für Rollstuhlfahrer rauf und runter: »Guck mal, Mamaaaaaa ...«

Rauf. Runter. Rauf. Runter.

»Haste mal 'n Euro?«, fragt mich ein Typ mit schlaff herunterhängender Irokesenfrisur, zu seinen Füßen ein schmutziger Hund, rechts neben ihm, an einen Stromkasten gelehnt, seine grünhaarige Freundin. Ich schüttle den Kopf. Nein.

»Dann nicht, trotzdem schönen Tag«, nölt er mir vorwurfsvoll hinterher. Alles, was er sagen will, ist: »Verreck doch, du geizige Schlampe.«

Die Fußgängerampel steht auf Rot, ich werde nervös, wie immer, wenn ich aufgehalten werde, ich wippele mit den Beinen. Als die Ampel der Autos auf Gelb umschlägt, hetze ich über die Straße, Reifen quietschen, ich gucke nur nach vorne.

Auf der anderen Seite sehe ich ihn lauern, nur vier Schritte vom Straßenrand entfernt. Diese weizenblonde Wuschelfrisur, dieses dummbratzige, breit lachende Gesicht. Jeden verdammten Tag steht er hier von morgens bis abends, wir »reden« jeden Tag mindestens zweimal miteinander und nie, nie, nie erinnert er sich einen Tag später an mich. Jeden verdammten Tag führen wir mindestens einmal das exakt gleiche »Gespräch«.

»Hallo, hast du mal eine Minute Zeit für mich?«

»Nein«, zische ich durch meinen geschlossenen Kauapparat, den Kopf stur nach vorne gerichtet. Die weizenblonden Haare wippen vor mir auf und ab. »Ooooh, wie kann man bei so schönem Wetter ein solches Gesicht machen?« Dümmliches Grinsen, weit aufgerissene Augen. *Rat-tata-tang. Krawumm. Bsssssss.*

Die Baustelle gibt ihr Lautestes. Wie oft habe ich diesen verdammten Spruch jetzt schon gehört? Autos hupen, eine Frau neben mir auf dem roten Fahrradstreifen verliert ihre Einkäufe aus dem Fahrradkörbchen. Dreißig Mal? Ein Kind weint. Vierzig Mal? Die Frau mit dem Fahrrad flucht. Andere Radfahrer klingeln sie wütend an. Fällt ihm denn nie etwas anderes ein?

An der Baustelle sprühen die Funken, in meinen Schläfen pocht es. Ich komme zu spät zur Uni, ich darf keine Minute mehr verlieren. Ich gehe weiter, aber die Wuschelfrisur weicht mir nicht von der Seite, läuft rückwärts vor mir her. »Hey, hey, ich rede mit dir«, er lächelt mich an, aber seine Worte klingen wie von einem Tonband. Ich ziehe mein vernichtendstes Gesicht auf und versuche, an ihm vorbeizugehen. Er ist schneller, läuft vor mir her, breitet die Arme weit aus. »Bleib doch stehen …«, fleht er, Aggressivität köchelt in mir hoch, züngelt vom Magen her in die Speiseröhre, noch ein Wort und ich spucke Galle. *Rat-tata-tang. Bssssssss.*

»Du bist wohl nicht so gesprächig«, wird er als Nächstes sagen und dann endlich ausweichen und mir den Weg freimachen.

»Du bist wohl nicht so gesprächig, wie?«, meint er schließlich leicht spöttisch, zuckt mit den Schultern, lässt mich vorbei.

»Dann eben nicht«, setzt er verächtlich hinterher. Tief durchatmen.

Herrgott noch eins, ich wohne hier! Ich gehe hier jeden Tag entlang, wenigstens zweimal, manchmal öfter und jedes Mal dieser Spießrutenlauf! Lasst mich in Ruhe! Vor der Apotheke ein orangefarbener Aufsteller: »Baustellenlärm? Wir haben was gegen Kopfschmerzen!« *Noch nicht, danke.* Ich erreiche den Platz vor den Arkaden, dort wartet bereits der nächste Stand. Diesmal ein hellgrüner. Natürlich, die Tierschützer-Drückerbande ist auch wieder da. Eine Frau mit einem Pinguin auf der Brust baut sich ekelhaft künstlich strahlend vor mir auf.

»Hallo! Ich schenke dir fünf Minuten meiner Zeit. Schenkst du mir auch welche?«

»Nein«, sage ich bestimmt, während ich an ihr vorbeilaufe, und erspähe schon von Weitem die nächsten Tierschützer mit den Pinguinen auf den Brüsten und meine Erfahrung sagt: Selbst wenn sie mitkriegen, dass ich nicht auf ihre Kollegin eingegangen bin, wird sie das nicht davon abhalten, sich auch noch auf mich zu stürzen.

Ich sehe schon, wie sie in ihren Positionen lauern, meine Fährte wittern und zum Tiefflug auf mich ansetzen. Von rechts ein Dunkelblonder, von links eine Brünette. Ich laufe Slalom um sie herum, große weiße Pinguin-Pylonen, die sprechen, mich ansprechen, aber ich gehe schnellen Stechschrittes, höre nur: »Würdest du …?« – »Möchtest du …?« Und vom Letzten: »Du bist doch sicher Tierfreund?!«, verbunden mit einem gewinnenden Grinsen.

Diese Frage kann man doch nicht verneinen.

»Ich hasse Tiere«, erwidere ich, der gewinnende Gesichtsausdruck weicht purem Entsetzen, aber meine Maske sitzt. Stur und starr durch den Sturm. Noch wenige Meter, dann erreiche ich die kleine Passage, die zur S-Bahn-Station führt. Noch zweimal verneinen, sage ich zu mir, noch zweimal verneinen, dann hast du es für heute Morgen geschafft.

Sechs Schritte in die Passage rein, leichte Kühlung, keine Sonne hier, nur ein entferntes Grollen der Baustelle, stattdessen nahes Donnern der einfahrenden Züge: »Lesen Sie die *Berliner Zeitung*?«

Kra-krawuuuummmmm.

»Nein.«

Fünf Schritte weiter, zwei Männer mit Klemmbrett: »Junges Fräulein, wir sammeln Unterschriften …«

Tüt-tüt-tüt, sich schließende S-Bahn-Türen. »Neiin!«, brülle ich ein bisschen zu laut und obwohl er es gehört haben muss, hat der alte, ungepflegte Senior, der direkt vor den S-Bahn-Stufen lauert, den Nerv, mich zu fragen: »Haben Sie vielleicht noch ein S-Bahn-Ticket, das Sie nicht mehr brauchen?«

Nein, nein, nein, schreie ich ihn in Gedanken an, aber ich tue es nicht. Ich bleibe stumm, gehe die Stufen zur S-Bahn hinunter, stelle meine Tasche auf einen der grünen Metallsitze, wühle darin herum: Ringbuchblock, loser Kuli, Brötchenkrümel, Zettel. Ich halte inne, durchsuche noch mal: Zettel, Brötchenkrümel, Ringbuchblock, loser Kuli. Kein Buch. Das kann doch nicht wahr sein!

Die S-Bahn fährt ein. Meine S-Bahn. Ich muss einsteigen oder ich komme zu spät. Wo habe ich mein Buch gelassen? Das kann nicht wahr sein. Die wenigen entspannenden Minuten jeden Tag: in der S-Bahn sitzen und lesen, bevor die Uni losgeht. Balsam für die Seele.

In der S-Bahn ist es nämlich meistens gespenstisch leise, alle hocken geordnet auf ihren Sitzen. Keiner will auffallen, alle sind alleine, keiner spricht.

Die S-Bahn-Türen gehen auf, eine Taube landet im Sturzflug vor meinen Füßen. Eines ihrer Füßchen ist nur noch ein Klumpen. Ich habe meine Tasche nicht rechtzeitig zubekommen, halte sie schützend vor meinen Bauch, damit nichts herausfällt.

Die Menschentraube drückt sich gierig ins Innere der Bahn, die Spähblicke setzen ein, die freien Sitze werden gierig abtaxiert: Welcher ist der beste? Wo kann ich am angenehmsten sitzen? Nicht am hektischen Gang, schön am Fenster, nicht neben jemandem, der aussieht, als würde er unangenehme Körpergerüche verströmen, nicht bei kleinen Kindern, die nur quengeln.

Alle strömen wie kleine Blitze auf ihre anvisierten Ziele zu. Ich bin jetzt froh, einfach nur zu sitzen, sei es drum, ob am Gang oder nicht. Ein weiterer Blick in meine Tasche. Wo ist es denn? Unter den Zetteln mein Handy. Daneben etwas Hartes. Kann das sein?

Ja, es ist mein Buch, wenn auch leicht eselsohrig, krümelig. Egal. Ich ziehe es heraus, schlage es bei dem verknickten Lesezeichen auf, atme tief durch, will gerade ansetzen zu lesen, da ertönt ein Akkordeon.

Ein Akkordeon – das denkbar furchtbarste Musikinstrument überhaupt, nölig, nervig, unnötiges Altherrengezeter aus Tasten und Falten. Die Melodie quillt gleichzeitig deprimierend und aufmüpfig ölig aus dem Folter-Instrument hervor, das von einem Sinti-und-Roma-Vater gehalten wird. Mit ihm unterwegs sind seine Sinti-und-Roma-Kinder, mit eingemeißeltem, falschem Lächeln und schmutzigen Pappbechern, die sie den Fahrgästen unter die Nase halten: »Spende? Kleine Spende?«

Zu den Tönen der anstrengenden Schifferklaviermusik muss ich heute Morgen noch mal verneinen, diesmal, indem ich einfach ignorant auf mein Buch starre. Ich will lesen. Steigt aus, fahrt zur Hölle, lasst mich lesen! Diese wenigen Stationen sind mein einziger Ruhepol an diesem Tag. Verschwindet!

Aber die Musik walzt weiter, walzt sich an mir vorbei, ich sehe nur Buchstaben, keine Wörter, keine Sätze, keine Entspannung. Die grinsenden Sinti und Roma laufen bis zum Ende des Waggons, an der nächsten Haltestelle steigen sie zum Glück aus. Ich atme durch. Mein Sitznachbar erhebt sich, steigt auch aus. Ich rutsche auf seinen Fensterplatz.

Die Sonne scheint durch die Scheibe, es ist heiß im Waggon, aber das halte ich aus. Endlich lese ich einen Satz und noch einen und noch einen, gleich wird mich die Geschichte in ihren Bann ziehen und ich werde nichts mehr verneinen müssen, werde nur noch am Heidelberger Platz aussteigen müssen, dann umsteigen, in die Uni gehen, lernen, dann wieder nach Hause müssen, dann noch mal an dem Fahrkarten-Schwarzverkäufer vorbei, an den Unterschriftensammlern vorbei, an den Pinguinen im Formationsflug vorbei, an dem ätzenden Wuschelkopf vorbei, an der Ampel warten, an der Mobilfunktussi vorbei, an der BüSo-Langweilerin vorbei, dann noch wenige Schritte, die Tür auf und rein in das kühle Haus. Und dann habe ich es geschafft, habe ich den Hauptstadtlärm wieder ausgesperrt.

Es sei denn, meine Nachbarn haben wieder ihren *Heute-hören-wir-mal-sehr-laut-Musik*-Tag, aber ich bin mal zuversichtlich, der war ja erst gestern ...

DIE 14. GESCHICHTE

Ab durch die Zauberkugel …

Marcel (23), Meterologiestudent aus Ennepetal,
über
die Berlinisierung der Provinzler

Doch, doch, am Anfang habe ich es auch nicht verstanden, aber man muss sich einfach drauf einlassen und mittlerweile verstehe ich auch diese Momente, wo sie die Arme hochreißen und schreien und sich freuen«, sagte er stolz, als wäre es ihm endlich gelungen, eine besonders schwierige Prüfung zu bestehen. Die Reifeprüfung Berlin. Die Prüfung Techno.

Ich sah Thomas in seinem leuchtend schweinchenfarbenen Kapuzenpullover an und er nickte noch mal bekräftigend über seinem 3,20-Euro-Sauerkraut-Mensa-Teller, bevor er dann an seiner Club-Mate nippte und nach Absetzen des Getränks zischelte: »Ich find das übrigens total super, dass die auch in der Uni Club-Mate haben. Ich meine, hast du das bei uns zu Hause in Ennepetal schon mal gesehen? Das gibt's da überhaupt nicht …« Und ich war begeistert. War völlig begeistert, dass er es so mühelos geschafft hatte, in den nur circa zehn Minuten unserer Zusammenkunft gleich etliche Punkte der Symptomliste für akute Berlinisierung aufzuweisen.

Ihn konnte ich also auch aus meinem mobilen Telefonbuch löschen, noch einer war vor die Hunde gegangen, war vom Virus infiziert der Sekte beigetreten. Ich schnitt mein Steak, spießte es zusammen mit ein paar Pommes auf, kaute und verstand es nicht.

Die meisten Menschen gingen ja immerhin nach Berlin, weil ihnen ihr Zuhause in der Provinz als zu langweilig, zu eng und zu spießig erschien und sie sich für die Verrückten, Individualisten und Nonkonformisten ihrer Generation hielten. Und dann kamen sie hier an, entdeckten eine Konformität, die sie bisher wohl nicht gekannt hatten, und kuschelten sich einig ein. Wurden zu blanken Bögen Papier, die Sekten-Guru Berlin liebevoll mit immer den gleichen Attributen bekritzelte.

Und mir war noch nicht ganz klar, was genau Berlin mit ihnen machte, welchen Köder die Stadt auswarf, dass selbst die charakterstärksten Ex-Provinzler umgehend ihre Festplatte löschten, um sie neu beschreiben zu lassen. Denn mit mir passierte nichts. Aber um mich herum sah ich sie gehen, gute Freunde aus der Provinz wurden nach nur einem Jahr bis in die Unkenntlichkeit wegberlinisiert.

Immer begann es damit, dass sie zunächst all ihren Fleiß und Ehrgeiz, mit dem sie vielleicht noch angerückt waren, gegen puren und reinsten Hedonismus eintauschten.

Eine Entwicklung, die ob des reichhaltigen Vergnügungsangebots dieser Stadt vielleicht noch nachvollziehbar war, mysteriös daran war aber, dass bei dem eigentlich sehr vielfältigen Angebot sich immer mindestens drei von vier Wahlberlinern für dieselbe Option entschieden.

Die grenzlose Quatsch-und-Techno-Option.

Am Anfang der Hingabe an dieses spezielle, sektenhaft organisierte Vergnügungsangebot stand zunächst die Entwicklung eines neuen Verständnisses von Kleidung. Sie war in dieser Berliner Sekte nicht mehr dazu da, seinen Körper möglichst vorteilhaft vor Umwelteinflüssen zu schützen, sondern sie war nur noch ein andauernder Witz. War pure Ironie, Signalisierung der Partybereitschaft und verkündete das Statement »Ich bin verrückt, ich brauche nicht gut auszusehen, deswegen ziehe ich mich mit Absicht scheiße an«.

Dieses »scheiße Anziehen« wurde aber nicht dem Zufall überlassen, nein, es gab innerhalb der Sekte klare Richtlinien: Herkömmliche Gepäckstücke wie Schultertaschen oder Rucksäcke wurden umgehend gegen Umweltbeutel eingetauscht. Wenn die mal nicht reichten, weil es zum Beispiel regnete, konnte man auch auf Nylontaschen von American Apparel oder auf farbenfrohe, möglichst kleine Rucksäcke mit einem stilisierten roten Fuchs im weißen Kreis zurückgreifen. An Kleidungsstücken war grundsätzlich alles erlaubt, nur geschmackvoll sollte es bitte schön nicht sein. Ideal war das Konzept umgesetzt, wenn man sich so bunt anzog, dass man in etwa aussah wie ein Mikadowurf Textmarker auf einem Sesamstraßen-Platzdeckchen.

Bonuspunkte hatte man lange Zeit für das Tragen von Brillen mit Fensterglas bekommen. Da dieser Trend dann aber irgendwann so salonfähig wurde, dass sich auch ganz stinknormale R'n'B-Kinder damit auf den Kurfürstendamm trauten, musste man sich mehr einfallen lassen, um zu zeigen, dass es einem mit dem Quatsch wirklich ernst war. Zum Beispiel das Schmücken mit lustigen Gimmicks. Und da hatte ich mittlerweile schon so gut wie alles gesehen. Vom verfilzten Spielzeug-Alf mit Schnapphänden, festgeklemmt am Jackenrevers, über Babyschnuller als Ohrringe und Schallplatten als Kopfbedeckung gab es nichts, was es nicht gab.

Wenn einem derlei Spielereien aber noch nicht reichten, konnte man sich auch einfach verkleiden. Offiziell. Da hatte man dann die Wahl, sich entweder relativ schüchtern hinter venezianischer Maske und Lametta zu verstecken, oder aber man haute richtig auf den Putz und ging einfach mal als dicht befiederte Ente zur nächsten Party.

Und warum? Gab dir keiner eine Antwort drauf.

Erst letzte Woche war ich bei Fabio, einem alten Abiturkollegen, in seiner Friedrichshainer WG gewesen, als er mir von seinem letzten Heimatbesuch berichtete, wo er wohl mit seiner American-Apparel-Tasche zum Fußball und Bierabend erschienen war und einer der daheimgebliebenen Freunde ihn irritiert gefragt hätte, warum er denn ein Zelt dabeihätte.

Fabio hatte sich über diese Bemerkung exorbitant amüsiert, schließlich, befand er, müsse es doch jedem klar sein, dass es sich bei seiner Nylontasche um die *AA Nylon Pack Cloth Bag* handelte. »Oder nicht?«, hatte er gefragt und dann noch gemeint, wie unglaublich *behind* die Zurückgebliebenen in der Heimat doch wären.

Und ich hatte es beim Nicken belassen, hatte nicht gesagt, was mir auf der Zunge brannte, nämlich dass man es besser als dieser zurückgebliebene Ennepetaler wohl nicht hätte beobachten können: Die Nylon-American-Apparel-Taschen *waren* Zelttaschen. Eins zu eins identisches Design. Nur kosteten sie eine Stange Geld und kamen zudem noch leer über den Ladentisch, enthielten kein Zelt.

Und überhaupt, wo kam bei diesen in ihrer Heimat so durchschnittlich gekleideten Menschen in Berlin auf einmal das Modebewusstsein her? Warum trugen sie überhaupt plötzlich Taschen? Oder Schweinchenrosa?

Als Thomas an diesem Tag plötzlich in seinem ferkelfarbenen Pullover vor mir gestanden hatte, »Lang nich gesehen, Alter«, hatte ich schon Schlimmstes geahnt. Als er dann beim darauffolgenden Schnack in Erinnerungen schwelgte: »Jaja, damals im Fußballverein«, und am Rande erwähnte, dass er übrigens nicht mehr Fußball spiele, denn sein einziger Leistungssport sei momentan die Feierei, da war mein Symptomzähler bereits bei der Zwei angekommen.

»Wenn Fußball, dann nur noch ProEvo zocken«, lachte er und mir schien durchaus klar wieso. ProEvo funktionierte schließlich auch noch komplett dicht oder verkatert im Grobe-Leberwurst-Kostüm. Selber laufen und spielen allerdings nicht. Außerdem,

Sport meinte man ja schließlich ernst. Und von dem hatte man sich in Berlin ja schon lange verabschiedet.

Auf Höhe der zweiten Speiseinsel fragte Thomas dann aus dem Blauen heraus: »Gehste mittlerweile eigentlich auch auf Minimal feiern?«, und schaufelte sich unschuldig das Sauerkraut auf den weißen Prozellanteller. Mir blieb nur ein Kopfschütteln. »Nee, du, Techno war noch nie so meins …«

Dann gingen wir schweigend durch die Kasse, setzten uns genauso schweigend an einen der weißen langen Tische und irgendwann brach er dann das Schweigen, indem er mir – wie bereits erwähnt – erklärte, dass er Techno anfangs auch nicht verstanden habe, aber dass er es mittlerweile schon verstehen würde, sogar diese Momente, in denen die Menschen beim ewig gleichen Technobeat plötzlich einig die Arme hochrissen, schrien und sich freuten.

Techno war die praktizierte Religion der Quatsch-Sekte. Die meisten nannten es allerdings nicht mehr beim Namen, sondern riefen es beinahe schon zärtlich Electro oder Minimal, als sei das was anderes, was Besonderes, als hätten sie ihren alten Musikgeschmack nicht einfach nur 4/4-Takt-Geräuschen geopfert, die jeder technisch noch so unversierte Mensch zu Hause am heimischen PC selbst herstellen konnte.

Und kurz nach seiner Techno-Bekenntnis offenbarte er dann seine neue Hingabe an Mate-Tee: »Ich find das übrigens total super, dass die auch hier in der Uni Club-Mate haben. Ich meine, hast du das zu Hause bei uns in Ennepetal überhaupt schon mal gesehen, das gibt's da gar nicht.«

Wie recht er hatte. Club-Mate gab es natürlich nur in Berlin. Wurde extra in Bayern hergestellt, nur um hier in Berlin exklusiv vertrieben zu werden. Nach einer kurzen Denkpause entschloss ich mich schließlich dazu zu äußern: »Doch, klar gibt's Club-Mate auch in Ennepetal. Da ist es dir nur nicht aufgefallen, weil es da keiner trinkt, weil es einfach scheiße schmeckt …«

Er sagte nichts mehr, nahm aber noch einen weiteren Schluck von seiner Mate, brav, ohne das Gesicht zu verziehen natürlich. Schließlich gehörte das auch zur Reifeprüfung Berlin, dass man dieses Gesöff mochte, das in Sachen Schmackhaftigkeit kurz an Benzin vorbeiglitt.

»Wie bis' du denn drauf?«, fragte er dann irgendwann aus dem Nichts glucksend lachend, als hätte irgendwer einen Witz gemacht.

Und ich fragte mich, wie es nur kam, dass man sich innerhalb der Quatsch-und-Techno-Sekte ausgerechnet auf Club-Mate als Trendgetränk geeinigt hatte. Tags pur. Im Winter in der Spezial-Zimt-Edition und abends mit Wodka oder Schnaps. Immer im Anschlag, immer dabei, immer im Team mit bunten Anziehsachen und Bums-Bums-Musik.

Hatte ich am Berliner Ortseingangsschild neben dem Bären das Club-Mate-Werbeplakat übersehen? Hatte man schlicht vergessen gehabt, mir die Willkommenstüte mit der Club-Mate-Probe in die Hand zu drücken? Oder die Tüte mit dem Geschmacksnerven-Abtötungsserum, das den Verzehr von Club-Mate überhaupt erst möglich machte?

»Und Thorsten? Was macht der jetzt so?«, fragte ich schließlich, um das Thema zu wechseln. Thomas kaute schulterzuckend sein Sauerkraut, meinte: »Was soll der groß machen?«

»Macht der noch Musik?«

»Ja, schon. Macht er. Aber er hat jetzt 'n anderes Projekt. Seine alte Band hat sich getrennt, die machen jetzt mehr so Feiermucke ...«

Und er brauchte gar nicht weiterzureden. Mir war der Rest sowieso klar. Thorsten war auch hopsgegangen. Wie viele andere Ex-Provinzler-Musiker. Hatten sie in der Heimat noch von Exfreundinnen und nie erreichten Lieben gesungen und so herzzerreißend Gitarre gespielt, dass die ganzen kleinen Mauerblümchen um sie herum zu rosa glänzenden Kelchblüten aufblühten, so schmissen diese Jungs, kaum waren sie in Berlin angekommen, ihre feinfühlige Gitarrenschwurbelei und sangen lieber zu einem Technobeat darüber, wie sie alle Frauen der Stadt gleichzeitig in den Arsch fickten oder dass ihr Schwanz generell einfach die längste und gefährlichste Partypeitsche war, die man sich nur vorstellen konnte.

Diese Ausgeburt der hoffnungslosen Peinlichkeit hieß dann auch nicht mehr Band, sondern war nur noch ein Projekt, ein von vornherein dem Verfall gewidmetes Ventil, um auf Partys noch mehr Gründe zu haben, die innere Schwachsinnssau herauszulassen. Sehr beliebt waren bei dieser Art von Musik-Projekten auch Anleihen aus der Schlager- oder Volksmusik-Ecke. Nein, nicht weil man Schlager oder Volksmusik gut fand. Nein, nein, damit hatte das nichts zu tun. Das musste man alles in diesem speziellen, surrealen Spaß-Kontext sehen. Klar, oder?

Ich kaute meine Pommes mit Bedacht. »Wenn es nicht so hip wär, wär's peinlich, ne?«, murmelte ich schließlich irgendwann und Thomas guckte kurz von seinem Teller auf, sah mich nur unverständlich an.

Als wir unsere leeren Teller zur Tablettrückgabe brachten, meinte er noch mal: »Ich weiß nicht, warum du gerade so anti reagiert hast, aber das mit dem Techno und so, das bedeutet ja nicht, dass wir jetzt Druffis sind oder so. Ich nehme nach wie vor keine Drogen.«

Das war ihm also wichtig. Und ich glaubte ihm. Schließlich war er erst in der Anfangsphase, er hatte gerade erst seinen ersten rosa Pulli gekauft, die Techno-Prüfung bestanden und konnte Club-Mate trinken, ohne das Gesicht zu verziehen. Seine Einstellung zu Drogen würde er, wie die meisten anderen auch, erst im zweiten Sektenjahr ändern.

Vermutlich kam es zu dieser Sinneswandlung, da ihnen ihr allabendliches Viervierteltakt-Rums-Bums nach spätestens eineinhalb Jahren zu eintönig wurde. Kaum kamen dann die Drogen ins Spiel, verzettelten sich die meisten, schmissen ihr Studium oft kurz vor Schluss und murmelten irgendwas davon, dass diese Stadt ihre Tücken habe.

Manche berappelten sich aber auch, schworen MDMA, Speed und Ketamin ab und verließen nach der Uni die Stadt. Sie würden dann sagen, es sei eine wilde Zeit gewesen, sie wären zwar ziemlich fertig gewesen, hätten aber auch jede Menge Spaß gehabt.

Aber man konnte aus der Sekte aussteigen. Zum Abschied winkte ich Thomas nur lasch, *Machs gut, Alter*, wir heuchelten uns keine zukünftigen Unternehmungspläne vor, wir wussten, dass wir ohnehin zwar in derselben Stadt, aber dennoch in verschiedenen Welten lebten.

Danach fuhr ich auf meinem Fahrrad nach Hause. Über meiner Schulter baumelte mein Umweltbeutel, den ich aber wirklich nur für Besuche in der Bibliothek benutzte. Und auch nur wenn schönes Wetter war. Ansonsten hatte ich ja meinen Rucksack mit dem weißen Kreis und dem Fuchs …

DIE 15. GESCHICHTE

Das wilde Leben

Hannah (26), Tanzlehrerin aus Wattenscheid,
über
die Suche nach der großen Spannung in Berlin

Sie trifft dich auch in Berlin. Früher oder später. Und sie trifft dich hier, in all dem bunten Treiben, noch viel härter, die Langeweile. Denn du hättest sie hier nicht erwartet. Nicht so schnell. Doch plötzlich ist sie einfach da. Unter ihr gehst du benommen wie unter einem leicht trüben Glassturz, über dich gestülpt, der schwüle Großstadtsommer erscheint wie hinter einer beschlagenen Scheibe. Vögel, Kindergeschrei, Gitarrenmusik aus offenen Fenstern bleiben dumpf, tanzen trübe um dich rum, erreichen dich nicht mehr.

Es war ein Junimorgen, als ich in genau dieser Stimmung aus einer Jazzstunde auf den Prenzlauer Berger Asphalt stolperte. Ich war zu unruhig gewesen, um noch zu duschen, mein Handtuch hatte reichen müssen, um mir den Schweiß aus Nacken und Achseln zu wischen. Und so hielt ich das feuchte Frottee noch in der Hand, als die Tür des Tanzstudios hinter mir ins Schloss fiel: ein weiterer Tag im Kollwitz-Kiez. Ein weiterer Tag in meinem neunen Job als Tanzlehrerin.

Und die Sonne lachte nicht, sie schrie vom Himmel. Schrie all die emsig umherwandelnden Mütter auf den Bürgersteigen an. In der Vorderansicht schick gestreifte Kinderwagen, in der Rückansicht verführerisch schwingende Hintern in gestärkten Vintageröcken. Beschäftigt.

In Einkaufsnetzen baumelte Bio-Essen. Wachsame, hinter großen Retro-Sonnenbrillen lauernde Mutteraugenpaare. Finn, Lele und Bosse mussten schließlich beim Toben auf dem *abenteuerlichen Bauspielplatz Kolle 37* beaufsichtigt werden. Zumindest bis der pädagogische Mittagstisch anstand (um 13 Uhr). Oder bis sie gemeinschaftlich zur Tierpflegegruppe gingen (um 15 Uhr).

Große schwarze Hunde waren allerdings verboten, wie das Schild am Tor zum Spielplatz verriet. Dicker roter Strich durch großen schwarzen Hund. Aber Kaninchenbabys waren abzugeben. Sogar zu verschenken.

Aus der Eisbar auf dem Spielplatz tönte Ska, von Kinderhand gemalte große bunte Peace-Zeichen prangten von den Brettern und eine Mama im blauen Seidenkleid hockte vorsichtig vor ihrem vom Kickboard gestürzten Dötz, hielt ihm seufzend den Unterboden der Evian-Wasserflasche, während er auf den Schock seines Sturzes mit glasigen Augen trank.

Und der Ska schepperte. Und die Sonne brannte. Und ich hatte nun eigentlich für den Rest des Tages frei. Hatte frei, inmitten von makellos saniertem Altbau, satt-roten Markisen und efeubewucherten Weinlokalen, an denen auch zur Mittagszeit Lichterketten brannten. Ich spielte mit dem Gedanken, noch mal nach Hause zu gehen. Mich noch mal umzuziehen. Mich noch mal zu waschen, bevor ich mich in den Biergarten zu ihm setzen würde. Aber stoisch lief ich weiter, an schwarzen Ledersitzwürfeln vor einem Friseur vorbei, der die Tür offen stehen hatte. Der Geruch von frisch gewaschenen Haaren mischte sich in die Hitze, süßliche, leicht in der Nase brennende Feuchte. An der Wand neben dem Friseur klebte ein Schwarz-Weiß-Druck mit dem Gesicht einer jungen Frau. Sie schrie. Schrie mit geschlossenen Augen.

Asiatinnen mit wachsglänzenden Gesichtern standen auf dem Bürgersteig davor, fächerten sich mit Stadtteilbroschüren Luft zu.

American Writer in Berlin till first of August searching for German lessons. Meeting maybe once or twice a week. Pays 10 Euro an hour – hatte ich in der vorherigen Woche an dem schwarzen Brett eines Buchladens unweit des Kollwitzplatzes gelesen. Den Hintergrund hatten Debussys Piano Works beschallt, das Holz unter meinen Füßen hatte geknirscht, die Bücher hatten angenehm morsch gebraucht gerochen und ich hatte mir gedacht, dass das ja eigentlich etwas war, was ich mal machen konnte. Mich blind mit einem amerikanischen Schriftsteller treffen, Kaffee unter den Kronen der Neubegrünung schlürfen und immer wieder »Mein Name ist ...« wiederholen, während ich ihm in die hoffentlich tiefgründigen Augen gucken würde. Ein Mittag wie eine Szene aus einer Popcorn-Romanze.

Erwartete man das nicht von Berlin? Hatte ich das, in den Wattenscheider Straßenbahnen sitzend und von der Zukunft träumend, nicht irgendwie von Berlin erwartet?! Dass was passierte. Man außergewöhnliche Menschen traf. Man Außergewöhnliches tat. Was auch immer außergewöhnlich war, man durfte nicht darauf warten. Man musste aktiv werden. Musste die Stadt herausfordern, dir was zu bieten. Musste den einen auch hier umhüllenden Glassturz der Langweile und Belanglosigkeit durchbrechen. Zerschmettern.

Keramikkramladen. Antikladen. Ein Meer von Kronleuchtern. In der Sonne blitzendes Kristall. Ein Plakat: *Theaterworkshop im Wäschekorbtheater.* Wäschekorb! Natürlich. Wäschekorb und Babybrei.

Der Kollwitz-Kiez war nicht wirklich Berlin. Er war das keimfrei gewaschene Center Parcs von Berlin, die Erholungsinsel, das Kinderparadies, der Ort für den Vorruhestand um die Mitte dreißig. Nach den ersten Herzattacken, dem ersten Burn-out oder Karriereknick gab es hier statt Ellenbogenbranche nun lieber Familie und Topflappennähen. Topflappen, wie sie in der Auslage von *Twinkle Twinkle* auf der gegenüberliegenden Straßenseite lagen. Topflappen mit bonbonfarbenen Mustern und Brotdosen, die aussahen wie Eiscreme, alles malerisch bunt, lecker, niedlich, süß, Kuchenform, Backblech, Schrubberbürste. Als würden Haushaltswaren Spaß machen. Als wären sie Objekte der Begierde für kleine verspielte Mädchen. Als wäre es eine große Party, das ganze Putzen, das ganze Backen, das ganze Haushalten und Familiesein. *Lokale Ökonomie* stand irgendwo, der Hobbyshop hatte Essknete in der Auslage, Essknete, Sticker und Papier in allen Farben.

An dicken Baumstämmen und an Stromkästen hing der Text dazu: *Von der Kunst, ein glückliches Leben zu führen. Ein Training im Herzen der kollektiven Weisheit.* Yoga wurde angepriesen und Stressabbau, der sowieso.

Der Kollwitz-Kiez – die Reha-Station der Großstadtgeschädigten. Hier wurde man eher schwanger denn stoned. Hier schien die Sonne zu Recht. Hier war Berlin anständig und gesund. So gesund wie an keiner anderen Stelle in der Stadt.

Rote-Beete-Joghurtsuppe mit Gartenkresse. Spargelquiche mit Feldsalat. Balsamico-Mango-Senf und Frozen Yoghurt. Dazu vielleicht ein Tee. Melisse, Hibiskus, Blutorange. Vielleicht aber auch ein Prosecco. Für die doch mal angekratzten Nerven. So wie der rekreationale Joint ohne Tabak, den sich die jungen Akademiker-Eltern drehten, wenn sie sich, auf ihren abgezogenen Dielen sitzend, an ihre wilden Zeiten in den Neunzigern erinnerten. Danach wurde das Gras aber auch schnell wieder weggepackt. In das niedliche grasgrüne Schlamperetui in Krokodilform, aus dem Laden von der Frau, die früher eine so große Producer-Nummer im deutschen Fernsehen gewesen war. Früher Producer, heute Krokodil-Schlamper. Existenzgründung 2. Nur noch halbtags arbeiten, dann zum Yoga oder in meinem Morgenkurs ein bisschen Jazz-Dance machen.

Krokodil-Schlamper! Und die jungen Eltern versteckten ihr Gras darin. Dennoch wollten sie alle in Berlin wohnen bleiben.

Wir nehmen einmal den Safaripark, bitte. Nicht die Wildn danke. Und weil es hier im Kollwitz-Kiez so schön war, so schön wie Berlin eigentlich gar nicht war, sammelten sich hier auch die Zugereisten, vor allem die aus anderen Ländern, die, die nicht ins Nahkampfgebiet wollten, die, die das aufgeräumte Berlin wollten, das kreative Erholungszentrum, nicht das abgefuckte Ferienlager der Mittelstandskinder. So wie die sich Luft fächernden Asiatinnen. Mit der Broschüre: *Wo geht hier was? Wo kann man hier was erleben? Wo noch Geschichte sehen?*

Ich wollte mir gerade eine Kippe anstecken, als mir einfiel, dass ich ja gar nicht mehr rauchte. In der letzten E-Mail hatte er geschrieben, er würde sein Textbuch dabeihaben. Es sei orange, es läge auf seinem Tisch, daran würde ich ihn erkennen. Ich wusste gar nicht mehr, ob ich das wirklich wollte, ob ich jetzt wirklich dieses Treffen wollte oder ob ich nicht einfach nur weiter in meiner Gleichgültigkeitsblase durch den Kiez taumeln wollte. Ziellos.

Aber ich sah den Biergarten schon von Weitem. Eingesäumt von dickstämmigen Bäumen und gehobenen Mittelstandsautos standen, kreuz und quer über den Bürgersteig verteilt, kleine Tische und sparsam gepolsterte Stühle.

Ein Italiener mit grauen Schläfen süffelte seinen Schaumwein, ein Glatzköpfiger im grauen T-Shirt las in einem Schnellhefter, zwei Frauen in den späten Dreißigern tranken mit spitzen Fingern Kaffee, ihre Blackberrys lagen gut sichtbar neben ihren Tassen. Neben ihnen saß er.

Das Textbuch lag wie versprochen neben seiner trüben Schorle, er hatte seine große Hand darauf gelegt. Die Sonne hatte meinen Scheitel medium angebraten. Ich wusste, nun galt es, unter dem Glassturz hervorzukommen, Energie aufzuwenden, zu lächeln, freundlich und unterhaltsam zu sein.

Warum mache ich das noch mal?, fragte ich mich und die Antwort hallte in meinem Kopf wider, als ich lächelnd auf ihn zuging und ihm meine freie Hand – die ohne Handtuch – entgegenstreckte: *Du willst was erleben. Spüren, dass du in Berlin lebst.*

Er trug ein krankenpflegerblaues Hemd mit weißem Kragen, sein Haar war dunkelblond, Geheimratsecken, nach hinten gekämmt. Kreisrund würden sie ausfallen, irgendwann in den nächsten Jahren. Er ergriff meine Hand lächelnd, ich ließ meine roséfarbene Sporttasche an seinem Tisch nach unten fallen. Und während ich seine Hand hielt und lächelte und lächelte, fragte ich mich, womit zum Henker man eigentlich immer rechnete, wenn man diesen Berlin-Faktor mit in die Gleichung nahm und davon ausging, er würde das Ergebnis spannender machen. Was war daran so verlockend erschienen, meine viel zu viele freie Zeit damit zu verbringen, einem leicht übergewichtigen amerikanischen Schriftsteller in seinen Dreißigern die deutsche Sprache beizubringen? Dieses Unterfangen schien auch nicht spannender zu werden als dieser Job als Tanzlehrerin für aus der Form gekommene Mütter in diesem ach so gehypten Stadtteil.

Zum Teufel mit den Erwartungen. Er hatte einen Bauch, der sich über seine Gürtellinie quetschte, während er saß. Er kam aus Sacramento, Kalifornien. »Also, du bist Hannah«, sagte er langsam und bedächtig und ich nickte, und er grinste, dachte sich vielleicht *Jackpot*!, weil ich nicht ganz unansehnlich war und sogar verschwitzt und gelangweilt noch was hermachte.

Zum Teufel auch mit der Bescheidenheit. »Also, was machst du in Berlin?«, fragte ich ihn. Und während er mit viel Mimik antwortete, gewann das Gespräch der beiden Enddreißiger-Damen am Nebentisch meine Aufmerksamkeit.

»Es geht halt immer um die Signale, die man sendet. Weißt du?! Und du sahst halt einfach sehr streng aus und ich weiß nicht, ob das die Signale sind, die du senden wolltest«, sagte die Brünette von beiden mit wichtiger Miene.

»Natascha war dabei, als ich das gekauft hab, und die meinte, dass das gut aussieht«, verteidigte sich die blonde Untersetzte.

»Ja, aber das ist eine Frau, die darfst du nicht fragen. Die sagen dir nicht die Wahrheit«, meinte die brünette Frau, fuhr sich kurz mit der spitzen Zunge über die Lippen und redete dann weiter: »Mein Tipp wäre ein kurzes Kleid. Aber reduziert. Nicht zu ... weißte?! Nicht zu ... Reduziert! Aber trotzdem kurz. Weil, du hast echt gute Beine.«

Der Schriftsteller, der Parker hieß, nahm in seinem Redefluss einen Schluck aus seiner trüben Schorle. Er möge einfach die Atmosphäre hier, schnappte ich auf, es sei alles so weltoffen und bunt und ungezwungen, meinte er und dass er froh sei, dass ich gekommen sei, weil, er wolle nicht in Deutschland gewesen sein, ohne ein Wort Deutsch gelernt zu haben. So weit, dass er die Menschen um sich rum verstehen könne, würde er in der kurzen Zeit wohl nicht kommen, aber wenigstens einen Wein, ein Essen wolle er bestellen können und ein paar Sätze über sich selbst sagen, das fände er gut. Am besten wäre es natürlich, würden wir es so weit bringen, dass er die Struktur der Sprache verstünde, wenn ich denn wüsste, was er meine, denn wenn man die Struktur einmal verinnerlicht hätte, dann würde einem auch das Selberweiterlernen leichter fallen, das wären dann ja nur noch Vokabeln.

Ich nickte.

»Ach du, ich denk mir, im Zweifel lerne ich einfach 'n netten Menschen kennen, oder?« Die Blonde sah die Brünette hoffnungsfroh an und die Brünette schürzte die dicken, roten Lippen: »Barbara hat letztens etwas sehr Schlaues gesagt. Sie hat gesagt, egal, was ist, egal, was wird, man hat auf jeden Fall die Vorfreude. Und das ist doch wahr, oder? Jetzt hast du die Vorfreude. Ich meine, du hast heute gute Laune wegen dem Treffen, du hattest gestern gute Laune wegen dem Treffen ... das ist doch auch nett. Da muss doch morgen gar nicht unbedingt was dabei rumkommen. Setz dich da nicht unter Druck. Das entscheidet sich in den ersten Minuten, da merkst du, ob du ihn willst oder nicht. Und wenn nicht, dann beiß dich da nicht fest. Steiger dich nicht in was rein, nur um was zu haben, das ist es nicht wert, weißt du? Genieß lieber jetzt die Vorfreude. Auch wenn das morgen nichts wird.«

Berlin sei in jedem Fall spannend, sagte der Schriftsteller aus Sacramento, er hätte sich auch lange mit der Geschichte der Stadt auseinandergesetzt und besonders mit der DDR-Vergangenheit, und es sei so spannend zu sehen, wie es heute um diesen Stadtteil stehe, und sowieso würde er sich so häufig auf den Balkon setzen und es würde einfach aus ihm raussprudeln, die Poesie, er schreibe nämlich Gedichte und Berlin habe ihm bisher genau das gegeben, was er auch erwartet habe, eine Stimmung wie er sie vorher noch nicht empfunden habe, eine wirklich neue Inspiration, das sei herrlich.

Und dann fragte er, was ich eigentlich trinken wolle, und ich sagte, ein stilles Wasser mit Eis, und er fragte, was das auf Deutsch heiße, und ich sagte es ihm und die Brünette steckte sich eine Zigarette an und rechtfertigte sich sofort: »Ja, ich hab wieder angefangen. Ich weiß auch nicht, so zum Kaffee, da fehlt doch was, wenn man nicht raucht. Das ist doch sonst langweilig, oder? Da braucht man doch was in der Hand.« Und die blonde Untersetzte nickte heftig, obwohl sie offensichtlich nicht rauchte.

Und mir wurde immer heißer, die Sonne ließ nicht von uns ab und die kleinen verfressenen Scheißspatzen sprangen um unsere Füße herum. Als die Kellnerin endlich zu uns kam, wiederholte der Amerikaner »stilles Wasser mit Eis« gleichermaßen stolz wie unbeholfen.

»Wichtig ist jedenfalls, dass du deine innere Verschlossenheit ablegst …«, die Brünette legte ihren Kaffeelöffel geräuschvoll auf die Untertasse.

»Weißt du noch, auf meiner Geburtstagsparty vor zwei Jahren, der Architekt? In den war ich doch mal verliebt gewesen – weißt du noch? –, aber das war damals ja nur, weil der halt der Einzige im Büro gewesen war, der überhaupt infrage gekommen wäre.

Ich hab dem das aber nie gesagt, da hatte ich nicht den Mut zu, damals. Aber gestern, gestern haben wir uns noch mal getroffen und da hat er mir gestanden, dass es ihm auch so ging ...«

»Ach ...«, machte die Blonde.

»Ja, so ganz nett von Herz zu Herz hat er mir das gesagt, aber wohl vor dem Hintergrund, dass er jetzt nach 16 Jahren Partnerschaft heiratet ...«

»Ach ...«, machte die Blonde wieder.

Und der Amerikaner fragte mich, ob ich rauche, *Doch sicherlich oder?*, das sei doch Berlin, so genüsslich und ungesund, so echt und unaufgesetzt. Und ich sagte, dass ich nicht mehr rauchte, und bekam im selben Moment mein stilles Wasser mit Eis gebracht.

Die Enddreißiger-Damen bestellten derweil die Rechnung. Mein Ersatz-Entertainment würde also in den nächsten Minuten gehen, ich seufzte, trank einen Schluck und sah sofort wieder lächelnd nach vorne, in die blassen Augen des Schriftstellers, der mich nun fragte, ob ich gebürtig aus Berlin käme. Ich schüttelte den Kopf, sagte bekräftigend Nein und erklärte, dass ich erst seit ungefähr neun Monaten in Berlin wohnen würde, dass ich aus dem Ruhrgebiet käme, dass ich Tanzlehrerin sei und nach Berlin gekommen sei, um noch mal was anderes zu sehen, was anderes zu machen.

Am Tisch nebenan wurde diskret und leise die Rechnung bezahlt. Mit Kreditkarte. Kaum war die Bedienung mit den besten Wünschen zu einem anderen Tisch gegangen, setzte die Brünette wieder an: »Also wie gesagt, ich denke, wenn du bei ihm ankommst, ist dein Auftritt wichtig. Wirklich. Und bei gutem Wetter und deinen Beinen, ein kurzes Kleid ...«

Die untersetzte Blonde nickte.

»Und lass das nicht so raushängen, dass du aus dem Jura-Business kommst, sei ganz locker ...«

Die Damen standen von den Stühlen auf, die Brünette streifte ihren Rock glatt, die Blonde schob den Stuhl ordentlich unter den Tisch. Dann klapperten ihre Absätze über den holprigen Asphalt.

»Und auch, dass du jetzt ein Jahr nicht gearbeitet hast, braucht der erst mal nicht zu wissen ...«, sagte die Brünette noch, dann konnte ich ihre Sätze nicht mehr hören, sah nur, wie der träge Sommerwind durch ihre halblangen Haare fuhr.

Und der Amerikaner schlug sein orangefarbenes Textbuch auf. Ging mit dem Daumen immer wieder die Seitenkante entlang, an der er sich mit Bleistift schon etwas neben der Lektion notiert hatte. Er überflog es noch mal kurz, wollte gerade den Mund aufmachen, um mich etwas zu fragen, um endlich mit dem Unterricht zu beginnen, den er sich zehn Euro die Stunde kosten lassen wollte, als ich spontan seine große Hand umgriff und fragte: »Already fucked a German girl?«

Er sah mich irritiert an, etwas glitzerte in seinen Augen. Und auf seiner Stirn. Wenig später bezahlte er der Bedienung ein überaus großzügiges Trinkgeld, rollte achtlos sein Textbuch zusammen, legte mir einen Arm um die Schultern und wir gingen die wenigen Meter durch die Kollwitzer Hitze zu dem Apartmenthaus, in dem er wohnte.

Ich seufzte, als ich sah, dass es an der Eingangstür mit den Worten warb: »Kurz mal in Berlin wohnen? Gönnen Sie sich einen Aufenthalt in stilvollen Gründerzeit-Apartments. Wohltuende Ruhe und Gemütlichkeit mitten im Prenzlauer Berg. Genießen Sie Entspannung im Garten oder die faszinierende Nachbarschaft ...«

Einmal den Safaripark, nicht die Wildnis bitte. Und ich ahnte schon da, dass ich im Nachhinein über den Sex das Gleiche sagen würde ...

DIE 16. GESCHICHTE

Profilneurose

Katharina (24), Zahnarzthelferin aus Bergisch Gladbach,
über
ganz durchschnittliche Berliner WG-Gespräche

Sie öffnet mir die Tür zu ihrer neuen WG in Kreuzberg, Hinterhof, grüne Holztür, goldene Klinke, ihre Haare hochgesteckt, drapiert mit einem blassrosa Tuch, ihr Körper steckt im passenden blassrosa Haremskleid mit halbfreiem Bauch und Puffärmeln.

Ein breites Grinsen und eine Geste mit der Hand, unnatürlich flach nach hinten weggeknickt, sollen mich einladen, in ihre Wohnung zu kommen. »Ich hab mir gedacht, zu orientalischem Essen kleide ich mich auch gleich mal orientalisch«, erklärt sie ihren Aufzug, während ich ihrem neuerdings wippenden Hinterteil durch die neue Wohnung folge.

Perlen klimpern, Weltmusik tönt, sie bleibt vor dem letzten Türrahmen des Flures stehen, macht erneut die Geste mit der unnatürlich flach über das Gelenk weggeknickten Hand, Handrücken gen Boden, Fingerspitzen zeigen in den Raum. »Hier ist die Party«, verkündet sie, ich laufe höflich in die angewiesene Richtung und verschwinde in weißem Nebel und einer Temperatur von mindestens 72 Grad. Die Küche.

Durch die Hitze schneidet die klare Stimme eines Typen, der mit seinem lauten, festen Sprech keinen Zweifel daran lässt, dass er jedes Wort, jeden kleinsten Schall, den er von sich gibt, über alle Maßen genießt. Ein Messer quietscht auf einem dicken Porzellanteller, die sich selbst so gefallende Stimme lacht nach zwei Sätzen plätschernd, genussvoll und jemand schenkt sich Tee aus einer beschlagenen Karaffe nach.

»Da drüben kannst du dich hinsetzen …« Karoline streckt zeigend den Arm aus, Taft und Perlen knistern, ich merke meine Kopfschmerzen, pochend und hämmernd, immer gegen die Schläfe, reagiere überempfindlich auf jedes kleinste Geräusch, nicke aber tapfer und schiebe mich seitwärts zwischen Stühlen und Küchenzeile durch, ein weißer Klappstuhl, ein Campingstuhl mit Armlehnen-Getränkeausbuchtung, ein schwarzer Chef-Sessel, wenig Platz, die Knöpfe des Elektroherdes bohren sich beim Vorbeigehen in meinen Nierenbereich.

»Neben Lilli, da ist noch frei, da kannst du dich hinsetzen«, ruft Karoline noch mal durch die Hitze und ihre Hand zeigt fordernd über die verschieden hohen zusammengeschobenen Tische. Ich nicke wieder. Schiebe mich weiter, Lilli dreht sich kurz um, als sie ihren Namen hört, blickt mich an, ein ungeschminktes Modelgesicht mit dicken, silbernen Ketten um den Hals, lächelt lasch, wendet sich dann wieder ab, um eilig an ihrer Zigarette zu ziehen. Ich verstehe, sie muss dafür sorgen, dass der schwüle, weiße Qualm, der über allem hängt, sich weiter verdichtet.

Der Stuhl neben Lilli ist ein gelber Medizinball.

Ich rolle ihn unter meinen Hintern, sitze viel zu tief, mein oberes Brustbein reicht gerade über die Tische hinweg, sieht die blaue Schüssel Couscous, das Fleisch in dicker brauner Sauce, die Sternburger-Flaschen und den geöffneten Lidl-Prosecco.

Angestrengtes Sitzen, Hitze, und das Pochen in meinen Schläfen. Neben mir lauscht Lilli der sich selbst gefallenden Stimme auf dem Chef-Sessel, kämmt sich dabei immer wieder nickend die dunkelblonden Haare hinter das Ohr, wohl, damit sie besser hören kann.

»Es ist so schön, dass ihr alle gekommen seid. Wir sind vollzählig.« Karoline sitzt vor Kopf auf einem goldenen Thron. »Ich bin so froh, dass ich die Wohnungssuche endlich hinter mir habe. Mein vierter Umzug innerhalb Berlins in zwei Jahren, man könnte meinen, es wäre mittlerweile Routine für mich, aber noch nie war es so stressig wie dieses Mal.«

Ich halte Ausschau nach etwas Kaltem zu trinken, kein warmer Tee, kein den Körper erhitzender Alkohol, suche, und mein Blick trifft den des übergewichtigen, schwitzenden Asiaten in weißer Schluppenbluse mir gegenüber. Ein Tropfen der glasigen Suppe, die er unermüdlich in sich reinschaufelt, hängt noch in seinem Mundwinkel, als er mich anguckend murmelt: »Ich bin Tyler.« Dann lässt er seinen Schöpflöffel spritzend in die Suppenschüssel fallen, um mir die Rechte zu reichen. »Katharina«, entgegne ich und habe aus meiner niedrigen Sitzposition heraus alle Mühe, meinen Arm hoch genug über den Tisch zu halten, umfasse dann aber seine Hand, hebe sie zweimal kurz rauf und runter, *schütteln* nennt man das, das macht man so zur Begrüßung, dann lasse ich sie wieder los und habe fremden Schweiß in der Hand, warm und glitschig.

»Wie viele von euch wissen, hatte ich nur die Abende zur Wohnungssuche, da ich tagsüber bei Elfi im Showroom gearbeitet habe, und da ich auf keinen Fall alleine wohnen wollte und keine Zeit hatte, selber eine WG zu gründen, musste ich zu WG-Castings gehen. Ich weiß nicht, ob ihr alle das schon mal mitgemacht habt, aber Gott, ist das frustrierend! Und zeitraubend!«

Karoline lacht. Zu laut für meinen Kopf. »Man merkt zwar meistens schon nach den ersten zwei Sekunden, ob man irgendwo wohnen möchte oder nicht, aber auch wenn dein Urteil negativ ausfällt, musst du ja trotzdem ein wenig bleiben, gute Miene zum bösen Spiel machen …«

Ich reibe meine Hand flach an dem Baumwolltischtuch mit den roten Karos, beinahe unmerklich schiebe ich sie rauf und runter, um den Schweiß, den fremden Schweiß, loszuwerden.

»Aber dann bin ich hier reingekommen und habe Wilhelm gesehen und wusste sofort, das kann passen, und dann haben wir ein paar Sätze gewechselt und es war klar, hier ziehe ich ein. Stimmt's, Wilhelm? Erzähl doch auch mal …«

Ich gucke auf das Tischtuch, nehme langsam die Hand weg, ein kaum sichtbarer Fleck, gezackt und leicht dunkler als der Rest der Decke, zufrieden atme ich aus, jetzt nur noch was trinken.

Was Kaltes trinken!

Der Oberkörper im Chef-Sessel beugt sich nach vorne, die Rückenlehne folgt ihm leicht quietschend, er baut sich in voller Präsenz auf und sagt: »Ich hatte einfach keine Kapazitäten, mich großartig weiter umzusehen, und da habe ich mich spontan für Karoline entschieden.« Zwölf Augenpaare, jedes gehörend zu einem Freund, einer Freundin, einem Bekannten oder einer Bekannten von Karoline, ruhen auf ihm, ich wende meines ab, drehe mich langsam auf dem Ball um, jede Bewegung verstärkt den pulsierenden Kopfschmerz, dickes Blut, viel zu dickes Blut quält sich durch meine dünnen Adern, dehnt sie, dem Bersten nahe.

»Ja, so war das«, sagt Wilhelm noch.

Ich erspähe den Kühlschrank hinter mir, strecke den Arm aus, öffne ihn, schwaches Kühlschranklicht beleuchtet eine Zweiliterflasche Fanta im Seitenfach. *Kalte* Fanta. Erst will ich fragen, nehme sie dann aber einfach, nicht durch Reden auffallen, bloß Beobachter bleiben, draußen bleiben, alleine mit dem pochenden Schmerz, kaum sichtbar auf dem niedrigen Sitzball im Nebel.

Der Plastikverschluss ist schnell abgedreht, gelbe, kalte Flüssigkeit fließt in mein Glas. Leises Zischeln. Kleine Bläschen. Frische.

»Mein alter Mitbewohner, der Bastian, ist nach Thailand gegangen, um dort einen Dokumentarfilm zu drehen.«

Wilhelm räuspert sich.

Ich setze mein Glas an, die kalte Fanta zieht beim Trinken unangenehm in den Zähnen, zieht im Unterkiefer, kleine Schmerzblitze.

»Eine Dokumentation? Zu welchem Thema?«, die Schluppenbluse taucht den Löffel erneut in die Suppe, setzt ihn an die Lippen, schlürft, kleine Tröpfchen spritzen auf das Tischtuch.

Wilhelm macht eine nachlässige Bewegung: »Das Thema hat er nicht geplant. Er ist kein Freund davon – ich übrigens auch nicht –, am Schreibtisch zu planen, vorgefertigte Meinungen, Geschichten im Kopf zu haben, um diese dann gezielt abzubilden. Das ist so verfälschend, uninspiriert, exogen, artifiziell. Viel wahrer, viel ergreifender wird eine Doku doch erst, wenn man vor Ort ist, dort lebt und endogen die Themen erfasst und verarbeitet ...«

Mein erstes Glas Fanta ist geleert. Ich gieße nach.

»Das Erleben macht den Film, nicht die zu Hause am Rechner erdachte Theorie. Das sollte das Paradigma einer jeden journalistischen Arbeit sein, der Approach offen zu sein, wie eine leere Schale aus dem Alltag zu schöpfen ...«

Mein Bauch ist kalt und mein zweites Glas Fanta geleert. »Für welchen Sender produziert er denn? Oder will er den Film erst später anbieten?«

»Er macht das für gar keinen Sender. Er macht das für sich. Das ist kein finanziell motiviertes Schaffen. Das ist Schaffen um des Schaffens willen.«

Zu meinen Kopfschmerzen gesellt sich Übelkeit.

»Wir waren eine Weile zusammen auf der UdK. Ich habe ihn mit so einer Leidenschaft arbeiten sehen, jede Fernsehanstalt könnte seine Filme nur zerhacken. Er hat letztes Jahr auch eine großartige Kurz-Doku über ein Wohnprojekt in Paris gemacht. Wahnsinnig gut.«

Kurz entschlossen nehme ich meine Tasche, wühle im Seitenfach und finde zwischen Tampons, Haarklammern und Bustickets erleichtert drei Blisterpackungen.

»Ich hab ihm schon gesagt, er müsste eigentlich auch einen Film über ein deutsches Wohnprojekt drehen, vielleicht hier in der Nähe, vielleicht in Neukölln, da, wo Berlin noch authentisch ist, um das Ganze schließlich als Gegenschnitt zu montieren: Paris – Neukölln, Ein Diskurs …«

Wilhelm fährt sich durch die Bartstoppeln, das Modelgesicht hält sich nachdenklich den Zeigefinger unters Kinn, während ich Dolomo Nacht, Valoron und Optaldion in den Händen halte und überlege.

»Höre ich da ein klitzekleines Ressentiment gegen die Berliner Gentrifizierung heraus? Ungewöhnlich für einen Zugezogenen …«, speit ein Mann mit grauen Haaren und Zigarre, neben der Schluppenbluse sitzend, in den weißen Dunst und ich entscheide mich für die Blauen Dolomo, Schmerzkiller plus Beruhigung, runtergespült mit noch mehr kalter Fanta. Die Schluppenbluse beobachtet mich, beobachtet meinen Tablettenkonsum, zischelt aber wortlos die letzten Tropfen Suppe in sich hinein.

Wilhelm faselt derweil von Trends, Abwanderung, Hipness und Originalität und dass er eigentlich auch viel lieber in Moabit oder so wohnen würde, weil sogar Neukölln – wenn er sich's denn recht überlege – doch auch schon vor die Hunde gegangen sei.

Ich drücke mit meinen Zeigefingern gegen die Schläfen. Obwohl, fährt er fort, seine Zeit im Prenzlberg, wie er den Stadtteil nennt, auch nicht die schlechteste gewesen sei. Meine Fingernägel fräsen sich ins dünne Schläfenfleisch, ich genieße, lieber spüre ich den Schmerz, den ich mir selbst zufüge, als den, den mein Körper ungebeten produziert. Der Grauhaarige lächelt Wilhelm altklug an, der lässt sich aber nicht aus der Ruhe bringen, will schon weiter schwadronieren, als eine junge Frau, die die Umrisse einer sitzenden Spitzmaus auf dem Oberarm tätowiert hat, eingreift: »Wilhelm, was machst du eigentlich so? Karoline hatte irgendwas von UdK erzählt …«

Wilhelm räuspert sich, rutscht auf seinem Chef-Sessel noch weiter nach vorne, greift nach dem Lidl-Prosecco, kippt ihn großzügig in seinen hellblauen Plastikbecher: »Ja, ich war bis zum letzten Semester auf der UdK, Bachelor of Arts, Visuelle Kommunikation, habe das aber abgebrochen. Ich bin generell dafür, dass man sich traut, seinen ganz eigenen, individuellen Weg zu gehen, statt irgendwelche vorgetrampelten Pfade nachzusteppen. Im Studium war mir alles zu generell, ich brauchte mehr Platz, mehr Freiheit, mich ausleben zu können. Ich meine, vor meinem Studium war ich schließlich zwei Jahre in Südafrika.«

Er blickt die Spitzmausfrau durchdringend an.

»Ich kann das einfach nicht mehr, dieses Denken und Handeln in eng begrenzten Strukturen und Kategorien. Ich brauchte einfach mehr Platz.«

Seinen blauen Plastikbecher hält er wie einen Kognacschwenker. Er schüttelt den Prosecco darin hin und her, hält dann die Nase über den Becherrand, trinkt nicht, sondern fährt fort: »Mir hat zum Beispiel in Kapstadt einer gesagt – als ich mich gerade so ärgerte, dass er viel zu spät zum vereinbarten Treffen erschienen war –, dass er nicht verstehen könnte, warum Zuspätkommen ein Ärgernis, ein Zeitstehlen sei. Zuspätkommen sei doch vielmehr ein Geschenk, ein Zeitgeben, denn die Zeit, in der man auf jemanden wartet, hat man – egal, wie stressig der restliche Tag noch sein mag – für sich alleine, man kann nichts anderes tun und braucht ausnahmsweise auch nichts anderes zu tun, man ist frei und kann ohne schlechtes Gewissen seinen Gedanken nachhängen.«

Karoline strahlt Wilhelm an, stolz wie eine Mutter ihren vermeintlich gut geratenen Sohn.

»Zurück in Deutschland, brauchte ich also Platz, um mich voll ausleben zu können. Und das mache ich jetzt. Ich spiel gerade die Hauptrolle in einem Film von AJ Jean, einem sehr talentierten Franzosen. Der Film spielt die ganze Zeit über in einem Café, sehr intensiv, sehr, sehr dicht, wir hatten jetzt vier Drehtage und ich bin absolut begeistert. Wirklich, es ist ungeheuer inspirierend, mit AJ zu arbeiten. Wirklich.«

Ich nehme die Finger von den Schläfen, der Druck ist immer noch spürbar, dumpfes Pochen.

»AJ Jean? Kennt man den?«, fragt der Spitzmausarm und Wilhelm schüttelt den Kopf. »Nein, nein. Der ist der breiten Öffentlichkeit noch vorenthalten. Ich kenne ihn von der Uni, wir haben da mal – ach, das würde jetzt zu weit führen ... Jedenfalls betreibe ich Schauspiel beim Film und derzeit auch im Rahmen eines künstlerischen Experiments, das ich zusammen mit Dotti Nicholls und Henning Beerbaum mache ...«

Mein schmerzender Kopf beginnt sich zu fragen, ob Wilhelm in seiner Wahrnehmung eigentlich noch die Fragen der Spitzmausfrau beantwortet oder ob er sie nicht mental schon längst gegen David Letterman, Jay Leno oder meinetwegen auch Conan O'Brien ausgetauscht hat.

»Innerhalb dieses Experimentes nenne ich mich MCAlfon, wir machen Elektromusik, also Unterhaltungsmusik, mit sehr verrohten, sehr derben Texten. Wirklich, wirklich roh. Eine Exaggeration von alldem, was die moderne Kunst – gerade die Literatur und die Musik – derzeit hervorbringt, mit dem Ziel, die Lächerlichkeit dieser vermeintlichen Provokation des Derben zu entlarven.«

Ich fülle mir braunes Fleisch in dicker brauner Sauce auf den Porzellanteller.

»Und du bist MCAlfon der Sänger?«

Und einen Klacks Reis dazu.

»Ja, Rapper gewissermaßen. Wir drehen übrigens nächste Woche das Video, im Prenzlberg unter der U-Bahn-Brücke Eberswalder Straße. Ich werde da in meiner Rolle als MCAlfon Bratwurst essen, stilecht natürlich bei Konnopke's, diesem Yuppie-In-Imbiss.«

Er lacht. Plätschernd. Wasserfallartig.

»Ich meine, allein das ist ja schon eine Karikatur an sich. Die Bratwurst als Insignie eines Trends.«

Ich schneide das braune Fleisch, quietsche mit dem Messer über den dicken Teller.

»Denn die Wurst gilt ja sonst eher als ein Symbol von Schlechtigkeit, Rohheit. Nicht nur weil sie einfaches, schlechtes

Essen – Fleischabfall in Darm gepresst – ist, sondern auch, weil sie unabstreitbare optische Ähnlichkeiten mit dem immer derbe konnotierten männlichen Glied aufweist. Und nicht zu vergessen, natürlich auch mit der Kotwurst …«

Der Spitzmausarm guckt leer drein, Lilli spielt mit dem langen, zarten Zeigefinger in ihren Ketten herum, nickt, ich konzentriere mich aufs Kauen.

»Dabei ist die Schlechtigkeit von Kot ja eigentlich das Absurdeste, was man sich nur vorstellen kann. Wir tragen ihn schließlich jeden Tag in uns herum, viele von uns wahrscheinlich auch jetzt gerade in diesem Moment. Wir verlieren ihn jeden Tag in einsamen Minuten, beschäftigen uns also täglich mit ihm, und dennoch ist seine Nennung ein Tabu. Und geschieht es doch, dass Kot Gegenstand einer Auseinandersetzung ist, dann ist es vermutlich eine geplante Provokation.« Er trinkt den Prosecco in drei kleinen Schlücken. Eine fröhliche, schweißtreibend stampfende Melodie tönt aus dem Radio hinter uns.

»Ja, oder beim Arzt …«, ergänzt Lilli vage.

Dann sagt keiner mehr was.

»Was machst du eigentlich, Katharina?«, fragt Tyler schließlich unvermittelt, das Kinn auf seine Hände gestützt.

»Ich arbeite in einer Zahnarztpraxis.«

»Praktikum?«

»Nein, ich bin Helferin.«

»Ah …«

Lilli dreht sich abrupt zu mir um: »Eine Freundin von mir ist auch Zahnarzthelferin. Die macht das aber nur als Übergang, die will später noch Zahnmedizin studieren. Du auch?«

Ich halte die Luft an. Zähle in Gedanken bis fünf. Sollte ich bei fünf ankommen, werde ich antworten, sollte ich nicht bei fünf ankommen, weil vorher schon jemand irgendwas anderes in die Runde geblökt hat, werde ich leise für mich weiterzählen, vielleicht bis 56, um mich zu beruhigen.

Aber auf Wilhelm ist Verlass. Er tut mir bereits bei drei den ersehnten Gefallen: »Jedenfalls – was ich vorhin schon andeuten wollte – suchen wir für unseren Videodreh auch noch Statisten, vorzugsweise Frauen, die nicht davor zurückschrecken, sich vor der Kamera richtig gehen zu lassen. Ihr müsstet so circa vier Stunden Zeit mitbringen und in bunten Party-Kleidern erscheinen. Falls das für euch ein Problem ist, haben wir aber auch einen Fundus vor Ort. Dotti arbeitet ja mit verschiedenen Theatergruppen zusammen, die wird eine große Selektion verschiedenster Outfits mitbringen.«

Tyler hebt den Zeigefinger: »Braucht ihr auch, ich sag mal, ausgefallenere Unterwäsche oder Korsagen?«

»Wie ausgefallen?«

»Alles, alles was du dir vorstellen kannst, Po frei, Po bedeckt, aus Drähten, mit Federn, mit Nägeln ... Ich hab da doch dieses Start-up zusammen mit meiner Lebensgefährtin ...«

»Ich dachte, ihr macht Spielzeug?«, klinkt sich der Spitzmausarm ein, dem genau in dem Moment wohl dämmerte, um welche Art von Spielzeug es sich handelte, und gibt ein »Oooh« von sich und dann: »Ich dachte, ihr macht Kinderspielzeug. Ich hätte das super gefunden, erfrischend. Ein Spielzeug-Start-up – das wäre wirklich mal ausgefallen. Deswegen hatte ich ja auch gefragt, ob ihr selber Kinder habt ...«

Tyler lacht in all seiner Massigkeit.

»Nein, nein, wir stellen ökologisches Sexspielzeug und organische Reizwäsche her. Alles in Handarbeit, alles, wenn gewünscht, in maßgeschneiderter Anfertigung.«

»Soll ich mal mein MacBook Air holen und euch meine MCAlfon-Songs vorspielen?«, fragt Wilhelm in die Runde und keiner antwortet. Karoline registriert das, nickt ihm schließlich selbst bekräftigend zu.

»Wir suchen übrigens auch noch ein Model für unser Portefeuille, das wir im Atelier auslegen werden. Diesmal wollen wir nämlich auf alle Fälle alles richtig machen. Man sagt ja häufig, man hat da so ein Start-up, aber viele Sachen versanden doch auch ganz schnell wieder …«

»Ach richtig, Tyler! Du hattest da doch auch noch mit Christian diese Sache mit den Müsli-Frühstück-Take-away-Ständen. Daraus ist jetzt nichts geworden? Ich musste doch mal so einen Bogen ausfüllen, wo ihr nach meinem Frühstücksverhalten gefragt habt …«, erinnert sich Karoline. Mein Handy klingelt. Es ist mein älterer Bruder David.

Schnell rolle ich auf dem Ball zurück, schiebe mich flink, eigentlich zu flink für meine Kopfschmerzen, zwischen Küchenzeile und Stühlen zum Ausgang durch und werde mit einem angenehmen Temperaturunterschied im Flur belohnt. Wilhelm kommt gerade mit seinem silbernen, extrem flachen Laptop aus seinem Zimmer, ich verschwinde schnell hinter der nächsten Tür, das Klo.

Klein, fensterlos und untapezierte rohe Wände.

»Ja?«, flüstere ich in das Handy.

»Hey, Kleines, ich bin's, wollte nur mal hören, wie es dir geht, da drüben im Osten. Was treibste?«

»Ich bin gerade auf einer WG-Einweihungsfeier in Kreuzberg bei einer Bekannten von mir, Karoline …«

»Mitten in der Woche bisse op Jöck?! Schön, schön. Ich bin wie jeden Abend nach der Firma bei Melli, wir gammeln ein bisschen, aber Madame hat sich gerade in die Küche begeben, um mir was zu kochen, keine Ahnung, eine Überraschung, ich soll bloß im Wohnzimmer bleiben …«

»Überraschungs-Mahl? Klingt gut. Ich wünschte, ich könnte dabei sein. Ich hab Kopfschmerzen ohne Ende, es läuft nervtötende Weltmusik und gerade war ich mal wieder ganz knapp davor, mich für mein Helferinnen-Dasein entschuldigen zu müssen. *Wie? Du willst dich* NICHT *ganz individuell und frei entfalten? Du machst einfach deinen Job? Krass.*«

David kichert trocken.

»Die Unterhaltungen pendeln sich gerade irgendwo zwischen organischem Sexspielzeug, Müsli-Take-away-Start-ups, Kot als Provokation und Ressentiments gegenüber der Gentrifizierung Berliner Bezirke ein ...«, beginne ich gerade mich aufzuregen, als mich mein Bruder unterbricht: »Ach, Käthchen! Manchmal ...«

»Ja?«, frage ich.

»Manchmal beneide ich dich um nichts.«

DIE 17. GESCHICHTE

Urlaubsdepression

Claire (21), Kunstgeschichtsstudentin aus Haltern am See, über das Nichtankommen

Berliner Regen plärrte gegen mein Berliner Altbaufenster, während mein Hintern auf einer Berliner-Altbau-Fensterbank saß. In meinem Schoß lag das noch warme Telefon. Ich starrte nach draußen. In den Berliner Hinterhof. Grau. Regen. Und hässliche Vorhänge hinter Fenstern.

Nicht alle Kinder haben Spaß auf der Achterbahn.

Ich hätte es wissen müssen, schließlich war ich im Vergnügungspark immer diejenige gewesen, die mit dicker Grübelfalte zwischen den Augenbrauen gebrannte Mandeln und Zuckerwatte in sich reinstopfte, während sich die anderen in den »Lustigen Tassen« dumm und dämlich drehen ließen. Aber ich war dabei gewesen. Ich war mitgekommen. Weil es auch damals schon nach dem besseren, angeseheneren Plan geklungen hatte, ins PhantasiaLand zu fahren, statt alleine zu Hause zu bleiben, um zu malen und Kakao zu trinken. Und auch nach dem Abi hatte es besser geklungen zu sagen: *Ich ziehe nach Berlin* statt *Ich bleibe hier* oder *Ich gehe maximal nach Münster, Bochum oder Göttingen.*

Ich hatte mich mal wieder für die hübscheren Randdaten entschieden. Ich konnte nun dem Berliner Regen beim Vom-Himmel-

Fallen zugucken statt dem Münsteraner, Göttinger oder Halteraner.

»Wir gehen heute Abend ins *Flöz*, Amaretto Kirsch und so«, hatte sie am Telefon gesagt und es war ihr beinahe peinlich gewesen. In ihrer Stimme schwang deutlich mit: *Du wohnst ja in Berlin, du musst was Besseres vorhaben.* Das wurde einfach so angenommen. Berlin – das klang ja einfach. Das klang nach einem Leben von Welt und Wahnsinn, das klang, als würde man da jeden Abend einen Blockbuster erleben. Und die erste Zeit war es auch tatsächlich ein bisschen so gewesen.

Jeder Tag war wie Urlaub gewesen, hatte etwas Neues geborgen, etwas Neues zu entdecken: Flohmarkt am Arkonaplatz, gebildetes Umherstreifen in den Museen der Museumsinsel, Stöbern am Hackeschen Markt, Trinken im Simon-Dach-Kiez, Essen am Ufer des Flutengrabens, Feiern in den etlichen ständig neu eröffnenden, wieder schließenden und umziehenden Berliner Clubs und Sonnen zu Hunderten auf dem dünnen Strandstück des Wannsees.

Aber nirgendwo blieb man hängen. Nirgendwo gehörte man dazu. Nirgendwo ging man öfter hin als ein paar Mal. Und immer wieder neue Ziele: Flohmarkt am Rathaus Schöneberg, gebildetes Umherstreifen in etlichen ständig neu eröffneten Ausstellungen, Stöbern im Bergmannkiez, Trinken in Mitte, Essen am Schloss Charlottenburg, Feiern rund um die Uhr und Sonnen zu Hunderten auf dünnen Decken im Gras des Tiergartens. Ein ständiges Besichtigen. Und immer wieder neue Leute. Fremd bleiben.

Es war wie ein nicht enden wollender Urlaub, der irgendwann beschissen geworden war. Die Neugier und Unternehmungslust war lange erloschen und zu Hause noch immer woanders. Und tief in mir drin saß eine kleine nörgelige Kinderstimme, die immer wieder fragte: »Wie lange noch? Wann fahren wir wieder nach Hause?« Und ich gab der Kinderstimme was zum Spielen und Ablenken und sagte: »Schätzchen, das ist jetzt unser Zuhause. Gewöhn dich endlich dran. Es ist hier doch viel besser als zu Hause …«

Und der Regen fiel in Bindfäden.

Amaretto Kirsch im Flöz. Mit Andi, Basti und Mario.

All die Dinge, die ich noch kurz vor meinem Aufbruch nach Berlin belächelt hatte und für so einfältig und provinziell befunden hatte, leuchteten jetzt wie Granatäpfel im Obstkorb: *Daddy* Revival Partys, Konzerte in der *Grünen Holle*, die *Lake Night*, die *Klause*.

All diese Dinge waren nun wie Kindheitserinnerungen, wärmend, vielversprechend und wahrscheinlich auch verklärt. Denn ich fand meine Heimatstadt plötzlich viel besser als die, die freiwillig dageblieben waren. »Du würdest am liebsten zurück? Claire, was für ein Schwachsinn! Ich wünschte, ich könnte mit dir tauschen. Berlin! Mensch, du wohnst in BERLIN!«, hatte sie eben am Telefon gesagt und den Namen meiner Wahlheimat so frenetisch in den Hörer gebrüllt wie ein Cheerleader. Berlin, mit Widerhall. Berlin, Berlin, Berlin. Ja, ja, es klang gut. Ja, ja, es war gut.

Aber zu Hause war woanders. Die Regentropfen wurden eilig gegen die Scheibe gefeuert, dann saßen sie kurz, wurden immer bauchiger und rutschten träge hinab.

Anfangs hatte es Spaß gemacht, jeden Tag zig Hunderte Fremde zu treffen, diese Möglichkeiten, diese Offenheit des Verlaufs. Jeder könnte dir begegnen, alles könnte dir passieren. Dann wurde es irgendwann frustrierend.

Alle zu treffen war eben nicht so gut, wie nur die Einen, Bestimmten zu treffen. Weil sie austauschbar waren. Weil es egal war, ob du letztlich da warst oder nicht, ob du auf diese eine Party, diese eine Ausstellung, dieses eine irgendwas gingst oder nicht. Keine Konsequenzen.

Und du konntest dich überall so danebenbenehmen, wie du nur wolltest. Alles schien egal. Ob ein Lachen in einem fremden Gesicht oder ein Auslachen. Egal. Gesehen, vergessen, weitergeguckt. Die Menschen aus dem Nachtleben blieben die Menschen aus dem Nachtleben, sie riefen dich nicht an, sie hatten deine Nummer nicht, wenn es hochkam, verlinkten sie dich auf Facebook auf den geschossenen Partybildern, Kasten über das Gesicht, wenn man mit dem Mauszeiger drüberging, erschien dein Name, da war er wieder.

Zu Hause wusste ihn jeder. Und auch deinen fiesen Spitznamen.

Und was sonst nie einer zugab, genau das war doch das Tolle am Zuhausesein. Dass jeder den Abriss deiner Kurzbio seit der fünften Klasse kannte, dass ihr alle zusammen diese kleine Seifenoper lebtet, die es bedeutsam machte, wenn X zusammen mit Y im *Flöz* auftauchte, weil die beiden da eben nicht X und Y waren, sondern Vor-, Zu- und Spitznamen, weil sie da Vorgeschichten hatten, weil es Zuschauer gab, die im Bilde waren, weil alles wie auf einer Bühne geschah. Deswegen machte es doch so Spaß, nach Hause zu fahren. Immer wieder.

Aber ich wollte endgültig nach Hause fahren. Irgendwie. Wollte meine Berliner Koffer auspacken und Szenenapplaus einheimsen, die ausgefallenen Mitbringsel, die in der Heimat nicht zu kriegen waren, in den Schrank stellen, Fotos zeigen, wollte die Coole sein, die ganz weit draußen gewesen war, die den Heimischen jetzt von der großen weiten Welt erzählen konnte. Erzählen. Zeigen. Teilen. Ich brauchte mein Stammpublikum. Meine Freunde. Meine Familie. Ich zog eine Grimasse. Sah mein dummes Gesicht in der Scheibe.

»Das ist nur eine Phase, Claire. Du bist nur noch nicht richtig angekommen. Gib dem Ganzen mehr Zeit«, hatte sie am Telefon gesagt. Sie, Teil meines Stammpublikums, sie wollte meine Heimkehr nicht sehen. Und wahrscheinlich hatte sie damit recht.

Neue Bezugspunkte wuchsen nicht wie Unkraut aus dem Boden, man musste sie lange gießen und pflegen, bis sie gediehen und ihre Schlingen ausfuhren, um sich zu einem neuen Netz, einem neuen Kontext, in dem man sich eingewoben fühlen konnte, verbanden.

Und auch wenn niemand Zugezogenes sonst mit mir je über derlei gesprochen hatte, ahnte ich doch, dass ein paar von ihnen vielleicht ähnlich fühlten. Vielleicht sogar alle. Heimlich.

Schließlich war es hier in Berlin sicherer Bestandteil des ersten Small Talks, dass man sich mit Heimatbundesland und Heimatstadt vorstellte. Nicht ohne Stolz holperten in den ersten Minuten des Kennenlernens stets Metropolen wie Dülmen, Heilbronn oder Oer-Erkenschwick über die Lippen der Wahlberliner, und wenn dann zwei zufällig aus der Nähe kamen, waren sie für mehrere Minuten die besten Kumpel.

»Kennste auch …?«, wurde dann gefragt oder »Warste schon mal?«. Wie zwei Landsleute, die sich zufällig im Urlaub trafen. Und so beobachtete ich weiter den Regen draußen. Plitsch, platsch gegen mein Fenster. Wie ein beschissener Urlaubstag …

DIE 18. GESCHICHTE

Sehnen & Realität

Veronika (26), Linguistikstudentin aus Darmstadt,
über
die Sehnsucht nach dem »Berlin-Leben«

Mittags um zwei Uhr lehnte sie in dem weiß gelackten Holzrahmen meiner Wohnungstür. Auf ihrer Nase thronte eine große, feuerrote Sonnenbrille, ihre linke Hand hatte sie zwischen Kopf und Türrahmen geschoben, die rechte hielt mit zwei Fingern ihre Flip-Flops, sie war barfuß.

»Sorry, dass ich so spät bin, aber ich bin heute Morgen echt nicht klargekommen«, kommentierte sie zur Begrüßung ihre zweistündige Verspätung.

»Komm rein«, nickte ich ihr zu.

Sie löste sich vom Türrahmen und schritt mit nackten Füßen über die Holzdielen, an mir vorbei. Ich schloss die Tür wieder ab.

»Ihr habt eine total schöne Wohnung«, rief sie von irgendwo. Ich folgte ihrer Stimme und fand sie in meiner Küche wieder. Sie guckte sich neugierig um, hatte aber noch immer die Sonnenbrille auf. Ich stand steif auf der Küchentürschwelle.

»Ja, die Wohnung ist ganz nett«, räumte ich ein.

Sie rauschte wieder an mir vorbei – ihr süßlicher Geruch fuhr mir in die Nase –, verschwand im Stuckwohnzimmer, fuhr im Gehen mit den Fingerspitzen über die große Holzkommode, bog dann leichtfüßig um die Ecke in mein Zimmer. »Ist deine Mitbewohnerin auch hier?«, fragte sie aus meinem Zimmer heraus mit ihrer raspigen Stimme.

»Nein«, konnte ich nur kurz antworten, denn sie redete schon weiter. »Das ist total der schöne alte Kleiderschrank. Das ist dein Zimmer, oder?«

Ich hörte ihre nackten Füße über die Dielen tapsen, hörte, wie Dinge angefasst und wieder zurückgelegt wurden. »Ja, das ist mein Zimmer. Oona ist die ganze Woche über nicht da, sie ist …«, setzte ich gerade an, als sie ihren Kopf durch die offene linke Wohnzimmertür steckte und mich unterbrach: »Sorry, Süße, kann ich da vorne rauchen, wenn ich das Fenster aufmache?«

Sie zeigte auf das große zweiflügelige Wohnzimmerfenster. »Ja, sicher …«, meinte ich schulterzuckend, und sie lief in ihrem weißen weiten Trägerkleid mit den gelben dünnen Streifen an mir vorbei. Sie huschte durch die rechte Wohnzimmertür in meine Küche, holte sich ein Wasserglas vom Regal, ließ ihre Flip-Flops achtlos auf einen der Küchenstühle nieder, stellte ihren großen Stoffbeutel auf meine Ledercouch, fingerte ihr Softpack Zigaretten aus dem Beutel, öffnete das Wohnzimmerfenster, zündete sich eine Zigarette an und nahm einen tiefen Zug.

Sie lehnte sich aus dem geöffneten Fenster, reckte sich auf Zehenspitzen der Sonne entgegen, atmete beherzt aus, drehte sich um, nahm ihre Sonnenbrille ab und grinste mich an. Anscheinend fühlte sie sich ganz wie zu Hause und ich kannte sie eigentlich gar nicht.

Das heißt, ich kannte sie nur aus der Uni, wir hatten per Zufall eine Referatsgruppe gebildet, das Thema »Transmediale Erzähltheorie am Beispiel des Comics« hatte uns vereint.

Wir wollten uns für diesen Tag zusammensetzen, um abzusprechen, wie unser Referat aufgebaut sein sollte, welchen Comic wir auswählen wollten, wer die Präsentation, wer das Handout machen sollte, derlei Formalia hatten eigentlich auf unserem Speiseplan gestanden.

Sie war zwei Stunden unentschuldigt zu spät gekommen, jetzt stand sie in unserer Nichtraucherwohnung am Fenster und rauchte. Ich wusste, wie sie hieß, dass sie gerne redete – im Seminar auch gerne mal zeit- und nervenaufreibend am Thema vorbei –, und ich wusste, dass sie auch eine Zugezogene war, aber das war alles.

»Sorry, ich hätte dich anrufen sollen«, sagte sie, nachdem sie mich lange angeguckt hatte. Dann blies sie Rauch in meine Richtung.

»Aber ich hatte deine Nummer nicht mehr. Ich weiß, du hattest sie irgendwo auf meinen Collegeblock geschrieben, aber das hab ich irgendwie nicht mehr wiedergefunden.« Sie aschte in das Wasserglas ab, wirkte verträumt, grinste: »Aber ich hab auch einfach zu krasse Tage hinter mir.«

Sie zog noch mal an der Zigarette, genüsslich, der Qualm waberte durch das Wohnzimmer, die Sonne fiel diesig zu uns herein.

»Wir waren eigentlich nur feiern, die ganze Woche durch. Bekannte von meinem Freund waren da, aus Hamburg, die sieht er nicht so oft. Da mussten wir natürlich alles mitnehmen, was geht.« Sie lachte. Ich nickte nur.

»Zum Schluss waren wir natürlich auch ziemlich hochgeschnieft, ich meine, ich wollte unbedingt durchhalten.« Ich nickte wieder.

Durchhalten. Hochschniefen. Eine Woche feiern.

»Ich hab gestern den ganzen Tag nur im Bett gelegen und hatte den miesesten Kokskater. Mir war so elend.«

Sie schüttelte den kleinen, hübschen Kopf: »Also hab ich einfach die Vorhänge zugezogen und tot gespielt. Dann ist aber eine Freundin vorbeigekommen, der ich mal 'n Schlüssel gegeben hatte, und sie kommt einfach rein, macht überall Licht an, schreit: ›Franzi!! Franzi? Wo bist du? Warum riecht das hier so?‹ Sie hat alle Fenster aufgemacht, ist durch die Gegend gepoltert, ein riesiges Theater, dann stellt sie sich mitten in mein Schlafzimmer und zetert, dass es drei Uhr nachmittags sei und was ich denn machen würde …« Franziska kicherte. »Irgendwie bin ich dann wütend geworden; ich musste sie rausschmeißen.«

Sie saugte an ihrer Zigarette, stützte sich mit den Handflächen auf die schmale Fensterbank und guckte raus: »Heute Morgen war ich immer noch ein bisschen fertig, ich musste dringend komplett ausschlafen. Aber es ist so schönes Wetter, so schönes Wetter …« Sie blies Rauch nach draußen. »*Berlin, Berlin im Sommer …*«, stimmte sie mit ihrer rauen Stimme ein Lied an und die Fensterbank bog sich unter ihrem Gewicht.

Oona hatte mir das ausdrücklich gesagt, als ich einzog: Die Fensterbänke sind nicht stabil, man darf sich nicht draufstützen oder -setzen.

»*Berlin, Berlin im Sommer …*«

Das Lied war mir völlig unbekannt. Ich nahm mir vor, was zu sagen, wegen der Fensterbänke, das könnte schließlich teuer werden, sollten die kaputtgehen. Aber dann drehte sie sich abrupt um, das Brett atmete auf, bog sich wieder zurück in die Ausgangsposition und Franziska sah mich keck grinsend an.

Ihre weizenblonden Haare, eng an den Kopf gezurrt, glänzten in der Sonne, auf ihrem Hinterkopf thronte ein großer, wuscheliger Knoten, wie der einer Ballettlehrerin, nur viel dicker, voller, wüster.

Sie war auf ihre ganz eigene Art hübsch, wenn auch nicht klassisch schön, ihre Augen waren moosgrün, aber ziemlich klein, ihre Nase war sehr markant, die Lippen herzförmig voll, die Haut sonnengebräunt, versehen mit einem Meer von Sommersprossen, das über der Nase ausgekippt worden und über die Wangen, über die nackten Schultern und die dünnen Arme geflossen war. Alles an ihr wirkte fragil, aber ihre starke Stimme und ihre Bestimmtheit hielten sie von innen heraus fest zusammen. »Wie lange wohnst du schon in Berlin?«, fragte ich sie. »Etwas über ein Jahr jetzt.« Sie zog ohne ersichtlichen Grund die Nase kraus, summte vor sich hin, sprang leichtfüßig zur Couch, setzte sich, zog die Beine an und umgriff sie mit beiden Händen. »Und du?«, fragte sie schließlich in ihrer Pakethaltung.

»Zwei Jahre«, sagte ich und korrigierte dann, »zweieinhalb Jahre.«

Ich griff nach der Rückenlehne des dunkelgrünen Ohrensessels meiner Mitbewohnerin, schob ihn so, dass er ihr gegenüberstand, dann setzte ich mich.

»Berlin ist so großartig«, sagte sie schwärmerisch. »Ich komme aus Egmating, einem kleinen Dorf in der Nähe von München, und ich hab mich da eigentlich immer eingesperrt gefühlt, immer eingeengt. Sei es in Egmating oder in München, ich konnte da nie die sein, die ich bin, die ich hier bin ...«

Sie löste die Hände von den Beinen, strampelte kurz mit den Füßen, setzte sie dann auf den Fußboden auf und guckte zu mir hoch: »Ich hab das Gefühl, die Stadt hat mich sofort mit offenen Armen empfangen. Als ich herkam, hatte ich nur eine Freundin hier, die Milli, und jetzt habe ich eine komplette Familie.«

Warum erzählte sie das? Franziska las keine Fragen in meinem Gesicht, sie sah mich nur durchgängig fröhlich, wärmend fröhlich, an.

»Durch meinen Freund hab ich noch mehr neue Freunde kennengelernt. Mit allen passt es. Es ist egal, wie verschieden du bist, es ist egal, was du machst, wo du herkommst, es zählt nur, dass du da bist. Eine ganz andere Mentalität herrscht hier, weil alle extra hergekommen sind, weil sie genau das gesucht haben.«

Ich seufzte kaum hörbar.

»So wie gestern, als Charlie bei mir vorbeigekommen ist, nach mir gesehen hat, lüften wollte, mich rausholen wollte. Ja, sie kümmern sich. Wie eine Familie. Man denkt ja immer, wenn man nach Berlin geht, dann lernt man Massen interessanter Menschen kennen, und ...«, sie hielt inne, »... und dieses blöde Denken, es bewahrheitet sich auch noch. Man träumt von Gratis-Eis und kriegt es.«

Sie lachte: »Massenweise. Hinterhergeschmissen. Und der Sommer! Berlin im Sommer ist das Größte. Es regnet sowieso selten hier, findest du nicht?« Sie überschlug sich häufig beim Reden, aber nicht auf eine nervige, mädchenhafte Art, dafür war ihre Stimme zu rau, zu angenehm.

»Ja, stimmt. Es regnet nicht besonders häufig …«, setzte ich an, wusste aber gar nicht, worüber wir jetzt eigentlich genau redeten, was das sollte, aber Franziska war aufgestanden, war augenscheinlich schon wieder auf einem anderen Dampfer. Würde sie jetzt auf das Referat zu sprechen kommen?

»Hast du was zu trinken da?«, fragte sie, guckte mich noch kurz an, dann war sie schon auf dem Sprung in Richtung Küche.

»Ich hab nur Wasser, aber von Oona müsste noch Apfelsaft da sein. Ein naturtrüber …«, erklärte ich, aber sie war mir mit ihrer Aufmerksamkeit wieder verfrüht abhanden gekommen. »Ich habe total Lust, was zu trinken«, stellte die raue Stimme fest, dann hörte ich, wie Flaschen klingend aneinanderschlugen; in der Küche wurde die Kühlschranktür geöffnet. »Ui, ihr habt ja Chardonnay und ganze vier Flaschen Rotkäppchen. Traumhaft.«

Die Kühlschranktür wurde wieder zugeschmissen. »Wo hast du denn einen Öffner?«, fragte sie.

Ich war perplex, stand auf und ging zu ihr in die Küche. »Willst du jetzt etwa Sekt trinken?«, fragte ich überflüssigerweise, als ich sie mit der Rotkäppchenflasche unterm Arm, zwei Gläser in der einen und mit der anderen Hand in der Schublade der Anrichte, nach einem Öffner wühlen sah.

»Ah, das ist er ja.« Grinsend fischte sie den glänzenden Korkenzieher aus der Schublade, gab mir eilig die Gläser und zog schnell und gekonnt den Korken aus der Flasche.

Während sie den überbordenden Schaum mit den Lippen am Flaschenhals absaugte, fragte ich verunsichert: »Sollen wir dann später über das Referat reden?« und kam mir schon spießig, piefig und nervig vor.

»Ja, ja, das machen wir dann. Jetzt wollen wir uns erst mal ein bisschen kennenlernen.« Natürlich.

Franziska nahm die Flasche an sich, schenkte den Sekt ein, gab mir ein Glas, brachte mich dazu, mit ihr anzustoßen. Ich fragte nicht worauf, vermutlich auf nichts, man musste ja auch nicht immer einen Grund haben, man ging ja auch ständig feiern, ohne dass es etwas zu feiern gab. Dann trottete ich hinter Franziska wieder in mein Wohnzimmer zurück, sie nippte an ihrem Sekt und strahlte aus ihren grünen Augen, klimperte mit den dunkelblonden Wimpern.

»Ich sehe dieses Traumhafte in Berlin nicht so«, sagte ich einfach.

»Nicht?« Sie setzte sich auf, ich zuckte mit den Schultern.

»Ich hab hier meinen Job, mein Studium. Ich arbeite viel. Meine Kollegen sind ganz nett, aber so richtig in mein Privatleben lassen will ich die nicht. Die Uni ist extrem überlaufen, meistens stressig. Und da ich später angefangen habe, bin ich eine der Ältesten in der Kohorte ...«

Ich nahm einen Schluck Sekt an einem Sonntagmittag um 14 Uhr 30.

»Ich habe nicht so dieses typische Studentenleben, ich habe drei gute Freunde hier, zwei von denen kannte ich aber auch schon vor Berlin. Man geht ins Kino, man geht mal auf eine Party, man kocht, man trinkt, man besucht Ausstellungen. Das Angebot, was zu machen, ist immer da, man muss sich nicht langweilen, man lernt bunte Vögel kennen, aber ...«, ich zuckte erneut mit den Schultern. »Ich seh da keinen Mythos. Gerade was die Leute angeht, ist Berlin ein Magnet für Menschen, die von ihrer Mami im heißen Bad vergessen worden sind.«

Ich nahm noch einen Schluck: »Die suchen nach dem Besonderen und vor allem nach Aufmerksamkeit, auch wenn sie schon lange keine Kinder mehr sind. Je besonderer jemand am Anfang scheint, desto weniger ist er letzten Endes dicht.«

Ich lachte und merkte, wie der Sekt erhitzend in meinen nüchternen Körper einzog, er lagerte sich vor allem in den Wangen ein, da strömte er am liebsten hin.

»Was auch immer ich heimlich gedacht haben mag, bevor ich hierhergekommen bin, Berlin ist auch nur eine Stadt. Und wenn ich das Studium abgeschlossen habe, dann werde ich dorthin ziehen, wo ich den besten Job kriege, und wenn das Düsseldorf ist, dann gehe ich eben nach Düsseldorf oder nach Stuttgart, oder Hamburg, oder Kiel, oder wohin auch immer ...«

Franziska hatte ihr Glas geleert und Runzeln auf der hohen Stirn.

»Hast du Musik hier?«, fragte sie langsam, ich zeigte tonlos zu der schwarzen Anlage auf dem Boden neben dem Zeitungsstapel. Franziska stellte ihr feuchtes Glas auf den Holzboden, sprang mit einem Satz von der Couch, drückte auf *Power* und es knackte in den Lautsprechern, dann ging sie durch das CD-Regal: »Wie viele CDs ihr noch habt. Und alles Originale ... Toll.« Sie fuhr mit ihren Fingernägeln die Plastikrücken ab.

»Toll, toll, toll. Oh, du hast ja Regina Spektor. Die finde ich großartig.«

Das Maul des CD-Players fuhr surrend aus, sie legte die CD ein, das Maul fuhr wieder zurück, dann erklang Musik, aber nur kurz, denn sie skippte vor. »*On The Radio* ist großartig ...«, hörte ich sie sagen, ich trank mein Glas aus. Diesmal ließ sie die Musik laufen, blieb vor der Anlage stehen, wiegte sich im Takt hin und her, ich griff nach der Rotkäppchenflasche und schenkte mir nach. Warum auch nicht? Franziska schnippte mit den Fingern, sang ein paar Zeilen mit: »*This is how it works, it feels a little worse. Then we drove our hearse, right through that screaming crowd.*« Sie drehte sich um und tänzelte zur Couch zurück. »Du hast eine gute Stimme«, kommentierte ich anerkennend, »ein schönes Timbre.«

Sie nickte. Sie wusste das.

»Noch mal zu dir«, ihr Zeigefinger zeigte auf mich. »Du hast dein Berlinleben noch gar nicht angefangen«, meinte sie bestimmt und goss sich ebenfalls Sekt nach. Er schäumte hoch, aber sie goss weiter. Ich machte ein fragendes Gesicht mit hochgezogener linker Augenbraue. Der Schaum lief, wieder Sekt geworden, das Glas hinunter, tröpfelte auf die Couch.

»Du hast es noch nicht angefangen«, versicherte sie mir noch mal und klang dabei sehr ernst. Ein unumstößliches Urteil. Ein großer Schluck aus ihrem nassen Glas, sie sah mir konzentriert in die Augen: »Als ich hierhergekommen bin, habe ich es auch erst falsch gemacht, aber es gibt eben ein paar Regeln, oder besser gesagt ein paar Merksätze, die man wissen muss, damit man reinkommt in das Leben hier. Ja ...« Sie lächelte in sich hinein. »... ein paar Merksätze, *ba padam pa bam ...*«, stimmte sie beiläufig wieder in das Spektor-Lied ein, ich trank stumm.

»Als ich hierherkam, hatte ich nur eine Freundin hier, die ich noch von zu Hause kannte, das hatte ich ja schon erzählt, nicht wahr? Die Milli – sie ist Model – war wegen der Aufträge nach Berlin gegangen. Jetzt wohnt sie in Paris.« Franziska atmete tief ein, schaute kurz aus dem Fenster, tankte Sonnenlicht: »Eigentlich wohnt sie in einem schäbigen Vorort. Aber egal, was ich sagen will, ist, dass ich mir Milli damals geschnappt und sie gezwungen habe, jeden Tag mit mir auszugehen. Ich wollte Berlin leben und hab gedacht, dass ich das nur kann, wenn ich in das Nachtleben eintauche und das möglichst häufig. So gut wie jeden Abend war ich in irgendeinem Club: *Cookies, 90 Grad, Felix, Picknick, Tape, Ballhaus, Weekend,* alles durcheinander, vor und zurück. Ich war überall. Aber in den Clubs ist es in Berlin genauso tot wie in jeder anderen Stadt, wenn du einfach so hingehst, ohne Menschen, die da auf dich warten, und ohne dich groß auszukennen. Das waren einsame Abende. Ich war immer auf der Pirsch: nach Leben, nach Erleben und nach einem Mann. Ich hatte die Hoffnung, dass mit einem Typen aus Berlin in meinem Leben das Eintauchen, das Landen in der Stadt viel einfacher gehen würde.«

Mir wurde warm, meine Lippen waren heiß, mein Magen fühlte sich säuerlich an. Ich trank weiter.

»Aber das mit diesen Clubs, dieses Wahllose, die Touristen, jeden Tag überall jemand anderes, das ist es nicht, wie diese Stadt funktioniert. Die funktioniert durch Momente. Hier planst du nicht, wo du hingehst, und du sagst niemals Nein, wenn sich spontan was ergibt, denn es kommt immer spontan zu irgendwas. Berlin *ist* spontan.«

Mein Glas war wieder leer. Franziska wirkte so klein auf meiner großen, dunkelbraunen Ledercouch. Hockend passte sie perfekt auf die Sitzfläche, ihre nackten Füße klebten auf dem Leder, ihr kleiner linker Zehennagel war hellpink lackiert, glitzerte. Um die Fesseln trug sie ein rotes Baumwollband, so eines, wie die Buddhisten ums Handgelenk tragen. Ich schenkte mir Sekt nach, trank, Regina Spektor sang, lullte die Worte des fremden Mädchens ein, das auf meiner Couch hockte und das ich ansah wie ein großer, dunkler Falter eine Lichtquelle. Sie sollte nur weiterreden.

»Bei mir ist der Knoten auf diesem Open Air geplatzt. Du weißt, wovon ich rede, oder?«

»Ja.«

»Also ich hatte früher bei dem Wort ›Open Air‹ immer an große Stadien oder Festivals gedacht, deswegen frage ich nach. Aber gut, das war letzten Sommer, da traf ich zufällig einen Bekannten von Milli in einem Späti, der meinte, er würde jetzt zur Hasenheide gehen, da wäre gerade mal wieder ein illegales Open Air und ich sollte ihn doch einfach begleiten.«

Die Flasche mit dem dunkelrot glänzenden Etikett war leer. Ich stellte sie auf den Boden zurück.

»Ich hatte keine Ahnung, was mich da erwarten würde, bin aber einfach mal mitgegangen. Letztlich war da einfach nur ein provisorisches DJ-Pult auf einer Wiese, ein bisschen versteckt, umgeben von Büschen und Bäumen, drum herum vier Boxen und zehn Leute, zwei tanzend, ein paar sitzend, ein paar stehend, die meisten sich sonnend. Der Großteil kannte sich noch nicht mal, also das heißt, vorher hatten sie sich nicht gekannt, aber nun teilten sie sich Zigaretten und Getränke wie eine Gemeinde. Ich meine, so was gibt es im Club ja nicht, dass du einfach die Person neben dir fragst, ob sie vielleicht noch ein Bier hat oder ob du bei ihr mal trinken kannst, wenn deins alle ist. Aber hier konnte jeder einfach alles von jedem nehmen, Zigaretten, Alkohol, Speed, alles. Und dann kam dieser Typ auf mich zu – hellblonde Locken, strahlend blaue Augen, dicker fetter Sonnenbrand im Gesicht –, bewaffnet mit einer 1-Liter-Jägermeister-Flasche, und fragt, ob ich davon trinken mag. Ich hab das abgelehnt und gemeint: ›Du, nee. Das ist jetzt nicht so mein Stil, um 12 Uhr mittags Alkohol zu trinken.‹« Schlagartig warf ich einen Blick auf mein Sektglas, durch das trübe die Sonne schien.

Ich trank es leer, stand wie hypnotisiert auf, ging in die Küche und ergriff die zweite Flasche Rotkäppchen-Sekt aus dem Kühlschrank, die Oona schon mal vorsorglich für ihren runden Geburtstag in der kommenden Woche gekauft hatte, entkorkte sie ungeschickt, ließ versehentlich etwas Sekt auf die weißen Fußbodenfliesen spritzen, beseitigte die Pfütze eilig und ging wieder zu Franzi zurück.

»Er hat mir erklärt, dass die Zeit für ihn keinen Unterschied macht, da er schon seit gestern Abend hier sei. Das macht diese Open Airs auch immer so spannend: Manche kommen, manche gehen, man trifft sich in vollkommen unterschiedlichen Stadien, aber wenn man da ist, ist alles egal – was du machst, wer du bist. Da zählt nur das Wir in diesem Moment. Ob das ein Wir für länger ist, spielt keine Rolle. Es geht nur um das Wir in dem Moment …«, schwallte Franzi und ich hing an ihren Lippen, während ich ihr vorsichtig das Glas neu auffüllte.

Regina Spektor sang hohe Töne, jaulte wie ein weiblicher musikalischer Wolf, eine Orgel spielte eine wilde Auf-und-ab-Melodie.

»Und dann hat er sich mit mir hingesetzt und wir haben uns unterhalten und die Art, wie er geredet hat, hat mich fasziniert ...«

Eine weizenblonde Haarsträhne hatte sich aus ihrer Knotenfrisur gelöst, war ihr ins Gesicht gefallen und auf der Lippe haften geblieben, bei jedem Schluck bekam auch diese Strähne Sekt ab, wurde nass. Ich starrte sie an, wusste nicht warum.

»Ich hab gemerkt, dass er was auf dem Kasten hat. Er ist in Zehlendorf aufgewachsen, in sehr, sehr gut betuchten, aber eben auch sehr, sehr steifen Kreisen. Weil er das alles satt hatte, war er nach Kreuzberg gezogen. Hat mit seinen alten Leuten gebrochen und angefangen, Musik zu studieren. Aber das war wohl auch nichts für ihn. Er wollte Musik nicht studieren, sondern machen. Deswegen hat er dann sein Studium abgebrochen und beschlossen, ein Jahr lang einfach nur frei zu leben ...«

Sie fuhr sich mit der Zunge über die Lippen, dabei verlor die Haarsträhne den Halt und fiel zu Franziskas spitzem rechten Ohr zurück.

»Da hatte er mich natürlich. Frei leben. Das hat mich sofort gepackt ...«

Sie sah verschmitzt drein. Ich nickte, weil mir als Reaktion nichts Besseres einfiel.

»An dem Tag hab ich dann das erste Mal Speed gezogen. Ich war total euphorisch und der Blonde mit dem Sonnenbrand wurde immer schöner. Als die Polizei kam und das Ganze auflösen wollte, sagte er zu mir: ›Du, jetzt haben wir so viel geredet, ich weiß jetzt alles von dir, da brauch ich dich ja eigentlich nur noch zu küssen.‹« Franziska trank mit einem Zug ihr Glas aus.

»Die Polizei stand direkt hinter mir und wir haben uns einfach geküsst. Danach sind wir zu ihm nach Hause gegangen. Ich hatte die romantischste Nacht meines Lebens.«

Mittlerweile hatte ich Angst aufzustehen, denn der Alkohol hatte mich bereits benommen gemacht. Seit wann vertrug ich so wenig? War es, weil ich noch kein Mittagessen hatte? Egal. Regina Spektors Orgel rastete aus. Franzi änderte geschmeidig ihre Sitzposition.

»Wir haben jetzt auch noch Kontakt. Machen Musik zusammen. Planen bald mal einen kleinen Auftritt in einer Bar. Musst du hinkommen.«

Franzi grinste mich gewinnend an. Und dann war mir alles klar. Sie war von oben geschickt worden, von der Lebensaufsichtsbehörde, sie sollte mich mitnehmen in das wahre Berliner Leben.

Merksätze. Spontan. Illegal. Gemeinde. Studium abbrechen. Speed und Jägermeister. Musik machen.

Ich sollte jetzt auch das wahre Berliner Leben leben: einfach nur noch feiern, Freigeister kennenlernen, bis mittags schlafen. War das schon alles?

Egal, das war mein Startschuss.

»Ich habe Hunger«, sagte sie dann, »hast du irgendwas da?«

»Wonach ist dir denn?«

»Lass uns rausgehen, hier die Frankfurter Allee runter zu McDonald's, ja?«, entschied sie schnell, dann schenkte sie mir noch mal nach, ein Saxofon dudelte, passte zu meiner Gemütslage, ich konzentrierte mich aufs Gehen, spürte den Alkohol taumelnd in meinen Gliedern. *Lady* hieß das Lied, ich kannte es. Dann verließ ich mit Sektflasche in der Hand die Wohnung. Ich dachte kurz an meine Nachbarn. Dann vergaß ich sie.

Franzi ging nah neben mir her, immer noch barfuß, süßlich duftend, frisch gewaschene, glänzende Haare, Cremegeruch. Wir gingen die breite Frankfurter Allee hinunter, ein Wald aus kastenförmigen Ostbauten, Autos bretterten an uns vorbei. Sie nahm die Sektflasche, hielt sie mit beiden Händen und trank. Mit der großen Flasche im Anschlag wirkte sie noch zierlicher, noch kleiner.

Ihr linker Arm berührte beim Gehen immer wieder meinen rechten, streifte entlang, viele kleine hellblonde, feine Härchen auf dünnen, braunen Armen, für Bruchteile angedockt an meinen blassen, kräftigeren Armen. Die Sonne hatte sich hinter diesigen Wolken verzogen, urplötzlich war es düsterer geworden.

»Es gibt in Berlin auch dauernd diese Momente, in denen du jemanden siehst, und ihr guckt euch in die Augen …«, um das zu verdeutlichen, guckte sie mir in die benebelten Augen, »… und es passiert dieser magische Moment, dass du dir überlegst, was wohl aus uns werden könnte, und du weißt, er denkt das auch, und dann sind die 1,5 Sekunden vorbei, man ist aneinander vorüber, man fragt sich weitere 1,5 Sekunden, was gewesen wäre, wenn man stehen geblieben wäre, und danach ist alles wieder vergessen. Aber überall in dieser Stadt prickelt und zischt es unter der Oberfläche …« Ich mochte sie, ich mochte ihre übersprudelnde, sorglose Art, ich mochte ihren warmen alkoholisierten Atem, der mir gegen den Hals schlug, wenn sie mich anblickte, während sie sprach, *was gewesen wäre, wenn man stehen geblieben wäre.*

In meinem Bauch gluckste und gluckerte der Schaumwein, aber ich war jetzt auch in diesem Großstadtmärchen unterwegs, denn ich lief neben einer barfüßigen Protagonistin des Märchens her.

Wir gingen zu McDonald's, wir standen an dem hellen Schalter, aber draußen wurde es immer dunkler, wir kauften vier Cheeseburger, wickelten sie aus ihrem knisternden Papier, als wir das Schnellrestaurant verließen, und bissen hinein, da begann es aus dem dunklen Himmel zu tröpfeln.

Wir spülten die Bissen mit Sekt hinunter, der Regen wurde heftiger, ihr Kleid saugte sich an ihrem Körper fest, aber wir liefen nicht schneller, wir aßen langsam und genossen.

Große Jungs auf Skateboards kamen uns entgegen, sie kniffen die Augen zusammen, um im Regen besser sehen zu können, und blieben mit ihren Blicken auf Franzi hängen, fuhren mit den

Augen die nassen gelben Streifen ihres durchtränkten Kleides nach – den schwarzen, alten, kolossigen Falter neben ihr nahmen sie nicht wahr.

Dieser Falter lebte nicht richtig in Berlin, er kostete nur gerade die dusselig machende Sonne, obwohl es regnete. Mit nassen Haaren gingen wir, kichernd über nichts, die Stufen zu meiner Wohnung hoch.

Hinterließen Spuren auf dem Sisalteppich des Treppenhauses. Wir tropften auch auf den Fußboden von Oonas Wohnung; Franzis schwarze, nasse Füße malten Dreckinseln auf den Boden, hinterließen den Staub der Stadt im Flur, im Wohnzimmer, auf der Couch, aber ich wischte nichts weg. Ich setzte mich zu ihr auf die Couch, wir redeten nah beieinander, öffneten noch eine Flasche Rotkäppchen-Saft, wir hörten die Spektor-Platte noch einmal, ich lauschte ihrem Berliner Leben, sog die Geschichten tief in mich ein, die klangen, als wären sie aus einem absurden Wunschbuch eines gelangweilten Antifa-Zehntklässlers.

Sie kramte in ihrem Beutel, der Haarknoten an ihrem Hinterkopf hatte sich gelöst, sie holte lange Blättchen und ein Tütchen mit grünen Klumpen hervor, feuchte Haare lagen auf den sommersprossigen Schultern auf, sie füllte das weiße Blättchen mit Tabak und grünen Bröseln, ihre Wimpern hatten sich zu nassen Grüppchen vereint, sie leckte an dem Papier entlang, sie lachte und ließ einen Träger ihres Kleides über die Schulter rutschen.

Ich wünschte benommen, ich wäre ein wenig wie sie, ich wünschte, ich könnte so zierlich sein und in diesem rußigen Stadtdschungel barfuß leben, all die verdorbenen Früchte essen, all den verbotenen Blütenstaub schniefen, all die Klänge der Stadt als Musik empfinden, ich wünschte, ich könnte so klein sein, in einem solch großen Kleid.

Sie zog an dem Joint, der knisternd aufleuchtete, während das Sommerunwetter vor dem offenen Wohnzimmerfenster donnerte, es schüttete und blitzte.

Sie reichte mir den Joint und begann, mit Regina Spektor zu singen, ich inhalierte, sah sie an, bekam in meinem heißen Gemüt eine Gänsehaut, als sie mir mit warmem Atem etwas ins Ohr flüsterte. Ich wünschte kurz, ich hätte mich bei meinem Umzug nach Berlin nicht selbst eingepackt, ich wünschte kurz, vielleicht doch keinen Plan von meinem Leben zu haben, und ich wünsche mir noch immer, ich hätte ihren Joint nicht angenommen, denn der Abend endete nicht mit meiner vollzogenen Bekehrung zum wahren Berliner Leben, mit Spontanität, mit Freisein und interessanten Menschen mit Sonnenbrand. Das Ende war, dass ich über der weißen, großen Toilette hing und die Burger hineinkotzte.

Das Referat habe ich letzten Endes alleine geschrieben.

DIE 19. GESCHICHTE

Zur Schau gestellt

Viktoria (23), Lehramtsstudentin aus Limburg-Weilburg,
über
das Besuchen von Veranstaltungen, über die die Medien berichteten

Die Deutsche Staatsoper, die St.-Hedwigs-Kathedrale und die Staatsbibliothek. Sandfarbener Stein, türkisgrüne Ziegel, monumentale Ehrwürdigkeit. Bauten aus dem Auftrag Friedrichs des Großen. Auf dem Platz in ihrer Mitte, wo einst die Deutsche Studentenschaft Bücher verbrannt hatte, steht nun ein weißer, beleuchteter Pavillon, davor Menschen mit Bändern um den Hals, die Plastik-Kärtchen mit ihren Namen tragen.

Sie warten, rauchen in der Kälte, treten von einem Bein aufs andere, schultern große Taschen, telefonieren und tippen mit kalten Fingern auf ihren Smartphones herum. Ein BlackBerry, ein iPhone, ein weiteres BlackBerry, ein iPhone in Silikon-Ummantelung, ein BlackBerry dicht an einen Terminkalender gepresst, ruhend in einer mit einem großen Cocktail-Ring versehenen Hand.

»Wenn wir jetzt schnell reingehen, können wir unsere Jacken noch abgeben, bevor es anfängt«, setzt Stine mich eilig in Kenntnis, nachdem sie mir kurz um den Hals gefallen war, um mir – ebenfalls kurz – begrüßend auf den Rücken zu klopfen. Ein schneller, auffordernder Blick noch, schon hat sie sich umgedreht und ist die Stufen hochgestiegen. Ich folge ihr nach, durch Glastüren, wir zeigen die Karten vor, stehen dann vor zwei weiteren Türen, die rechte führt zum roten Teppich. Wir nehmen die linke und werden automatisch zum letzten Glied der Garderobenschlange, sind eingereiht hinter einem Herrn, der mit seinem herben Männerparfum wohl eher großzügig umzugehen pflegt. In seiner unmittelbaren Nähe brennt jeder Atemzug durch die Nase. Die Glastür hinter uns öffnet sich wieder, schnellen Schrittes schließt sich uns eine Frau in den Fünfzigern an, steht schräg hinter mir, beäugt mich starr, ohne den Kopf zu bewegen. Kalte, nadelartige Blicke schießen auf mich herab. Verachtung, entsandt aus einem schlaffen Gesicht, auf dem das ehemals jugendliche mit kräftigem Make-up nachskizziert ist. Bröckelnde Ruinen. Anstrengung. Verzweiflung.

Quirlige Mädchen Anfang zwanzig mit roten Mündern und Moleskine-Notizbüchern – die angeblich auch Hemingway schon benutzte – tummeln sich vor und neben uns, verstauen Papierbatzen in Kartoneinkaufstaschen, lächeln, werfen zuckend ihr wallendes Haar zurück. Eine vermutlich 19-jährige 1,80-Anorektikerin mit schwarzer Minnie-Maus-Samtschleife auf dem Kopf mustert jeden Vorbeilaufenden. Erst der Blick ins Gesicht, dann wandert er abwärts, verharrt kurz auf den Schuhen und geht schließlich langsam wieder hoch. Entweder zeigt sie keine Regung, oder ihre Lippen verziehen sich derart schief, dass ihr Rot fast komplett im knöchernen Gesicht verschwindet. Ein Ausdruck größter Missbilligung. Bekleidung, darum geht es hier. Es ist schließlich *Fashion Week*. Ausnahmsweise darf es einmal vollkommen rechtmäßig nur um das Äußere gehen, um die Schalen, die man sich überwirft.

Wir geben unsere dicken Mäntel ab. Die Garderobieren sind zu dritt, haben kalte Hände, trinken ab und zu einen hektischen Schluck stilles Wasser, Vöslauer, das mit dem ausgefallenen, blasstürkisen Verschluss.

Rechts von der Garderobe steht ein weiterer Pulk schwer parfümierter Männer und wohl überlegt gekleideter Frauen neben einer großen Stellwand. Ich geselle mich kurzerhand dazu, gucke einem Mittzwanziger-Mädchen im eng anliegenden Blumenkleid, die ihren Hals reckt, über die Schulter. Hinter der Stellwand, auf die immer wieder *Mercedes Benz Fashion Week Berlin 2010* gedruckt ist, befindet sich der rote Teppich. Wer glaubt, rote Teppiche seien lang und führten von der Limousine bis zum Ort des Geschehens, also in dem Fall bis zur Catwalk-Halle, der irrt sich. Zumindest hier misst der Teppich nur vier Meter und stellt zusammen mit der Werbe-Stellwand einfach nur ein dürftiges Fotostudio ohne Reflexionsschirm dar. Betritt eine prominente Person den Raum, muss sie die rechte Tür nehmen, ein paar Meter über normalen Boden schreiten, bis sie dann auf dem Roten-Teppich-Abschnitt ankommt, wo sie vor der Wand posieren und sich so gehaltvollen Reporterfragen wie »Was tragen Sie heute?« stellen darf. Allerdings haben die Reporter und Fotografen gerade Pause, stehen hinter einem leeren Teppich und gucken ins Nichts. Oder auf die gegenüberliegende Stellwand mit dem *Mercedes Benz Fashion Week Berlin 2010*-Aufdruck. So werden sie nicht vergessen, wo sie sind.

Ich bin gerade im Begriff weiterzugehen, als das enge Blumenkleid sich umdreht. Aus seinem Rundhalsausschnitt ragt ein Mädchengesicht hervor, das sich künstlich erhellt, als es das meinige erblickt. »Viktoria!«, stellt das Blumenkleidmädchen fest, die Mundwinkel weit nach oben gerissen, ich nicke. Eine flüchtige Bekannte aus der fernen Heimat, Mode-PR macht sie nun, blickt mir mit ihren Stecknadel-Pupillen nie richtig in die Augen, guckt prüfend an mir herab, fährt sich dann mit der Zunge über die Lippen.

»Eva! So sieht man sich also wieder. Und wen hast du schon alles am roten Teppich erspäht?«

Das Blumenkleid zuckt mit den Schultern.

»Ach, keine Ahnung. Ich achte da gar nicht drauf«, winkt sie ab. »Ich bin nur so froh, dass es jetzt vorbei ist, wir haben gerade die Show von Kilian gemacht – also von Kilian Kerner – und endlich, endlich neigt sich das jetzt alles dem Ende zu. Die *Fashion*

Week ist ja nur Arbeit. Nur Arbeit! Anstrengend.« Sie gibt sich überdeutlich gestresst, fährt sich durch den sorgfältig gelegten Bob, richtet aber kein Chaos an, die Strähnen fallen sofort wieder zurück.

Es folgt eine kurze Leidensmiene.

Ja, ihr ist es wichtig, dass alle Welt weiß, dass sie nicht etwa stolz darauf ist, auf der *Fashion Week* zu arbeiten. Nein, das ist nur ein völlig alltäglicher Job, wie Klos putzen quasi. Nur anstrengender. Und all die Prominenz interessiert sie als PR-Agentin auch überhaupt gar nicht. Überhaupt gar nicht! Und wenn da jemand steht, Matt Dillon oder so, dann ist das alles nur Arbeit. Anstrengende Arbeit. Hingucken und so. Obwohl, eigentlich tut sie das ja auch gar nicht. Das Am-roten-Teppich-Stehen und Den-Hals-Recken gehört nun mal zu ihrer Jobbezeichnung, das heißt aber nicht, dass sie *wirklich* hinguckt. Und wie gut, dass jetzt alles vorbei ist. Mode interessiert sie als Fashion-PR-Agentin nämlich eigentlich auch überhaupt gar nicht. Weltfrieden und Politik und so was interessiert sie hingegen viel mehr. *Fashion Week* steht in ihrem Kalender nur deswegen von rosa Herzchen umkreist, weil sie da immer so viel zu tun hat. So viel zu tun! Denn ohne sie läuft das alles nicht. Der Kilian, ja, den hat sie auf die Beine gestellt, ohne sie wäre der aufgeschmissen gewesen, aber ganz aufgeschmissen. Also der Kilian Kerner. Die andern Schauen guckt sie sich auch nicht an. Nein, nein, das interessiert sie nicht. Belanglos. Alltäglich. Zu stinknormal. Sie ist in ihrer Heimat Limburg-Weilburg-Untertupfingen doch mit so was aufgewachsen. Da gab es nämlich nicht nur die *Mercedes Benz Fashion Week*, nein, da gab es gleich den *Lamborghini Fashion Month*. Und das alle drei Wochen!

Das war aufregend. Obwohl, eigentlich auch nicht. Alles ganz belanglos. Und anstrengend.

»Ich trink gleich erst mal meinen ersten Schluck Wasser für heute«, ruft sie mir noch hinterher, als ich mich von ihr verabschiede, um zu Stine rüberzugehen, die, eingedeckt mit allerlei Papier, etwas weiter abseits steht und auf mich wartet.

Den ersten Schluck Wasser fur heute.

Man denke, was man denken möge.

»Ich hab gerade schon geguckt, es ist noch zu, wir können noch nicht rein. Wir sitzen Section A, Row 6, freie Platzwahl ...«, erläutert Stine die Umstände. Alle Eile umsonst, es darf gewartet werden, in der großen, quadratischen Vorhalle, in deren Mitte weiße Ledercouches lauern, die allesamt von Mittzwanzigerinnen mit weißen Notebooks, Mittdreißiger-Männern in modischen Hemden und jugendlichen Frauen um Ende vierzig besetzt sind. Ringsrum wollen Promostände Make-up, Bier und Energy Drinks unter das Modevolk bringen.

Als ich uns von einer Theke zwei Energydrinktüten nehme, die aussehen wie Infusionsbeutel, kommt ein Fotograf auf uns zu.

»Darf ich euch fotografieren, während ihr trinkt?« Einhellig zucken wir mit den Schultern und nehmen die ersten Schlucke des Getränks, es blitzt mehrmals hintereinander, während uns das süße Chemierinnsal die Kehle hinunterplätschert.

»Nein, nein ...«, winkt der Fotograf leicht verärgert ab, »so nicht, so nicht.« Wir vermuten erst, wir sollen vielleicht vollkommen verzückt von der Energy-Infusion grinsen, während wir trinken, aber das ist nicht das Problem. Um uns geht es nicht. Die Infusionsbeutel müssen mit dem Markenaufdruck nach vorne gerichtet sein.

»Danke«, sagt der Fotograf schließlich, nachdem er x-mal geknipst und dann immer wieder mit der Hand das Display abgeschirmt hat, um die Bilder zu begutachten. Er nickt uns zu, wir können gehen, Christiane und ich streifen durch die Menge. Reporter mit großen Videokameras und gelben Mikrofonen ziehen umher, stellen ihre schwere Ausrüstung ab, nesteln in ihren Gesäßtaschen, gucken sich um, ziehen ihr Handy hervor, telefonieren, gehen dabei auf und ab und fassen sich beschäftigt an der Schläfe vorbei ins Haar. Ein Mann mit dunkelblonder Wallemähne und Fuchs-Stola um den Hals – die dadurch verschlossen ist, dass sich der Fuchs in den eigenen Schwanz beißt – wandelt umher und stößt dabei einen der kleinen Infusionsbeutel um, die überall achtlos abgestellt herumstehen. Anscheinend macht sich niemand die Mühe, nach einem Mülleimer zu suchen.

Über allem flimmern Bildschirme, die in kurzen Ausschnitten die Highlights vergangener Schauen zeigen: Männliche Körper mit gebräunten Riesenbusen, schwarzes Make-up mit aufgeklebten Hasenzähnen, Menschen, versteckt unter kantig geschneiderten Müllsäcken und Karnevalsperücken, erheben Anspruch auf Kunst.

Keiner schaut wirklich hin, man kennt die Bilder oder redet lieber, pflegt Kontakte, nickt, wirft das Haar und zeigt sich in seinem schönsten Outfit. Manch einer steht auch einfach nur gelangweilt in der Ecke herum, beobachtet ziellos die bunte Menge und bekämpft die Einsamkeit durch die Bedienung seines BlackBerrys, iPhones oder iPhones in Silikon-Ummantelung.

»Eigentlich ist es so mondän, was wir gerade machen«, wird meine Freundin los, während sie ihre halbleere Energy-Infusion auf dem Fußboden abstellt. *Eigentlich.*

»Wir besuchen eine Modenschau der *Fashion Week* und tragen hohe Schuhe. Es ist genau das, was ich als kleines Mädchen dachte, was ich mal machen werde, wenn ich eine *Frau* bin. Eine erwachsene Frau in hohen Schuhen wohnt in einer Großstadt und wird auf Modenschauen eingeladen – wo auch immer ich diese Ideen her hatte ...«, sie schüttelt verständnislos den Kopf. »Aber jetzt, wo wir es machen, kommt es mir so vor, als wären wir unrechtmäßige Eindringlinge in diese Welt, als würden wir für einen Tag *Erwachsene Frau in hohen Schuhen* spielen. Geht es dir auch so?«

Nach einer halben Stunde Warten öffnen sich endlich, gehörig verspätet, die beiden großen Türen zur Laufsteg-Halle. Und all die erwachsenen Frauen in hohen Schuhen transformieren zurück in die Schulzeit:

Es hat geschellt, die Pause ist vorbei und alle tausend Pennäler müssen durch die eine enge Schultür. Es wird gedrängelt und gequetscht, die Kleinen haben es am eiligsten, die Mittleren nörgeln und die Großen sind die Lässigsten, sie kommen hier wie in der Schule als Letzte. Denn hier wie in der Schule haben sie feste Plätze.

Kaum haben wir uns an Felljacken, Blumenkleidern, Cashmere-Pullovern und bunten Hemden vorbeigekuschelt, nehmen uns die Platzanweiserinnen in Beschlag. Sie sind ungefähr zwanzig, haben aber schon die Denker-Stirnfalte und sind sehr rigide. Die Plätze sind ihr Kompetenzbereich und den macht ihnen auch keiner streitig! Sie dirigieren mit Headset und ausgestreckten Armen, wie Fluglotsen.

»Kommen Sie bitte noch mal zurück!!«

Eile. Hektik. Ernste Mienen.

»Bitte halten Sie Ihre Platznummer ein. Umsetzen geht nicht!«

Empfindlichste Platzpolitik.

Wir haben einen guten Blick gewonnen, sitzen zwischen zwei Damen mit großen Brillen, die eine mit Moleskine-Notizbuch, die andere mit iPhone in Silikon-Ummantelung.

Nicht alle finden so problemlos zu ihrem Platz. Menschen werden umgesetzt. Menschen irren umher. Menschen stellen Fragen. Die Fluglotsen eilen die Treppengänge rauf und runter, rufen Buchstaben und Zahlen. Geschäftige Unruhe. Man bekommt das unterschwellige Gefühl, dass gleich etwas Wichtiges passiert. Etwas sehr Wichtiges.

Der Catwalk ist währenddessen noch von einer Plastikplane verdeckt. An seinem Ende lauern die Fotografen auf den ihnen zugewiesenen Plätzen, die mit Klebestreifen auf dem Boden minuziös markiert und abgesteckt sind, damit sie sich in ihrer Gier um den besten Platz nicht zerfleischen, die wilden Hunde.

Als das gemeine Volk endlich sitzt und die Fluglotsen langsam zur Ruhe kommen, hält die Prominenz Einzug. Selbstverständlich nicht alle auf einmal, denn jeder braucht seinen ganz speziellen Auftritt und die volle Aufmerksamkeit der Fotografen.

Die ausgemergelte Chefredakteurin eines Münchner Modemagazins macht den Anfang, präsentiert ihr sauertöpfisches Gesicht stolz den vier Fotografen, die sich für sie aus ihrer Lauerstellung nach vorne über den Catwalk bemüht haben. Es blitzt, sie lächelt ein bisschen, dann kann sie sich hinsetzen. Stina setzt ihre Brille auf.

Plötzlich stürmt eine große Horde von Fotografen trampelnd den Catwalk entlang, sie umlagern jemanden so dicht, dass wir nicht erkennen können, wer es ist. Es blitzt und blitzt, eine Unwetterwolke aus Köpfen, Rücken und Kameras. Nach einem kurzen Krawall-Höhepunkt beruhigt sich die Wetterlage. Vereinzelt lässt Fotograf um Fotograf von der anscheinend hochkarätigen Beute ab, um sich leise schlurfend, auf das Display der Kamera guckend, wieder an das hintere Ende des Catwalks zurückzuziehen.

Wir erkennen, dass es sich um ein Schauspieler-Ehepaar handelt, das sich für die Kameras minutenlang in der gleichen Pose umarmt. Sie guckt leicht schräg, stolz lächelnd zu ihm hoch, er schaut freundlich, zuversichtlich geradeaus in die Kameras, eine Hand wie zufällig auf dem Rücken seiner Frau, ihre Hand locker angelegt an seine Brust. Was in den Zeitungen aussehen wird wie eine spontane Geste, ist ein perfekt ausgefeiltes Standbild, welches das Pärchen vermutlich ewig vorm heimischen Garderobenspiegel geprobt hat. Die Botschaft ist klar. Der Zeitungsleser soll interpretieren: Das sind zwei, die sich vertrauen. Sie kann sich auf ihren Mann verlassen und ist immer noch verrückt nach ihm. Er ist stolz auf seine Frau und beide sind unheimlich gerne auf der *Fashion Week*, haben eine grandiose Zeit und amüsieren sich prächtig.

Als sich alle Fotografen, Reporter und Kameras mit ihren hellen Scheinwerfern verzogen haben, setzt sich das Schauspielerehepaar hin. Erst normal, dann wird flugs korrigiert und auch im Sitzen eine Pose eingenommen.

Er entscheidet sich für die »Dynamisch mit beiden Beinen im rechten Winkel fest auf dem Boden«-Pose. Sie schlägt ihre Beine kunstvoll übereinander und legt die Füße in den hohen Schuhen schräg nach rechts ab. Modell: französischer Damensattel. Eine Pose, die ich sofort nachahme und innerhalb kürzester Zeit für äußert unbequem befinde und wieder verwerfe.

Die Menschen in der ersten Reihe arbeiten hart.

»Schon interessant, das mal alles so zu sehen ...«, bemerkt Stine mit der Brille auf der Nase. Mir bleibt keine Zeit, was zu erwidern, denn plötzlich rennen die Reporter und Fotografen wieder nach vorne, umgeben wie Jagdhunde bellend die nächste namhafte Beute. Auch hier erkennen wir erst, dass es sich um eine ehemalige Polit-Talkshow-Moderatorin handelt, als sich große Teile der Meute zurückziehen.

Die Fernsehteams bleiben länger, lassen sich ein paar Sätze sagen, aber insgesamt wird von dem Polit-Talkshow-Fang schneller abgelassen als zuvor von dem Schauspielerehepaar. Das Spielchen geht immer so weiter. Die Fotografen und Kameraleute strömen aus und kehren mit ihrer apportierten Beute wieder zum Ende des Laufstegs zurück.

Zwei weitere deutsche Schauspielerinnen, eine Fernsehköchin und ein Fußballerehepaar können sie reißen, dann wird endlich die Plastikplane vom Laufsteg geräumt, Dunkel legt sich über alles, ein kurzer Moment der Spannung, der Catwalk-Eingang leuchtet blau auf und zeitgleich erklingen dröhnende HipHop-Beats aus den Boxen.

Das erste Model schreitet den Laufsteg hinab, würdevoll, aber von der Seite auch ein bisschen windschief, als kämpfe sie gegen imaginären Nordwind. Am Ende des Laufstegs posiert sie zackig vor den Fotografen, die ein bisschen blitzen, dann läuft sie den Weg zurück und die nächste Dame stöckelt los.

»Mit völlig kaputten Haaren liegt man schon mal im Trend«, stellt Stine fachmännisch die Gemeinsamkeit der ersten drei Models fest und erntet prompt einen bösen Blick von der iPhone-in-Silikon-Ummantelung-Besitzerin neben mir. Das ist eine Modenschau, da wird nicht geredet, Herrgott noch mal, da starrt man mit ausdruckslos gelangweilten Augen ein Loch in die Luft wie die deutsche Schauspielergattin im Damensattel neben ihrem noch mehr gelangweilten Schauspielergatten mit den dynamischen Beinen. Wenn man allerdings nicht erste Reihe ist, kann man alternativ noch seine E-Mails mit dem BlackBerry checken, wie eine Reihe vor uns, oder mit dem iPhone das Ganze aufnehmen, während man die eigenen Fingernägel begutachtet, wie eine Reihe hinter uns.

Nur Quatschen ist nicht. Herrgott noch mal!

Als ich gerade, die Reihen durchgehend, überlege, wie viele Leute – außer der ersten Reihe natürlich – sich die vorgeführte Mode wohl leisten können und welche sie wohl, ihrem Geschmack entsprechend, kaufen würden, wird auch schon geklatscht, das Licht geht an, die Musik ist aus und alles steht auf.

Das ist hier schließlich kein Kino, man bleibt nicht lange sitzen, man lässt das Gezeigte nicht lange auf sich wirken, man hat ja alles schon im Moleskine notiert oder mit dem iPhone oder BlackBerry gefilmt, getwittert und gefacebookt, jetzt geht man schnell wieder raus, zu den Bier-, Make-up- und Energy-Infusions-Ständen, pflegt Kontakte, nickt, wirft die Haare und zeigt sein schönstes Outfit.

Ein schales Gefühl beschleicht mich. Es ist das Gefühl, sich endlosen Vorbereitungen wie zu einer Kinopremiere unterzogen zu haben, um dann aber nur, in Anwesenheit von nicht beteiligten Schauspielern, einen Trailer gezeigt bekommen zu haben.

Aber man war dabei. RTL auch, Sat.1 auch, Pro7 auch, der RBB auch und sämtliche Zeitungen, Magazine, Radiosender und Nachrichtenagenturen auch. Ganz Deutschland wird sich mit dem eben gerade Erlebten auseinandersetzen müssen, wenn auch nur kurz. Und man selbst war dabei. Live. Am Ort des Geschehens.

»Lass uns schnell zur Garderobe gehen, bevor da wieder so ein Andrang ist«, bedeutet Stine mir eilig und schon haben wir die Halle verlassen, stolpern durch das Modevolk der Vorhalle, stolpern vorbei an einem Mann mit Schnauzbart im lila Jackett und grünen Filzhut, stolpern vorbei an einer blonden Frau im glitzernden Minikleid, stolpern vorbei an einem hübschen Mädchen in einer überdimensionalen Plüschjacke mit den Fingern voller Silberschmuck und stehen schließlich hinter zwei Frauen in den Vierzigern in der Garderobenschlange, die sich wörtlich über »Titten« unterhalten. Das ist also die *Fashion Week*.

Das Schauspielerehepaar verschwindet in einem Taxi, fährt wahrscheinlich zum Abendessen nach Hause nach Steglitz, um dann später mit den Kindern ein bisschen Scrabble zu spielen. Zu blöd, dass die Vorbereitungen für den 10-Minuten-*Fashion-Week*-Fotojob den kompletten Rest des Tages eingenommen hatten.

»Die Medien vermitteln irgendwie ein anderes Bild vom Ganzen«, meint Stine, als wir draußen auf den Stufen stehen und eine rausgeputzte Reporterin dabei beobachten, wie sie Zuschauerstimmen einfängt.

»Mh.« Ich überlege. Die Reporterin nickt dem interviewten Zuschauer nach jedem Wort, das er sagt, frenetisch zu, aufmunternd, bejahend, falsch.

»Nein, eigentlich nicht. Das Fernsehen zeigt dir alles, eigentlich. Alles, was sehenswert ist. Nur du machst den Fehler zu denken, dass es nicht alles ist, und fügst in deinen Gedanken noch X hinzu, denkst, da passiert noch was Tolles, keine Ahnung was, aber irgendwas. Aber da ist nichts mehr. Nichts. Und durch die ständige Berichterstattung denkt man, das alles wäre irgendwie spektakulär, aber irgendwie ist es das nicht …«

Langsam laufen wir zum Straßenrand. Stine schüttelt den Kopf: »So für einmal war es ganz interessant, sich das anzugucken. Aber ich müsste jetzt nicht zwingend noch mal. Du?«

Die Reporterin bedankt sich bei dem Zuschauer. Der Scheinwerfer der Kamera geht aus. Der Zuschauer verschwindet aus dem Blickfeld, die Reporterin steckt sich eine Zigarette an, grinst nicht mehr, wirkt fahrig. Ich gucke Stine an, will erst was sagen, aber dann hält ein Taxi direkt vor unseren Füßen. Wir steigen hinten ein, mit hohen Schuhen, ganz mondän, wie *erwachsene Frauen.*

DIE 20. GESCHICHTE

Schwarzsauer

Theresa (26), Orientalistikstudentin aus Radevormwald,
über
einen Abend in einer Berliner Bar

Er redet. Ich sehe, wie sein Mund sich bewegt, höre seine Stimme, den wohligen Klang, der mir schon den ganzen Abend entgegenschlägt, der mich mit jedem Glas Alkohol, das ich trinke, immer und immer wahnsinniger macht, mich regelrecht reizt.

»Ist es zu glauben?« Er schüttelt, leise in sich rein lachend, den Kopf, eine dunkelblonde Strähne fällt auf seine Stirn, dann guckt er mich schräg von der Seite an, mit diesem nassen, schelmischen Blitzen in den Augen. »Ich meine, hast du so was schon mal gehört?« Er hebt fragend die Hände. »Da ist man doch vollkommen von der Rolle, oder?« Seine Handflächen nach außen, ich starre darauf, denke: *Fasst mich an,* und dann lacht er richtig, lacht dreckig, schüttet sich ein bisschen dabei aus, zuckt rhythmisch mit den Schultern, schüttelt den Kopf, aber verliert dennoch nicht seine Ruhe.

Diese seine anziehende Ruhe, mit der er sich bewegt, mit der er alles um sich herum in seinen warmen Bann zu ziehen scheint. *So war das.* Nachdenklich hält er sein Bierglas mit beiden Daumen und Zeigefingern, dreht es auf dem Tresen hin und her, schüttelt noch mal leicht den Kopf, er ist immer noch bei seiner Geschichte, bei seiner witzigen Anekdote, und der Teil von mir, der ihm irgendwie zugehört hat, steuert meinen Mund, antwortet ihm irgendetwas, ich weiß nicht was, aber er sieht zufrieden aus, denn er grinst nach meinen Worten, grinst sein breites Grinsen, bei dem seine Augen zu schmalen Mandeln werden, Lachfalten um den Mund, er fährt sich mit der Zunge über die Lippen, legt den Kopf schief, guckt mich an, und in mir staut sich das Verlangen, wächst wie ein Ballon in meinem Brustkorb, Unruhe und Begierde ziehen in kleinen schmerzenden Fäden zuckend durch mein Fleisch.

Ich kann nicht sagen wieso, aber seine Augen, seine Nase, sein Mund und die Art, wie er all das bewegt, ergeben zusammen eine magische Einheit, ergeben seine Anziehungskraft, die hinterm Komma exakt bis auf die letzte Stelle berechnet ist.

Einzig konstruiert, um einen wahnsinnig zu machen. Um einen wie in einen Sog vorne überfallen zu lassen. Er ist drei Jahre jünger als ich, ab und zu kann man das aus seinen Äußerungen heraushören, aber nur wenn man will, man kann es auch gut überhören.

Ich lege meine Hand auf den braunroten Tresen, nahe neben sein Glas, ich traue mich nicht, ihn anzufassen, das muss schon ein Zufall bringen, also warte ich, warte, bis in meine Fußspitzen gespannt, dass etwas passiert, dass uns jemand anrempelt, meine Hand zufällig die Seine streift, ihn nur einmal berühren, fühlen.

Er ist der neue Mitbewohner meiner Freundin, frisch gecastet und beinahe nicht genommen, weil er noch so jung ist, nach einer halben Stunde Gespräch am rot lackierten Küchentisch dann aber doch genommen, »weil er so was ausstrahlt«, wie sie sagte. Ich wollte mir nur kurz die Bücher abholen, die sie aus der Staatsbibliothek für mich entliehen hatte, als er noch am Küchentisch saß, sie sich unterhielten, zusammen lachten. »Wir wollen gleich noch kurz runter ins *Schwarzsauer,* kommst du mit?«, hat sie gefragt und ich hatte keine Zeit, aber ich kam mit in die Bar unten an der Straße, wo wir immer landen, wo wir immer am Tresen sitzen.

Man muss sich Berlin schließlich klein machen, muss immer dieselben Orte aufsuchen, dann fühlt man sich mehr zu Hause.

Nach den ersten vier Bier ist sie nach oben gegangen, hat gesagt, sie müsse jetzt mal schlafen, weil sie morgen früh in der Uni sein müsse, er hat sie mit einer Umarmung verabschiedet und sich zu mir umgedreht, hat gefragt: »Bleiben wir noch?« Und ich hab die Beine übereinandergeschlagen, Bier und Schnaps für uns bestellt, alle morgigen Termine im imaginären Kalender durchgestrichen – *Wir müssen uns aber in die Augen gucken beim Anstoßen* –, was interessieren mich irgendwelche Fehlstunden?

Er überlegt, ich gucke ihm in die Augen, ohne Umschweife, dunkelbraun, er guckt irritiert, kann den Blick nicht ohne ein unsicheres Grinsen um die Mundwinkel erwidern. Dann guckt er wieder weg. Seine Unsicherheit macht mich noch mehr an.

Gestern habe er seine Freundin in der Provinz schon wieder betrogen, erzählt er, »die arme Maus« nennt er sie und es rauscht an mir vorbei. Er hätte sich das schon gedacht, dass das nicht funktioniert mit dem Nach-Berlin-Gehen und der Treue. Erst die Lippen befeuchten, dann den Rand ansetzen, ich trinke den letzten Schluck Bier aus meiner siebten Flasche.

Das war auf der Trashparty im *Magnet.* Sie hat sich »Verrückte Erdbeere« genannt, sie sah so süß aus in dem roten Kostüm. Er lächelt wieder. So verdammt spitzbübisch. »Es funktioniert in Berlin nicht mit der Treue. Es funktioniert einfach nicht, die arme Maus«, sagt er wieder und streicht sich schüchtern die Strähnen aus der Stirn.

Ich gucke ihn noch immer an, intensiv, er guckt kurz zur Seite und als ihm mein Blick auffällt, will er wohl erst reagieren, zögert dann aber, sagt, sie habe ihm nicht ihren richtigen Namen verraten, er habe ihre Nummer unter »Verrückte Erdbeere« in seinem Handy speichern müssen, und als der Kellner uns neue Getränke hinstellt, nutze ich den kurzen Moment der Unruhe und rutsche mit dem Barhocker näher an ihn heran. Er sagt, dass er sie erst anrufen möchte, bevor sie sich mal treffen, und dass es irgendwie heiß ist, ihren Namen nicht zu kennen, und ich drehe meinen Oberkörper langsam zur Seite, zu ihm hin, Millimeter um Millimeter, bis sich unsere Schultern berühren.

Für den Bruchteil einer Sekunde Starre. Wird er reagieren? Wird er wegrücken?

Aber er bleibt, verharrt, ein wenig steif, aber keine Fragen mehr, ich genieße jeden kleinsten Hauch von Wärme, der von seinem Körper aus durch mein T-Shirt geht, den leichten Druck. »Ich ... ich weiß noch nicht, wann ich sie anrufe«, sagt er stockend. Mein ganzes Blut strömt in den Punkt an meiner Schulter, an dem wir uns berühren. Zu nah, wir sind uns zu nah für ein normales Gespräch und dann guckt er mich fragend an und mein Puls rast, aber mein Atem verlangsamt sich, als könnte ich dadurch die Zeit ausbremsen, anhalten, um die Stimmung auszukosten.

Und dann nicke ich.

Und er fragt nicht mehr, dreht mir seinen Kopf zu, seine markanten Kieferknochen, grinst ungläubig, legt mir langsam eine Hand in den Schoß, der Ballon in meinem Brustkorb ist dem Bersten nahe, Verlangen peitscht mir das Blut durch die Ohren, Rauschen, wenige Zentimeter, näherkommen, näherkommen und dann ...

Dann legt sich eine kalte schwere Hand auf meine Schulter.

»Fräulein, Fräulein, ich hab Sie schon den ganzen Abend beobachtet!«

Ich schrecke auf, die Hand in meinem Schoß zieht sich blitzschnell zurück, wie brachial mit kaltem Wasser aus einem Traum gerissen. Zwei Männer stehen hinter uns. Ein alter mit großem schwarzem Spitzhut und ein jüngerer mit kleinerem schwarzen Spitzhut.

»Ich weiß, was Ihnen helfen kann! Ich weiß, wie wir Sie wieder auf den Damm kriegen. Erst mal müssen Sie allerdings die Finger vom Alkohol lassen, dürfen nicht mehr so viel trinken«, sagt der große schwarze Spitzhut, nimmt seine kalte Hand von meiner Schulter und formt einen mahnenden Zeigefinger.

»Wie bitte?«, höre ich mich benommen sagen.

»Sie sind vollkommen betrunken und jetzt waren Sie auch noch drauf und dran, sich diesem Typen hier hinzugeben.« Er schüttelt tadelnd Kopf und Zeigefinger, sein schwarzer, schwerer Mantel wackelt um seinen Körper.

»Normalerweise koste ich sechzig Euro die Stunde, aber ich will es Ihnen umsonst sagen: Sie sind noch nicht völlig an diese Stadt verloren, das kann ich sehen, aber Sie sind schon vergiftet. All die Abgase, all die Strahlen, all der Elektrosmog jeden Tag. Man sieht es Ihrer Haut an.«

Der große Spitzhut streckt seinen Arm aus, fährt mir plötzlich über die Schläfen: »All die viele Schminke kann Ihre Akne auch nicht verdecken.«

Der neue Mitbewohner in meinem Windschatten beginnt zu kichern.

»Was zum ...?!«, bringe ich nur über die Lippen, denn ich werde sofort unterbrochen. »Sie brauchen diese Karte«, erklärt der große Spitzhut, während er mir eine schwarze, kreditkartengroße Magnetplatte vor die Nase hält.

»Die fängt alle Strahlen der Großstadt ab, die beschützt sie. Beschützt Sie vor Handystrahlung, Smog, schlechten Gedanken und all dem anderen Dreck, den diese Stadt jeden Tag in Ihre Poren bläst. Sie kostet dreißig Euro. Entscheiden Sie sich für eine?«

Das Kichern des neuen Mitbewohners steigert sich in spitzes Gelächter. Zu hohes Gelächter. Unruhiges Gelächter. Ich drehe mich zu ihm um und die anderen Menschen in der Bar tun es mir nach, trotz der lauten Musik, stirnrunzelnd.

Er hält sich den Bauch.

Seufzend lehne ich den Kauf der Karte ab, obwohl ich mir in diesem Moment tatsächlich sicher bin, dass sie funktioniert. Denn die Spitzhüte ziehen weiter, zum nächsten Tisch, aber der Mitbewohner kichert immer noch. Spitz. Hoch. Wie ein junger Typ von 23 Jahren, der neu in Berlin ist.

Ernüchtert starre ich auf mein halbleeres Bier. Wohl nur ein ganz normaler Berliner Abend. *Schwarzsauer.*

DIE 21. GESCHICHTE

Kinder mit Hypertrichose und andere knallige Designs

Bian (23), Politikwissenschaftsstudentin aus Bielefeld,
über
Ausflüge in die Berliner Kunstszene

Ein haariger Fuchs in einer grünen Latzhose, aufrecht stehend auf einem sich drehenden Teller. Der Knaller: Sein rechtes Bein ist in Gips, links und rechts stützen ihn zwei Krücken. Um das Spektakel herum ist ein Zaun aufgebaut. Man darf dem Fuchs nicht zu nahe kommen.

Dennoch versuchen viele, dem Fuchs so nahe wie möglich zu kommen und lange vor ihm auszuharren. Sie gucken, wie er immerzu und immerzu auf dem Teller seine Runden dreht, ausdruckslos starrende Plastikaugen, begleitet von dem leise surrenden Geräusch des Drehtellers.

Ein Stück entfernt von dem Fuchs mit Handicap ist eine Leinwand aufgebaut. Ein Schwarz-Weiß-Stummfilm wird gezeigt. Eine irre dreinblickende junge, nackte Frau hat einen Latex-Penis über ihrer Vagina angebracht.

Weitere nackte Frauen ohne Latex-Penis, aber mit Kränzen auf dem Kopf tanzen noch irrer, als die Frau dreinguckt, um sie herum.

Dann holen sie theatralisch ein großes blitzendes Fleischermesser hervor. Mit viel Gewese wird der Latex-Penis durchgeschnitten, Kunstblut fließt, die bekränzten Irren feiern. Ist das Spektakel vorüber, beginnt es automatisch von vorne.

Vor der Leinwand auf Stühlen sitzend und vor dem Fuchs auf dem Drehteller stehend, befinden sich Menschen, die sich gerne in das *Who is Who* der Berliner Kunstszene eintragen würden, und das *Who is Who* der Berliner Kunstszene höchstpersönlich.

Unvermeidlich große Brillen, lange, unförmige Wollpullover, ordentlich zur Seite gegelte Männerfrisuren, hübsche Gesichter, teure Ledertaschen, ungeschminkte Augen über knallroten Lippen und zwischendurch immer wieder ein wichtiges Nicken. Zeigefinger ruhen an Kinnen, Zeigefinger liegen quer über konzentrierten Lippen, Zeigefinger stützen Schläfen.

Nachdem alles gesehen ist, alles mit Mimik und kurzen, vieldeutigen Sätzen kommentiert ist, gibt es Sekt am Edel-Cateringstand. Spitz gehaltene Gläser klingen gegeneinander, trockenes Auflachen, man beglückwünscht sich gegenseitig, dass man dabei ist.

Dann folgt eine Durchsage und alles folgt ihr, bewegt sich in einer leise murmelnden Völkerwanderung raus in den Hof.

Übertriebenes Gähnen, forcierte britische Akzente, hin und wieder ein überschwängliches Händeschütteln.

Wenig später stimmt Sängerin Peaches *Total Eclipse Of The Heart* an.

Sie trägt einen hässlichen güldenen Latexbody, der ihre unansehnlichen Brüste detailliert abzeichnet.

Every now and then I get a little bit nervous that the best of all the years have gone by …

Und der Fuchs hat sich schön weitergedreht.

Und der Latex-Intersexuellen wurde zum hundertsten Mal an diesem Abend das Latex-Glied abgeschnitten.

Und um zwölf wurden alle rausgeschmissen.

Früher, als ich noch ein Provinzbürger war, bekam ich Einladungen – wenn ich solche bekam – zumeist zu Geburtstagsfeiern. *Bringt gute Laune mit.* Seit ich in Berlin wohne, bekomme ich vorwiegend Einladungen zu Galerie-Eröffnungen, sogenannten Vernissagen, zu Panoptiken, zu Expositionen, zu was auch immer. *Bringt eure wichtigste Miene mit.* Der Fuchs und die Latex-Kastration waren Teil der art berlin contemporary, kurz ABC. Eine wichtige Veranstaltung. Ein Narr, der die Kunst nicht versteht.

Wir sitzen auf dem Boden vor dem leisen Fernseher, wärmende Teetassen in den Händen, ein deutsches Werbegesicht beurteilt Porträtfotos von hübschen deutschen Mädchen, die alle ihr Abitur nicht schaffen werden. Laura redet laut und enthusiastisch, ab und zu der flüchtige Blick zum Fernseher, dann wieder zu mir – und ein Schluck Tee.

»Kannst du dir das vorstellen? Da sagt sie doch klipp und klar zu mir, wenn ich den nächsten Mann, mit dem ich zusammen bin, auch nicht halten kann, dann war es das für mich. Dann werde ich nie glücklich werden, weil Pyramiden nach obenhin immer dünner werden und weil ich nie wieder einen Mann ohne Altlasten finden werde.« Sie gestikuliert mit der Teetasse, der Tee schwappt, aber nicht über.

»Ich sollte mir doch nur Andreas angucken, den hätte ich doch für alle Zeiten versaut. Die nächste Freundin, die er hat, die würde doch ihres Lebens mit ihm nicht mehr froh werden. Das sagt sie zu mir, meine Mutter, strickend im Kreise ihrer Katzen.«

Die Tür geht auf, Lauras Mitbewohner steht im Türrahmen, ständig verschlafene Augen, ständig verlegte Haare. Wir wissen nicht so genau, was er macht.

»Kommt ihr noch mit runter?«, fragt er für seine Verhältnisse überragend mitreißend.

»Heute ist doch diese Nacht, in der alle Galerien aufhaben; Swantjes Galerie um die Ecke auch. Da ist auch überall Party mit gratis Getränken.«

Bevor ich nach Berlin gekommen bin, habe ich unter dem Wort »Galerie« eine große Ausstellungsfläche verstanden, die einen Eingangsbereich besitzt, in dem jeder Schritt hallt, wo alles sehr steril ist und wo an der Garderobe Fräuleins in den Vierzigern mit Haarknoten arbeiten. Und als ich zum ersten Mal durch die Brunnenstraße in Mitte gelaufen bin, habe ich die Stadt innerlich für diese clevere Idee gelobt, leere Ladenlokale komplett weiß zu streichen. Es machte einfach Sinn, weil die kleinen, leer stehenden Ladenlokale in Weiß viel größer und sauberer wirkten und weil man sie so von der Straße aus auch leichter als leer stehend erkennen konnte.

In einem zweiten Gedankenschritt habe ich dann gedacht, dass es schon beachtlich war, wie wenig Geschäfte sich in der Brunnenstraße hielten, da sich ein weißes Ladenlokal in der Größe von ein bis zwei Kiosken an das nächste reihte.

Als ich dann eines der vermeintlich leer stehenden Ladenlokale näher inspizierte, fielen mir die bunten, manchmal glänzenden, manchmal auch glitzernden Postkarten, Flyer und Heftchen auf, die auf dessen Fensterbänken ausgelegt waren.

Es handelte sich dabei um Ausstellungsbekanntmachungen, die Beipackzettel der weißen, doch nicht ganz leeren Ladenlokale, die diese offiziell zu Galerien erklärten.

Ein Abend in einem solchen weißen, bezettelten Etwas könnte uns heute also auch bevorstehen. Ich trinke meinen Tee, blicke mich in Lauras wohltuend sandfarben gestrichenem Zimmer um, der warme Tee fließt gemütlich durch meine Speiseröhre, aus dem Augenwinkel sehe ich das hell leuchtende, hysterisch freundliche Grinsen des berühmten Werbegesichts im Fernsehen, die Heizung verströmt glühende Wärme und ich entscheide, dass es doch ganz wunderbar wäre, einfach hier zu bleiben.

»Gratis Getränke klingt ja ganz gut«, meint Laura jedoch mit einem Blick auf ihren Tee.

Wenige Minuten später stehen wir draußen in der Eiseskälte. Jeder von uns mit einem glänzenden Flyer in der Hand. Klirrend kalte Luft fegt uns um die ungeschützten Ohren, die Flyer zittern im Wind, aber die Nacht heißt von nun an offiziell »Open Gallery Night« oder so ähnlich.

Unsere Augen haften auf den weißen Punkten des kleinen Straßenkartenausschnitts in unseren Händen. Jeder Punkt soll uns einen der sämtlichen teilnehmenden leeren weißen Kioske anzeigen. Auf der Außenkante des Faltblattes lesen wir die vielen nichtssagenden großen Namen, die als Highlights dieses Abends aufgelistet sind.

Wir gehen nur wenige Schritte die Straße runter und erreichen sofort den ersten weißen Laden in der Größe von drei Kiosken, bestehend aus zwei Räumen und zwei großen, scheinbar auf dem Bürgersteig aufliegenden Ladenfenstern.

»Ist das nicht fantastisch, dass wir so was direkt vor der Haustür haben?«, fragt Laura mit glänzenden Augen.

Vor dem Eingang steht in einer geselligen Traube das Große-Brillen-Volk mit Zigaretten in den Mundwinkeln. Federbroschen an Mützen wehen im Eiswind. Zigarettenqualm zwirbelt über die Köpfe hinweg. Mädchen mit ungeschminkten Augen und dunkelroten Lippen. Männer in schmalen, knöchelhohen Schnürschuhen.

Hinter ihnen gleißendes Licht in dem weißen Ladenlokal, das nun ausnahmsweise gar nicht leer ist, sondern durch seine Schaufenster ein dichtes Gedränge von Menschen in offenen Winterjacken präsentiert. Wir schieben uns durch die Raucher, gehen die drei kleinen Stufen hoch, die Tür geht schwer auf, Hitze, Volksgemurmel und Musik.

Der erste Raum ist nur mäßig gefüllt, die offenen Winterjacken laufen gleich durch ihn hindurch in den nächsten, in dem es gratis Getränke in Plastikbechern gibt. Der erste Raum, durch den alle achtlos hindurchgehen, ist jedoch der Ausstellungsraum. Seine rechte Wand ist übersät mit braunen Holzmarionetten. Jede macht ein anderes Gesicht.

Eine hat einen O-Mund. Eine andere hat einen Strich-Mund. Wieder eine andere hat gar keinen Mund. Auf der Fensterbank liegen bedruckte DIN-A4-Blätter, die Aufschluss darüber geben, wer diese Holzmarionetten verzapft hat. Der Name ist nichtssagend und spanisch. Am hinteren Ende des Raumes sitzen zwei Mädchen, die eine mit Locken, die andere im Dufflecoat, auf hochkant gestellten Bierkästen und trinken Sekt aus Plastikbechern. Keine schaut sich die Holzmarionetten an.

»Swantje ist in dem anderen Raum, sie legt auf!«, verkündet Lauras Mitbewohner euphorisch. Als wir an den Mädchen auf den Bierkisten vorbeigehen, schnappe ich Wortfetzen auf. »Der Ton heißt Dark Cherry«, sagt die mit den Locken.

Die im Dufflecoat nickt enthusiastisch: »Ja, das passt! Deine Lippen sehen auch aus wie Johannisbeeren.«

Die beiden lachen sich fröhlich an. Im zweiten Raum ist es noch stickiger als im ersten. Dicht an dicht schieben sich die Kunstwütigen immer einen Schritt weiter Richtung Tresen mit den Gratis-Plastikbechern. Nahe der Fensterscheibe steht ein kleines Mädchen, Stockmaß 1,40, mit blondem Bob und tanzt frenetisch hinter einem weißen MacBook herum.

»Das ist Swantje!«, schreit der Mitbewohner uns in die Ohren. Irgendwie scheint Swantje das wohl vernommen zu haben, denn plötzlich beginnt sie wie wild zu winken. Der Mitbewohner verlässt uns, macht sich durch das Gedränge zu dem Mädchen hinter dem MacBook auf, das er gerne an diesem Abend noch flachlegen würde. Laura und ich holen uns Getränke.

Als wir uns von dem Tresen wieder wegdrehen, laufen The Killers mit *Somebody Told Me* und die besoffenen Galeriebesucher rasten, von allen guten Hemmungen verlassen, im Schaufenster aus. Tanzen, hüpfen, springen, als hätten sie ihr ganzes Leben drauf gewartet, endlich ihren Cool an den Nagel zu hängen, um ihre Nasen an dem beschlagenen Galerie-Ladenfenster platt zu drücken, während sie mit dem Hinterteil wackeln.

Die Raucher gucken ausdruckslos von draußen herein. Starren. Federbroschen an Mützen wehen im Eiswind.

Zigarettenqualm zwirbelt über die Köpfe hinweg.

Laura steht an die Wand gelehnt, nickt rhythmisch mit dem Kopf. Dann fängt sie an, mit dem Fuß zu scharren. Wir beobachten das tanzende Volk. Szenen einer schlechten Abiturfete mit ausschließlich attraktiven Schülern. Ungelenke Bewegungen. Ungeschminkte Augen und Lippenstift. Grobe Wollmaschen und Boots.

Es ist zu laut, als dass sich zwischen Laura und mir ein Gespräch entwickeln könnte. Doch dann stupst sie mich an, beugt sich zu meinem Ohr rüber und brüllt: »Schon komisch, dass ich niemanden kenne.«

Ich zucke mit den Schultern. Irgendjemand hat angefangen, mit den leeren Plastikbechern zu schmeißen. So fliegen lustlos ein paar von ihnen von links nach rechts, gegen die Wand, landen auf dem Boden. Nach noch nicht mal fünf Minuten ist der Spaß dann aber wieder vorüber.

Vor Laura und mir auf einem Beistelltisch liegt nun ein zerknautschter Plastikbecher mit Kussmundabdruck am Rand. Laura stupst mich wieder an. »Was hältst du eigentlich von so einem bordeauxfarbenen Lippenstift?«, fragt sie.

Als Swantje und der Mitbewohner mit einem Maus-Klick Abbas *Dancing Queen* auflegen und Laura sich tänzelnd in den schwitzenden Offene-Winterjacken-Tanz-Pulk begibt, stelle ich meinen halb vollen Gratissekt ohne Kussmundabdruck auf den Beistelltisch und gehe. Ich hätte ihn eigentlich auch werfen können, denke ich, als ich schon draußen bin.

Das Bild gefällt mir. Ein klassisches Stillleben neu erfunden. Nachtschwarzer Hintergrund mit transparenten, runden Sternen, Spinnweben am Himmel, ein überdimensionaler Blumenstrauß in abgeschwächten, verwelkten Neonfarben, verwucherte Äste im Strauch, volle Blüten hängen gen Boden, als wären sie nass. Übersättigt. Tot gegossen. Darunter collagiert, aus einem Achtzigerjahre-Kochbuch ausgeschnitten, in öligen Farben ein Foto von einem saftigen Braten mit Brokkoli.

Auch vertreten ist ein Erdbeerkuchen mit trockenem Boden und aufgetürmten Erdbeerhaufen, ein gemalter Giftpilz, ein winziger Gartenzwerg, einer stehend, einer umgefallen und das alles auf einem viel zu kleinen Gartentisch. Gutes Malen ist unbestreitbar Kunst.

Füchse mit Krücken hingegen brauchen einen guten, einen sehr, sehr guten Grund.

Kunst ist auch, in dieser Stadt nicht vorzeitig das Handtuch zu werfen. Man muss dranbleiben und gerade am Anfang alle Einladungen, alle Verabredungen und Veranstaltungen, die sich einem in den Weg stellen, mitnehmen. Nicht wahr? Man muss rausgehen, auf die nächste wahnsinnige Kunst-Eröffnungsparty.

Silvia kommt auf mich zu, wirft einen kurzen Blick auf das Stillleben und fragt dann: »Hast du den Baum gesehen? Der Baum war toll!« Sie ist total begeistert.

Aber ich habe keinen Baum gesehen. Sie zieht mich von dem Stillleben weg, sagt, wir sollten rübergehen zu Bekannten von ihr. Wir treffen sie im Flur zwischen den Ausstellungsräumen. Ein mittelgroßer, bulliger Typ im dunkelblauen Lodenmantel mit zurückgegelten, halblangen Haaren feuert »Beispiellos! Beispiellos!« als Begrüßung ab, den Kopf hält er leicht nackenstarrig.

»Mir ist das Herz aufgegangen. Ach, nein! Was war das gehaltvoll! Und jedes Exponat war verschieden. Wirklich verschieden. Ich habe in einer Ausstellung noch nie so viele verschiedenartige Arbeiten gesehen. Es war einfach famos.« Um den Hals trägt er einen längsgestreiften Schal, doppelt genommen und das Ende durch die Schlaufe gezogen. Seine kleine Freundin mit starrenden Augen hat sich bei ihm untergehakt und grinst ein fest sitzendes Masken-Grinsen.

»Das waren ja auch ganz viele verschiedene Künstler«, merkt Silvia an und der gestreifte Schal nickt.

»Ja, ja«, sagt er nur, wirkt gehetzt. Silvia stellt uns vor: »Bob und Denise – das ist Bian. Bian – das sind Bob und Denise.«

Die Untergehakte erwacht sofort aus ihrer Starre, schüttelt meine Hand, ihre grinsende Gesichtsmaske bleibt unverändert. Trägt sie Kontaktlinsen? Sie kann mich nicht richtig angucken, blickt starr geradeaus, aber eine Etage zu tief, guckt ausschließlich auf meinen Mund oder mein Kinn. Hochgucken zu den Augen kann sie nicht.

Bob gibt mir seine Hand schnell, hastig und auf diese altertümliche Sandwichart, seine Hand, meine Hand, oben drüber noch mal seine Hand.

»Schön, dich kennenzulernen«, sagt er achtlos, dann lässt er meine Hand fallen und während er in seiner Manteltasche nach einem Stofftaschentuch nestelt, setzt er wieder an: »Findet ihr nicht auch, dass das total gehaltvoll war? Das ist für das Auge genauso ein Hochgenuss gewesen, wie die Kings of Convenience letzte Woche für die Ohren. Einmalig. Was sind wir doch alle gesegnet, dass wir in dieser Stadt wohnen dürfen.«

Bob kommt aus Bayern. Die Untergehakte unterbricht ihr statisches Grinsen für wenige Sekunden durch Gähnen.

»Der Baum war das Beste, ne?!«, nickt Silvia dem Lodenmantel zu.

»Oh ja, der Baum war eine Augenweide. Eine Augenweide.«

»Es war eine Birke«, stellt Silvia fest, als hätte das was zu sagen, und Bob lacht: »Ja, wie wahr, wie komisch. Eine Birke, aber dennoch eine Augenweide.«

Hätte ich eine Armbanduhr um, würde ich jetzt draufgucken.

»Ihr müsst übrigens nächste Woche …«, setzt Bob wieder an, wird dann aber jäh unterbrochen, weil jemand gegen seine linke Schulter klopft.

»Bob, Bob!«, schreit der Klopfer aufgeregt wie ein kleines Kind. »Da drüben gibt es Goodie Bags!« Er kaut Kaugummi, hat auch zurückgegelte Haare und studiert mit Sicherheit schon sehr lange BWL, obwohl oder gerade weil er weiß, dass er es nicht abschließen muss, weil er doch das einzige Kind seiner reichen Eltern ist.

»Vogel! Dass ich dich auch mal wiederfinde! Sieh mal, das sind Silvia und ...«, er hält kurz inne, guckt mich an, erinnert sich anscheinend nicht mehr an meinen Namen, »... und ihre Freundin. Die haben wir gerade getroffen.«

Denise sieht aus wie eine grinsende Siamkatze, stelle ich just in diesem Moment fest. Ich hatte lange überlegt, welchem Tier sie ähnelt, aber es ist ziemlich eindeutig: einer Siamkatze. Vielleicht auch einer aus Porzellan, wie diese, die bei Nippes-Liebhabern gerne mal auf der überfüllten Wohnzimmerfensterbank herumhocken.

Vogel guckt statt Begrüßung kurz, ausdruckslos und kaugummikauend in die Runde. Dann hebt er den linken Arm und schaukelt die daran hängenden bunt bedruckten Jutebeutel. Wir sollen wohl hingucken.

»Goodie Bags!!«, kräht er noch mal erläuternd. »Die müsst ihr euch auch holen. Die gibt es da vorne am Ausgang.« Er zeigt in diese Richtung, die Jutebeutel an seinem Arm schaukeln wild durch die Gegend, einer streift dabei kurz Bobs stark pomadisiertes Haupt, dann nimmt Vogel den Arm endlich runter und greift in einen seiner sechs Goodie Bags hinein: »Und ich hab uns noch ein paar Bändchen besorgt, damit kommen wir gleich in den VIP-Bereich. Dann können wir da frei trinken.« Er hält uns die Bändchen vor die Nasenspitzen.

»Ausgezeichnet.« Bob freut sich: »Ja, wie sieht es aus, wollen wir nun alle rübergehen zur Party? Dann können wir uns da vorne auch die Goodie Bags abholen.«

Goodie Bags. Goodie Bags. Goodie Bags.

Ich bin für die sofortige Streichung dieses Wortes aus dem allgemeinen Wortschatz und für die Wiederbelebung des guten alten

Präsentkorbes. Das denke ich, sage aber was anderes: »Ich gehe noch mal zum Klo, ich treffe euch dann gleich drüben.«

Silvia tätschelt mir die Schulter, die Siamkatze sieht lächelnd durch mich hindurch, der Lodenmantel sieht über mich hinweg und Vogel guckt silbern und alkoholgeschwängert seine VIP-Bändchen an.

Als ich von der Toilette zurückkomme und die Ausstellung verlassen will, wird mir am Ausgang von einer freundlich lächelnden Braunhaarigen mit geradem Pony und dunkelroten Lippen auch ein Goodie Bag überreicht. Ich seufze innerlich, nehme den bedruckten Öko-Einkaufsbeutel aber an, bedanke mich und verlasse das Gebäude.

Auf dem Weg rüber zum bunt angestrahlten Partyhaus, einer alten, unter Denkmalschutz stehenden Kirche, untersuche ich den Inhalt des Beutels: Es handelt sich um eine kostenfreie Zeitschrift und eine Handvoll glänzender Flyer.

Auf dem Beutel selbst ist eines der Bilder aus der Ausstellung aufgedruckt: ein pinkgesichtiges Kind mit Hasenzähnen vor einem hellblauen Hintergrund, umrahmt von schlammfarbenen Blumen. Das pinkfarbene Gesicht des Kindes ist zudem noch mit gräserartigen Haaren versehen. Auf der Rückseite des Beutels wird ein Gewinnspiel angepriesen sowie auf die Zeitung im Inneren des Beutels aufmerksam gemacht: »Kinder mit Hypertrichose und andere knallige Designs ...«

Kinder mit Hypertrichose und andere knallige Designs?

Kinder mit Hypertrichose und andere knallige Designs!

Goodie Bag, Goodie Bag, Goodie Bag!, wiederhole ich in Gedanken und schüttele den Kopf.

In die Partykirche komme ich nicht, ohne meinen Namen zu sagen. Die Gästelistenhüterin mit dunkelroten Lippen wirkt streng, durchsucht mehrere DIN-A4-Zettel, fährt mit ihrem schlanken Kugelschreiber Hunderte von Namen ab. Schließlich findet sie meinen. Sofort erhellt sich ihre Miene, sie lächelt mich beinahe liebevoll an. Ich darf passieren. Wie merkwürdig, Gast dort zu sein, wo man nichts zu suchen hat und wohl auch nichts finden wird.

Ich irre umher. Als barocke Engel kostümierte Blondinen schieben sich an mir vorbei. Direkt unter dem Kreuz in der Apsis, wo einst der Altar gewesen sein muss, steht ein DJ-Pult. Plattenteller rotieren, ein unvermeidliches MacBook leuchtet. Elektropop schallt aus allen Ecken. Niemand tanzt. Plötzlich steht Silvia vor mir, sie hat mich gesucht, reicht mir einen Wodka im Longdrinkglas.

»Hier, der ist umsonst, den hat Bob besorgt. Wir stehen alle da drüben.« Sie zeigt zu der weißen Stellwand, die den äußersten rechten Teil der entkernten Kirche vom restlichen Partygetümmel abtrennt. Hinter der Stellwand befindet sich der VIP-Bereich.

»Wir stehen direkt davor, aber Vogel wurden die Bändchen von der Türsteherin abgenommen, weil er zu voll ist«, erklärt Silvia. Ich folge ihr wortlos zu den anderen. Als wir ankommen, referiert Bob über Segelboote. Denise steht untergehakt bei ihm. Vogel lallt Unzusammenhängendes vor sich hin, niemand beachtet ihn.

»Ich gehe jetzt nach Hause, ich muss morgen arbeiten«, höre ich mich lügen und Silvia nickt, hängt aber mit ihren Augen gebannt an Bobs Lippen und dessen Ausführungen über Segelboote. Denise nestelt in ihrer glitzernden Handtasche, dann blickt sie zu mir auf, guckt mir in die Augen und reicht mir eine Visitenkarte. *Denise Thüringer, Public Relations*. Sie sagt nichts weiter dazu, sie grinst nur. Also grinse ich auch. Wahrscheinlich macht man das so.

»Möchte jemand vielleicht noch meinen Goodie Bag haben?«, frage ich, den Jutebeutel an seinem Henkel in die Runde haltend. Aber ich bekomme keine Antwort, denn unmittelbar nach meiner Frage ertönt hinter uns ein lauter, scheppernder *Rums*. Wir drehen uns irritiert um.

Vogel hat sich augenscheinlich gegen eine der weißen Stellwände geschmissen, denn er liegt mit ihr zusammen auf dem Boden.

»Ich komm da rein …«, lallt er, gekrümmt daliegend.

Ein Security-Typ mit Headset eilt herbei. Bob hält die Hände in den Taschen seines Lodenmantels vergraben und guckt. Die Security-Leute reißen Vogel grob an den Armen hoch. Sie brüllen ihn an. Bob lacht. Silvia kneift mich in die Seite: »Guck mal, wer da sitzt! Die hat doch früher bei *Gute Zeiten, Schlechte Zeiten* mitgespielt. Die Tochter von dem Einen …« Ich gucke Silvia ausdruckslos an, dann wird die Stellwand zum VIP-Bereich wieder aufgestellt.

»Mist, jetzt hast du sie nicht gesehen. Aber sonst kannte ich niemanden von denen. Oder hast du noch jemanden gesehen?«

Ich muss nicht antworten, Bob unterbricht uns. »Der Vogel, der Vogel«, lacht er. »Der ist immer für einen Spaß gut. Ihr solltet nächste Woche zu seinem Geburtstag kommen.« Bob guckt uns in die Augen, die Siamkatze steht wie hingemeißelt: »Vogel wird 35.«

Ich verabschiede mich schließlich herzlich von Silvia, umarme sie, frage sie, ob sie nicht doch noch meinen Goodie Bag haben will: »Willst du den wirklich nicht?«

»Ja, wenn du ihn nicht willst, dann nehme ich ihn gerne.«

Ich gebe ihr den bedruckten Jutebeutel, winke dem Lodenmantel und der Siamkatze, suche noch mit dem Blick nach Vogel, muss aber feststellen, dass der von den Securities bereits der Partykirche verwiesen wurde. Draußen vor der Tür lauert der obligatorische Pulk von Rauchern. Federbroschen an Mützen wehen im Eiswind. Zigarettenqualm zwirbelt über die Köpfe hinweg. *Vogel wird 35*, denke ich und während ich die Kirchenstufen hinunterlaufe, beschließe ich, dass das meine letzte Berliner Kunstszenen-Veranstaltung war …

DIE 22. GESCHICHTE

Auf Eis gelegt

Kathrin (27), Werbetexterin aus Speyer, darüber, wie Berlin einem dazwischenkommen kann

Jeder Schritt ein Schritt ins Ungewisse. Das Gewicht auf die Mitte des Fußes verlagern. *Ich komme zu spät.* Der seit Wochen vereiste Bürgersteig war von einer dünnen Puderschicht Schnee überzogen. Staub auf Seife. Trotzdem schneller, Schritt um Schritt nach vorne in die verschwommene Nacht. Bunte Lichter, schwarzer Himmel und vorbeifahrende, braunen Matsch umherspritzende Reifen. In meiner Manteltasche klingelte und vibrierte mein Handy bereits zum dritten Mal, ich wusste, wer es war, und ich wusste auch, was sie wollte. Aber ich ging nicht ran, konnte unmöglich meine Hände aus den Manteltaschen nehmen. Die Kälte hatte sie steif frieren lassen, sie waren zum Bersten geschwollen.

Sie hatte uns eine E-Mail geschrieben, voller Wut, diese entsetzliche Unverbindlichkeit gehe ihr gegen den Strich, keiner sage mehr fest zu, alle Möglichkeiten würden immer bis zum bitteren Ende offen gehalten, um kurz vorher abzusagen, falls sich doch noch was anderes auftäte, was Besseres ...

Blaues Straßenschild in Sicht, noch konnte ich es nicht lesen. Ein paar Schritte noch, konzentrierte Schritte, versuchen, den Absatz im Eis festzuhaken, dann den ganzen Fuß aufsetzen und plötzliches Nach-links-und-rechts-Schlittern sofort korrigieren, die Mitte finden. Aus meinem Mantel kam der Ton, der eine SMS ankündigt. Sie hatte auf die Mailbox gesprochen. Schon wieder.

Irgendwo in unmittelbarer Nähe musste diese Straße sein, in die ich nach links einbiegen sollte. Irgendwo. Das blaue Schild vor mir zeigte den falschen Straßennamen.

Unser »Ich rufe dich nächste Woche an!« bedeute nichts, hat sie behauptet, bedeute lediglich »Wir könnten dich anrufen, vielleicht!«. Und immer hieße es dann, es sei was dazwischengekommen oder wir hätten Stress gehabt, den hätte sie auch, aber die Zeit für Freunde nähme man sich, wenn man es nur wolle ...

Langsam über die Querstraße, kein Auto, kein Fußgänger, weit und breit niemand. Ungewohnt. Ich hätte den Weg ausdrucken sollen, dachte ich, hätte mich nicht auf mein Gedächtnis verlassen sollen, nicht nach so einem langen Tag.

Wie solle sie denn mit so jemandem wie uns planen? Sie habe mittlerweile für jedes Treffen schon immer einen Plan B. Das könne doch eigentlich nicht angehen ...

Wie oft war ich schon in der gleichen Situation gewesen, hatte gedacht: Das finde ich schon, ich wohne ja nicht erst seit drei Tagen in der Stadt ... aber nie wohnt man lange genug in dieser Stadt, nie.

Die Mail hatte sie geschrieben, nachdem ein Kumpel auf ihre Anklage hin geantwortet hatte: Baby, wenn du das Tagesgericht sein willst, darfst du dich nicht auf das Buffet setzen – Berlin ist das Buffet ...

Die Kälte zog an meinen Wangen, hielt sie straff, halb taub und papierdünn über mein Gesicht gespannt.

Das sei ja wohl die Höhe, sie hätte doch das Recht, sich auf ihre Freunde verlassen zu können ...

Ein falscher Tritt, zu viel Schwung, ich rang um die Kontrolle über meine Füße, hin, her, nicht umfallen, nicht fallen. Ich kann die Hände nicht aus den Manteltaschen nehmen, schoss es mir durch den Kopf, ich kann mich nicht abstützen. Plötzliche Wärme in den Schläfen, Angstwärme, Rudern mit dem Oberkörper, Schrecksekunde, fing mich. Durchatmen. Das Handy in meinem Mantel klingelte erneut, erinnerte mich an die SMS, die ich noch nicht abgerufen hatte, die SMS, die mir sagen wollte, dass sie auf meine Mailbox gesprochen hatte. Dreimal.

Sie schnappte über. Was sollte ich ihr denn sagen? Ich wollte mich nicht entschuldigen, wofür auch? Unnötiges Drama. Sollte ich meinen Feierabend nicht lieber zu Hause verbringen? Die Nudeln von gestern noch mal aufbraten, mich mit der Filzdecke auf die alte Couch legen, das geliehene Buch endlich zu Ende lesen, langsam einschlafen, morgen musste ich wieder früh raus ...

Ein Späti, beschlagene Scheiben und trübes Licht. Wenige Meter vor mir trat jemand aus einem Hauseingang. Ist das die nächste Seitenstraße?

Lange, stämmige Beine. Nackte Beine. Auf Eis.

Was steht auf dem Schild?

Ich kniff die Augen zusammen, konnte es aber doch nicht lesen, trat unachtsam auf die falsche Stelle, trat auf Grau und Spiegelglatt, meine Füße rutschten, spürten jede Unebenheit der harten Seifenlandschaft unter der dünnen Sohle, taumelten, Halt suchend, aber unkorrigierbar, ich fiel vornüber, mit den tauben Händen auf das Eis.

»Verdammte Scheiße!«

Ein dumpfes Brennen in meinem Handballen, letzte kleine Streusalzkörnchen hatten sich ins kalte Fleisch gebohrt.

»Schätzchen, Schätzchen ...«, flötete jemand und goldene High Heels stöckelten flink und furchtlos über die glänzende Hügellandschaft. Hinterließen kleine Löcher. Eine große Hand eilte in mein Sichtfeld, rote Fingernägel, griff nach meinem Arm, zog mich mühelos vom Eis. Es war ein Mann, der sich bei -15 Grad dazu entschlossen hatte, sich mit einem lachsfarbenen Badeanzug und goldenen High Heels zu bekleiden. Auf seinem schütteren Haar thronte ein alter, dünner Schaumstoff-Kopfhörer, dessen dazugehörigen Walkman er wie ein Abendtäschchen in der linken Hand hielt. Mit der rechten tätschelte er meine Schulter.

»Schätzchen, was machst du denn? Lass dich von dem bisschen Eis doch nicht flachlegen ...«

Er sah mich grinsend an, zog mit seinen rauen Lippen einen gezierten Kussmund. Er war mindestens fünfzig.

»Und du hast so kalte Hände, Kindchen. Hach ...«

Er stöhnte auf, ich wollte was sagen, aber in meinem Mantel klingelte wieder mein Handy, sofort summte er den Ton mit, wiegte die Hüfte hin und her und tänzelte gekonnt auf den hohen Schuhen über den vereisten Bürgersteig. Zu meinem Klingelton.

Ein Mann in einem Badeanzug bei -15 Grad auf einer gottverlassenen Straße irgendwo im Wedding tadelte mich für meine kalten Hände und legte dann ein Tänzchen hin. Berlin.

»Ich bin übrigens lesbisch, du auch??«, fragte er mich schließlich, mit schief gelegtem Kopf aus einer kleinen Pirouette herauskommend.

»Leider nein ...«, schüttelte ich grinsend den Kopf und winkte ihm mit meinen tauben Händen, während ich an ihm vorbeiging. »Aber danke fürs Aufheben ...«

Er grinste – ich grinste. Ich grinste auch noch, als ich vor ihr saß. Ihr gefiel das nicht, sie war immer noch wütend, verstand meine gute Laune nicht und schoss mit spitzen Bemerkungen um sich. Aber ich behielt mein Grinsen bei. Es stimmte, in dieser Stadt konnte einem immer was dazwischenkommen ...

DIE 23. GESCHICHTE

Die andere Seite

Christian (25), Exportmanager aus Mönchengladbach,
über
das Wiederzurückgehen

Wir konnten die Tür nicht aufschließen, denn der Schlüssel steckte von innen. Also klingelten wir. Immer wieder. Lautes Fernsehgebrabbel drang aus der Wohnung. Immer derselbe Sender. Auch während der Werbung wurde nicht umgeschaltet. Wir klingelten erneut. Riefen seinen Namen und klopften. Keine Reaktion. Vom Bürgersteig aus spähten wir durch die heruntergelassenen Plastikrollos. Der Blick ins Wohnzimmer. Brennendes Licht, wechselnde bunte Bilder auf dem Fernsehbildschirm.

»Wir klingeln jetzt bei den Nachbarn.« Rabea schloss die Haustür wieder auf, ließ mich durch, die drei kleinen Stufen hoch, wieder im Flur, wieder die lauten Fernsehgeräusche. Diesmal schellten wir an der gegenüberliegenden Tür. Einmal, zweimal, dreimal. Dann öffnete uns eine Frau mit zerzaustem blonden Haar und grauem Gesicht. *Happy Sailor* stand in weißen Lettern auf ihrem blauen Sweatshirt. Rabea stellte sich kurz vor, erklärte, weswegen wir hier waren, und fragte dann nach Herrn C.

»Der Fernseher leeft schon seit Tajen so laut.« Die Zerzauste zuckte nachlässig mit den Schultern. »Tags und auch nachts. Ick hab mir schon dran jewöhnt. Keene Ahnung, warum der dit macht. Vielleicht fühlt der sich einsam oder so. Wieso betreuen Sie den denn? Kann der nich alleene uff sich uffpassen?«

»Dazu kann ich Ihnen leider keine Auskunft geben.« Rabea sah sich hektisch um, noch mal zu Herrn C.s Tür, unter der der RTL-Lärm und das Glühbirnenlicht hervorquollen, zur Mittagszeit.

»Wann haben Sie Herrn C. zuletzt gesehen?«

»Pfffff«, stieß die Graugesichtige aus. «Dit war wahrscheinlich noch vor Silvester jewesen, keene Ahnung, da issa mit so 'nem kleenen Mädchen im Flur jewesen. Keene Ahnung, wahrscheinlich seine Tochter. Vielleicht auch seine Nichte, wat weeß ick denn ... Muss jetze auch weitermachen, ja?«

»Vor Silvester haben Sie ihn zuletzt gesehen?«, wiederholte Rabea noch einmal und atmete scharf ein. »Ist Ihnen sonst noch was aufgefallen?«

»Nee, herrjott, hab ick doch jesacht, und ick muss jetze wirklich weetermachen hier. Also, tschüsschen, ne?!« Die Graugesichtige verlor keine Zeit, schloss eilig die Tür. Wir hörten ihr Linoleum knarzen. Wahrscheinlich begab sie sich zurück in ihr Wohnzimmer, um auch Fernsehen zu gucken.

»Und jetzt?«

»Wir rufen Polizei und Feuerwehr.«

»Sicher? Lass uns ihm das lieber vorher noch mal androhen ...«

Ich dachte an Herrn C., wie ich ihn kurz nach Weihnachten zum letzten Mal besucht hatte. Sein brauner fettiger Scheitel, seine fleckigen Hände, seine stumpfen traurigen Augen. Ohne jede Frage eine gute Seele, aber eine kaputte, mit der klassischen Biografie: Er war ohne Familie aufgewachsen, Heimkind und hatte bis heute nie ein soziales Netz gehabt. Keinen richtigen Platz im großen System. Und gegen alles, womit er aus Hilflosigkeit nicht klarkam, hatte er einen immensen Groll entwickelt. Den wusste er nur mit Drogen zu vergessen, was ihn letztlich seinen Job gekostet hatte. Heimgesucht von noch größerem Frust hatte er dann einmal zu oft sturzbetrunken Schnaps für vier Euro im Späti geklaut, wurde erwischt, Bewährung, ist schwarz U-Bahn gefahren, konnte seine Strafe nicht zahlen, ist eingebuchtet worden und sein Hass auf den Staat ist noch weiter angewachsen. Sein Unvermögen, im Gesellschaftsspiel mitzumischen, auch. Er hatte eine Tochter. Sie war ihm das Liebste. »Die ist schlau, meine kleine Sophia, das sage ich Ihnen. Aus der wird mal was Ordentliches …«

Nach dem Knast hat er sich an uns gewandt. Wir sollten ihm unter die Arme greifen, ihm dabei helfen, sich selbst aus dem Schlamassel zu ziehen. »Das soll jetzt alles anders werden mit mir. Auch für die Kleine und so …«

»Christian, es ist der 9. Januar, sie hat ihn seit Silvester nicht mehr gesehen, der Fernseher läuft seit Tagen, das Licht brennt …« Rabea holte ihr Arbeitshandy aus der Tasche.

»Das ist eben ein großes Haus. Ich hab meine Etagennachbarn auch schon seit Wochen nicht mehr gesehen. Das ist halt so, wenn man einen unterschiedlichen Tagesrhythmus hat, und Herr C. ist doch arbeitslos …«

Rabea winkte ab, hatte bereits ihr Telefon am Ohr, nannte dem Notruf die Adresse. Wortlos zupfte sie mich danach am Jackenärmel, zog mich die drei Stufen runter, vor die Haustür. Wir warteten zehn Minuten schweigend und rauchend, dann waren die Wagen da. Rabea erklärte die Situation, ich stand halb schräg hinter ihr. Nickte zu allem, was sie sagte, damit ich das Gefühl hatte, auch etwas zu tun.

Die Polizisten lugten durch die Rollos, murmelten irgendwas und ließen sich dann von Rabea zu Herrn C.s Wohnungstür führen. Ich blieb auf den Stufen stehen, beobachtete aus sicherer Entfernung, wie die Polizisten die Tür aufbrachen. Ein Bolzen, kaum Bewegungen, schon war das ganze Schloss komplett rausgebrochen. Die Tür schwang auf und wir alle schreckten zurück. Aus der Wohnung schwoll der warme, faulige Geruch abgelaufener Milch. Säuerlich. Intensiv. Als würde man seine Nase richtig in die Tüte stecken und ganz nah an der umgekippten Flüssigkeit riechen. Das Übel richtig inhalieren. Instinktiv hielt ich mir den Ärmel vor den Mund. Rabea nickte nur benommen.

»Ich hab's ja geahnt«, sagte sie.

Die Polizisten verschwanden in der Wohnung. Kamen kurze Zeit später zurück.

»Goldner Schuss. Hat sich klugerweise direkt an die bollernde Heizung gesetzt ...«, sagte der eine im Vorübergehen, der andere lief schnell an uns vorbei und erbrach sich draußen in den letzten bräunlichen Schneematsch. Rabea biss sich auf die Unterlippe, ging dann mit einem der eingetroffenen Feuerwehrmänner in die Wohnung, um sich ein Bild von der Lage zu machen.

»Sein Besteck lag noch vor ihm«, sagte sie, als sie wenig später den Motor unseres Hochdachkombis anließ. »Und 'n Zettel lag neben ihm. Hat *Und tschüss* ... draufgeschrieben. Mit Blut. Er ist schon länger tot. Wahrscheinlich hat er es nicht mehr ins neue Jahr geschafft.« Sie sah zu mir rüber. »Du machst morgen die Wohnung sauber. Steffen kommt noch mit und hilft dir. Wir haben schon 'nen Anwärter auf die Wohnung. Muss also schnell gehen ...«

Wir hielten an einer Ampel und sie drehte das Radio lauter. Ich glotzte matt aus dem schlierigen Autofenster. An den grauen Stromkästen lockte die Neonwerbung für die *Silvester Bash 2007/2008*.

An jedem Tag meines Zivildienstes betreute ich von acht Uhr an Exhäftlinge auf ihrem Weg zurück ins Draußen, das nur allzu oft ein Leben wieder zurück *nach Drinnen* war. Um fünf war ich dann wieder zu Hause. Mein erster Gang führte mich meist zum Kühlschrank. Mal mit mehr, mal mit weniger Hunger, je nachdem, ob ich nur Exknackis aufgelesen hatte, um sie zur Betreuerstunde zu fahren, oder ob ich Dinge wie dieses im Januar erlebt hatte.

Wie jedes Mal rief ich sie nach dem Blick in den Kühlschrank an, fragte, was sie essen wolle, wenn sie nach Hause kommt, ob ich was holen oder kochen solle und ob wir abends noch was machen wollen ...

Wie fast jedes Mal beteuerte sie mir, dass sie ganz dringend ein warmes Essen brauche, dass sie einen der stressigsten Tage ihres Lebens habe, dass sie nicht lange telefonieren könne, dass sie aber supergerne dies und jenes essen würde, dass sie so gegen zwanzig Uhr zu Hause sein würde, dann aber auch zu Hause bleiben wolle, weil sie noch was zu tun habe, und dass sie jetzt auflegen müsse.

Und wie so oft war sie um zwanzig Uhr nicht da. Auch Viertel nach nicht. Zwanzig nach ging sie nicht an ihr Handy. Fünfundzwanzig nach nahm ich die halb zerkochten Kartoffeln vom Herd und stellte gebratene Putenbrust und Rahmspinat zwischen die noch warmen Platten. Fünf nach halb neun klingelte sie endlich. Es war unsere gemeinsame Wohnung. Sie hatte auch einen Schlüssel. Ich wusste das sicher, hatte ich ihn ihr doch nach der Vertragsunterzeichnung eigenhändig überreicht. Und doch klingelte sie immer.

Entnervt raffte ich mich von meinem Bett auf, auf dem ich mich fernsehguckend ausgestreckt hatte, drückte den Türöffner, öffnete die Wohnungstür und wollte schon wieder zurückgehen, blieb dann aber doch im Türrahmen stehen. Ihre Absätze hallten dumpf auf dem durchgetretenen Laminat des Treppenhauses. Hallten, hallten, hallten.

Dann sah ich ihr leeres weißes Gesicht um die Ecke biegen. Sie verschwand völlig in ihrem großen schwarzen Mantel, ihre Haare waren zerrauft und unter ihren Augen lag der Schatten der am Morgen aufgetragenen schwarzen Wimperntusche. Als sie mich im Türrahmen erblickte, lächelte sie mich an, müde und schief.

»Hey …«, sagte sie, dann sackte sie in meinen Arm. Seit wir in Berlin waren, sah ich sie nur noch so. Aus meiner früher so menschlichen Freundin Kris war der blutleere Kris-Roboter geworden. Morgens vollgepackt mit Aufgaben, tagsüber in Berlins Weltgeschichte am Rackern, Blinken und Tuten, abends kurz vorm Systemabsturz in meinen Armen auf Wartung hoffend.

»Du bist über eine halbe Stunde zu spät. Das Essen ist mittlerweile zerkocht und kalt …«, hörte ich mich sagen und fand, dass ich furchtbar klang. Wie meine Mutter, wenn ich früher nach der Schule nicht direkt nach Hause gekommen, sondern mit den Jungs noch runter zum Spielplatz gelaufen war. Um zu rauchen.

»Komm rein«, sagte ich und sie ging durch unseren langen Flur an mir vorbei, bog zielstrebig links in ihr Zimmer ab, ließ ihre Taschen fallen und schmiss sich in voller Montur aufs Bett. Ich schlurfte ihr hinterher. Mit den Socken über das Parkett, das wir erst vor einem halben Jahr selbst verlegt hatten. Voller Vorfreude auf unser Leben in Berlin.

Wer hier wohl alles drüber laufen wird …

Niemand. Außer uns und den wohnungsbesichtigenden Nachmietern, die vielleicht eines Tages befinden würden: »Das war vorher nicht drin? Also dann hätten wir es auch gerne wieder raus …«

Ich ließ mich neben ihr auf dem Bett nieder. Das Gesicht hatte sie in ihrem dicken Kissen verborgen, sie lag flach, reglos. Wie erschossen.

»Das Essen …«, setzte ich wieder an, unterbrach mich dann aber selbst, fuhr ihr durch die zerstörte und vom Winterwind verwehte Frisur.

»Was ist los?«, flüsterte ich nahe an ihrem Kopf. Ihre Schultern zuckten. Als ich sie vorsichtig umdrehte, sah ich, dass sie weinte. Nicht hysterisch oder wie ein Baby, sondern tonlos wie die Madonnen-Statue von Rockingham. Ich nahm sie in den Arm. Ein nasser Sack, keine Erwiderung meiner Umarmung.

»Was ist los?«, fragte ich sie noch mal. Keine Antwort.

Als ich ihr einen Kuss auf die kalte Stirn drückte, schob sie mich eilig weg, stand auf, nahm sich ein Taschentuch von ihrem beladenen Schreibtisch und meinte dann: »Komm, lass uns essen gehen.«

Ich kam mir wie ein Idiot vor, als ich ihr in die Küche folgte, das Essen in der Mikrowelle noch mal aufwärmte, ihren Teller füllte und sie befand: »Die Kartoffeln schmecken ätzend.«

»Du hättest vielleicht einfach mal eher kommen müssen ...«, entgegnete ich verkniffen und war der Wut schon wieder gefährlich nahe. Seit wir in Berlin wohnten, ging das dauernd so. Entweder machte sie mich krank vor Fürsorge oder rasend vor Wut.

»Ich wollte ja pünktlich gehen, aber dann gab's da noch ein Problem mit der Planung für nächste Woche. Und du weißt ja, dass ich dafür zuständig war. Also hab ich eben noch ein paar Mails fertig gemacht und für morgen alles vorbereitet, weil ich ja Freitag in der Uni bin und nicht in die Redaktion kann und – ach, ich will nicht drüber reden. Ich kann nicht mehr. Ich hab keine Lust mehr. Ich esse jetzt meine fleddrigen Kartoffeln und dann ist's gut für heute.« Sie hielt inne, lachte dann kurz auf und meinte: »Ach nee, ich muss ja gleich noch das Referat für Freitag vorbereiten.«

»Jetzt noch?«

»Was bleibt mir anderes übrig? Wann soll ich es sonst machen? Ich hab nur noch zwei Tage ...«, sie nahm ihr Wasserglas hoch und ich sah, dass sie zitterte. »Morgen bin ich wieder den ganzen Tag in der Redaktion, also habe ich noch morgen Abend und heute Abend, um das fertig zu machen.«

»Du zitterst«, stellte ich fest.

Sie sah kurz auf ihre Hand.

»Ja. Kann sein, das ist der Stress.«

Ich warf ihr einen Blick zu, der so etwas wie »bedenklich« ausdrücken sollte.

»Christian, ganz im Ernst. Warum habe ich ständig das Gefühl, dass ich mich wegen meiner vielen Arbeit vor dir rechtfertigen muss? Ich kann nichts dafür, dass du Zivildienst machst und sonst nur die Eier schaukelst. Ich hab alles dafür getan, da hinzukommen, wo ich jetzt – zumindest halbwegs – bin, ich muss jeden Tag mein Bestes geben, die Leute kommen und gehen da wie auf dem Bahnhof. Ich will aber bleiben, verdammt. Dafür bin ich nach Berlin gegangen. Es ist vollkommen normal, dass das alles so stressig ist.« Sie stellte ihr Glas auf den Tisch: »Erst mal.«

Kris hatte seit ihrer Schulzeit akribisch geplant, dass sie speziell bei diesem Fernsehsender arbeiten wollte. Erst hieß es, bei der infrage kommenden Redaktion nähmen sie keine Studenten für Praktika, die das Studium noch nicht abgeschlossen hatten, aber Kris hatte sich trotzdem beworben, hatte angerufen, war zum Vorstellungsgespräch geladen worden, hatte das Praktikum bekommen und war dann voller Tatendrang nach Berlin gezogen. Und ich hinterher. Meinen Zivildienst konnte ich schließlich auch in Berlin machen. Klang ja auch ganz gut: Die Hauptstadt. Mit meiner Freundin. Ein Neuanfang. Szenen von Kris und mir in neuen Abenteuern. Neue Freunde. Grillen am Wannsee. Kultur in Kreuzberg. Was auch immer man sich halt so vorstellt. Obwohl, wenn ich es mir recht überlege, hatte ich mir eigentlich gar nichts Besonderes vorgestellt.

Ich hatte nur an Kris und mich und das neue Kapitel gedacht, das wir zusammen aufschlagen würden. Aber es gab kein neues Kapitel, es wurde eine nicht enden wollende beschissene Odyssee: Jeden Tag erst die Exhäftlinge, dann Essen kochen, dann Roboter-Kris wieder aufziehen, warten und ölen und gleichzeitig von Roboter-Kris als Stressabtreter missbraucht zu werden.

Ab und zu guckten wir als Ausgleich auch mal eine DVD, streunten auf überfüllten Flohmärkten rum und waren im Sommer an genau zwei Samstagen zusammen am Jungfernheideteich.

»Kris, ich meine einfach nur, dass du dir auch mal Ruhe gönnen musst. Was meinst du, warum du über Weihnachten und Silvester krank warst? Und so Sachen wie Ende November, wo du ...«

Sie winkte energisch ab. »Das war der Kreislauf. Das ist normal bei jungen Frauen, da sackt das Blut halt manchmal in die untere Körperhälfte ab und dann kippt man eben um. Mir geht es aber gut.«

Sie schlang ein großes Stück Fleisch hinunter, gab sich keine Zeit, zu Ende zu kauen, mit vollem Mund sprach sie weiter: »Ich hab viel mehr das Gefühl, dass du dir gar nicht so wahnsinnig große Sorgen um meine Gesundheit machst, sondern dass du das nur vorschiebst, weil du sauer bist, dass ich nach der Arbeit oder nach der Uni keine Zeit mehr für dich habe und dass du dann wieder alleine in deinem Zimmer fernsehen musst. Aber weißt du was? Es ist nicht mein Problem, dass du nicht rausgehst. Wenn du bei deinem Ziviquatsch keine Leute kennenlernst, warum machst du dann nicht mal Sport oder suchst dir einen Nebenjob ...«

»Ich kann mir keinen Nebenjob suchen, das geht während des Zivildienstes nicht, dann ...« Sie unterbrach mich: »Egal, oder mach irgendwas, nur häng nicht immer so nutzlos zu Hause rum, da ist es doch kein Wunder, dass dir langweilig wird und du unzufrieden bist«, urteilte sie, während sie das von mir zubereitete Essen vertilgte. »Irgendwas braucht man, wo man sich reinhängen kann. Wenn der Zivildienst dich schon nicht fordert, dann such dir doch irgendein Hobby oder kümmer dich mal um deine Zukunft. Schreib Bewerbungen oder überlege, ob du nicht doch noch studieren willst. Informier dich. Mach einfach mal was!«

»Einer meiner Klienten hat sich zu Silvester umgebracht. Wir haben heute die Leiche gefunden«, schob ich ein, um ihren Redefluss zu unterdrücken.

»Oder komm einfach mal mit, wenn ich feiern gehe. Vom Sender aus kommt man ja auf genügend Partys, aber du hast ja nie Bock wegzugehen. Auch Silvester! Du hättest nicht mit mir hier bleiben müssen. Wärst du doch mal rausgegangen. Oliver war doch in der Stadt. Was das angeht, kann ich dich überhaupt nicht verstehen. Wieso bist du überhaupt nach Berlin gegangen?«

Sie hatte mich überhaupt nicht gehört. In mir wuchs das Verlangen, ihr eine meiner matschigen Kartoffeln ins Gesicht zu schmeißen.

»Oder auch letztens: Da stell ich dir mal ein paar Leute aus dem Sender vor und du kriegst keinen Ton raus und regst dich später auf, dass solche Leute nicht dein Fall wären. Was sind denn *solche Leute*? Das fand ich total unmöglich. Und nur weil ich mit dir zusammenwohne und deine Freundin bin, heißt das doch noch lange nicht, dass ich für dein privates Entertainment zuständig bin …«

Die Kartoffel auf die Gabelzinken gelegt, die Gabel mit dem Stiel zu ihr gedreht, eingespannt zwischen dem Daumen der rechten Hand und dem Zeigefinger der linken, zielen und *fletsch*, dachte ich. Machte es aber nicht.

»Wenn du langfristig hier bleiben willst, musst du endlich mal ein soziales Netz aufbauen. Mir machst du Vorwürfe, dass ich zu viel mache, aber selber versauerst du hier in Moabit in deinem muffigen Zimmer. Dabei sind wir in Berlin. Die Stadt der Millionen Möglichkeiten. Die muss man nutzen. Aber dafür muss man erst mal vor die Tür gehen, dann kriegt man auch was mit von den ganzen Großartigkeiten, die diese Stadt zu bieten hat …«

»Einer meiner Klienten hat sich zu Silvester umgebracht. Wir haben heute die Leiche gefunden«, versuchte ich es noch mal, diesmal mit einer Prise Spott.

»Oh«, machte sie, trank, überlegte kurz und fragte dann lapidar: »Und?«

»Und? Was willst du hören, Kris? Das war schon relativ schockierend. Mir ist gar nicht danach, heute groß was zu machen. Ich wollte dich gar nicht dazu überreden rauszugehen, und, nein danke, mir ist auch nicht nach Party. Und auch diese ganzen von dir so genannten ›Großartigkeiten‹ dieser Stadt sehe ich jeden Tag: Ich räume die Spongebobkissen aus einem Ehebett, in dem ein Vater jahrelang seine Tochter vergewaltigt hat, ich beziehe zugeschissene Betten neu, bin live dabei, wenn im Wedding noch mal schön Crystal Meth gezogen wird, bis die Nase blutet. Ich treffe Menschen, die am Anfang des Monats schon keinen Cent vom Hartz IV mehr haben, weil sie sich dachten, dass sie dringend einen nigelnagelneuen HD-Riesenfernseher brauchen. Ich wische Nuttenblut von Plastiktapeten und hole arbeitslose Juristen aus dem Knast, die in ihrer einsamen Verzweiflung mal schön ihr altes Familienhaus abgefackelt haben. Ich sehe das *großartige* Berlin jeden Tag ...«

»Ach, hör doch auf ...«, Kris verzog das Gesicht zu einer überheblichen Maske. »Meinst du nicht, dass es in deinem ach so geliebten Mönchengladbach genau solche Schicksale gibt? Das hat doch nichts mit Berlin zu tun.«

»Ich weiß nur, dass in Tegel das größte Gefängnis Deutschlands steht. Das ist alles, was ich weiß.«

Sie schüttelte stöhnend den Kopf. Stand auf, öffnete den Mülleimer, schob ihr restliches Essen hinein und stellte den schmutzigen Teller neben die Spüle. *Das Essen, das ich gekocht habe, aus den Zutaten, die ich gekauft habe, in den Mülleimer, den ich heute schon mal geleert habe, neben die Spüle, die ich heute noch samt allem Geschirr darauf sauber machen werde.*

»Und was ich noch weiß, ist, dass ich nicht nur die Exknackis betreue, sondern auch dich jeden Abend wieder zusammenflicke, nachdem diese Stadt dich vollkommen zerschossen hat ...«

Sie zog die rechte Augenbraue hoch, stützte sich auf die Spüle. Arrogante Abwehrhaltung. Als Nächstes würde sie die Arme vor der Brust verschränken. »Jetzt mach aber mal 'nen Punkt«, forderte sie, während sie ihre Arme vor der Brust verschränkte.

»Du weißt genau, dass es so ist. Wichtige berufliche Partys bis fünf Uhr morgens, dann muss ich dich zwei Stunden später mit Gewalt aus dem Bett schütteln, du pennst im Badezimmer wieder ein, flehst mich später an, dass ich dich mit dem Kombi hinfahre, weil du es sonst nicht mehr schaffst, dann rackerst du dich ab, kommst nach Hause, siehst von Tag zu Tag beschissener aus, wirst andauernd krank, bist gereizt, kippst um, zitterst, schmeißt Ibuprofen wie Vitamintabletten ein, redest ständig davon, dass du keine Zeit hast, dass du das hier nicht schaffst, es eigentlich gar nicht packen kannst und ...« Ich holte zum Generalschlag aus: »Freunde hast du in dieser Stadt auch keine. Mögen deine tollen Arbeitskollegen auch noch so funky sein (sie verdrehte die Augen), hier zu Hause habe ich noch keinen von denen begrüßen dürfen. Da kommt niemand auf einen Kaffee vorbei!«

»Ich hab auch keine Zeit, großartig Kaffee zu trinken ...«, trotzte sie.

»Jetzt mach aber mal 'nen Punkt, Miss Wichtig.«

Ich stand auf und begann, unser Geschirr zu spülen. Sie verließ wutentbrannt die Küche. Wahrscheinlich hat sie sich wieder mit dem Gesicht nach unten auf das Bett geschmissen, das ich an diesem Tag noch frisch bezogen hatte. Zwei Stunden später stand sie bei mir im Türspalt. Hängende Schultern, von unten hochblickend, um Verzeihung bittend. Der Roboter hatte Urlaub.

»Duuuu«, kam es über ihre Lippen.

»Ja«, meinte ich knapp.

»Mach mal den Fernseher aus.«

Ich tat seufzend, wie mir befohlen, dann kam sie an mein Kopfende, setzte sich und griff nach meiner Hand. Hielt sie fest.

»Es war klar, dass das alles nicht so einfach wird mit Berlin. Immerhin ist es ein Neuanfang, zig hundert Kilometer entfernt von zu Hause. Natürlich ist das erst mal haarig, aber jetzt ist ja ein neues Jahr und dein Zivildienst geht doch nicht ewig und dann lernst du auch die anderen Seiten dieser Stadt kennen ...«

Ich zuckte mit den Schultern. »Ich weiß gar nicht, ob ich das so dringend will.«

Sie sah mich erschrocken an.

»Ich bin hierhergekommen, ohne groß was zu erwarten. Ich kannte Berlin nur von Fotos und aus Film und Fernsehen. Berlin waren für mich große Häuser um den Fernsehturm herum. Der Wannsee. Das Brandenburger Tor. Das Olympia-Stadion. Und jetzt hab ich Berlin kennengelernt. Von einer anderen Seite als du. Gänzlich! Du sitzt in deiner Ritalin-Heititei-Medienwelt und ab und zu mal in der Uni. Ich bin bei den Menschen, die an dieser Stadt gescheitert sind, auf Hausbesuch. Jeden Tag. Und der erste Eindruck zählt, oder?«

»Quark. Wären wir sonst zusammen?«

Sie schaffte es, mich an diesem Abend doch noch zum Grinsen zu bringen. Ein bisschen wenigstens. »Gut. Der Punkt geht an dich. Aber ich meine das schon so, wie ich es gesagt habe. Wenn ich von der Arbeit nach Hause komme und dann die ganzen Partymonks an den U-Bahn-Stationen stehen sehe, in ihren grellbunten Klamotten, dicht wie nix, laut, ätzend, kreischend, dann denk ich nur: Was wollt ihr hier? Warum Berlin? Warum ist diese Stadt euer verdammter Abenteuerspielplatz? Mir kommt manchmal echt die Galle hoch. Vor allem, weil ich jeden Tag sehe, was sie alle nicht sehen. Fröhlich werfen sie mit ihren Drogen um sich, als könnten die ihnen nichts anhaben, denn es ist ja alles nur Spaß. Hedonistische Wohlstandskinder auf nicht enden wollender Klassenfahrt. Das ist für mich der Gegenentwurf, den diese Stadt zum heruntergekommenen Moloch zu bieten hat. Und dann sehe ich dich, wie du dich mit selbstzerstörerischer Ernsthaftigkeit im Seichtgewässer abrackerst. Wie du zitterst. Wie du nach Hause kommst und einfach nur noch weinst. Und ich brauch dich gar nicht mehr zu fragen warum. So wie ich das sehe, hast du eine gute Chance, irgendwann völlig fertig mit den Nerven, mit zuckendem Kopf und heraushängenden Drähten auf einem Therapiestuhl zu sitzen.« Ich starrte die Decke über mir an. Sie sagte nichts.

»Und die ganzen Hedonisten sehe ich eingebuchtet. Aus Spaß ein bisschen gedealt. Ein bisschen illegal ist ja schließlich cool und scheißegal und so ...«

Sie lächelte. Oder belächelte mich, als wäre ich ihr linker Teenagersohn, der ihr was von einer gerechten Weltordnung vorfaseln würde. Also setzte ich noch einen drauf: »Oder sie geben sich, an ihre bollernde Heizung gelehnt, den goldenen Schuss, während ihre kleine reizende Tochter die kettenrauchende Elektro-

Mami, mit der sie nie zusammen war, im Sonnenstudio besucht. Da ist Mami nämlich letztlich hinter der Theke gelandet, nachdem sie eigentlich immer Popstar werden wollte.«

Sie zieht eine Augenbraue hoch. Die linke.

»Berlin ist einfach eine Autobahn. Wenn es hier crasht, dann richtig. Ich bin aber mehr so der Winkelgassen-Typ, der auch gerne mal ein bisschen Hauptstraße fährt, aber keine Lust hat, ständig am Limit zu sein. Immer. Überall. Nach der Party nicht mehr nach Hause gehen. Da bleiben. Früher als Kind musste man ins Bett, heute muss man nicht mehr gehen, wenn's am schönsten ist, heute zieht oder schmeißt man und hält durch, während man innerlich langsam verrottet. Schneller. Länger. Krasser. Mehr Reize. Diese Stadt stresst. Und nervt. Und das geht gegen meine Natur. Denn ich bin mehr so der gemütliche Typ.«

Sie sah mich an, seufzte. »Du siehst das alles viel zu extrem und schwarz. Du kannst hier genauso ein Mittelgeschwindigkeitsleben führen wie überall ...«

»Ja, aber dann kann ich ja auch überall wohnen, oder nicht?«, warf ich schnell dazwischen. Sie stockte, dann stellte sie mir die Frage aller Fragen: »Du bist hier also nicht glücklich?«

Ich lachte kurz auf, um der Situation das Pathos zu nehmen. Unerträglich. »So genau mach ich mir da keine Gedanken drüber. Aber jetzt, wo du mich fragst: Ja, vielleicht würde ich nach dem Zivildienst lieber wieder woanders wohnen. In der Nähe meiner Familie, meiner alten Freunde. Irgendwo, wo ich nicht weiß, dass in jedem dritten Haus Abgründe lauern, die tiefer sind als der Keller ...«

»Du Quatschkopf«, sagte sie nur. »Wirst schon sehen, nach deinem Zivildienst wird hier alles anders für dich. Dann bin ich auch aus meiner Probephase raus, dann wird alles entspannter. Dann beginnen wir hier richtig. Das ist jetzt nur die Trainingscamp-Phase.«

Ich nickte. Glaubte aber nicht daran.

Am nächsten Tag räumte ich mit Steffen die Wohnung von Herrn C. aus. Trotz der Lüftung über Nacht war der Geruch in der Wohnung kaum zu ertragen. Gegen Nachmittag waren wir fast fertig und ich fuhr los zu einem anderen Klienten, Herrn K., der gerade frisch wieder draußen war. Ich sollte ihn zum Arbeitsamt begleiten.

»Ich hoffe, ich krieg hier irgendwo was zum Gärtnern. Egal ob so oder schwarz. Ich werd nichts ausgeben. Im Knast hab ich auch gut verdient, das hab ich mir alles schön zur Seite gelegt und wenn ich genug habe, ziehe ich um, in die Börde. Da isses ruhig, da bin ich aus dem ganzen Quatsch raus. Da kann ich neu anfangen. Irgendwann kauf ich mir da ein kleines Haus und bau an, solange ich das noch kann. Nur raus aus der Stadt.«

Als mein Zivildienst vorbei war, hörte ich von Rabea, dass er wieder rein müsse. Dilettantischer Sparkassen-Raubüberfall. Hatte sich das Geld für das Häuschen in der Börde ein bisschen schneller besorgen wollen.

Kurze Zeit nach meinem Zivildienst trennten Kris und ich uns. Und ich ging zurück nach Mönchengladbach. Manchmal telefoniere ich noch mit ihr. Ihr Leben ist nicht ruhiger geworden, der Fernsehsender baut beständig Stellen ab. In ihrer neuen Einzimmerwohnung in Friedrichshain fühlt sie sich manchmal einsam, gestand sie mir. Deswegen lässt sie zum Einschlafen immer den Fernseher an, dann fühlt sie sich nicht so alleine, hat sie gesagt.

Auswandern
Phase 3

DIE 24. GESCHICHTE

Bachstelzen und Nebelkrähen

Evelyn (25), aus Mülheim an der Ruhr,
über
den Berlin-Moment

Sie steht wenige Meter vor mir, strohblonde Haare, große blaue Augen, dunkel geschminkt, und steckt in 2/3 einer Kapitänsuniform: Die Mütze mit dem dunkelblauen Plastikschirm thront auf ihrem Kopf, das Kapitäns-Jackett, in Männergröße, trägt sie, um den Bauch herum noch mal mit einem roten, schmalen Lackgürtel festgezurrt, als Kleid. Darunter nichts als ihre langen Beine in einer durchsichtig glänzenden Strumpfhose und roten Lackpumps.

Sie lutscht aufreizend an einem blauen Lolli, aber ihre Augen sind stumpf, müde und gelangweilt. Sie steht einfach nur da, schleckt und sieht aus. Die Sicht ist leicht diesig, die riesigen Kronleuchter mit üppigem Kristallbehang gedimmt.

Über der Bar hängen schwarz angemalte, nackte Barbiepuppen, geknebelt und gefesselt an Seilen, darunter flackern lange weiße Kerzen und im Hintergrund locken überdimensionale rot-weiße Zuckerstangen. Ich setze mich auf einen schwarzen Quader, ziehe am Strohhalm meines Getränks und kühle, bittere Flüssigkeit schießt durch den Halm, rinnt meine heiße Kehle hinunter.

Ein Typ mit Modelgesicht in schwarzem Parka, mit Hut auf dem Kopf lehnt lässig an der Wand mir gegenüber, neben ihm spielt eine Brünette an ihrer Perlenkette. Sie starren auf die kleine Tanzfläche, auf der ein grüner Drache mit großen, glitzernden Flügeln die Hüften kreisen lässt. Man kann nicht erkennen, ob es eine Frau oder ein Mann ist, denn die Drachenmaske verhüllt das Gesicht komplett. Seine mit Hunderten von kleinen grünen Glassplittern beklebten Schwingen schlagen apathisch zur Musik, die ich nicht zuordnen kann. Es sind verzerrte Töne, wie von einem Hit, den man eigentlich kennen müsste, zusammengemischt zu einem schwer über der Atmosphäre liegenden, dumpfen Klangbrei.

Vielleicht zubereitet aus einem dickflüssigen Schwall von Massive Attacks *Joy Luck Club*, gegossen über einen hohlen Kylie-Minogue-Achtziger-Pop-Hit, vermengt mit zerstößeltem Valium und leisen Trip-Hop-Beats. Vielleicht. Die ganze Szene scheint jedenfalls einem Musikvideo zu entstammen. Und ich sitze mittendrin – als gehöre ich dazu, als strohhalmsaugender Statist in den bunten Bildern der neunziger MTV-Ära. Bloß ist unsere heutige Version hier neu abgemischt mit viel zu langsamer Musik. Wir laufen gerade nicht auf MTV, wir sind hochgeladen auf YouTube.

Vor meinen Augen schwimmt es. Ich lehne mich langsam zurück auf dem schwarzen Quader. Er scheint aus Holz zu sein, denn er ist hart. Sein schwarzer Stoff ist nur drübergespannt und festgetackert. Keine Polsterung dazwischen. Kulissenobjekt.

Der Beat fährt regelmäßig ruckartig in das Holz, schüttelt meinen liegenden Körper mit jedem Schlag einmal kurz und obwohl so viel Krach um mich herum ist, Drachen ihre Flügel schlagen und es so viel zu sehen gibt, entspanne ich, lasse los, falle vollkommen zurück. Wohlige Leere in meinem Kopf.

Das Holz unter mir ruckelt. Zwei Knutschende sind in ihrem Wahn gestrauchelt und neben mir auf den Quader gefallen. Ein weißes, weiches Oberteil reibt gegen mein Gesicht, Kichern, kurze Schreie, erneutes Ruckeln …

»Das hast du dir wohl so gedacht«, ruft sie aus, aber er drückt sie nur runter, drückt sie gegen mich, sie nimmt Schwung, geht zum Angriff über, beide ringen, sie fällt wieder zurück, sitzt halb auf meiner Hüfte. Normalerweise wäre ich wohl empört, aber nicht in diesem Musikvideozustand. Ich liege nur so da.

Der Quader ruckelt erneut, jetzt links von mir, aus halb geschlossenen Augen sehe ich dort Oberschenkel in festem Denimstoff sitzen, daneben aufgestützte breite, sonnengebräunte Handgelenke. Sehnig, männlich, mit dunkelblonden, drahtigen Haaren.

Unwillkürlich denke ich: Fass mich an, ich brauch dein Gesicht gar nicht zu sehen, fass mich nur an mit diesen erwachsenen Händen, berühr mich, geh mit deinem Zeigefingerrücken über meine warme Wange, dann zieh mich hoch, mach mich wach, lass mich trinken und lass uns tanzen, dicht und dicht beieinander.

Ich lach mich innerlich selbst aus für mein Verlangen, will meine Augen wieder schließen, da kommt die Hand mir wirklich näher. Weißer, gestärkter Hemdsärmel, ordentlich hochgefaltet, Unterarm und Handgelenk, der Zeigefinger streckt sich aus, mir entgegen, berührt nicht meine Wange, sondern tippt auf meine Schulter. Tippt. *Tippt.*

Ich öffne die Augen ganz, gucke hoch in ein Männergesicht, irgendwo in den Dreißigern, markante Züge, graugrüne Augen, teure Uhr, herbes Aftershave. Männliche Kernigkeit.

Ich setze mich benommen auf.

»Ja?«, frage ich, als hätte mich jemand angerufen und wäre gerade nach langem Klingeln durchgekommen. Dreitagebart. Verwegenes Grinsen. Süffisanz. »Du hast schöne rote Lippen«, sagt der Mund inmitten der Bartstoppeln.

Am Tag ist er mit Sicherheit Banker, Unternehmensberater, Manager.

»Ja?«, frage ich und muss unwillkürlich grinsen. In meinen Gedanken greifen seine großen Hände eine Wahnsinnsfrau, unerbittlich, sie stöhnt, wirft den Kopf in den Nacken, Wasserfall von blondem Haar, ihr Rock rutscht hoch, schwarzes Strumpfband am makellosen Schenkel, er packt zu, nimmt sie in dem steril blitzenden Aufzug des Firmenimperiums. *Casino Royale, The Devil's Advocate ...*

»Hast du deinen Lippenstift dabei?«, fragt er. *American Psycho.*

Aus meinem Grinsen wird ein Auflachen. »Ja, habe ich. Wieso? Möchtest du ihn benutzen?«

Er schüttelt langsam den Kopf, sein herber Aftershavegeruch schlägt mir in neuen Wogen in die Nase. »Trag du ihn mir auf!«, bittet er.

»Was?« Ich gucke ihn mit großen Augen an, lache aus voller Kehle, dann halte ich inne, seine grünen schmalen Augen ruhen auf mir. Ernster Blick, unbewegte Lippen. Er macht keine Scherze.

Kopfschüttelnd greife ich nach meiner Tasche, hole meinen Lippenstift heraus, nehme die Kappe ab, ein leises *Plop!*, dann drehe ich den wachsigen Farbstift heraus, Farbe *Lady Danger* glänzt feucht im diffusen Discolicht. Ich zögere.

»Mach!«, fordert er mit ruhiger Stimme, hebt sein markantes Kinn, öffnet seinen Mund. Ich unterdrücke all meine Fragen und fahre mit dem warmen Lippenstift über seine rauen Lippen. Einmal, zweimal. Er schließt den Mund, macht die Verteilbewegung mit Ober- und Unterlippe. Sieht mich durchdringend an, öffnet seinen Mund wieder und sagt: »Noch mal.«

Wieder setze ich den Lippenstift an und diesmal schließt er die Augen, genießt. Ein kleiner Schreck durchfährt mich. Fetisch oder Nachtlebenscherz?

Ich drehe den Lippenstift ein, werfe ihn in das kleine Seitenfach meiner Tasche, mit einem Schnapp schließt sie. Er mustert mich.

»Was trägst du für einen BH?«, fragt er schließlich.

Blut schießt in meine Wangen. Ich möchte den Lippenstift wegküssen, rot schmierig über seine raue Bartstoppelhaut verteilen und letzte Schlieren zu seinem weißen Hemdkragen den Hals hinunter abtragen.

»Einen schwarzen«, sage ich.

Die Information scheint ihm nicht genug.

»Schwarzer Seidenstoff, mit Bügeln und schmalen Trägern ...«

»Welche Größe?«

»75 C«

»Zeig ihn mir ...«

Ich höre mich wieder lachen. Er schaut mich unerbittlich an. Ich muss mich nicht genieren, denke ich, nicht hier zwischen den Zuckerstangen, Drachen und all den gepuderten Nasen. Mit einer laschen Bewegung schubse ich die Träger meines Kleides von den Schultern, erst links, dann rechts. Der schwarze Stoff fällt träge von meinem Oberkörper. Seine grünen Augen mustern meinen freigelegten BH. »Der gefällt mir. Ich gebe dir dreißig Euro. Ist das okay?«

»Was?«, frage ich kichernd, greife nach meinem Drink, er ist nicht mehr kühl, aber ich trinke den letzten Schluck durch den dicken Halm.

»Ich gebe dir dreißig Euro für deinen BH. Ich hätte ihn gerne.«

»Wofür willst du ihn haben?«

»Ich möchte ihn tragen. Hier. Jetzt.«

»Er wird dir nicht passen«, lache ich, als wäre das das Einzige, was es dazu zu sagen gäbe.

Er guckt mir in die Augen, zögert kurz und greift dann einen der schwarzen BH-Träger, geht mit dem Daumen drunter, fährt den Träger entlang runter zum Cup, hält inne, fährt wieder hoch zur Schulter.

Schließlich lässt er den Träger schnappen.

»Trage ich ihn eben anders, wenn er mir so nicht passt.«

»Dreißig Euro ist zu wenig. Das ist einer meiner Lieblings-BHs ...«

»Okay, verstehe ich. Dann gebe ich dir fünfzig Euro. Ist das okay?«

Aus seiner Gesäßtasche holt er ein braunes Lederportemonnaie.

»Hundert«, kommt aus meinem Mund, als ich die grüne Farbe im Scheinfach seines Portemonnaies entdecke. Er sieht mich überlegend an. Die Reflexionen der schwingenden Drachenflügel glitzern über meinen Oberkörper und ich fordere gerade hundert Euro für meinen alten H&M-BH. Keine Fragen stellen. Nicht nachdenken. Nicht hier.

»In Ordnung«, sagt er schließlich, zückt einen der grünen Scheine, reicht ihn mir, ich nehme ihn mit zwei Fingern, lege ihn in meinen Schoß, dann öffne ich die BH-Schließe, die Cups fallen nach vorne, ich streife die Träger ab, langsam, halte mit dem linken Arm meine Brüste schützend fest und reiche dann James Bond mit Lippenstift meinen körperwarmen BH.

Er nimmt ihn an sich. Ich ziehe mein Kleid hoch.

Er steckt die Arme durch den BH, zieht ihn über sein Hemd wie eine zu kleine Weste, steht auf, lächelt, verneigt sich vor mir. »Danke, danke, schöne Dame. Danke«, haucht er mir entgegen. Dann dreht er sich abrupt um, läuft auf die Tanzfläche, wirft die Arme in die Luft und lässt das Becken kreisen, neben dem Drachen, dem Mädchen im Kapitänskleid und all den anderen tanzenden Musikvideo-Statisten.

In meinem Schoß liegen hundert Euro. Und meine Brüste sind nackt unter dem dünnen, schwarzen Kleiderstoff. Ich stehe auf, gehe rüber in die andere Halle. Breites Grinsen. Ich sehe ihre begeisterten Gesichter bereits vor mir.

Ich werde ihnen sagen, dass ich ihnen ausgebe, was immer sie wollen. Vorfreude. Grünes Laserdickicht tanzt in der anderen Halle über den Köpfen. Konfettikanonen explodieren unermüdlich, ergießen dichte Fontänen aus weißen Schnipseln in die Menge. Zwischen den Tanzenden stolzieren Menschen auf Stelzen in weißen Kostümen mit rauschebärtigen Perücken. Stimmungsmacher. Ich finde die Freundinnen mit offenen Haaren, schweißnassen Dekolletés und mit weißen Konfettischnipseln beklebt.

»Ich habe meinen BH gegen hundert Euro getauscht«, schreie ich gegen die laute Technowand.

»Kommt zur Bar, ich geb euch was aus.«

Wir bestellen alles, was uns einfällt. Der Kellner wirkt gehetzt. Sekt auf Eis. Wodka auf Eis. Wodka-Energy. Strohhalme. Die Freundinnen können die Geschichte nicht glauben, lachen am nassen Tresen, ihre Blicke wandern zu meinen Brüsten, die sich sichtbar unter dem dünnen Stoff abzeichnen. Sie zeigen. Sie lachen erneut.

Wir trinken die Getränke wie Wasser, stürzen sie eilig runter, bestellen Schnaps, stoßen an, pressen den Sprit die brennende Kehle hinunter, rennen danach voller Ungeduld wie Kinder zurück unter das tanzende Volk, verlieren uns in unserem Rausch und in der Musik.

Bei jedem Schuss aus der Konfettikanone steigt die Euphorie in uns und in der Masse an. Wie beim ersten Schnee werden Arme in die Luft gerissen, Münder gierig gen Decke gerichtet, geschrien.

Konfettischnipsel verirren sich in den sperrangelweit geöffneten Mäulern. Nasses Papier. Hunger. Durst und Lust.

Wir sehen nicht klar. Wir hören nichts als den Beat. Wir fühlen uns großartig. Wir sind selig.

Als hätte uns jemand gewaltsam geweckt, stoppt die Musik für einen kurzen Moment. Unangenehme Irritation macht sich breit. Eine ganze Halle steht ratlos da. Rausgeworfen aus dem Film, das Licht ist zu hell, kein Laser, kein Konfetti, die Stelzen sind nicht zu sehen, nur verschwitzte, käsige Gesichter, Augenringe, verwischtes Make-up.

Statt Musik Gemurmel wie in einer Bahnhofshalle. Beschwerderufe. Aufkeimende Angst. Sind wir alle nur Betrunkene in einer alten Fabrikhalle, um fünf Uhr morgens? *Das Kind kann nicht einschlafen, wenn keiner das Wiegenlied singt.*

Meine Laune sinkt. Fragen. Negative Bewertungen. Kein Glas in meiner Hand. Schon überlege ich zu gehen, als der Beat langsam wieder einsetzt. Er umhüllt uns. Fängt uns wieder ein. Die bunten Lichter schmeicheln unseren abgekämpften Gesichtern. Alles wird schöner.

Wer sich bewegt, denkt weniger. Konfettiregen und wir wissen wieder: Nein, das ist mehr als nur eine alte Fabrikhalle, Menschen über dem Schlaf, ein paar Drinks und Drogen. Wir sind das Nachtleben. Wir prägen es. Wir sind der Zeitgeist, sind die Popgeschichte, die gerade geschrieben wird. Wir erleben. Wir sind das Berliner Nachtleben.

Sieben Uhr fünfzehn sagt die beleuchtete Uhr am Turm des Roten Rathauses, als ich die alte Münzfabrik verlasse. Kalte, klare Luft schlägt mir ins Gesicht. In meinem dünnen Mantel stöckel ich ohne BH über den grauen Asphalt. *Für hundert Euro verkauft.*

Meine Absätze hallen, der Himmel ist diesig blau, wenige Autos fahren auf der Hauptstraße an mir vorbei. *In dieser Stadt kann alles passieren.* Der Fernsehturm blinkt seine roten Lichterkreise, S-Bahnen fahren auf den Gleisen ein.

Es ist nicht irgendeine Straße, nicht irgendeine Stadt, ich bin zwischen weltbekannten Bauten, laufe durch weltbekannte Kulissen. *Und ich bin dabei. Ich bin da.* Tote Sträucher strecken ihre dürren Äste aus.

Ein Typ im grauen Mantel drängt sich vorbei, bleibt zu nah vor mir stehen. »Wo ist hier die Bachstelzen-Party?«, fragt er.

Ich winke über meine Schulter. »Da hinten, siehste das Gebäude mit dem *Crazy Paradise*-Schriftzug? Das ist die alte Münzfabrik.«

»Ah«, er nickt. »Danke. Damit bist du meine persönliche Lieblingsdame an diesem Morgen.«

»Schon recht«, sage ich milde lächelnd, schüttle den Kopf, laufe weiter. Vogelgekrächze ertönt.

Erstaunt bleibe ich stehen. Hinter dem Roten Rathaus tauchen Hunderte Nebelkrähen auf, ein breiter Formationsflug verdunkelt den diesig blauen Himmel. Flügelschlagen. Kreisen. Spähen. Eine Nebelkrähe landet im Sturzflug vor mir, macht sich in den

Sträuchern an einer pinkfarbenen Dunkin-Doughnuts-Schachtel zu schaffen.

Guten Morgen, Berlin. Morgens gehörst du den Vögeln. Ich trage keinen BH, Krähen landen zu meinen Füßen und als ich aufblicke, erkenne ich, dass auch die Turmspitze des Fernsehturms nur eine überdimensionale rot-weiße Zuckerstange ist …

DIE 25. GESCHICHTE

Bar, liquide und ohne Gewähr

Paul (26), Musiker & Barkeeper aus Bielefeld,
über
einen Sonntag hinter einer Berliner Theke

Dunkelrote Wände. Der Deckenventilator kreist. Biergeruch. Der Chemikerzirkel mag keine Überraschungen, drei Radeberger, ein Budvar, bestellt wie immer. Hinter ihrem Tisch der Bürgersteig, durch die Scheibe trübes Grau in Grau, Herbst und Sonntag in Berlin, ungewöhnlich wenig ist los. Bielefeld hab ich verlassen, weil es mir zu eng geworden ist, in 21 Jahren ist die Stadt unter mir geschrumpft, Jahr für Jahr weniger Wasser im Nichtschwimmerbecken, hüfttiefe, überschaubare Plörre, auf der immer die gleichen Menschen mit immer den gleichen Geschichten daherschipperten. Alle immer getrieben oder locker angeschubst, von immer den gleichen Ideen, begrenzt durch immer die gleichen Ideale. Ich musste da raus. Natürlich muss man da raus.

Die Chemiker werden noch mal das Gleiche bestellen, trinken und dann gehen, an der Tür werden sie sich alle gemeinsam für rechts entscheiden. Wahrscheinlich wohnen sie zusammen. Tauschen ihre Pullover untereinander. Jede Woche trägt ein anderer Gelb, ein anderer Rot, ein anderer Blau, ein anderer Rot mit Bruststreifen und ich krieg es gar nicht mit.

Mein Halbbruder hat früher in Berlin gelebt. Als ich 15 war, hab ihn besucht. Als ich ankam, wusste ich sofort: Das ist es, da geh ich hin, wenn ich groß bin. In diese Stadt, in der alles blinkt, alles hupt, alles groß ist, die Straßen breit, die Häuser hoch, die Wände und Mauern besprayt, wo jeder seine Botschaft hat, alles spricht, auf dich einspricht, in verschiedene Richtungen, überall, wo alles um dich rum rauscht, mit all den Möglichkeiten, all dem Lärm, nie Testbild, da geh ich hin.

Frei sein in Unordnung und Unübersichtlichkeit. Ich hab gesagt, ich geh studieren. Das, was sie alle sagen. Die Tür geht auf. Siebzehn Uhr zweiunddreißig. Natürlich ist er es.

Ich hab ziemlich schnell festgestellt, dass Studieren nichts für mich ist, dass ich das nicht wollte. Dafür muss man auch nicht hierherkommen. Das ist hier wie überall. Alle die, die man in der Schule schon für ihr Schnipsen verachtet hat, *nimm mich, nimm mich, ich weiß es, ich weiß es, ich bin der Beste, gib nicht ihm das Wort, gib es mir, lass es meinen genialen Einfall sein* zusammen in einem Raum, angegraute Wände, sie schnipsen nicht mehr, aber sie reden genauso überzeugt, jeder muss sie hören, anhören, selbstgerecht, kämmen sich die ungekämmten Haare hinters Ohr, während sie ganz lässig aus ihren langweiligen Ärmeln die Lösungen für jedes weltpolitische Problem herausschütteln, weil sie schon immer ziemlich genial waren, weil die Geschichte einfach mal besser auf sie gehört hätte, und der Kohl, der Schröder, die Merkel mal besser sie eingesetzt hätten, einfach. Das ewige Schattenkabinett. Im Schatten. Mit Schatten.

»Guten Tag«, murmelt er gepresst, zieht den Hocker über die Dielen, stützt sich auf dem Polster ab, beugt sich vor: »Einen Weißen, bitte, ja?« Seine Tonlage bemüht sich um Freundlichkeit, aber wieder ist sie da, die rechte, geschwungen hochgezogene Augenbraue, er bestellt nicht, er fordert, alles muss so gehen, wie er es anordnet.

Er ist schließlich Chef. Von allen, im Zweifelsfall.

Also, Jungspund im karierten Hemd, man hänge hier nicht seinen Gedanken nach, sondern man bringe dem Herrn schnell den Weißwein, aber ein bisschen zackig, er habe geordert. Klapp. Klapp. Ich nicke mit den Mundwinkeln nach oben, hole die Flasche aus dem Kühlschrank. Er zieht seinen grauen Mantel aus.

Studenten haben schon immer all die Bücher gelesen, die Papa ihnen mitgebracht hat, sie haben schon immer so gerne arte geguckt und sie haben einfach alles im Blick von ihrer unrevolutionären Zelle aus, dem Fachschaftsflur mit den ausrangierten Sofas ihrer Eltern, wo sie sitzen und labern und dünnen Kaffee aus schmutzigen Plastiktassen trinken.

Und weil sie noch nie mit der Wirklichkeit konfrontiert wurden, fühlen sie sich noch allmächtig mit ihrer so sorgsam zurechtgelegten Theorie, die sie jeden Tag erweitern, weil die Uni das so will, auf Tempo durch das Studienmenü klicken, das können sie gut, Theorie Input, jeden Tag 200 Seiten in den Arbeitsspeicher, tick, tack, tick, tack, so geht die Studiererei: schnell den Stoff gefressen, im Kropf behalten und über dem Klausurbogen wieder ausgebrochen, *Wie sagt man noch?*, schöne Fremdwörter ins Widergekäute gemengt, wichtig genickt, mit links den Dozenten infrage gestellt, rechts die Augenbrauen hochgezogen und die Fragen der kleinen, bezopften Mädchen belacht, *hahahaha, was fragt sie da, die Kleine, was macht sie hier, wir haben sie auf den Sofas im Flur noch nie gesehen?!*.

Die kleinen Mädchen hab ich mit nach Hause genommen. Und nicht aufs ausrangierte Sofa der Eltern, sondern in mein eigenes Bett. Selbstgebaut. Und irgendwann bin ich nicht mehr wiedergekommen. Die Uni geschmissen. Keine theoretischen Umwege mehr. Keine Ausreden mehr für das alte Bielefelder Gewissen. Einfach leben. *Enjoy yourself.* Keine Stadt macht es dir so leicht.

Grauer Anzug unter grauem Mantel, ich stelle ihm das Weinglas auf den Tresen, aus dem Handgelenk landet der Deckel daneben, zwei Striche für ein Glas, flink schießt seine Hand auf den Bierfilz, stoppt ihn, damit er nicht vom Tresen in seinen Schoß fliegen kann. Höfliches Lächeln, aber dieses Angewiderte in seinem Blick.

Jetzt trink schon deine drei Schlücke, dann willst du ihn doch auch dieses Mal, deinen Feta-Oliven-Teller.

Mein Handy vibriert in der kleinen Pfütze aus Zitronensaft und Schwammwasser. Sie ist es. Marie.

Ich lasse sie klingeln, gehe nicht ran.

Durch Marie hab ich den Job hier gekriegt. Irgendwann nach dem Uni-Aus hab ich mit einem Kumpel in meiner Bude gesessen, wir haben gekifft, er hatte sie angeschleppt, wir haben stumpf auf die Straße runter geguckt, Autos, Fahrräder, Krach und Menschen mit Möbelstücken über der Schulter. Und ich hab gesagt: »Mensch, ey, so langsam wird's knapp.«

»Mit'm Geld?«, hat er gefragt und mich aus seinen kleinen dichten Augen angeblinzelt.

Ich hab das Kinn ein bisschen hoch und runter bewegt und Marie hat sich zum ersten Mal bemerkbar gemacht in ihrer Ecke, hat gesagt, dass sie bei ihr in der Bar gerade jemanden suchen, dass ich vorbeikommen soll, hat sich meine Nummer von der Pinnwand abgeschrieben, hat nicht lockergelassen, hat mich hierher geholt. Also arbeite ich jetzt hier, also bin ich jetzt Barkeeper hier und das seit zwei Jahren.

Marie, Marie, Marie …

»Entschuldigung?!«, ruft er. Ich greife nach dem grauen Lappen, wische unter dem nassen Handy herum, gucke ihn an, offenes Gesicht mit zwei hochgezogenen Augenbrauen, bereit für die Bestellung.

»Ich hätte gerne den Feta-Oliven-Teller«, sagt er, während er mit zusammengekniffenen Augen auf der Tafel hinter mir nachliest, wie das denn noch mal heißt, was er seit einem halben Jahr jede Woche bestellt.

Vor ein paar Wochen hatte ich mit Ella Schluss gemacht, Marie hat es erfahren, hat sich auf Zehenspitzen hinterm Tresen an mich rangetanzt, als hätte sie es nicht geplant.

»Feta-Oliven-Teller«, wiederhole ich noch mal, auf dass es sich bei ihm einprägen möge, er nickt nur, guckt auf sein Glas und auf seine Uhr.

»Paul«, hat sie gesagt und das »u« langgezogen, hat übertrieben eingeatmet und gemeint: »Ich weiß nicht mehr, ich kann's nicht mehr, ich mein, ich bin schon so lange Single. Und du, du warst so lange mit Ella zusammen, kannst du es noch? Flirten? Wie mach ich das? Wie mache ich Männer an? Und wie hole ich sie zu mir nach Haus?«

Ich war elf Monate mit Ella zusammen gewesen, zu einem ganzen Jahr hatten wir es nicht gebracht. Ich hab Marie nicht angeguckt, hab Zitronen geschnitten, Scheibe um Scheibe in den Plastikeimer geworfen und geantwortet: »Ganz einfach, indem du hingehst und es einfach machst. Was soll sein? So geht es. So muss man das machen. Bei mir zumindest. Ich bin noch nie auf eine Frau zugegangen.«

»Weil du's nie gemusst hast?«, nahm Goldmarie an.

»Weil ich's noch nie gemusst hab«, stimmte ich ihr zu, guckte von den Zitronen auf und legte das Messer beiseite. Wenige Sekunden später bestätigte sich meine Aussage wieder. Frauen. Sie kommen immer auf mich zu. Und ich spiel mit. Die Tür geht wieder auf. Der nächste graue Mantel, darunter blickdichte Strumpfhosen und ein Kostümchen. Ich weiß es, bevor sie den Mantel ausgezogen hat. Sie nimmt den Hocker neben dem Mann, der schwarz gefärbte Pagenkopf, die randlose Brille – unsere Bar ist so eine Art absurder Ort für sie, hier werden sie niemanden treffen, den sie kennen. Hier wägen sie sich in Sicherheit.

Marie war so herrlich vulgär. Nach Feierabend haben wir noch Klaren getrunken, Oliven mit der Hand aus dem Glas gegessen, sie mit dem Hintern auf dem feucht gewischten Tresen, rote Wangen,

Alkoholflecken, hat gelacht, sich den nassen Handrücken unter die Stirn gehalten und gesagt: »Ich steh so auf Blasen.« Ich hab nur genickt. Sie wird was anderes gesagt haben. Ich hatte sie wohl nur falsch verstanden, dachte ich. Aber hatte ich nicht.

»Für mich bitte auch einen Weißen!«, ordert das Kostümchen über die randlose Brille hinweg, der Mantel liegt ordentlich neben ihr auf dem nächsten Hocker. Sie reden übers Büro. Sie ist seine Sekretärin. Für den ersten Schritt brauchen sie ein Glas Wein. Und ich serviere ihn. Marie und ich haben oft zusammengearbeitet und sind häufig danach zu mir gegangen.

Aber ich hatte auch Schichten mit Nuria. Die mit den schwarzen, langen Haaren, die auch eine Band hat, die singt und immer so selbstzerstörerisch ist, mit Höchstgeschwindigkeit in ihr eigenes Verderben rennt. Nuria, die immer so ein bisschen traurig ist.

Mit ihr bin ich auf Partys gegangen. Erst haben wir nur uns geküsst, dann haben wir verabredet, jeden zu küssen, der auf der Party war und es sich gefallen ließ, egal ob Mann oder Frau. Viele ließen es sich gefallen, also machten wir einen Wettbewerb draus: *Wer kriegt mehr rum?*, aber am Ende wussten wir nicht, wer gewonnen hat, wir konnten es nicht mehr zählen und aus irgendeinem Grund fanden wir das witzig, haben gelacht, bis uns die Bäuche wehtaten, und dann hat Nuria gesagt: »Und jetzt, jetzt schlagen wir alle, die das mit sich machen lassen.« Ich hab weiter gelacht, aber Nuria nicht. Bevor sie irgendwas zu ernst meinen konnte, hab ich sie mit zu mir nach Hause genommen. Wir waren uns einig, Marie musste das nicht wissen.

Der Chef und seine Sekretärin stoßen bereits zum zweiten Mal mit ihren Weingläsern an. Gucken sich verschämt in die Augen, sind immer noch nervös. Bei all der Routine haben sie immer noch diesen Nervenkitzel, sie sind immer noch aufgeregt.

Bin ich immer noch aufgeregt?

Eines Abends hatten wir die ganze Bar voll, viele internationale Gäste, mit unstillbarem Durst. Wir mussten zu dritt hinter die

Theke, überall gleichzeitig sein, Trinkspiele gegen Dänemark, gegen Norwegen, enthemmte Mauerblümchen gaben sich die Ehre auf dem Tresen, haben in der Fremde getanzt, als würden sie dafür bezahlt. Und Nuria ist es nach diesen ganzen Trinkspielchen rausgerutscht.

Die Sekretärin nickt freundlich, wenn er spricht, aber wenn unsere Blicke sich treffen, weicht sie sofort aus. Obwohl sie immer an der Theke sitzen, will sie wohl, dass ich ihr Gesicht vergesse.

Und draußen im wahren Leben will sie mir vermutlich nie begegnen.

Und ihr Chef will sie nicht, er will nur die Bar und das Hotel um die Ecke, das ist alles, was er von ihr will, den Rest hat er an seinem linken Ringfinger.

Der Kühlschrank hinter mir surrt, die Musik plärrt leise aus den Boxen, ein Hund läuft vor der Fensterscheibe vorbei. Der Chef legt der Sekretärin die Hand auf das blickdicht bestrumpfte Bein. Lässt sie reglos da liegen. Die Chemiker lachen ausnahmsweise mal. Hinter der Fensterscheibe folgt ein Mann mit um die Hand gewickelter Hundeleine.

Ich war nicht dabei, als es Nuria in ihrer Schnapslaune rausgerutscht ist. Aber Marie ist zu mir gekommen, als ich gerade aus dem Lager kam, und hat mich mit dem Trockentuch gehauen. Immer wieder. Mit einer Hand hab ich telefoniert. Eine Frau hat mich angerufen, die mich Tage zuvor in einem Club angesprochen hatte.

»Ich denk schon den ganzen Abend darüber nach. Wenn ich noch länger darüber nachdenke, mach ich es nicht mehr«, hat sie gesagt und dann mein Gesicht gepackt und mich geküsst. Ich hab mich gerne überreden lassen. Dann hat sie nach meiner Nummer gefragt. Irgendwie hab ich sie ihr gegeben. Wir waren einmal zusammen weg, es ist nichts gelaufen, sie hat gesagt, sie ist 36 und mache sich deswegen Sorgen. Ich hab geantwortet, dass mich das nicht interessiert.

Jetzt am Handy sagte sie, wir sollten uns an diesem Abend mal richtig treffen, ohne dass sie sich Sorgen machen würde. Und Marie hat mich geschlagen. Und ich habe weiter telefoniert.

Als ich Feierabend hatte, rief ich mit einer Hand am Türknauf und einer in der Hosentasche: »Ich geh dann jetzt, bis nächste Woche«, und Pechmarie rannte um den Tresen herum, hektisch an den Tischen mit den letzten Niederländern vorbei, stellte sich vor mich hin und sagte: »Du, das geht ja eigentlich nicht mit uns beiden. Das weiß ich auch. Aber warum geht das eigentlich nicht?«

Ich hab die Hand aus der engen Hosentasche genommen, mich am verschwitzten Nacken gekratzt, meine Turnschuhe auf dem Holzboden gesehen. Ja, warum geht es nicht?

Weil ich keine Freundin haben will, weil ich Ella deswegen verlassen habe und weil du nicht hübsch genug bist und es einfach nicht passt und weil ich noch so viele andere Optionen habe und weil ich mich jetzt mit der 36-Jährigen treffe und weil ich irgendwie Spaß haben will in Berlin, weil mir immer irgendwas passiert und weil ich sehen will, wo es mich noch so hintreibt. Sicher werd ich – auch wenn ich es nicht plane – mal wieder stranden, aber doch bestimmt nicht bei dir.

»Ich find dich schon echt ziemlich super und so. Aber im Moment hab ich einfach keine Kapazitäten für so was. Du weißt schon.«

Ich will nicht in Ungnade fallen, mich nicht unbeliebt machen, deswegen sage ich das so. Das ist doch verständlich, das will doch niemand. Deswegen treffen sich der Chef und die Sekretärin in unserer Bar. Sie wollen sich nicht unbeliebt machen. Also verstecken sie ihre Affäre. Verstecken ihre Wahrheit. Und Marie wollte sich auch nicht unbeliebt machen, nickte kurz, sagte, klar, das habe sie alles auch nicht anders erwartet. Sie wollte mir keine Probleme machen. Sie bläst doch nur so gerne. Märchenmädchengestalt. Die Goldmarie. Weiß sie eigentlich noch, was sie redet? Redet sie da, wenn sie das sagt, für sich oder meint sie mich? Ich weiß es nicht. Wahrscheinlich ist es egal.

Sein Weinglas ist halb leer, ich hab den Feta-Oliven-Teller fertig, gieße noch das Öl darüber, ein paar Kreise. Der blaue Chemiker kommt zum Tresen, bestellt die nächste Runde, ich nehme die Bestellung entgegen, während ich den Teller zwischen den Chef und seine Sekretärin schiebe.

»Aber die Engers hat ja auch gravierende Probleme zu Hause ...«, gibt sie ihm zu bedenken, mit vorgeschobenem Brustkorb, steif und hindrapiert sitzt sie da, und ich denke: Probleme habt ihr beide doch offensichtlich auch zu Hause, mit euren goldenen Ringen an den Händen. Und mein Handy klingelt schon wieder, diesmal im Trockenen, und ich werde wieder nicht rangehen.

Sie muss es auch so merken. Sie muss es auch so verstehen. Ich hole die Flaschenbiere aus dem Kühlschrank, sie klingen gegeneinander, die Chemiker wollen auch neue Gläser dazu, ich nehme sie von der Spüle. Ich werde mich einfach nicht mehr zurückmelden, nach einer Schicht mit ihr demonstrativ alleine nach Hause gehen. Konsequent. Sie wird es irgendwann verstehen. Irgendwann aufgeben.

Ich will damit keine Probleme kriegen. Ich hab das alles nicht initiiert, die Probleme, die macht sie sich doch selbst. Ich stell den Chemikern die Flaschen auf den Tisch. Sie verstummen, als ich zu ihnen komme, ahnen nicht, dass die Bar klein genug ist, dass ich ihnen auch vom Tresen aus zuhören kann, wenn ich das denn will.

Aber ich will es gar nicht. Als ich mich wieder umdrehe, knutscht der Chef mit der Sekretärin, wie Teenager züngeln sie schmatzend, sie hat ihre Hände bei sich, er eine auf ihrem Schoß, eine an ihrem Arm. Ein paar Oliven und ein bisschen Feta fehlen, sie werden den Teller nicht leeren. Jetzt werden sie bestimmt nicht mehr essen. Der Deckenventilator kreist. Die Musikschleife beginnt von vorne. Fünfmal die Woche arbeite ich hier, muss ich hier arbeiten. Zweimal die Woche probe ich mit der Band. Manchmal spielen wir hier kleine Konzerte.

Ich sehe ihnen beim Knutschen zu. Sie haben die Augen geschlossen, holen nicht Luft, unentwegt wühlen sie sich gegenseitig im Mund rum. Dass sie dabei direkt vor mir sitzen, stört sie nicht. Auf dem Hocker der Sekretärin hat heute Morgen noch eine andere Frau gesessen, mit blonden Haaren. Hat gesagt, sie komme aus München, und hat mir tausend Fragen gestellt, die sie eigentlich nicht interessieren konnten, hat gemeint, hier in Berlin wären ja alle so locker, in München wäre das ganz anders und ob man hier nicht viel erleben könnte.

Und ich hab genickt. Und weiß gar nicht genau, was ich damit meinte. Vermutlich wollte sie auch was mit mir machen, wollte meinen Feierabend mit mir verbringen, wollte ihre Berlin-Geschichte erleben, mit dem viel zu jungen Typen hinter der Bar. Erleben. Mein Handy vibriert wieder. Ich nehme es hoch, ein Knopfdruck, es ist eine SMS. Von Marie. Natürlich.

»Arschloch«, steht da nur.

Ich erlebe Frauengeschichten hier! Manche könnten mir etwas bedeuten, sie tun es auch, aber wenn sie weg sind, sind da andere, Erinnerungen verblassen unter den vielen neuen Geschichten, kurze Aufmerksamkeit, mitten im Programm wird umgeschaltet, weiter geht's, nicht lange sinniert.

Die Blonde heute Morgen hat gesagt, während ich die Milch für ihren zweiten Kaffee aufgeschäumt habe, sie wohne im Hotel, aber sie bezahle da nichts. Dann machte sie eine Pause. Sie wollte wohl, dass ich nachfrage. Das hab ich nicht getan, ich hab Kakaopulver auf die aufgeschäumte Milch gestreut. Dann hat sie gesagt, das Hotel gehöre ihrem Vater. Dann hat sie wieder eine Pause gemacht. Ihm gehöre nicht nur dieses Hotel, fuhr sie fort, er hätte gleich mehrere. Es wäre eine Kette. Und ich hab den Tresen vor ihr abgewischt und ihr den zweiten Kaffee hingestellt.

»Arschloch«, hat Marie geschrieben.

Die Sekretärin und der Chef knutschen jetzt nur noch. Sie werden nicht mehr reden. Die Gefahr, was Falsches zu sagen, den ganzen Feierabend zu verderben, ist zu groß. Sie nutzen jetzt jede Minute, die sie haben.

»Arschloch«, hat Marie geschrieben.

Du triffst so viele Menschen, du kannst sie nicht mehr alle an dich ranlassen, du beginnst das zu blockieren, weil du weißt, es wird sich alles weiterdrehen, weil du weißt, du bist nie allein mit all deinen Bekannten, du musst sie noch nicht mal anrufen, dich nicht verabreden, du gehst nur raus, dahin, wo ihr immer hingeht, und sie sind da, sie besuchen dich in der Bar und es geht weiter, es geht immer weiter, es kommen immer Neue, das Becken wird immer wieder bis zum Überschwappen gefüllt sein, du hast Alternativen. Und hast du mal Angst vorm Ertrinken, dann klammerst du dich für eine Zeit an jemanden, lässt dir das Schwimmbrett unters Kinn schieben, lässt dich ein bisschen ziehen, ein bisschen lenken, bis du wieder alleine schwimmen und deine eigenen Bahnen ziehen willst.

»Arschloch«, hat Marie geschrieben.

Du kannst es immer vermeiden, dass das Spotlight auf dich fällt, wenn keiner im Raum ist, kein Fernseher quäkt, keine lauten Rufe auf dem Bürgersteig ertönen und du doch beginnst, dich zu fragen …

Du beginnst, dich zu fragen, ob du langsam abstumpfst. Ob die Stadt, der große Eisberg Hauptstadt, denn niemals unter deinem Hintern schmilzt, sondern dich einfach nur einfriert. Und du weißt es nicht. Und die, die du fragen kannst, die musst du anrufen. Die wohnen nämlich nicht hier.

Und dann guckst du auf die Uhr und schläfst lieber ein. Bis der Lärmpegel wieder ansteigt und du alles vergessen hast oder bis die Tür aufgeht und ein Haufen Holländer in die Bar kommt. Auch sonntags.

DIE 26. GESCHICHTE

Auf der Besetzungs-Couch

Magdalene (23), Geschichtsstudentin aus Bochum,
über
Feiern mit der Prominenz

Er trägt eine Lederjacke mit ausladender Stickerei auf dem Rücken, die einen Tigerkopf im tropisch bunten Blumen- und Rankengewirr zeigt. Die Ranken erstrecken sich bis zur Mitte des Schulterblattes und wo sie aufhören, übernimmt eine verspielte Anordnung von Nieten die Verzierung.

Es sind große Nieten, glänzend aufpolierte, viereckige Nieten, niemand wird ihm heute verträumt den Kopf auf die Schulter legen wollen. Aber vielleicht mit der flachen Hand zärtlich über sein Gesicht streichen, schließlich hat er sich vollkommen glatt rasiert, also alle Bartstoppeln entfernt, ganz glatt kriegt er sein Gesicht schließlich nicht mehr, denn das Solarium hat es liebevoll geknautscht, hat seiner Gesichtshaut den charmanten Look einer durchgesessenen Kognak-farbenen Ledercouch verpasst, *aber hey, das ist das Leben, das geht nicht spurlos an dir vorbei*, genau wie die Zigaretten, die er sich immer wieder energisch mit zwei Fingern zwischen die wülstigen Lippen klemmt. Ist eine runtergebrannt, folgt die nächste. Und ohne die Schachtel gesehen zu haben, weiß ich, dass er rote Marlboro raucht, von denen er auch etliche leere, zerquetschte Packungen im Seitenfach seines auffälligen Sportwagens hortet, die beim abrupten Bremsen stets mit dem schwarzen Hartschalenetui seiner übertriebenen Designer-Sonnenbrille durcheinanderfliegen.

Und natürlich starrt er ihr in den üppigen Ausschnitt. Immer wieder, während er mit ihr redet, offensiv und unschuldig, als gucke er nur auf die Uhr, ein bisschen unaufmerksam, als hätte er nicht so viel Zeit, keine Zeit, ihr zuzuhören.

Denn sie lenken ihn zu sehr ab, die prallen Halbkugeln an dem zierlichen Frauenkörper vor ihm. Direkt vor ihm.

Und wenn diese Frau – eine Ex-Casting-Band-Sängerin, deren Gesicht man noch kennt, deren Namen man aber bereits wieder vergessen hat – lacht, dann gönnt er ihr ein Echo, zieht seine Mundwinkel bis zum Äußersten, die Lederhaut schiebt sich in Wellen zu seinen Ohren und entblößt seine perfekt symmetrischen, strahlend weißen Würfelzucker-Zahnreihen.

Hahahahahaaa ... Ich bin am richtigen Ort. Die junge Hübsche aus dieser Casting-Band und ich. Und sie lacht mit mir. Hahahahahaaa ...

Und über allem dröhnt ein überproduziertes, von einer Frau gesungenes *Enjoy The Silence*-Cover. Und der Strohhalm in meiner kleinen Gratis-Cola-Glasflasche stößt nur noch auf Luft. Vermutlich arbeitet er für den Boulevard, überlege ich, deswegen redet sie mit ihm, er muss beim Boulevardfernsehen oder beim Boulevardblatt in der Axel-Springer-Straße arbeiten. Vermutlich macht er da Marketing, kaut Kaugummis vor einem Computerbildschirm, enge T-Shirts in Grellgrün oder Signalrot mit humorvollen Aufdrucken spannen sich über seinen Enddreißiger-Bauch. Und vermutlich träumt er, zwischen ihren belanglosen hin und her geschobenen Satzfetzen, davon, sie an sich zu ziehen, um den Widerstand der ehemals berühmten Halbkugeln an seiner Brust zu fühlen, während sie hofft, endlich mal wieder in die Schlagzeilen zu kommen.

Und wir beobachten das Spektakel. Er, der Fensterbank-hohe Exmann einer bekannten deutschen Sängerin, der direkt neben ihnen steht, aber in der Unterhaltung keinen Stich kriegt, und ich, auf der weißen Ledercouch sitzend, wartend, starrend, mit leerem Glas in dem zum Bersten vollen VIP-Bereich.

Auf der Gästeliste sind Ben Becker, Moritz Bleibtreu und Marius Müller-Westernhagen nicht durchgestrichen, dafür aber sämtliche Menschen, die einem das Fernsehen nur mit dem Vor- oder Spitznamen vorgestellt hat.

Man steht dicht an dicht, mit einem farbenfrohen Plastikband um das Handgelenk, trinkt umsonst, die Musik dröhnt laut, die meisten laufen hin und her, als seien sie auf der Suche, gereckte Hälse, ein paar Schritte, stehen bleiben. Man unterhält sich mit irgendwem, den man schon erspäht hat, als man noch mit jemand anderem geredet hat, und tut nun so, als würde man ihn gerade erst entdecken, als sei man überrascht, dass er da ist. Der Kiefer fällt aufs Schlüsselbein, ein lauter Lacher, drei Sätze, dann zur Beendigung ein ritueller seitlicher Klopfer auf den Oberarm und weiter geht's, mit dem nächsten müssen auch noch drei, vier Sätze besprochen werden. Denn je mehr Menschen du begrüßen kannst, desto wichtiger bist du, desto größer ist dein Marktwert, desto gönnerhafter kannst du Leute gegenseitig vorstellen, dann können die auf der nächsten Party beim Umherlaufen mit gerecktem Hals auch diesen mit drei Sätzen »Hallo« sagen und die Familie wächst noch enger zusammen.

Keiner tanzt. Denn es ist keine Party, es ist eine Messe. Jeder stellt sich selber aus. Kaltakquise und Kontaktpflege. Ich kaue meinen Strohhalm platt. Und während sich neben mir auf der Couch ein jugendliches Mitglied einer wild geschminkten, selbst ernannten Glam-Pop-Boyband niederlässt, erspähe ich Janines weite beigefarbene Hose, winke sie zu mir rüber, der runde Anhänger ihrer langen Kette fliegt auf und ab, sie kommt schnellen Schrittes mit der großen Kamera in der Hand auf mich zu.

»Wie läuft's? Hast du alle geknipst, die du brauchtest?«

Sie zuckt mit den Schultern, setzt sich neben mich, der Glam-Boyband-Junge rutscht ein wenig zur Seite, guckt Janine neugierig an, sie legt ihre Kamera in den Schoß: »Ich habe alle Wichtigen fotografiert, jetzt brauch ich nur noch ein paar Schnappschüsse, dann können wir gehen. Ich mach die Fotos auch heute Abend nicht mehr fertig. Ich schick die morgen raus, dann können wir gleich noch ins Ballhaus. Lust?«

Ich nicke.

»Warum sitzt du eigentlich so unbeteiligt hier rum? Misch dich unters Volk, schnapp dir irgendwen, knutsch ihn ab und ich mach ein Foto. Eine Win-win-Situation für uns beide.« Sie schlägt mir ermutigend auf den Oberschenkel.

»Ach, ich fühl mich eigentlich ganz gut unterhalten, hier von meiner Couch aus ...«, setze ich an und Janine bemerkt: »Was für eine beschissen hässliche Jacke ...«, womit sie natürlich die vor uns stehende Variation aus Schlingpflanzen, Tiger und Nieten meint. Und trotz der Geräuschkulisse aus Musik und allgemeinem Gemurmel erntet sie daraufhin einen bösen Blick vom Exmann der deutschen Sängerin, der immer noch unbeteiligt neben der Lederjacke und dem ex-berühmten Dekolleté weilt.

Er runzelt die gebräunte Stirn und guckt leicht abwertend zu uns rüber.

»Er guckt leicht abwertend zu uns rüber«, erläutere ich das Offensichtliche und Janine nickt: »Ja, das ist irritierend. Normalerweise läuft das andersrum.«

»Der Fernseher guckt plötzlich zurück ...«, murmele ich vor mich hin und stelle meine Cola auf dem kleinen Tischchen neben mir ab.

»Kennst du eigentlich diese Schauspielersöhne mit Namen, die klingen, als hätten ihre Eltern eine Schmuddelfilmchenkarriere für sie geplant? Diese Schauspielersöhne, die mittlerweile selber Schauspieler sind?« Ich nicke.

»Die sind auch hier. Leider ohne Mami. Sie stand zwar auf der Gästeliste, aber gekommen ist sie mal wieder nicht. Und ihre beiden Söhne sind so ziemlich auf jeder Berliner Party, ergeben also nicht unbedingt ein wertvolles Foto, aber der eine von beiden ist an der Bar gerade ziemlich ausgerastet.«

Ich gucke Janine an. Sie guckt mich an.

»Ein Kumpel haute ihn an, dass sie noch immer keine Getränke hätten und er das doch mal beschleunigen solle. Ruhm verpflichtet – also scherte der Schauspielersohn aus der Schlange aus, lief nach vorne zur Bar, quetschte sich dreist an allen vorbei und bestellte sechs Caipirinha. Aber der Barmann hielt was auf sich, legte überlegen den Kopf schief und wollte erst mal den Ausweis sehen. Da drehte das Schauspielersöhnchen natürlich erst mal durch, haute mit der flachen Hand auf den Tresen, posaunte herum, dass er hier Gast wäre, VIP-Gast, da bräuchte er ja wohl keinen Ausweis, und außerdem hätte er kein Portemonnaie dabei. Wozu auch?! Er hat gemotzt, geklopft und gestampft. Aber der Barmann blieb hart und das Schauspielersöhnchen und seine Freunde auf dem Trockenen. Herrlich, oder?«

»Herrlich«, antworte ich wenig überzeugt.

Janine aber ist begeistert: »Das war ein tiefer, tiefer Fall. Seine Freunde halten ihn für privilegiert, er will seine Privilegien in Anspruch nehmen und ist am Ende gehandicapt. Das ist ein Status-Verlust von hundert Prozent.«

Janine guckt mich an. Ich guck sie an. Und der Glam-Boyband-Typ grinst über ihre Schulter, hat uns wohl zugehört, fährt sich lasziv durch die gefärbte Mähne und steht dann auf, an seinem Caipirinha saugend. Janine auch.

»Ich mach jetzt die letzte Runde. Wenn ich zurückkomme, mach ich Schluss für heute Abend, dann gehen wir feiern. Ja?«

Ich nicke. Sie arbeitet hier. Wie wohl fast alle. Nur ich sitze faul auf der Couch. Glotze die 3D-Celebrity-Doku-Pre-Show mit dem miserablen Ton und der leeren Cola und darf es Freizeit nennen.

Als ich gerade entspannt meine Füße ausstrecke, stolpert eine aktuelle Casting-Band-Sängerin in schwarzen Stilettos darüber.

Sie stolpert, aber dreht sich nicht um, guckt mich nicht an, der Kopf bleibt starr nach vorne gerichtet, sie will weiter.

Ich habe die Sendung damals gesehen, in der sie gewonnen hat, ich habe sie weinen sehen, ich habe sie tiefgründigste Probleme wälzen sehen, ich habe sie debattieren sehen, ich habe sie zittern sehen, ihre ersten Schritte vor der Kamera, und jetzt läuft sie hier vor mir her und all die Urteile, die ich einst über sie fällte, scheinen nicht mehr gültig zu sein, denn sie guckt mich nicht an, sie erinnert sich nicht, dass sie ihre dunkelsten Stunden mit mir teilte. Vielleicht hat sie mir die auch nur vorgespielt, vielleicht ist sie auch jemand ganz anderes und obwohl ich glaube, so viel über sie zu wissen, umgibt sie plötzlich ein Geheimnis. Ihre Bekanntheit steht hinter ihr wie eine zweite Person. Schützend. Fragen aufwerfend. Strahlend. Menschen gucken sie deswegen an und sie grinst unablässig, denn sie weiß, dass sie jetzt hinter ihr ist, und sie geht gerne mit ihr raus.

Sie sinnt nämlich nur zu gerne darüber nach, was die anderen wohl denken, wenn sie sie sehen, in Begleitung ihrer Bekanntheit, und dann grinst sie wieder, fühlt sich als etwas Besonderes, stolpert über anderer Leute Schuhe und guckt sich nicht um, denn mit ihr im Rücken braucht sie sich nicht umzudrehen, soll sie sich nicht umdrehen, damit das Geheimnis bleibt, damit die Welt von Guckenden und Angeguckten sich nicht verwischt.

Manchmal hat sie auch Angst, dass die Bekanntheit eines Tages hinter ihr verschwindet, dass die Leute sich nicht mehr umdrehen und sie sich nicht mehr fragen kann, was die anderen jetzt wohl denken, und sie sich nicht mehr besonders vorkommen kann, aber das ist ihr jetzt – gerade eben – egal. Denn jetzt ist sie da, die Bekanntheit, sie ist deutlich hinter ihr. Deswegen geht sie so gerne auf diese Partys, wo sie niemand trifft, mit dem sie befreundet ist.

Denn wenn sie mit ihren Freunden unterwegs ist, ist die Bekanntheit in ihrem Nacken fast nicht zu sehen, ist nur ein blasser Umriss, der manchmal kurz aufflackert, wenn jemand sagt, er habe dieses oder jenes Interview mit ihr gesehen oder er finde ihr neues Video toll, aber das ist nur ein kurzer Kick, ist nichts gegen das starke Leuchten der Bekanntheit auf Partys wie dieser.

Am stärksten ist das Leuchten, wenn sie zur Absperrung rübergeht, an dem Seil vorbeiläuft, das die very important Party von der sehr normalen Party abtrennt, und alle Menschen hinter dem Seil die Hälse recken, gierig gucken, unverhohlen ihre Zeigefinger auf sie richten.

Sie geht vorbei, streicht nachlässig mit der Hand über das Seil, tut aber so, als würde sie nicht sehen, was dahinter ist, als würde sie all die Blicke nicht bemerken, die Rufe nicht hören, als wandele sie in einer anderen Welt, und sie genießt es, genießt jeden Schritt, saugt die Aufmerksamkeit in sich ein, geht bedächtig, hofft, auf den hohen Schuhen nicht noch mal zu stolpern, und dann tut sie irgendwann so, als würde sie zufällig, geistesabwesend durch die Gegend gucken. Ein leerer Blick in die starrende Menge und dann dreht sie ihr Gesicht von null auf tausend Watt, als sie »unverhofft« und »plötzlich« die ausgestreckten Zeigefinger der freudigen jungen Mädchen entdeckt.

Sie hebt die zierliche Hand, winkt souverän, unerwartet geschmeichelt, tut bescheiden und die Bekanntheit hinter ihr strahlt so warm, dass sie ihr fast den Nacken verbrennt.

Jede ihrer Bewegungen ist Theater, ist Aufführung im Namen der Bekanntheit. Sie gibt sich so, als sei sie jetzt privat und ganz normal und ganz anders als im Fernsehen.

Als seien all die Peinlichkeiten kalkulierte, kluge Schachzüge. Es ist alles ganz anders. Wenn ihr nur wüsstet!

Seht mich an, ich gehöre zu dem großen Geheimbund Fernsehen, zu dem ihr alle keinen Zugang habt, in dem die Bilder geplant werden, die ihr euch jeden Tag anguckt, und jetzt habt ihr alle die einmalige Gelegenheit, hinter die Kulissen zu schauen, über das Seil hinweg, ihr seht, wie alles wirklich ist, und dennoch erfahrt ihr nichts, denn ihr hört nichts, seht uns nur laufen, nur gehen, nur stehen.

Im richtigen Leben. Und da sind wir ganz andere.

Sie geht noch eine Runde und als sie sich wieder von dem Seil entfernt, lässt sie ihre Schultern ein bisschen sinken, klopft dann der ehemaligen Casting-Band-Sängerin auf die Schulter, Küsschen links, Küsschen rechts, natürlich haben sie sich vorher hier noch nicht gesehen, beide lachen überrascht.

Das Ledercouchgesicht strahlt gierig, die Exsängerin stellt ihm die aktuelle Sängerin vor, Hände werden geschüttelt, der Exmann wittert eine Chance, sich einzubringen, streckt seine Hand dazwischen und dann stehen sie da und reden. Und reden. Und lachen. Und hoffen, dass nicht alles umsonst ist.

Und gerade als ich doch mal von der Couch aufstehen will, hält mir jemand einen Caipirinha vor die Nase. Es ist Janine.

»Lass uns auf meinen Feierabend anstoßen ...«, sagt sie und als unsere Gläser klingen, guckt die aktuelle Casting-Band-Sängerin herüber. Das Geräusch hat sie aufblicken lassen. Janine zwinkert: »Kennste die? Die ist immer ganz wild auf ein Foto ...«

Ich nicke. Das hatte ich mir ja gedacht.

DIE 27. GESCHICHTE

Ohne Vorwarnung

Jan (27), Veranstaltungstechnik- und -managementstudent aus Eberstadt, darüber, dass einem in Berlin tatsächlich alles zustoßen kann

Wiegand und ich waren rabenvoll. Tanzten zwischen den roten Wänden mit unseren Sneakers über den abgewetzten Holzfußboden. Aus den Lautsprechern um uns herum tönten aufgeregt treibende Balkanbeats: bebender rumänischer Gesang, schneller 2/4-Takt, eine zitternde Bratsche, Bläser und Paukenschläge. Wir rissen die Knie hoch, tanzten wie Räuber ums Feuer.

Studio 54 hieß der Laden. Ich war vorher noch nie zu Balkanmusik feiern gegangen, hatte mich aber gerne von Wiegand herschleppen lassen. Mal was anderes.

Mit uns waren fünf weitere Menschen auf der Tanzfläche. Männer. Um genau zu sein: fünf Männer und ein LKW-Reifen, den sie immer wieder auf den Boden dötzten, um ihm freudig beim Auf-und-ab-Springen zuzugucken.

In meiner Heimat war ich DJ, Resident DJ im – das kann man ruhig ohne Umschweife so sagen – angesagtesten House-Club der Stadt. Ich lief mit Klavieren unter den Armen durch die Innenstadt, jeder kannte meinen Namen, in Restaurants wurden mir die Tische frei gemacht und was ich trank, ging meist aufs Haus. High Life in St. Provinz. Irgendwann fand ich meinen Lebensstil dann aber nicht mehr so *high*, eher ganz schön eingefahren, besorgte mir vorsichtshalber einen Studienplatz und zog nach Berlin. Neuanfang.

Hier im *Studio 54* trug der DJ definitiv keine Klaviere unter den Armen. Im Gegenteil, er sah bemerkenswert fertig aus, guckte mit seinen strubbeligen Haaren besoffen aus seinem Flanellhemd und schwankte in seinen ausgetretenen Lederschuhen hin und her. 45 Jahre hatte er locker auf dem Buckel.

Wiegand gab mir einen Wink, er wollte noch eine Runde Bier, ich nickte, einig begaben wir uns zu der kleinen roten Holzbar.

»Ist das nicht Mucke?!«, fragte er und ließ mir keine Zeit zum Antworten.

»Das ist richtige Mucke und nicht so was, was du da an deinem Rechner machst, dieses elektronische Fiepen und Biepen. Das hier ist analog!« Er grinste beseelt und schunkelte im Takt, während ihn die Bardame schon längst mit Kopf in Schieflage anguckte, um seine Bestellung aufzunehmen.

Ich tippte ihn an, er schreckte auf.

»Zwei Bier und zwei Klare«, orderte er dann kurz, bevor er wieder losdozierte. »Ich meine, auch du, hast du da jemals was neu erfunden? Nein, oder?! Ihr klaut nur hier und da, schmeißt das alles zusammen in einen Topf, mixt, verzerrt und ...«, er sah mich blinzelnd an, »... das war's. Mehr ist da doch nicht. Das kann doch jeder ...«

Ich wollte gerade etwas sagen, als der DJ plötzlich einen Schwall klangvoller Ö-Laute über sein Pult blökte. Wiegand und ich drehten uns leicht verwirrt in seine Richtung. Er hatte das Hirschgeweih hinter sich von der Wand gerissen und hielt es sich nun wie Hörner vor die Stirn, während er immer wieder fröhlich über sein Pult röhrte.

Wiegand zuckte kurz mit den Schultern und drehte sich wieder zu mir: »Das ist halt noch echte Musik. Da ist nichts geklaut. Das ist nicht nur einfach ein Flugzeuggeräusch aufgenommen und in rhythmische Teile zerhackt, das ... das ... ist noch richtige Kunst.«

Der DJ rastete derweil endgültig aus, schleuderte das Geweih wie ein Lasso über seinen Kopf und warf es mit Karacho in das gerade noch rechtzeitig ausweichende Fünfergrüppchen. Krachend fiel es zu Boden. Der LKW-Reifen ebenfalls. Im Schock über das fliegende Geweih hatte man von ihm abgelassen.

Berliner Nächte. Man kann nie wissen, was einem passiert.

Ich schüttelte kurz verblüfft den Kopf, überlegte und erwiderte Wiegand dann: »Was House und mangelnde Originalität angeht, hast du mit Sicherheit recht, aber Minimal ist da noch mal eine ganz andere Geschichte. Das ist Musik, die eigentlich die Grenzen aller herkömmlichen Musik sprengt, die ...«

Wiegand ließ mich nicht ausreden: »Das ist doch alles so billig. Ich wette, du könntest auch einfach so einen Balkanbeat nehmen, ein bisschen Bums, Bums drunterlegen und einen Hit landen. Das ist doch alles nichts Wahres ...« Er hielt inne. »Ey, machste das?«, fragte er plötzlich.

»Was?«

»Na nimmste so einen Balkan-Hit und machst 'ne Elektronummer draus?«

»Pff.« Ich zuckte mit den Schultern. »Ja. Kann ich machen, kann ich machen«, sagte ich mit der gleichen Überzeugung, mit der man sich im Nachtleben auch schon mal zu kostspieligen Urlauben oder Revival-Treffen mit zu Recht abgelegten Bekannten verabredet, und hielt den offenbar jenseits von Gut und Böse alkoholisierten DJ im Blick, der nun zur Cola-Flasche auf seinem Pult gegriffen hatte.

»Mach das mal mit den Balkanbeats, mach das mal. Vielleicht kannste daraus ja was zaubern, was auch mich begeistert, was auch mein Tanzbein zum Wippen bringt.«

Und während ein jetzt schon begeisterter Wiegand seine Beine verdeutlichend zum Tanz anwinkelte, nahm der DJ die Cola-Flasche genauer unter die Lupe, hielt sie sich nah – fast zu nah – vor die Augen, las und brüllte dann mit einem russischen Akzent: »Coca-Cola??«

Das Fünfertanzgrüppchen hielt erneut erschrocken inne, die Musik tobte fröhlich weiter.

»Coca-Cola?!!«, schrie der DJ wieder, diesmal noch lauter, und schmiss dann auch die Cola-Flasche mit vollem Karacho auf die Tanzfläche.

»Fuck USA!«, brüllte er hier hinterher, der Fünfer wich auch dem zweiten Geschoss des Abends aus und tanzte danach unberührt weiter.

»Du machst es, oder?«, fragte Wiegand mich noch mal und ich wusste kurz nicht mehr, wovon er sprach, dann fiel es mir aber wieder ein, das Balkanbeats-House-Sample.

»Ja, ja. Kann ich irgendwann mal machen, wenn ich Zeit hab …«, stimmte ich noch mal halbherzig zu, da ich mit der DJ-Geschichte eigentlich für mich abgeschlossen hatte. Ich war jetzt in Berlin und Student. Das galt es durchzuziehen. Wiegand aber war stark euphorisiert, klopfte mir erst fröhlich auf die Schultern und zog mich dann von unseren auf der Bar stehenden Getränken weg, um mich zum DJ zu schieben, der uns schließlich aus halb geöffneten Augen gelangweilt anstarrte.

»Was ist das fürn Song?«, fragte Wiegand und der DJ fragte zurück: »Was?«

Und Wiegand wiederholte: »Was ist das fürn Song?«

Und der DJ zuckte mit seinen Flanellhemdschultern, meinte: »Das sind alles gesaugte CDs, von irgendwem gezockt, kopiert. Kein Schimmer. Unbeschriftet alles …«

Als Wiegand ungläubig guckte, hob der DJ eine der CDs an, die ihn umgaben, und präsentierte uns stolz die weißen Blanko-Cover in den Hüllen.

»Aber du musst doch wissen, was du da spielst?«

Wiegand schien entrüstet.

»Ich weiß, welche Nummer auf welcher CD gut is«, lallte der DJ. »Aber … eigentlich sind alle Nummern gut. Alle gleich gut. Bei der, die grade läuft, die 13 und die 18. Hier bei der die 1 …«

Er hob eine beliebige weiße CD von seinen Stapeln und gab sie Wiegand in die Hand.

Und der muss sie wohl irgendwie nicht wieder losgelassen haben. Denn als wir ein paar Stunden später im morgendlich grauen Kreuzberg getrennte Nachhausewege einschlagen wollten, drückte er sie mir in die Hand.

»Hier!«, nuschelte er. »Vergiss nich, das erste Lied …« Dann torkelte er nach Hause. Monate später in den Semesterferien steckte ich aus Spaß die unbeschriftete CD ein, als ich einen Produzentenfreund in der alten Heimat besuchte. Ich sagte ihm: »Lass mal gucken, ob wir daraus was machen können, für einen Studienkollegen von mir, der nervt mich andauernd damit …«

Die Sonne schien durchs Fenster, wir schraubten und bastelten, quatschten, nahmen die Arbeit nicht wirklich ernst, wir hatten einfach Spaß am Rumprobieren. Als ich ging, schickte mein Kumpel den Track über seinen Mailverteiler.

Eine halbe Stunde später, ich war noch unterwegs, rief er mich an. »Jan, Kontor Records will den Track«, sagte er nur. Ich hatte einen Plattenvertrag. Plötzlich. Einfach so. Ohne Vorwarnung. Kurze Zeit später blieb ich für drei Monate auf Platz eins der Deutschen Dance Charts und wurde zum Auflegen bis nach Südamerika geflogen. Plötzlich. Ohne Vorwarnung. *Berliner Nächte. Man kann nie wissen, was einem passiert.*

DIE 28. GESCHICHTE

Zersprengt

Kathrin (24), Fotografin aus Idar-Oberstein,
über
eine großstädtische Geburtstagsfeier

Blaue Jacke, grüner Rock. Das nächste Gesicht war zu uns gestoßen. Es rief *Hallo* in die Runde und die, die es mitbekamen, nickten kurz oder lächelten freundlich.

Dann nahm die blaue Jacke mit ihrem grünen Rock neben mir Platz, guckte noch mal in die Runde, sah in alle Gesichter, überlegte wohl, ob sie eines kannte, und meinte dann leise: »Ich bin Annika.«

Vielleicht hatte sie aber auch gesagt, sie hieße Anja oder Anne. Ich weiß es nicht mehr. Schon in dem Moment, als sie ihren Namen sagte, hatte ich gewusst, dass ich ihn wieder vergessen würde. Dass es unerheblich war, ihn zu behalten.

Die Blonde mit dem bäuerlichen Gesicht neben mir erzählte immer noch von ihrem Liebhaber Eusebio, der sich nicht an sie binden könne. Eusebio liebe sie so sehr, dass es ihm Angst mache und dass er sich um Gottes willen nicht von ihr abhängig machen wolle, er hätte schon so viele schlechte Erfahrungen mit Frauen gemacht und vor allem mit deutschen Frauen.

Das bäuerliche Gesicht sah besorgt aus, rührte immer wieder mit der Plastikgabel über ihren Plastikteller, zog immer wieder neue Linien durch die Saucenreste.

Aus lauter Angst vor seiner unbändigen Liebe zu ihr habe Eusebio letzte Woche dann erst mal mit einer anderen geschlafen. Er würde alles versuchen, um sie von sich zu stoßen, aber sie würde einen langen Atem bewahren, bis er seine Ängste überwunden hätte, sie würde ganz liebevoll auf ihn eingehen, ihm zeigen, dass er ihr vertrauen könne. Die Brünette ihr gegenüber trank Sekt durch einen Strohhalm, nickte immer wieder und dachte sich ihren Teil hinter ihrer in Wellen gelegten Stirn.

Sie konnte ihr nicht ihre Meinung sagen. Dafür kannten sie sich nicht gut genug. Denn sie hatten sich heute zum ersten Mal gesehen, vor ungefähr einer Stunde, als sie etwa zeitgleich verspätet zu Lindas Geburtstagsessen angerückt waren.

Linda wurde an diesem Tag 26. Die Einladung war per Handy gekommen. Wir waren informiert worden, dass sie nur Mädels eingeladen hatte, denn wenn sie nicht wenigstens diese Eingrenzung vollzogen hätte, dann hätte sie noch so viele Leute mehr einladen müssen, dass alles viel zu sehr ausgeufert wäre und letztlich gar nichts mehr gepasst hätte, vor allem nicht in ihre kleine türkise Küche.

Und da saßen wir. Wir, ihre tausend Freundinnen.

Die sich untereinander alle nicht kannten.

»Eusebio«, sagte das bäuerliche Gesicht, »hat ein gutes Herz«, und ich hörte Linda lachen, aber nicht deswegen, sie sprach mit einer Kleinen mit Brille. Ich wusste nicht worüber. Ich konnte es nicht verfolgen.

Aber ich hörte die Bezopfte auf dem roten Hocker reden, hörte, wie sie aufgeregt davon berichtete, dass sie die Kleine mit der Brille kannte und das sei ja wohl ein wahnsinniger Zufall. Sie hätten sich zudem auch auf eine ganz seltsame Art und Weise kennengelernt. Denn sie hätte mal, das wäre aber schon ein wenig her, jemanden gerettet, der unweit der Warschauer Straße in einem Gebüsch gelegen hatte. Mit dem Gesicht im Dreck. Wimmernd.

Alleine wäre der gar nicht mehr klargekommen und sie hätte sich seiner angenommen, hätte ihn aus dem Gebüsch gezogen, mit ihm gesprochen, er hätte gesagt, er wolle keine Polizei, und sie hätte das nicht verstanden, er wäre wohl sicher auf Drogen gewesen. Und dann wäre die Kleine mit der Brille vorbeigekommen, wäre vom Rad gesprungen, hätte gefragt, was da los sei und ob sie helfen könne, und gemeinsam hätten sie dann in seinem Portemonnaie nach seiner Adresse gesucht, damit sie ihn nach Hause bringen konnten, und sie hätten seine Adresse gefunden, nicht nur auf seinem Personalsausweis, sondern auch auf etlichen geknickten Briefen, von der Hausverwaltung, vom Arbeitsamt, und auf einer Vorladung zum Gericht.

Linda wurde kurz hellhörig, warf dazwischen, dass es in Berlin echt krasse Biografien geben würde, und schaufelte dann noch mehr Gemüse und noch mehr kleine Tofustückchen auf das dünne Fladenbrotrund vor ihr und drehte es zu einem Wrap zusammen. Als sie reinbiss, fiel ein bisschen Gemüse heraus.

»Der war gerade auf einem richtig absteigenden Ast«, sagte die Bezopfte auf dem Hocker über den Mann aus dem Gebüsch unweit der Warschauer, »der hatte gerade alles verloren, seine ganze Existenz vermutlich und wahrscheinlich wegen Drogen.«

Sofia, eine drahtige Schwarzhaarige, die die ganze Zeit unruhig auf ihrem Plastikstuhl vor und zurück gehibbelt war, hatte nur das Stichwort »Drogen« aufgeschnappt und fragte neugierig in die Runde, ob schon jemand Erfahrungen mit MDMA gemacht hätte, das wäre ja gerade sehr angesagt und total die Hippie-Droge, und keiner äußerte sich dazu. Eine im roten Kleid mit Turnschuhen an den Füßen fragte stattdessen, wo wir denn später noch hingehen wollten, und vereinzelt purzelten dann ein paar Clubnamen über den Tisch und Linda fragte irritiert: »Wieso noch weggehen? Ihr seid doch jetzt bei mir?« Aber ihr Einwand ging unter, denn MDMA-Sofia platzte lautstark in das Clubnamen-Gemurmel, erklärte, dass sie es noch nicht wisse, dass sie aber die ganze Zeit auf einen Anruf von ihrer Cousine Debbie warten würde, die sie nämlich gleich irgendwann abholen würde, und heute gäbe es ja so viele gute Partys, aber am allermeisten stünde ihr der Sinn nach Drum'n'Bass.

Annika oder Anja oder Anne hatte plötzlich ein Geschenk aus ihrer Tasche genestelt, ein Paket in der Form eines Taschenbuchs. Sie reichte es Linda über den Tisch, aber Linda winkte ab, sagte, sie packe erst später aus, sie solle das Geschenk auf den kleinen Beiwagen vor der Spüle legen, dahin, wo auch schon viele andere Geschenke in Buchform gestapelt waren.

Annika, Anja oder Anne entgegnete dann, dass sie übrigens gar nicht lange bleiben könne, denn sie ginge später noch auf diese Party ins *Rodeo,* und während sie ihr Geschenk zu den anderen legte, fragte sie Linda: »Oder geht ihr später auch alle zusammen noch weg?«, und Linda erklärte, dass sie doch hier ihren Geburtstag feierte und dass sie sich das schon so als ihre einzige Abendbeschäftigung gedacht hätte. Und alles war plötzlich still.

Linda wischte sich Mayonnaise aus dem Mundwinkel und erklärte dann, sie müsse ja am nächsten Tag auch wieder arbeiten, deswegen würde sie eher Samstagabend was machen. Annika, Anja oder Anne nickte und irgendjemand machte leise einen Witz über das Alter 26 und In-die-Jahre-Kommen.

Das Bäuerinnengesicht erzählte derweil der Sekttrinkerin, wie sie Eusebio kennengelernt hatte. Letzten Sommer im Görlitzer Park wäre das gewesen und das sei voll die verrückte Geschichte, denn er hätte sich einfach neben sie gesetzt, obwohl ihre Freundin Heike dabei gewesen wäre, und hätte einfach ein Gespräch mit ihr angefangen, auf Englisch, weil er Spanier sei und kein Deutsch könne.

Die Sekttrinkerin unterbrach und erzählte, dass sie auch mal was mit einem gehabt hätte, der kein Deutsch gekonnt hätte, einem Schauspieler, und dass dieses ausschließliche Kommunizieren auf Englisch eine ganz schöne Barriere dargestellt hätte, und sie fragte das Bäuerinnengesicht, ob es für sie nicht auch eine Barriere sei, und die sagte Nein, sie könne ja auch Spanisch, und so würden sie immer so einen Mix aus beiden Sprachen sprechen, je nachdem, welche Vokabel ihr zuerst einfiel, und sie würden sich ja sowieso so blendend verstehen, wenn da bloß nicht diese Sache mit seiner Bindungsangst wäre.

Aber, sagte sie, sie wolle nun wieder zurück zu ihrer ursprünglichen Geschichte, wie sie sich damals kennengelernt hatten, jedenfalls habe er sich damals im Görli neben sie gesetzt und ihr erzählt, dass sie so eine positive, warme Ausstrahlung hätte und dass er davon ganz befangen sei und dass sie sich das bewahren solle, was immer ihr passiere, und sie wäre einfach nur baff gewesen, so was hätte ihr noch nie jemand gesagt. Und dann klingelte MDMA-Sofias Handy, sie ging ran und sagte: »Ja, Hausnummer 29 ist richtig, Hinterhaus, die zweite Tür, da ist so ein grünes Graffito drauf, ach warte, ich komm runter, bleib an der Tram-Haltestelle, ich komm zu dir runter«, und nach großem Stühlerücken rannte MDMA-Sofia durch die Küche in den Flur, um nach unten zu gehen und ihre Cousine zu holen.

Derweil hörte ich Linda zu der Kleinen mit Brille sagen, dass es ja mittlerweile richtig in sei in Berlin, wenn man zu einem Therapeuten ginge, dass sie mittlerweile echt viele Bekannte hätte, die das tun würden, und dass es manchmal aber auch echt gruselig sei, wie selbstverständlich mit diesem Thema umgegangen würde, denn selbst in einer Runde, in der sich die meisten fremd waren, gab es doch immer wieder einen, der damit auf den Tisch haute, was sein oder ihr Therapeut letztens nicht erkannt hätte oder auf den Punkt gebracht hätte, und die Bezopfte auf dem Hocker unterbrach Linda, meinte gelangweilt, dass das mittlerweile einfach zum guten Ton gehöre, so ein bisschen kaputt zu sein, das wäre sexy, denn es zeige, dass man intensiv lebe, denn wer intensiv lebe, der hole sich hier und da halt seine Macken. Und, fügte sie noch hinzu, sie selbst wäre schon in ihrer Teenagerzeit mal beim Psychologen gewesen, weil sie damals eine Angststörung gehabt und unter Kontrollzwängen gelitten hätte. Und Linda meinte: »Echt?«, aber so Kontrollzwänge wären bei Kindern doch eigentlich normal. Sie hätte als Kind auch immer ihre Hausschuhe akribisch parallel zum Bett aufgestellt und bis auf den letzten Millimeter korrigiert, weil andernfalls die Monster unter dem Bett hervorgekommen wären. Die Bezopfte winkte ab, so was wäre harmlos, bei ihr wäre das viel schlimmer gewesen. Und Annika oder Anja oder Anne fragte mich, was ich eigentlich so mache, und ich sagte es ihr und sie nickte.

Plötzlich war dann MDMA-Sofia wieder da, mit ihrer Cousine im Schlepptau, die mit berstender Präsenz in die Küche platzte und brüllte: »Hallo, ich bin die Debbie, die Cousine von der Sofia.«

Alle drehten sich geschlossen zu ihr um, guckten sie an und sie polterte sofort weiter, dass es unglaublich sei, was ihr gerade passiert sei, denn gerade in der U8 sei ein junges Elternpaar mit ihrem blonden Sohn gewesen und der blonde Sohn hätte die ganze Zeit die Haltestangen abgeleckt und die Eltern hätten nichts dagegen unternommen. »So ein junges Vorzeige-Prenzlauerbergi-Elternpaar«, wetterte Sofia entrüstet. Und da habe sie dem blonden Sohn gesagt, dass er das nicht machen solle, dass er davon krank werden könne und das Elternpaar habe sich abrupt umgedreht und gemeint, was sie denn ihr Sohn anginge und ihr Sohn könne machen, was er wolle, und der Kontakt mit Viren mache ihn immun und stark. Und Debbie meinte, das hätte sie fast zum Weinen gebracht, so viel Dummheit und dieses arme Kind, und Linda meinte, sie solle sich setzen, es wäre sogar noch was zu essen da, aber Debbie meinte, nein, sie würden sich jetzt gleich mit ein paar Bekannten treffen, ein paar Männern, und sie hätte die MDMA-Sofia nur abholen wollen. Kaum hatte sie das ausgesprochen, schnappte sich MDMA-Sofia ihre Jacke, klopfte eilig auf die Tischplatte, wünschte Linda noch eine schöne Feier und dann waren die beiden weg.

Wenige Minuten später stand dann auch Annika, Anja oder Anne auf, war wieder in ihre blaue Jacke geschlüpft und murmelte »Ich muss jetzt auch leider schon gehen« in die Runde.

Linda legte daraufhin die Stirn in Falten, sie sei doch gerade erst gekommen. Aber Annika, Anja oder Anne hatte eine Entschuldigung. Also blieb Linda nichts anderes übrig, als seufzend mit den Achseln zu zucken. Und die Kleine mit der Brille neben ihr erklärte kurz darauf, dass sie aber auch so langsam los wolle, und aus anderen Mündern kam zustimmendes Gemurmel. Der Abgang von MDMA-Sofia war so eine Art Freifahrtschein gewesen. Jetzt waren sie ja wenigstens nicht mehr die Ersten, die gingen.

Linda verstand die Aufbruchstimmung nicht, guckte sich hektisch zwischen all den Aufgestandenen um und die erklärten ihr, dass schließlich Freitag sei und es ja schon halb zehn sei und dass man lieber noch mal nach Hause wolle, um zu duschen, bevor man später wegging, oder dass man bereits verabredetet war und schon um die und die Uhrzeit da und da sein musste.

Eine Geburtstagsfeier mit ausschließlich Mädchen und Essen hatte definitiv keine Priorität im reich gefüllten Berliner Veranstaltungskalender.

Und während das Bäuerinnengesicht mir erklärte, dass es ja immer eine kritische Sache sei, sich in Berlin in jemanden zu verlieben, weil man hier so leicht immer wieder neue, andere attraktive Menschen kennenlernen konnte und einem vor jeder neuen Beziehung immer glasklar sein musste, dass es sich nur um eine temporäre Sache handeln konnte, leerte sich die Küche nach und nach.

»Wenn ich wirklich die Liebe meines Lebens wollen würde, würde ich wieder nach Hause ziehen, da ist so was möglich«, sagte das Bäuerinnengesicht in die Richtung meiner Ohren. Und Lindas verschwindende Freundinnen riefen ihr »Tschüss« genauso ziellos in die Runde, wie sie es am Anfang mit ihrem »Hallo« auch getan hatten.

»In Berlin gibt es keine stabilen Beziehungen. Ist halt so. Aber trotzdem will ich mit Eusebio noch ein wenig Zeit verbringen, er tut mir so gut«, sagte das Bäuerinnengesicht.

Und Linda ging wortlos zum Klo. Und als sie weg war, bemerkte ich, dass ich mit dem Bäuerinnengesicht die Letzte in der Küche war.

»Woher kennst du Linda eigentlich?«, fragte ich das Gesicht, das übrigens Paula hieß.

»Noch von zu Hause, ich hab zwei Semester mit ihr zusammen in Trier studiert. Und du?«

»Wir waren Nachbarn in Idar-Oberstein, sind quasi zusammen aufgewachsen.«

»Schon lustig, dass wir alle mit Linda befreundet sind und uns untereinander nicht kennen, ne?«, sagte Paula lachend, hielt dann inne und erklärte es sich selbst: »Aber so ist das eben in Berlin. Man hat hier seine Freunde für jeden Bezirk und jeden Belang. Und manchmal sieht man sich wochenlang nicht, weil man in seinem Alltag einfach keine zwingenden Berührungspunkte hat. Man kann nur einen Bezirk weiter, aber trotzdem Lichtjahre entfernt leben.« Paula nickte heftig zu ihren eigenen Worten: »Denn wenn in Kreuzberg 'ne Party ist, ruft man seine Kreuzberger Freundin an. Wenn Kunst ist, verlässt man sich auf die in Mitte. Zum HipHop trifft man sich mit Hülia. Zum Frühstück mit Freija. Zum Reden mit Rike ...« Paula lachte wieder. Freute sich über ihre eigenen spontanen Alliterationen.

»Und zum Lachen trifft man sich mit Linda«, schloss sie dann, als diese gerade von der Toilette zurückkam und mit dem Blick auf die leeren Küchenstühle den Kopf schüttelte. »Jetzt weiß ich wieder, warum ich sonst nie meinen Geburtstag feiere«, sagte Linda und ging zu ihrem Gaben-Beistellwagen vor der Spüle.

»Hat sich ziemlich schnell zersprengt, hm?«, meinte Paula und Linda sagte nichts, klappte eine bunte Karte nach der anderen auf, las die Glückwünsche und klappte sie wieder zu. Als sie mit allen

Karten durch war, schnappte sie sich den Stapel bunt verpackter Bücher und legte ihn zum Auspacken bereit in ihren Schoß.

»Hatteste dir Bücher gewünscht?«, fragte ich.

»Nö ...«, machte Linda nur und packte Jostein Gaarders *Sofies Welt* aus.

»Ihr zwei ...«, sagte sie dann unvermittelt und blickte uns an. »Es geht doch nichts über Freunde, die man noch von zu Hause hat ...«

Und ich wusste genau, was sie meinte.

DIE 29. GESCHICHTE

Versumpft

Rahel (27), Diplomandin aus Koblenz,
über
die Verlockungen der Stadt

Ich bin seit zwei Stunden wach und es ist schon wieder dunkel. Und noch immer liege ich im Bett. Flach ausgestreckt unter der Decke, nass geschwitzt vom Alkohol der letzten Nacht. Unfähig aufzustehen. Starre gegen die Zimmerdecke, immer die gleichen Schatten, dann mache ich die Augen wieder zu.

Solange sie zu sind, bin ich sicher. Solange ich schlafe, bin ich nicht da. Da kann niemand etwas von mir erwarten, etwas von mir wollen, nicht wenn ich schlafe. Auch ich selbst nicht. Dann wieder dieser Moment. Ich mache die Augen auf. Erschrocken. Dieses Panikgefühl, wie wenn man etwas Wichtiges vergessen hat.

Steh endlich auf. Der Wille ist da. *Ich stehe jetzt auf.* Der Befehl geht raus, geht in die Glieder, wird in der letzten Sekunde aber doch nicht ausgeführt. Es ist die Gewissheit, die lähmt. Die Gewissheit, dass es gleichgültig ist, ob man diesen Tag noch beginnt oder nicht, weil er eh schon vorüber ist.

Was bringt es, den Lauf noch zu beginnen, wenn alle anderen längst durchs Ziel sind. Ich habe dieses Datum verpasst. All die Menschen da draußen, deren Wohnzimmerlicht trüb durch meine Vorhänge fällt, haben heute schon gearbeitet, waren unterwegs, sind schon wieder zu Hause, tragen die Einkäufe zum Herd, kochen, reden miteinander, in Gesellschaft, in Gemeinschaft. Nachrichten sind passiert. Das Leben ist passiert. Und ich habe nicht teilgenommen. Einen Tag ungenutzt verstreichen lassen, unbemerkt. Denn keiner weiß, ob ich aufgestanden bin, hier in der dunklen Box, meiner viereckigen kleinen Wohnung ohne Fenster zur Straße. Niemand kriegt es mit. Es ist egal. Ich halte die Augen geschlossen. Erinnerungsbilder von letzter Nacht. Grünes Licht, Sektperlen im Glas, Lachen. Gespräche, derer ich mich nicht mehr entsinne.

Ich könnte wieder einschlafen. Müdigkeit besitze ich genug, aber von ganz weit weg weiß ich, da ist etwas, das ich muss. Etwas, das dringend ist. Etwas, das mich wie hinter einer dicken Panzerglasscheibe anbrüllt, immerzu. Es dringt nicht zu mir durch, die Scheibe ist zu dick und zu beschlagen. Also klopft es mit Panik, weit aufgerissenen Augen, wirft die Fäuste gegen das milchige Glas, schreit mit offenem Mund. Ich hör es nicht. Nicht hier im Bett. Hier bin ich taub. Hier ist alles egal. Ich schlafe doch. Und niemand hindert mich daran.

Diese Verpflichtungen hast du dir doch ausgedacht, sie existieren doch nicht, wenn niemand überprüft, ob du sie einhältst.

Es ist doch nur deine eigene Verantwortung.

Deine Diplomarbeit.

Schlagartig setze ich mich auf. Schwindel. Fettige Haare fallen mir ins Gesicht, riechen nach Rauch, der Laptop liegt zugeklappt blinkend auf der Couch, überall Bücher und auf dem Boden die verrauchten Kleidungsstücke der letzten Nacht.

Mein Kopf pocht, Schmerzen, Übelkeit begleitet jede meiner Bewegungen. Der Blick auf die Armbanduhr auf meinem Nachttisch sagt 17:30 Uhr. Das leuchtet grün in die Dunkelheit. Nimmt keine Rücksicht. Sekunde um Sekunde verstreicht einfach weiter. Ich lege die Uhr weg. Und als könnte mich jemand sehen, halte ich mir den Handrücken gegen die ölige Stirn, seufze, verfluche mich, verfluche diese Stadt, verfluche meine Entscheidungen.

Über dem Chrom meines Bettes hängt der graue Sweater, benommen stülpe ich ihn über meinen ungewaschenen Körper, setze die nassen, schweißigen Füße auf das schmutzige Parkett.

Die Dolomin von vor einer halben Stunde wirken nicht. Ich will noch eine nehmen, aber die Wasserflasche auf dem Nachttisch ist leer. An ihrem Boden klebt ein feuchter Zettel. Ich löse ihn ab.

Mindestens fünf Seiten bis Dienstag. Geschrieben in schneller Schrift, durch die Nässe der Flasche verwischt. Neon-Textmarker auf Post-it. Es ist ein Abkommen, ein Vertrag mit mir selbst, erstellt, um die Pflicht für ein paar Stunden aus dem Kopf zu kriegen.

Ein Cheat, um doch noch rauszugehen.

Du kannst ruhig gehen. Doch! Wenn du um fünf wieder nach Hause kommst, schläfst du sechs Stunden bis elf, und dann nutzt du den ganzen Tag zum Schreiben. Fünf Seiten. Das schaffst du. Mach es so. Wenn du einmal draußen warst, hast du auch wieder mehr Lust zu schreiben. Dann hast du neuen Elan.

Mein Elan reicht gerade, um den Zettel zu zerknüllen. Er landet auf dem dreckigen Fußboden neben der Strumpfhose und dem Rock von letzter Nacht. Mir ist kotzübel, meinen eigenen Speichel herunterzuschlucken ist zu viel, mein Körper droht mir. Droht mir, sich zu übergeben.

Mindestens fünf Seiten bis Dienstag.

Heute ist Montag. Noch sechseinhalb Stunden lang.

Aber du kannst doch die Nacht nutzen. Du kannst bis vier durcharbeiten und dann bis elf schlafen. Dann wirst du Dienstag auch zu christlicher Zeit müde, kannst früh ins Bett und hast deinen Rhythmus wieder. Macht doch alles nichts. Ist doch alles schaffbar.

Ich stolpere durch den engen, fensterlosen Flur, die Badezimmertür aufgemacht, das Licht eingeschaltet, kalte Fliesen unter meinen Füßen. Schnell das Wasser angedreht, die leere Mineralwasserflasche schräg unter den Hahn gehalten.

Du musst nur endlich alles abschmettern.

Du musst die Löcher deiner Box stopfen.

Du darfst die betörenden Stimmen einfach nicht mehr hören.

Das Wasser rauscht in dickem Strahl aus dem Hahn, teilt sich am Flascheneingang, zu viel geht verloren, die Flasche füllt sich nur langsam.

Sag ihnen, dass du nicht da bist. Sechs Wochen Exil. Dann hast du alles geschafft. Sag ihnen, du bist alleine zur Ostsee hochgefahren, in das Ferienhaus deiner Eltern. Sag ihnen, du bist da alleine, um zu arbeiten. Um deine Diplomarbeit fertig zu machen. Sag ihnen, sie sollen dich nicht anrufen, dich nicht stören, sag ihnen, du kommst wieder, wenn du fertig bist. Du schaffst es.

Eine Frau mit tiefschwarzen Schatten unter den Augen. Schatten aus Schlaf zur falschen Zeit und Wimperntuscheüberresten, die sich mit dem Talg der Haut zu einem schlierig-schwarzen Film vermischt haben.

Das Gesicht ist kalkweiß und glänzt, rote Abdrücke an den Schläfen. Sie hat mit dem Kopf auf ihrer Strickjacke geschlafen. Die Augen sind matt, feine geplatzte Äderchen, die Innenwinkel verkrustet. Sie kann nur blinzeln, das Licht ist ihr zu hell.

Das bist du, sagt der Spiegel zu mir.

Ich drehe den Hahn ab. Mein Blackberry liegt auf dem Badewannenrand, es blinkt rot und eilig, sechs Anrufe in Abwesenheit, drei neue Nachrichten. Da sind sie wieder, die betörenden Stimmen. Sie rufen schon wieder. (Sie rufen an.)

Was machst du heute Abend?

Ich stoße das Blackberry mit dem Zeigefinger an, langsam, dann verliert es den Halt, rutscht die stumpfe Emaille der Badewanne hinunter.

Dolomin finde ich zur Genüge in meiner Nachttischschublade. Eine der weißen Tabletten lege ich auf meine trockene Zunge, spüle mit dem Leitungswasser aus der Flasche nach und der erste Schluck befreit, füllt all die trockenen Schleimhautrisse. Alle weiteren Schlucke schmecken nicht. Das Wasser war zu lange in der Leitung. Ist alt und abgestanden. Fröstelnd mache ich mir einen Kaffee, die Abendessenteller von gestern warten noch in der Küche, die vom Mittagessen auch und die von vorgestern auch.

Es macht in Berlin keinen Unterschied, welcher Wochentag es ist. Sie rufen dich jeden Tag an. Sie schicken dir jeden Tag SMS und Einladungen über Facebook. Sie posten auf deine Pinnwand: *Es ist ja wohl davon auszugehen, dass Sie dabei sind, oder?* Sie jagen Passwörter für Türen über den E-Mail-Verteiler. Und *Du stehst auf der Gästeliste* und *Ich hab dir ein Plus 1 klargemacht* und *Wir rechnen mit euch*.

Wenn du nichts zu tun hast, fällt dir das in dieser Stadt nicht auf. Denn du wirst beschäftigt. Immer.

Das große Re-Opening, das Closing, die Vernissage, die Pre-Party, die After-Party vom Film, vom Konzert, von der Messe, vom Festival, die Geburtstagsfeier im Club, das private Open Air im Park, dieses Konzert der Band mit Achtziger-Anleihen, wo deine Freundin hingeht, die doch das Plus 1 hat, weil sie doch für dieses Musikmagazin schreibt.

Auch Verabredungen werden zu unabsagbaren Events hochstilisiert: Da wird dieses regelmäßige Eierkuchenbacken angesetzt, damit die Freunde sich mal untereinander kennenlernen. Da wird zum Bikram Yoga im Wohnzimmer, zum Klamotten-Swapping am Sonntag und zum wöchentlichen Achtziger-Filme-Gucken und Cherry-Coke-Trinken geladen. Und zur Präsentation ihres neuen Dokumentarfilms oder Buchs, zu ihrem Theaterstück oder Konzert. Was immer sie machen – sie laden dich ein. Denn niemand ist in diese Stadt gekommen, um nach Feierabend Fernsehen zu gucken. Und alle brauchen Publikum und Gäste.

Der Kaffee pröttelt, ich drehe die Heizung auf. Trotz der abgestandenen Luft nicht lüften. Hauptsache nicht noch mehr frieren. Ich nehme den blinkenden Laptop von der Couch, er geht nicht an, ist auf Stand-by, das weiße Blinken ist sein letztes müdes Lebenszeichen, ich stecke den Akkustecker in seine Seite, stelle ihn auf den vermüllten Schreibtisch, er surrt, das Schreibprogramm wird sichtbar, es war noch geöffnet. Das fordernde Grau-Weiß, es liegt wieder vor mir.

Nicht weggehen, das kann man in dieser Stadt nicht. Egal ob Schnee, ob Eis, ob Orkan, man geht auch mitten in der Nacht noch aus; fährt dann in der Woche keine U-Bahn mehr, benützt man das Fahrrad und dann feiert man durch, fährt eine Stunde vor Jobbeginn nach Hause, duscht kalt, trinkt Kaffee und dann geht's wieder los, in den Friseursalon, in die Galerie oder Werbeagentur.

Und wenn du nicht mitmachst, bist du nicht dabei. Das Leben dieser Stadt spielt sich nachts ab und dein Nein wird dir nicht leicht gemacht. Ein Nein ist harte Arbeit, denn das alleine reicht nicht, du musst dir eine Verteidigung aufbauen. Denn sie misstrauen dir, sie denken, du gehst woandershin, sie denken nicht, dass du wirklich zu Hause bleibst.

Tagsüber macht man hier die große Karriere und nachts die große Party, das geht, das geht, das machen alle. Geht es?

Das Weiß-Grau vor mir wartet auf Schwarz. Wartet auf schwarze Buchstaben, die es von mir haben will. Und oben links läuft die Zeit. Läuft ab.

Ich gähne, stehe wieder auf und bevor der Kaffee durchgelaufen ist, nehme ich die Kanne weg und stelle meine Tasse drunter, kann nicht mehr warten, der Kaffee soll so stark wie möglich direkt in meine Tasse fließen. Dann wieder zurück an den Schreibtisch. Die Heizung bollert, die Hitze hüllt mich ein. Ich müsste mich waschen, denke ich, während ich Kaffee trinke. Ich müsste einkaufen gehen, denke ich, während ich die Tasse abstelle, denn ich habe nichts mehr zu essen.

Aber das dauert alles. Und du hast so viel Zeit verloren.

Fünf Seiten schreiben, jetzt. Setzt dich grade hin. Konzentrier dich. Geht das?

Vielen sind hier im Job viele gute Dinge passiert, sie denken, sie haben ihre Arbeit auf ein Plateau geschoben, jetzt geht es schon weiter, es muss nicht mehr unbedingt aufwärts gehen, Hauptsache, es geht weiter. Steil gehen sie lieber nachts. Ihr Arbeitsfeuer ist auf Sparflamme gedreht, weil sie lieber für die Nächte brennen, die sie lichterloh in Flammen setzen. (Und verbrennen.)

Die Stadt birgt zu viele Verlockungen, bringt dich vom Pfad ab, denn aus allen Fugen flüstert es: *Nimm mich, besuch mich, erleb mich, fick mich.*

Gestern habe ich nachgegeben. Drei Tage war ich standhaft, blieb durchgängig in der Box mit dem Fokus auf das, was zu tun ist, hab alles abgewehrt, hab Nein gesagt, blieb trocken und nüchtern. Aber gestern habe ich nachgegeben. Es war halb eins letzte Nacht, ich hatte lange genug auf den Bildschirm gestarrt, ein wenig Verwertbares war geschrieben. Gerade genug, um zu behaupten, ich hätte was getan. Jedoch zu wenig, um zufrieden zu sein. Im linken Augenwinkel immer der E-Mail-Eingang mit den Facebook-Benachrichtigungen: *Ich hoffe für dich, dass du entweder unterwegs bist oder schon längst da.*

Was glaubten sie eigentlich? Dass ich lieber zu Hause saß und arbeitete? Der Abgabetermin rückte immer näher. (Und tut es noch.) Ich habe es durchgerechnet, die Seiten pro Tag, die zu leisten sind, damit ich es schaffe.

Ich hoffe für dich, dass du entweder unterwegs bist oder schon längst da. Ich wusste, wenn ich ausbüxe, geht das niemandem zur Last außer mir. Ich alleine schaffe es am Ende nicht, rechtzeitig fertig zu sein. Kurze Angst beflügelte mich zu ein paar weiteren brauchbaren Zeilen, bis die Angst verflogen war und ich mich wieder im Sessel zurücklehnte.

Die Luft in meinem Raum war verbraucht und obwohl ich es dumpf durch die Scheiben hörte, öffnete ich die Fenster. Die Fenster zum Hof. Auf der Hausnummer 11 saßen sie auf dem Dach, tranken und sangen Funny van Dannen, alle im Chor, auf ihren Stühlen, wie ein Fußballclub: *Er allein hat mich gerettet, doch er kann sich darüber nicht mehr freuen. Denn mein Psy-*

chiater hat sich aufgehängt, jetzt brauch ich einen neuen. Ich brauche einen neuen Psych-i-aaaaater ... nach allen vier Zeilen brachen sie in Gelächter aus, dann kamen sie wieder in die Spur und sangen weiter.

Es stimmte nicht, was alle sagen. Man muss nicht mal vor die Haustür treten, um in eine Party zu geraten. Man muss nur das Fenster öffnen.

Niemand sitzt heute Abend zu Hause. Und sie warten schon auf dich. Und wer weiß, wie lange du noch hier in Berlin bleiben kannst. Vielleicht dauert es nicht lange und du musst umziehen, dann hast du in Berlin gewohnt und warst nicht dabei. Während das Leben tobte, hast du versucht zu arbeiten und hast doch nichts geschafft, weil das Bedauern dich immer wieder gestört hat.

Nur ein Abend wird nichts ausmachen, oder ?!, dachte ich.

(Nur ein weiterer Abend. Immer ist es nur *ein* Abend.)

Ich hoffe für dich, dass du entweder unterwegs bist oder schon längst da.

Und der Beschluss war gefasst. Und der Befehl kam in den Gliedern an, wurde ausgeführt. Erst den Textmarker geschnappt, dann das Post-it beschrieben, die Pflicht vertagt.

Durch mein offenes Fenster das schallende Gelächter vom Dach gegenüber und ich bin unter die Dusche gesprungen, hab die Arbeitskrusten abgekratzt, mich auf Glanz poliert, die nassen Haare zum Knoten gebunden und dann im kurzen Rock auf das Rad gestiegen, zu der Party gefahren um halb zwei Uhr nachts. Und die Straßen haben mir ein Echo gegeben, Männer und Frauen ebenfalls auf Rädern und zu Fuß und in vorbeifahrenden Trams, geschminkt, herausgeputzt, mit Flaschen in der Hand. Um halb zwei Uhr nachts. Überall.

Und als ich ankam, waren alle betrunken, der Boden leuchtete, sie tanzten wie wild und er gab mir einen nach dem anderen aus. Wir haben geschluckt, gelacht, die Lichter, die leichten Sprüche, die Hand auf meinem Po.

Und für Stunden alles vergessen. Und am nächsten Tag die Reue. Der Kopfschmerz lässt langsam nach und der Kaffee beschleunigt mein Herz. Dieses unstetige, gehetzte, lose Kaffeegefühl in der Brust. Kaffee auf leeren Magen. Bitter.

Die Fingerspitzen kreisen kalt und schweißig über die Tastatur, wissen nicht wohin. Ich lass den Kopf in die Hände sinken.

Warum bin ich nicht zu Hause geblieben? Diese Stadt verwirrt dich. Du weißt irgendwann nicht mehr, wer in die richtige Richtung geht und wer nicht. Sollst du denen folgen, die das Leben schmunzelnd angucken und sagen: Irgendwann musst du auch mal leben? Wozu sind wir in Berlin? Die dich locker an die Hand nehmen, dich zum Tanzen bringen? Die sagen: Nimm das Leben leicht, es hat keinen Sinn. Willst du am Ende nur gearbeitet haben? Mach ruhig, nimm ruhig, spiel ruhig.

Sie lauern überall, sie sind bunt, du hängst an ihren Lippen. Niemand hat hier Geld, aber jeder hat Spaß. Oder sollst du denen folgen, die so rar sind, die du so selten triffst, weil sie so beschäftigt sind? Aus deren Blogs du erfährst, welche hervorragenden Daten sie wieder zu ihrer Vita hinzufügen konnten? Das Stipendium, die Auszeichnung und die große Chance. Die für ein gemeinnütziges Projekt nach New York fliegen und die sich auf Bildern zeigen, die ein Fotograf von ihnen gemacht hat. Die du morgens hinter ihren Notebooks beim Bäcker siehst, die dir mit ihrem Coffee-to-go zuprosten. Diejenigen, die die Stadt auch jederzeit wieder verlassen würden, wenn der Job sie woandershin ruft.

Sollst du denen folgen? Die werden dich niemals dazu auffordern. Die können dich nur so sehr stören, dass du ihnen folgen musst, weil du sie überholen willst.

Aber wer von ihnen verschwendet hier seine Zeit? Wer macht es richtig? Und du glaubst, du weißt die Antwort. Die Mischung macht's. Du musst auf beiden Seiten spielen, mal hier und mal da.

Aber das ist in Berlin so, wie ein bisschen heroinsüchtig sein. Es geht nicht halb. Scheint nicht zu gehen.

Grauer Hintergrund. Weißes Dokument. Keine Buchstaben.

Ich muss. Ich muss schreiben. Ich muss fertig werden, ich muss weitermachen. Warum nicht jetzt, wo der Kaffee mich geweckt hat und die Dolomin den Schmerz im Zaum hält. Warum fange ich jetzt nicht an? Warum nicht?

Ein kurzer Augenblick Abwesenheit, ich starre, sehe verschwommen und dann klingelt das Telefon. Ich schrecke auf, greife danach.

»Ja?«

Sie ist es, wir haben uns schon lange nicht mehr gesehen, sie ist jetzt in der Stadt, für ein kurzes Praktikum. »Du weißt ja, wie das ist, mir geht's da mehr um den Standort als um die Firma.« Gluckerndes Lachen.

Und ich ahne, dass es ein Fehler war. Ich hätte nicht ans Telefon gehen dürfen. Ich greife nach dem Textmarker. Sie sagt, dass auch die Jungs aus Hamburg da sind, sie waren gestern schon alle zusammen essen, und sie sagt, das war so schön, und heute sind sie alle bei Martina am Frankfurter Tor. »Die kennst du doch noch, nicht wahr?«, fragt sie. Und ich greife nach dem Post-it-Block, reiße den obersten Zettel ab. Sie sagt, das wird eine Reunion, so wie früher in alten Zeiten, als wir alle noch in Koblenz gewohnt haben. »Erinnerst du dich, damals?«, und ich kenne meinen Entschluss von vor einer Minute und schreibe »Nicht mehr ans Telefon gehen, bis du mindestens 25 Seiten fertig hast!« auf den Zettel und dann bringt sie mich zum Lachen und dann höre ich die anderen im Hintergrund lachen und sie fragt: »Du bist doch dabei, oder?!«, und ich gestikuliere beim Sprechen und das Post-it segelt vom Schreibtisch.

DIE 30. GESCHICHTE

Neukölln-Lovestory

Ireen (24), Sonderpädagogin aus Halle,
über
ein erstes Date in und mit Nord-Neukölln

Wir treffen uns zwischen der 33 und der 24«, so einen mystischen Schwachsinn wollte ich schon immer mal gesagt haben und nun machte es Sinn. Er stand mit hochgeklapptem Mantelkragen vorm Spätkauf 33, ich kam von der anderen Seite vom 24-Stunden-Spätkauf. Wir lächelten ein bisschen verhalten, als wir uns erkannten, die typische unsichere Vorsicht eines ersten Rendezvous.

In der Parallelwelt Wochenende waren wir uns noch vor weniger als sechzig Stunden vertraut gewesen. Durch das Hasenbauloch Alkohol auf die Tanzfläche des *Cassiopeias* gefallen, hatten wir getanzt und geknutscht, als wäre es das gewesen, was mit uns beiden immer hätte passieren sollen.

Da war dieses Verzehrende. Da hatte ich ihm am Rande der Tanzfläche das Hemd aufgeknöpft, mich an seine bloße Brust geschmiegt und nebenbei schüchtern den Wodka Tonic durch den Strohhalm gesogen.

Nun das Treffen in Zivil, im zwar trüben März-Tageslicht, aber dennoch Tageslicht auf den Straßen von Neukölln. Ich hatte mich zuvor nicht mehr an sein Gesicht erinnern können, aber als ich es aus dem schwarzen Trench vor der Sonnenallee 33 herauslugen sah, da fiel es mir wieder ein. Da fiel er mir wieder ein. Und er sah blasser aus als nachts. Er sah schlechter aus als nachts.

»Hey«, ein bisschen steif nahmen wir uns in den Arm. Das musste man wohl wenigstens machen. Auch wenn wir uns in diesem echten Tagesuniversum noch nie begegnet waren, mussten die Ereignisse der Nacht aber doch auch was gelten, wenn sie unsere Tage schon so beeinflussten, dass es zu Treffen wie diesem kam.

Ich sah ihm ins Gesicht, als wir uns aus der kurzen Umarmung lösten, und doch – doch, ich wusste noch, was ich im tanzenden Stroboskoplicht an ihm gemocht hatte. Er hatte diese Augen, die scheinbar unter der Last der schweren Stirn über ihnen litten. Diese schmalen Augen in dieser nach außen abfallenden Form, die wirkten, als hätte er eine Menge Schmerz durchgestanden, der Marlon-Brando-Blick, er existierte auch bei Tageslicht, aber dann machte er den Mund auf und sprach mit mir: »Und hier wohnst du also?«

»Ja, noch nicht lange, aber ja. Ich bin Neu-Neuköllner sozusagen.«

»Ah«, er nickte.

»Ich wohne da runter in der Nansenstraße, da, wo sie auf dem Straßenschild aus dem A ein O gemacht haben. Deswegen sage ich auch gerne, ich wohne in der Nonsensstraße, das passt irgendwie ganz gut«, grinste ich, mit den Händen in meiner Lederjacke, er nickte noch immer.

»Aber warum Neukölln?«, fragte er, während wir uns still und einig in Bewegung setzten, und ich seufzte auf, denn da war sie wieder, die typische Berlin-Situation: Am Anfang stand das Stadtgespräch, die Diskussion unter den Wahlberlinern über den Stadtteil der Wahl, die Diskussion um Yuppies oder Nicht-Yuppies, das große Blabla über zugezogene Mietpreiserhöher und arme Alteingesessene, das Gefachsimpel über Neukölln als Moloch oder Zukunft verglichen mit dem Prenzlauer Berg als ewigem Negativbeispiel des Zuzugsortes und das Geschwafel vom leeren

Ablenkungsbeispiel der Unaufgeregtheit von Moabit und Schöneberg, wo aber letztlich trotzdem niemand hinzog. Es strengte ein wenig an, jeder kannte die Regeln, wusste, was zu sagen war, jeder hatte seine Rede vorbereitet, meine lag mir vorprogrammiert auf der Zunge, aber er sprach sofort weiter: »Alles, was ich mit Neukölln verbinde, ist, dass das dieser Stadtteil ist, in dem übergewichtige Jungspunde in Synthetik-Sportjacken in die Bahnen zusteigen. Die sitzen dann breitbeinig da, mit ihren Handys und ihrem mörderisch coolen Blick, von dem sie sich erhoffen, dass er sie wie der King der Straße aussehen lässt, und dann kratzen sie sich in ihren speckigen Nacken und schaffen es, bloß durch Rumsitzen und aufgeblähtes Nichtstun den Anschein von Geisteskrankheit zu erwecken.«

Ich grinste milde. Das war die Anfängerplatte, war Wahlberliner-Standardaussagen-CD 1 Lektion 1.

»Das ist für mich Neukölln«, schloss er, als sei das seine eigene, ganz neue, gerade erst gebildete Meinung. »Ah, und hier werden Menschen auf offener Straße einfach mal erschossen …«

Ich nickte: »Ja, aber das passiert nur alle zwei, drei Tage.«

Er sah mich prüfend an, als wäre er sich nicht sicher, ob ich scherzte oder nicht.

»Wo wohnst du denn?«, fragte ich ihn zurück.

»Ziemlich genau am Alex. Mitte also.«

Klassiker.

»Ich finde, dann können wir deine Äußerung zu Neukölln auch einfach so stehen lassen«, ließ ich vielsagend verlauten, lächelte kurz und er runzelte seine hohe Stirn. »Wohin gehen wir eigentlich?«

Ich zuckte mit den Schultern. »Wenn du magst, können wir ja einfach mal ein bisschen laufen, ich zeige dir die Gegend und wenn's dann langsam dunkel wird und wir nichts mehr sehen können, setzen wir uns irgendwo rein, hier gibt's genug gute Kneipen und Bars. Man unkt nämlich, der Weser-Reuter-Kiez, in dem ich wohne, sei nicht das richtige Neukölln, sondern die Gentrifizierungs-Blüte des Bezirks.«

»So, so. Du meinst also, hier werden wir heute nicht erschossen ...«

»Mal schauen.« Er sagte nichts mehr, guckte auf unserem Weg durch den Betonwald stumpf nach vorne.

»Also, hier sind wir zum Beispiel in einer Straße, die sich besonders durch die Vielzahl von kleinen Friseuren auszeichnet. Auf dieser Seite sind zwei und auf der gegenüberliegenden ist noch einer, und das alles in diesem kurzen Abschnitt bis zur Querstraße da drüben.«

Sein kurzer Seitenblick verriet mir, dass ihn diese Anekdote nicht besonders beeindruckte, aber ich moderierte unbedarft weiter: »Urteile nicht zu früh über diese Friseure. Die sind was Besonderes, die sind keine Kette, die machen keine Pappaufsteller-Werbung für teure Haarpflegeserien, da läuft auch kein Techno und kein House, während einem der Schopf beschnitten wird. Es sind lediglich viereckige Wartezimmer mit einem Friseur in der Mitte, und um ihn herum sitzen die Wartenden, alles im schönsten abgenutzten, original alten Achtziger- oder Siebziger-Friseurmobiliar ...« Passenderweise kamen wir, genau als ich endete, an dem ersten großen Friseurladenschaufenster vorbei. Ein kleiner Typ ganz in Schwarz mit silberner, blitzender Schere in der Gesäßtasche ging mit Mafioso-Blick und gegrätschten Fingern durch die Haare eines Mannes, der stur in den großen Spiegel vor ihm guckte.

Die Haare des Friseurs waren so voller Pomade, dass sie glänzten wie eine frisch nass-gereinigte Schellackplatte. Drum herum saßen, wie angekündigt, die müde wartenden Menschen auf ihren Siebzigerjahre-Plastikstühlen. Und als unsere Gesichter im Vorbeigehen wie zwei Monde in den Salon guckten, schaute der Schellack-Haar-Typ uns grimmig an, eine Augenbraue angehoben, die Lippe halbseitig in den Mund eingesogen und die Hand an der Schere in seiner Gesäßtasche und wir drehten unsere Köpfe schnell wieder nach vorne und betrachteten wieder den Asphalt, der vor uns lag.

»Was machst du eigentlich so?«, fragte er dann, während die schwarze Spielhalle auf der gegenüberliegenden Seite ihre Schriftfarbe von Blass-Neon-Lila auf Blass-Neon-Pinkrosa änderte.

»Ich bin gerade mit dem Studium fertig und mache jetzt erst mal nichts, glaub ich. Obwohl, man macht ja nie wirklich nichts, oder? Gerade versteigere ich mein altes Leben bei eBay, alte Anziehsachen, alte Bücher und alte Geräte ... Wenn man so viel Überflüssiges hat wie ich, dann kann man davon ganz gut leben.«

»Mmh«, machte er nur.

»Ab und zu bin ich auch in dieser Bäckerei in Kreuzberg und übernehme die Schichten einer Freundin oder ich hänge bei einem meiner besten Freunde in der Videothek rum oder ich sitze hier in den Kneipen, trinke Kakao und versuche, mich damit abzufinden, dass ich jetzt kein Kind mehr bin ...«

Er gab mir eine hochgezogene Augenbraue.

»Wie meinst du das?«

»Na ja, nächsten Monat werde ich 25, dann läuft meine Familienversicherung aus und ich muss mich über mich selbst versichern. Ich hab erste Linien auf der Stirn und auch in den Augenwinkeln, nicht nur, wenn ich lache. Wir sind jetzt wohl wirklich keine Kinder mehr, werden nie wieder welche sein, das muss man erst mal verstehen ...« Die Wörter flossen nun aus mir heraus wie warmer Atem, hingehaucht, unüberlegt. »Und wenn ich keine Lust mehr habe und mir die Sachen zum Versteigern ausgehen, meld ich mich arbeitslos und such mir einen Job. Ich hab Sozialpädagogik studiert.«

»Ich bin Journalist«, sagte er mit einem wichtigen Blick, der in ein mich überlegt anguckendes Starren überging.

»Und jetzt?«, fragte ich in seinen starrenden Blick hinein. »Machst du gerade eine Story aus mir? Die Nachlässigkeit der jungen Akademiker? Die Sorglosigkeit, mit der sie ihre Karriere angehen? Die Sorglosigkeit, die sie nach Neukölln ziehen lässt, wo sie jederzeit auf offner Straße …«

Ein Grinsen zeichnete sich auf seinem Gesicht ab.

»Nein, so nicht, nein«, antwortete er nur und das sagte mir nicht genug. Aber plötzlich ließ er den Kopf hängen, trottete mehr, als dass er ging, das verlegen Verhaltene, das er bei der Begrüßung an den Tag gelegt hatte, war von ihm gewichen. Nun erschien er mir gleichgültig, als hätte ich den Test des Tageslichts nicht bestanden oder als wäre ihm wieder eingefallen, dass er dieses Spiel eigentlich gar nicht spielen wollte.

»Ich bin bei dieser Berliner Tageszeitung und ich will da jetzt durch die Decke gehen. Ich muss da jetzt durch die Decke gehen«, sagte er *da jetzt*, guckte mich wieder an und zog dabei seine Augenbrauen zusammen, während wir an einem kleinen Trödelladen vorbeiliefen.

Der Besitzer saß wie üblich auf seinem Plastik-Gartenstuhl davor und spielte Handyflipper.

»Woher kommst du denn?«, fragte ich ihn

»Aus der Oberpfalz.« Seine Augenbrauen entspannten sich wieder, die tiefe Furche zwischen ihnen verschwand.

»Du bist noch nicht lange hier, oder?«, fragte ich nach und er schüttelte wie erwartet den Kopf.

»Lern doch erst mal die Stadt kennen, sieh dich doch erst mal in ihren Räumen, Fluren und Kellern um, bevor du durch ihre Decke gehst. Hier zum Beispiel …«, stieß ich ihn ironisch an, ohne ihm direkt zu sagen, was ich dachte.

Er warf mir einen komischen Blick zu, ich konnte nicht entziffern, was er dachte, dann stieß er Luft durch die Zähne aus. »Ist doch noch ganz schön kalt heute«, kommentierte er und ich hatte ein ähnliches Gefühl wie beim Fahrradfahren, wenn man zwischen zwei Gängen umschaltete – der eine war raus, aber der andere noch nicht richtig drin und man trampelte und trampelte und stieß auf keinen Widerstand, kam nicht voran.

Die Hände in den Seitentaschen meiner Jacke, blickte ich mich um. Was könnte ich ihm erzählen?

»Falls du nachher Hunger hast – wir sind da zwar jetzt schon vorbei, aber da auf der anderen Seite ist ein winziger, echt gemütlicher Italiener. Eigentlich ist es nur eine Bude, aber trotzdem oder gerade deswegen immer rappelvoll und laut und Romina Power und Al Bano schallen aus den Lautsprechern, alles ist grün-rot-weiß und nicht selten sitzen malerisch dicke Frauen im Fenster und löffeln ihren echten Macchiato …«

»Mmh«, machte er und wir überquerten die Straße.

»Das hier ist jetzt übrigens die berühmte Weserstraße. Lass uns die mal nach links hochlaufen«, schlug ich vor, während wir schon längst nach links hochliefen.

Eine ältere Muslimin mit schwarzem Kopftuch und einer Tüte Orangennektar kam uns entgegen und er begann wieder von seinem Job zu erzählen. Trotz seiner Berufserfahrung und seines abgeschlossenen Studiums hätte er zunächst noch ein Praktikum bei dieser Berliner Tageszeitung machen müssen, berichtete er. Und jetzt, wo er übernommen worden war, hätte er das Gefühl, dass seine Mitarbeiter noch immer nur den Praktikanten in ihm sahen. Er redete sich ein wenig in Rage, betete herunter, dass er dieses Stigma ganz schnell loswerden müsse, weshalb er besonders durch eine große Reportage glänzen müsse, dass aber die vielen kleinen, unbedeutenden Aufträge, die er immer bekommen würde, ihn vom Eigentlichen abhielten, und er betonte, wie sehr ihn das alles nerve, da er ja schließlich schon 28 sei und einer seiner alten Studienkollegen schon längst *big in business* beim ZDF. Wir gingen an der Bar *Freies Neukölln* vorbei, das Werbeschild für Andechs Bier, Heimatfilmromantik auf blauem Hintergrund, ließen wir über unseren Köpfen hinter uns, er stierte beim Reden geradeaus, ich gab regelmäßig zustimmende oder den weiteren Redefluss unterstützende Geräusche von mir und schweifte mit meinem Blick in die Weltgeschichte ab.

Die nächste Kneipe verbarg sich hinter großen braunen Holzbogenfenstern, ein kariertes Spültuch und ein angeschnittenes Körnerbrot guckten von ihrem Platz am Tresen aus auf die Straße, die Freunde der Wirtin saßen im trüben Licht auf den Barhockern und tratschten und lachten. Während wir an Werbung für Werk-Shop-Mode und einem kleinen türkischen Mädchen auf einem Jungenfahrrad vorbeiliefen, sagte er, dass er das Zeug dazu habe, an allen anderen vorbeizuziehen. Auf Höhe der Queer-Kneipe *Standing on the edge of a silver future* blieb er stehen, guckte sich das völlig mit Stickern zugeklebte Fenster an, ich las *Liquid Kitty*, *Neubau, Bleib Passiv* und *Please Be Quiet die Nachbarn wollen schlafen*, während er seine Jobrede vorerst damit beendete, dass er befand: »Ich muss das jetzt auch für meine Eltern schnell auf die Reihe kriegen. Die halten von meiner Berufswahl nämlich nach wie vor nichts. Die hätten mich lieber als Arzt gesehen.« Dann steckte er sich eine Zigarette an, zeigte mit dem Daumen über seine Schulter und fragte mich: »Was ist das eigentlich für eine Sticker-Spelunke?«

»Das ist das *Silverfuture*«, meinte ich nichtssagend und er drehte sich um, ging zur rosa Tür der Bar und las die kleine Tafel laut vor, die dort angebracht war: »Wir haben keine Lust auf heteronormativen Mainstream. Wir dulden keine homophoben, transphoben, sexistischen, rassistischen, antisemitischen, antiziganistischen oder nationalistischen Verhaltensweisen und Aussagen.« Er lachte tonlos.

»Kein Wunder, dass das Ding leer ist, durch die Tür kommt doch niemand durch«, meinte er schief grinsend und ich sagte nichts, betrachtete nur den schwarz-weißen Pinguin, der hinter ihm an der grünen Hausfront klebte und mir noch nie zuvor aufgefallen war. Dann winkte er mir ein *Lass uns weitergehen* und wir gingen weiter.

»Hier ist die Nansenstraße, hier wohne ich«, ließ ich an der nächsten Straßenkreuzung verlauten und zeigte mit dem Arm die

Straße rauf. »Da vorne ist der Reuterplatz, ich würde vorschlagen, wir biegen hier gleich rechts ab und gehen die Reuterstraße hoch.« Er zuckte mit den Schultern und wir gingen schweigend weiter, erst auf Höhe der Fliegenpilzlitfaßsäule am Reuterplatz fragte er: »Und warum genau biegen wir jetzt hier ab, warum gehen wir nicht einfach weiter geradeaus?«

»Weil ab da nur noch Trinkhallen kommen, vor denen deine übergewichtigen Lieblingsjugendlichen in Synthetiksportjacken herumstehen und rauchen.«

»Mmh«, machte er wieder.

»Ach ja und an den Stromkästen gibt's regelmäßig Tittenpartywerbung. Möchtest du sie sehen?«, fragte ich lahm.

»Was ist Tittenpartywerbung?«

»Werbeplakate für R'n'B- oder House-Partys, die mit fast barbusigen Frauen bebildert sind. Manchmal ist es sogar eine Paris Hilton oder Jessica Alba. Keine Ahnung, ich glaub nicht, dass die wissen, dass sie für so was werben.«

»Lass uns doch lieber rechts hoch. Das, was du da beschreibst, klingt nach dem Bahnhofsviertel der nächstgrößeren Stadt meines Heimatortes ...«

»Okay«, sagte ich nur, atmete angestrengt ein und begann dann wieder in die trübe Zähigkeit unserer Zusammenkunft hineinzumoderieren. »Das hier ist der berühmte Reuterplatz ...«, fing ich an und dachte, während ich so sprach, dass ich mich auch auf einem Touristenschiff bewerben könnte, um immer wieder von Charlottenburg aus zur Friedrichstraße und wieder zurück zu gondeln. Die Wolken würden über mich hinwegziehen und die Sonne wäre mal da und mal nicht und ich würde immer den gleichen Text erzählen, Leuten, die immer heimlich Trinkpäckchen dabeihatten, obwohl man an Bord nur die Dinge verzehren durfte, die man auch an Bord gekauft hatte.

»Und hier im Park sehen Sie Menschen, die gerne Alkohol trinken. Für gewöhnlich gehen diese Menschen dabei gerne auf und ab. So wie da vorne dieses ganz in Schwarz gekleidete Exemplar mit dem traurigen Gesicht«, hörte ich mich erläutern und er folgte mir, müde dreinblickend. »Wenn Sie sich jetzt hier auf diese Bank setzen würden, könnten Sie beobachten, wie dieser Mann für mehrere Stunden unablässig auf und ab läuft und dabei trinkt ...«

»Hast du das schon mal gemacht? Dich hier auf die Bank gesetzt und beobachtet?«

»Schon.«

»Du hast viel Langeweile, oder?«

»Klingt das langweilig für dich?« Er verzog den Mund ein bisschen schräg, ein bisschen spöttisch, als sei die Antwort bereits klar. Der Mund, der sich da verzog, dachte ich, war jener, den ich am Wochenende noch so inbrünstig geküsst hatte. Während wir weitergingen und er wieder von seinem Job erzählte, traten wir über eine Spielkarte, die auf dem Asphalt lag, eine Karo 9, ein bisschen verdreckt, ein bisschen verknittert, und ich überlegte, weshalb hier jemand Spielkarten verlor. Ob diese Menschen sie sich wohl nachlässig in die Hosentasche steckten? Und wer trug überhaupt Spielkarten mit sich herum? Er erzählte währenddessen, dass er sich gut vorstellen könnte, auch mal fürs Fernsehen zu arbeiten, denn er hätte bestimmt sogar das Zeug dazu, vor die Kamera zu treten, und dass er jetzt in Berlin auf jeden Fall alles geben würde, weil, er sei ja jetzt 28 und da müsste er so langsam aber auch mal durch die Decke gehen. Sonst sei seine Zeit abgelaufen. Ich war mir nicht sicher, aber ich glaubte, er erzählte immer wieder das Gleiche.

Die Straße machte einen Knick, ein quietschrosa Altbau, abgesetzt mit sahneweißen Zierleisten, strahlte uns an und auf der anderen Seite warb dunkelgrüner Neubau mit riesengroßem aufgemalten Klatschmohn um unsere Gunst. Die eitlen Häuser von Kreuzkölln, titelte ich in Gedanken und hörte dann zufällig meinen Namen. »Weißt du was, Ireen? Lass uns wieder zurückgehen, da vorne in die Straße, wo die ganzen Kneipen waren, es ist doch noch ziemlich kalt und ich möchte gerne was trinken ...«, sagte er mit einem kurzen Blick die Straße runter, wo er wohl nichts Interessantes für sich entdecken konnte, und machte, obwohl wir auch hätten geradeaus gehen können, auf dem Absatz kehrt und wir gingen wieder zurück, kamen wieder an den pinkfarbenen Häusern und am Klatschmohn vorbei, eine dicke schwarze Katze lief uns über den Weg und der Alkoholiker wanderte noch immer auf und ab.

»Hast du eine Bar-Präferenz?«, fragte ich ihn, wieder an der Fliegenpilzlitfaßsäule angekommen, und er schüttelte den Kopf. »Dann lass uns ins *Freie Neukölln* gehen«, schlug ich vor. Und er erzählte, dass er sein wahres und wirkliches Talent aber im Schreiben sah, schließlich hätte er schon in der achten Klasse einen Schreibwettbewerb gewonnen. Und so was bedeute schließlich etwas und so ein Talent müsse man nutzen, man müsse was draus machen, deswegen sei sein Glaube, eines Tages damit auch mal zu verhältnismäßigem Ruhm zu kommen, auch ungebrochen. Und natürlich wollte er auch zu Geld kommen, das war ihm einfach wirklich wichtig.

Sein Redefluss wurde erst unterbrochen, als ich die quietschende Holztür des *Freien Neukölln* öffnete und John Lennons *Luck Of The Irish* uns entgegentönte.

Wir setzten uns im vorderen, dunkelgrünen Raum an einen der Holztische, eine kleine weiße Kerze brannte und um uns herum waren alle Tische leer, bis auf jeweils einen in der linken und einen in der rechten Ecke. Diese waren besetzt mit jeweils einer einsamen Person, beides Frauen, eine mit Rucolasalat, die andere mit Undercut-Haarschnitt und Laptop. Eine Kellnerin in den Vierzigern kam zu uns an den Tisch, fragte nach unseren Wünschen, ich entschied mich für Kakao und Kirschkuchen, er bestellte für sich das Gleiche, die Kellnerin nickte und John Lennon sang: »Blame it all on the kids and the IRA, as the bastards commit genocide. Aye,

Aye, genocide.« Ich schaute träumend in die Kerze, schreckte dann hoch, als aus dem Nachbarzimmer zwei Kinder hereinstürmten, ein Junge und ein Mädchen, verbunden durch einen Schal, den der Junge dem Mädchen um den Bauch gewickelt hatte und nun wie eine Longe hielt und immer wieder rief: »Hüa, hüa, schneller«, und das Mädchen rannte laut hechelnd mit fliegenden braunen Locken zwischen den Stühlen hindurch.

»Dafür, dass das hier die Gentrifizierungs-Blüte sein soll, ist hier aber wenig Hipstertum unterwegs ...«, stellte mein Wochenend-Abenteuer mit dem Blick auf die Kinder fest und ich sparte mir jede Antwort. Es sollte bei einem Treffen eigentlich nicht so sein, dass man sehnsüchtig auf das Getränk und den Kuchen wartet, nur damit man wieder was zu tun hat, oder?

»Das ist noch so ein Stadtteil, in dem man sich schämt, wenn man allzu aufgedresst herumläuft«, ließ er dann verlauten, fischte einen Flyer mit der Aufschrift »Antiberliner« von der Fensterbank hinter uns und spielte damit herum, während er offensichtlich darauf wartete, dass ich mich äußerte. Als ich das nicht tat, blätterte er ein bisschen, murmelte »Neukölln ist schon 'n relativ linker Bazillus« vor sich hin und warf den Flyer wieder auf die Fensterbank, während ich leise vorlas: »Nur wütend wird die Wurst zum Knüppel«, ein Spruch, der auf dem großen Barkühlschrank stand.

»Du hast wenig über dich erzählt«, stellte er fest. »Und da Fremdenführung hier drin ja nicht mehr möglich ist ...«, versuchte er ein Gespräch anzukurbeln.

»Was möchtest du denn wissen? Was soll ich dir erzählen?« Ich schaute ihn fragend an und sah aus dem Augenwinkel unseren Kakao und Kuchen kommen.

Er seufzte: »Du bestätigst mir da gerade wieder etwas. Ich finde, man hat es verlernt, sich richtig zu unterhalten. Alles muss immer mehr ein Entertainen statt eines Unterhaltens im Sinne eines Austauschs sein. Alles ist immer nur halb ernst oder am besten – völlig gefahrenfrei – gar nicht ernst gemeint, Hauptsache, es knallt, Hauptsache, es geht ab. Was die meisten Menschen heute wirklich denken, erfährst du gar nicht mehr.« Die Kellnerin trat an unseren Tisch, brachte unsere Bestellung, wünschte einen Guten Appetit und ging dann wieder zurück hinter den Tresen. »Ich hab dir von meinem Job erzählt, ich habe allerdings das Gefühl, es hat dich nicht sonderlich interessiert, aber es ist das, was mich gerade wirklich beschäftigt. Was beschäftigt dich?«

Ich stach mit der Gabel in den Kuchen, ein köstliches Stück Kirschkuchen, bereits aufgespießt, nah vor mir – aber nein, ich konnte es noch nicht verspeisen, denn erst musste ich noch was sagen, erst noch was antworten. »Mir geht gerade durch den Kopf …«, begann ich, überlegte, mir fiel nichts ein, deshalb blieb ich dann bei der Wahrheit, »… dass es manchmal besser ist, wenn man ein Wochenendabenteuer bei einem Wochenendabenteuer belässt und nicht versucht, das Ganze ins Tageslicht zu ziehen …«

Er machte große, sehr große Augen.

»War das jetzt zu ehrlich?«, fragte ich leicht grinsend, während ich mir den Kirschkuchen in den Mund gestopft hatte und fröhlich kaute. Er schmeckte köstlich. Der Mann vom Wochenende aber aß nicht, sagte nichts, saß nur starr.

Der Junge und das Mädchen trampelten währenddessen mit lautem Geschrei an unserem Tisch vorbei.

»Brrr, brrrr«, schrie der Junge das Mädchen an, dann zog er mit gewaltigem Karacho an der Leine und das Mädchen hielt sich den Bauch. »Auuuaaa«, schrie sie und der Junge meinte trocken: »Ich wollte doch nur, dass du stehen bleibst.«

»Weißt du, Ireen«, sagte er plötzlich, »genau das denke ich gerade auch. Manchmal sollte man das Wochenende wirklich Wochenende sein lassen und sich nicht bei Tageslicht nach Neukölln locken lassen.«

Abrupt stand er auf, fuhr sich nervös und gespielt hochmütig durch die Haare, meinte: »Ich gehe jetzt. Soweit ich mich erinnere, hab ich dir am Samstag die letzten drei Wodka ausgegeben. Dann kannst du ja jetzt Kakao und Kuchen übernehmen. Kannst ihn ja schließlich auch noch essen.« Er schlüpfte eilig und ein bisschen unbeholfen in seinen schwarzen Trench, klopfte halbherzig verabschiedend auf die Tischplatte und stürmte davon.

Da gingen sie hin, die Lippen und die Brust vom Wochenende.

Die Kellnerin im grünen Pullover sah irritiert zu mir rüber: »Geht aufs Haus«, rief sie mir dann mit einem Lachen in der Stimme zu und ich grinste. Ich würde 3,60 Euro Trinkgeld geben, nahm ich mir vor, denn 3,60 Euro kosteten Kakao und Kuchen hier in Neukölln. Hier gab es noch keine Preise, die durch die Decke gingen …

DIE 31. GESCHICHTE

Zwischen den Stationen

Vio (24), PR- Agentin aus Holzwickede,
über
eine ICE-Fahrt nach Hause

Der Ostbahnhof ist unser Hauptbahnhof …«, hat mir mal irgendein zugezogener Ost-Militant gesagt, grundlos hallen mir seine Worte im Kopf wider, als ich die Stufen zum Gleis hochlaufe. Kaltes weißes Scheinwerferlicht scheint auf vereinzelt wartende Menschen, Aktenkoffer, Trolleys, Rucksäcke, Mützen und müde Gesichter.

Stille. Der ICE startet hier am Ostbahnhof. Steht bereits ruhig, nassweiß und starr zwischen dem Beton. Ein langer schlanker und doch tonnenschwerer Walfisch. Als die Türen sich endlich leise surrend öffnen, suchen die Wartenden müde ihre Wagen, steigen genauso vereinzelt ein, wie sie gewartet haben. Ich folge einer roten Jacke durch die weiße Luke ins Zuginnere. Gähnende Leere.

Die meisten Reservierungsanzeigen sind dunkel, tot, ich hätte nicht noch weitere zwei Euro für eine Reservierung ausgeben müssen. *Hätte müssen.* Hab ich aber und deswegen setze ich mich ordnungsgemäß auf den reservierten Platz. Er ist Teil eines Dreiers in Wagen 33, ein Platz neben einer türkisen Garderobenstation mit Spiegel und vor einem zu weit entfernten Tisch, hinter dem sich ein mir zugewandter Zweierplatz befindet. Lieber hätte ich alleine gesessen. Ich könnte mich umsetzen. Aber reserviert ist reserviert. Und merkwürdigerweise – immer, wenn ich reserviere, werde ich in Wagen 33 gesetzt. Wagen 33 fährt mich stets nach Hause.

Ich hieve meine Reisetasche auf das Koffergitter über meinem Platz, dann lasse ich mich endgültig in den kratzigen Plüschsitz fallen. Hoffentlich setzen sich mir keine kleinen Kinder gegenüber oder Menschen mit Leberwurstbrot oder Menschen mit dickflüssigen Eintöpfen aus dem Speisewagen. Hoffentlich auch keine aufgeregten Gruppen, die vier Stunden ununterbrochen plappern. Mir gefällt die Ruhe im türkisen Walmagen.

Außer mir gibt es in der 33 bisher nur zwei weitere Fahrgäste, sie lehnen ihre Köpfe an, ein Augenpaar ist geschlossen, das andere verschwunden hinter einer *Süddeutschen*. Atmen, angenehm leises Papierknistern und kaum wahrnehmbares Surren der Lampen.

Ich gähne, dann durchfährt uns ein kurzer Ruck und das weiße Ungetüm setzt sich mit uns in Bewegung, erst langsam, dann nimmt es an Geschwindigkeit zu und rollt immer schneller über die blitzenden Schienen. Es rumort und brummt dumpf im Walmagen. Draußen ist es bereits dunkel, die Fenster färben sich lackschwarz. Ich starre raus, sehe aber nichts, starre gegen die dunkel glänzende Scheibe. Wie lange ich schon nicht mehr zu Hause war. Schon sehr, sehr lange nicht mehr.

In meinem ersten Jahr Berlin bin ich Monat für Monat nach Hause gefahren, jedes Mal mit unbändiger Freude. Mein Tagesgeschäft, die unvermeidliche Uni, das Essen, das Schlafen spielten sich in Berlin ab, aber gelebt habe ich noch zu Hause.

Ohne dass ich es bewusst gesteuert hätte, ist diese Gewohnheit langsam eingenickt, ich blieb in Berlin, hatte dort meine privaten Stationen und konnte nicht mehr so häufig nach Hause fahren, sah auch plötzlich keinen zwingenden Grund mehr.

Und die Zeit rauschte an mir vorbei.

»Haben wir uns schon seit fünf Monaten nicht mehr gesehen?! Das kann doch nicht sein. Lass mal rechnen, wann war das denn?«

Im Lackschwarz der Zugfenster tauchen Lichter auf. Reklametafeln, Laternen und große Häuser, wie von innen beleuchtete Bauklötze, in deren Fenstern noch spät Arbeitende an Schreibtischen sitzen.

Eine blonde Frau mit Haarknoten, in der Hand einen dicken Stift, lehnt sich ermattet in ihrem Drehstuhl mit dem biegsamen Rückenteil zurück. Zwei Häuser weiter hängt eine helle Jacke in Reinigungsfolie neben einem Schreibtisch am Garderobenständer, daneben eine Topfpflanze, darüber eine hochgezogene graue Rippenjalousie.

Statt uns zu treffen, haben wir telefoniert. Und über die Monate, über die Jahre ist uns fast nicht aufgefallen, dass die Telefonate immer weniger wurden. Irgendwann schien man zu weit weg zu sein, um einfach so zwischendurch anzurufen, irgendwas hielt einen davon ab, als würde so ein Gespräch eine große Anstrengung bedeuten, als müsse man die große geografische Distanz während des Gespräches zu Fuß überwinden. Man kann nicht mal mehr eben durch das Fenster in den Alltag der alten Freunde gucken. Man kennt sich nicht mehr aus: *Ist sie jetzt noch wach? Hat sie nicht den neuen Job? Vielleicht geht sie jetzt eher ins Bett. Wird sie rangehen oder ihr neuer Freund (den ich noch nicht kenne ...)?*

Das Brauhaus am Alexanderplatz. Lichtergewirr zwischen blattlosen Sträuchern. Da man sich so selten sieht, ist es, als müsse man sich am Telefon extra viel Zeit nehmen, damit man alles erzählen kann. Alles, was man sonst einfach nebenbei erzählt hätte, wird jetzt zur anstrengenden Aufholjagd. Verpflichtung.

Mit anderen längst Besprochenes wird lustlos wiedergekäut, weil es sonst nichts zu berichten gibt.

Man sucht nach Fakten, Meilensteinen, damit sie einem folgen können. *Das Wichtigste in Kürze.* Aber letztlich passiert nie irgendwas. Fade Wortsuppe: »Ich mache dies, es passiert nicht viel, ich war mit B. da, mit K., von der hab ich dir doch schon mal erzählt, gehe ich zu diesem und jenem, nichts Besonderes, viel Stress, ach ja, ich war in diesem Club, da müssen wir auch mal hin, aber sonst ...«

Dann folgt Stille. Ist die Stille schon unangenehm? Ein Seufzen am anderen Ende, ein langes: »Ja ...« aus deinem Mund. Überlegen, unterbrochen von nervösem Kichern. Es muss so klingen, als wäre alles sehr beiläufig.

»Ich muss dann mal was essen jetzt ...«

»Ja.«

»Meld dich.«

»Mach ich.«

Auflegen und Aufatmen.

Hinter einer Kurve taucht grau-grünlich leuchtend der Hauptbahnhof aus einem Nichts aus Schwarz und leuchtenden Laternenköpfen auf. Mit einem Rauschen fahren wir ein. Plötzliche Helle, Getümmel von Jacken und Koffern am Bahnsteig, Abbremsen, alle Augenpaare folgen dem Wal, suchen die richtige orange Wagennummer.

Wir stehen. Ein großes Grüppchen Jacken und Koffer bewegt sich auf unsere Tür zu, sammelt sich wie Fliegen am gärenden Obst, die weißen Türen gehen auf. Ansagen, Stimmen, Schritte und Hektik. Jeder will der Erste sein, aber nicht jeder kann der Erste sein: Ein alter Mann im grauen Mantel, zwei Spanier, ein Typ mit kurzen stacheligen Haaren und einer Kreole im Ohr, alle drängen sich zunächst durch den kleinen Flur, dann durch die Glasschiebetür in unsere ruhige 33.

»Hier ist alles noch frei!«

»Immer weiter, immer weiter! Geh durch.«

Scheuchende Gesten, hektische Blicke.

Koffer rollen durch die Speiseröhre des Wals.

»Irgendwo, such dir was aus.«

Ein ratloses Rentnerehepaar bleibt mit seinen großen Hartschalenkoffern einfach stehen, rot-grün gestreiftes Kofferband, unruhiges Umherblicken. Ein Genervter drängelt sich an ihnen vorbei: »Ich muss mal durch …«

Schieben, Drücken, Jacken reiben aneinander. Die Alten bleiben stehen, ruhig im Verharren, unruhig in der Mimik.

»31, 32 ist das«, sagt er.

»Da ist keine Reservierung dran? Dann setz dich doch. Los! Nun setzt dich doch«, sagt sie. Der männliche Part des alten Ehepaars setzt sich mir gegenüber. Nickt mir grüßend zu. Eine Begrüßung unter Fremden im ICE ist alte Schule. Es gibt bereits eine neue.

»Neben dir kann ich nicht, wollnich?«, fragt seine Frau.

»Nein, da ist eine Reservierung dran, musst du warten. Berlin–Hannover. Wenn der jetzt nicht einsteigt, kann der noch in Spandau kommen.«

»Ja, ja … ich setz mich da vorne …«, entgegnet sie, den Blick bereits auf einen anderen Sitz geheftet.

»Aber wenn der nicht kommt, ist die Reservierung ungültig, die hält nur eine Viertelstunde«, erklärt er noch.

Sie setzt sich auf den anvisierten Platz ihm schräg gegenüber. Lässt die Jacke an, wartet, nimmt dann aber ihren gelben Schal ab, hängt ihn an den Haken neben dem Fenster. Koffer werden in die Ablagen geschoben, immer mehr Passagiere rücken nach. Die alte Frau hat kein Glück: »Wollen Sie hierhin?«, fragt sie, als eine junge Frau in schwarzer Lederjacke vor ihrem Sitz stehen bleibt und die Reservierungsanzeige studiert.

»Ich habe eine Reservierung für diesen Platz.« Die Lederjacke ist leicht empört. »Das ist *mein* Platz«, betont sie. Es entsteht kurzes, betretenes Schweigen. Die alte Frau entschuldigt sich, nimmt eilig ihren Schal wieder vom Haken.

»Hach, nee«, stöhnt sie, während sie aufsteht, dann blickt sie sich um.

»23 ist frei, kannst dich da hinsetzen«, sagt ihr Mann besorgt. Der Sitz 23 ist neben ihm, nur der Gang ist dazwischen. Sie geht an mir vorbei, riecht nach dieser Creme, die nur alte Menschen benutzen, setzt sich auf die 23.

»Hach, nee«, stöhnt sie wieder, als sie ihren schweren Körper in den Sitz wuchtet.

Ihr Mann hält einen schwarzen Rucksack auf den Knien, öffnet ihn kurz, guckt rein, macht ihn wieder zu.

»Hach nee, ich bin ganz benebelt«, seufzt sie und guckt ihn leidend an. »Aber Hauptsache, es geht wieder nach Hause.«

Mein Name ist Markus Pannicke, ich begrüße Sie an Bord der Deutschen Bahn.

Die alte Frau verharrt in ihrem leidenden Blick, ihr Mann wird leicht nervös, zieht die Augenbrauen hoch über den Brillenrand, weiß nicht, wie er ihr helfen soll. Sein Blick fällt in seinen Schoß, auf seinen Rucksack.

Elisabeth Klarsund betreut Sie heute in der Zweiten Klasse ...

»Willste 'n Wasser haben?«, fragt er, nachdem er lange in den geöffneten dunklen Schlund seines Rucksackes gestarrt hat.

»Nee, gleich, gleich«, tut sie ab, er guckt weiter in den Rucksack, holt dann eine kleine PET-Flasche Wasser raus. Er dreht die Flasche in seiner Hand hin und her, sieht kurz rüber zu seiner Frau, die stur geradeaus schaut, hebt die Flasche kurz an, als wolle er sie mit ihr grüßen, verzeichnet aber keine Reaktion ihrerseits und lässt dann die Flasche wieder in den Rucksack gleiten.

»Oder doch, gib mir 'n Wasser, damit du zufrieden bist«, stöhnt sie schließlich, immer noch geradeaus guckend. Er holt die Flasche wieder raus, dreht sie auf und reicht sie ihr vorsichtig rüber.

»Gib mir auch den Deckel«, bittet sie und er reicht ihr den Deckel. Sie nimmt ihn und schraubt die Flasche sofort wieder zu, steckt sie in das Netz des Sitzes vor ihr und seufzt wieder: »Hach, nee.«

Ihr Mann sieht schweigend auf die nicht gebrauchte Flasche im Gepäcknetz. Guckt dann geradeaus zu mir und als sich unsere Blicke treffen, lächelt er verlegen. Wir halten in Spandau. Niemand steigt ein. Der alte Mann schaut auf seine große Armbanduhr, dann rüber zu seiner Frau, die die Augen geschlossen hat, er fährt sich mit der Zunge über die spröden Lippen. »Der Martin ruft bestimmt gleich an«, sagt er.

Seine Frau zuckt mit den massiven Schultern. »Ja, ja ...«, stößt sie ausatmend aus.

»Wie lange braucht der wohl vom Hauptbahnhof wieder nach Hause?«, fragt ihr Mann, aber sie gibt ihm keine Antwort.

»Der wird aber jetzt schon wieder zurück sein. Bestimmt«, murmelt er in sich rein, »das geht ja schnell mit den Bahnen da.«

Er guckt noch mal zu seiner Frau, aber die sitzt unverändert wie ein gefällter Baum mit geschlossenen Augen und tiefen Sorgenfalten auf der Stirn in ihrem Sitz.

»Wir sind übrigens an Spandau vorbei. Kannst dich also neben mich setzen, der ist nicht gekommen«, wendet er sich an sie, als wir wieder anfahren. »Der reserviert hat, ist nicht gekommen«, setzt er noch mal nach, aber auch damit erntet er keine Reaktion. Er schaut sie hilflos an. Ich muss schmunzeln. Alte Liebe!

Wäre die auch mein Schicksal, wenn ich zu Hause geblieben wäre? Wäre ich so wie alle meine zurückgebliebenen Kleinstadtfreunde bereits verheiratet, verlobt oder mindestens mit einem Langjährigen zusammenwohnend vereint?

In Berlin zieht man auch mit 35 noch in eine WG, in der Heimat ist das undenkbar. Ich kenne überhaupt keine WG in der Heimat. Hat es so was dort je gegeben?

Viele wohnen in der Dachgeschosswohnung ihres Elternhauses oder in dem von Oma vermieteten Haus und zahlen Freundschaftsmiete oder sie wohnen mit dem Freund zusammen in einer riesigen günstigen Wohnung direkt in der Innenstadt. Meine Freunde zu Hause studieren alle nicht mehr oder haben nie studiert, sie arbeiten und besitzen Autos. In der Kleinstadt wird man schneller älter, die Großstadt hält einen länger jung. Ist das so? Draußen rauscht nur Schwarz an uns vorbei. Der alte Mann seufzt und macht ratlos seinen Rucksack wieder auf, guckt hinein und holt schließlich einen grauen Knirps heraus. Der glänzt, ist noch feucht vom Herbstregen.

Plötzlich hält er den Schirm mit ausgestecktem Arm über den Tisch zwischen uns, drückt den roten Knopf am Haltegriff und mit einem *Zack* spannt sich das graue Faltdach auf. Ich sitze im Schatten. Er dreht den Schirm langsam, begutachtet ihn aus allen Winkeln und stellt ihn dann aufgespannt auf den leeren Sitz zwischen sich und dem Fenster. Er sieht zufrieden aus. Ja, richtig: Schirm aufspannen im ICE = Spitzeneinfall.

Endlich hat er aber die Aufmerksamkeit seiner Frau, sie guckt müde zu ihm rüber. »Gibt's Regen?«, fragt sie.

»Nee, nur damit der richtig trocken wird. Oder meinste, ich soll den wieder wegnehmen?«

»Ja, ich weiß nicht, hach nee«, seufzt sie, schüttelt leicht und behäbig den Kopf. In ihrem Blick liegt ständig etwas Leidendes, Mattes. Große, braune, nasse Augen, wie die eines alten Hundes, über einer großen fleischigen Nase, hängenden Wangen und schmalen, gepressten Lippen mit traurigen, schweren Mundwinkeln. Er sieht sie liebevoll an, greift kurz entschlossen den Schirm und macht ihn wieder zu.

»Hach, das war wieder ein Tag«, stöhnt sie daraufhin.

Sofort sieht er sie an, stopft ohne hinzugucken den feuchten Schirm in den Rucksack zurück und zieht stattdessen blind ein altes finnisches Handy hervor. Sie begutachtet ihre altersfleckigen Hände. Er hält sein Handy auf sicheren Abstand auf Augenhöhe vor sich, guckt und tippt dann bedächtig mit ausgestrecktem rechten Zeigefinger ein paar Tasten, guckt noch mal, diesmal prüfend, dann hält er sich das Handy vorsichtig ans Ohr.

»Martin ist nicht erreichbar«, kommentiert er nach einer Weile.

»Warum?« Seine Frau lässt die Hände wieder in den Schoß fallen.

»Zur Zeit«, antwortet er.

»Da ist doch mit Sicherheit die Batterie alle«, glaubt sie.

»Nee, ist nicht alle.«

Er hält das Handy wie ein Dia gegen das Licht. »Nee, ist nicht alle«, bestätigt er noch mal.

»Hach, nee«, seufzt sie, spart sich eine Erklärung dessen, was sie eigentlich meinte, und macht wieder die Augen zu.

»Silvester fährt Martin nach Nürnberg«, erinnert er sie.

»Ja, er fährt Samstag und kommt den Sonntag darauf wieder zurück nach Berlin. Ist doch gut«, sagt sie mit geschlossenen Augen.

»Ja, ich freue mich auch für ihn!«, meint er, guckt sie an, sieht, dass sie erneut versucht zu dösen, zieht einen schiefen Mund, verstaut sein Handy, schaut geradeaus, schaut mich an. Dann ertönt hinter mir die Ghostbusters-Titelmusik, es ist ein Handyklingelton, eine junge Männerstimme nimmt das Gespräch entgegen. »Yo!«, begrüßt die Stimme. »Ja, genau. Er ist der Gene Simmons von Berlin.« Die Stimme lacht. »Wo der Dreh ist? Wahrscheinlich in Heidelberg. Oder? Ja.«

Zwischendrin folgen Pausen, immer wieder ein »Ja«.

Oder ein trockenes, forciertes Lachen, dann erzählt er: »Günni hatte den totalen Kater gestern, der war total platt, also hat der von der Stadt gar nichts gesehen, wir haben da unsere Konzepte entwickelt und dann ... Was? Hier ist schlechter Empfang! Ja, ja, ich sitze im Zug nach Hause, ich bin seit Monaten endlich mal wieder ... Ach so.«

Die Stimme klingt enttäuscht: »Ja, dann ist das halt so.«

Pause.

»Bis Mittwoch. Ja. Hast du denn bis dahin irgendwann noch Kapazitäten? Muss ja nicht lange sein. Nur dass man sich mal wieder ... Ja.«

Die Stimme klingt bemüht, Enttäuschung hinter Abgeklärtheit zu verbergen: »Dann machen wir das einfach so. Ja, kein Stress. Nein, nein. Nur wenn du Zeit hast, kommste vorbei. Ich würd mich freuen, aber ich hab da Verständnis für, wenn das nicht klappt. Nein, nein, ich nehm das nicht persönlich. Ich versteh das ja ...« Der alte Mann scheint auch zu lauschen.

Bitte genießen Sie im Bordrestaurant Spezialitäten aus Rheinland-Pfalz.

Als ich gestern mit Freunden telefoniert hatte, hieß es auch: »Ja, ich würde gerne, aber ich weiß noch nicht. Ja, aber erwarte nicht zu viel, die letzten Tage waren Stress ohne Ende.«

Ja, aber. Immer ist es: Ja, aber. Jeder freut sich auf mich, *aber.* Was früher mein Zuhause war, ist jetzt mein: *Ja*, mal zu Hause gewesen, *aber* jetzt seit vier Jahren nicht mehr.

Ich bin Gast bei meiner eigenen Familie. Ich werde nie vergessen, wie ich letztes Jahr um Ostern rum meinen Heimatbesuch ankündigte und meine Mutter mir eröffnete: »Wir hatten so viel Stress die letzten Tage, ich kann jetzt nicht auch noch hinten dein Zimmer fertig machen und ich kann auch keinen Besuch gebrauchen, also nicht, dass du da jemanden einlädst, ich kann keinen Tumult hier gebrauchen. Ach und kannst du bitte klingeln, wenn du kommst? Ja, du hast 'nen Schlüssel, aber kannst du bitte klingeln? Wenn ich oben bin, komm ich dann runter. Klingel einfach, bitte.«

Regentropfen fliegen gegen die ICE-Scheibe, verharren kurz auf dem glänzenden Schwarz, dann laufen sie in bauchigen Tränen entgegen der Fahrtrichtung zur Seite. Die alte Frau nimmt sich eine Tablette aus einem kleinen Döschen mit rosigen Engeln drauf. Mit dem Wasser aus dem Gepäcknetz spült sie die Medizin hinunter. Sie atmet durch und stöhnt dann wieder: »Hach, nee.«

Gestern erreichte mich eine SMS einer Freundin, die ich früher jeden Tag sah: *Bleibt es bei Freitag?* Anrufe werden vermieden, lieber eine schmerzfreie SMS verschicken und vorher noch mal

– wie bei einem Geschäftstermin – nachfragen, ob auch alles dabei bleibt.

Ich freue mich. Jedes Treffen kriegt zu viel Wichtigkeit, unterliegt einer großen Last, denn es muss locker werden, muss gut sein, muss bestätigen, dass alles immer noch genauso gut zwischen einem klappt. Fahre ich wirklich nach Hause? Oder ist Berlin mein Zuhause? Oder bin ich selbst mittlerweile mein eigenes Zuhause? Ein reisendes Zuhause, zwischen den Stationen, immer auf der Fahrt, noch nicht angekommen.

Angekommen ist 83, denke ich. Angekommen ist ein altes Rentnerehepaar, das seinen Sohn in Berlin besucht hat und ununterbrochen stöhnt, seufzt und ächzt, weil alles so beschwerlich ist, weil jedes Verlassen des Zuhauses eine große Unannehmlichkeit ist. Ich gähne mein blasses Spiegelbild in der Fensterscheibe an.

»Ich bin so kaputt«, stöhnt die alte Frau und blickt ihren Mann an.

»Das ist auch nichts mehr für dich, das ganze Laufen. Das ist nichts. Das gibt es jetzt nicht mehr …«

»Nee, nee!«, seufzt sie und bewegt langsam ihren Kopf von links nach rechts, ein kraftloses Kopfschütteln, gestützt vom mintgrünen ICE-Kissen.

»Das geht nicht mehr mit dir«, pflichtet er ihr besorgt bei, seine Augen sind weit aufgerissen, äußerste Alarmbereitschaft.

»Ich kann das nicht mehr«, sagt sie, als hätte er es nicht bereits selbst festgestellt. »Das ist fast mein Himmelfahrtskommando gewesen, da unter der Brücke durch, das war auch eine blöde Ecke, und auch so ungemütlich und so dunkel.«

»Ja, das machen wir nicht noch mal mit. Martin muss uns demnächst klipp und klar sagen, was er vorhat, und dann nehmen wir uns einen fahrbaren Untersatz, das geht nicht.« Er redet sich in Rage, unterstreicht seine Worte mit flachen Schlägen auf seinen Rucksack.

»Der meint das ja nicht böse, der vergisst, dass wir nicht mehr die Jüngsten sind. Der sieht das nicht so, der hat uns die ganzen Jahre nicht altern sehen. Da von dem Bahnhof bis zur Mensa, weißte noch? Früher hat mir das nichts gemacht«, versucht sie ihn zu beschwichtigen. Er schüttelt nur energisch den Kopf, ist von einer plötzlichen Wut ergriffen. »Das kann der nicht mehr von uns verlangen!«, stößt er grimmig aus. Ein schlanker, hoch gewachsener junger Mann läuft durch den Gang an uns vorbei. Er trägt weiße Kopfhörer. Wenig später leuchtet das Toilettenzeichen auf.

Ich habe immer gedacht, dass ich gegangen bin, bedeutet, dass sich die Dinge nur bei mir weiterentwickelt haben, dass nur ich ein neues Level betreten habe und alle anderen immer noch das alte Spiel spielen werden. Deswegen war ein Zurückgehen auch immer so undenkbar. Von Berlin zurück in die Provinz ist der freiwillige Abstieg von der Bundes- in die Regionalliga. Ein Rückschritt. Ein peinliches Scheitern. Aber nach Berlin gehen ist ein Fortschritt, wird immer als Fortschritt begriffen.

Ich dachte, alle anderen zu Hause bleiben in ihrem alten Saft, in ihrer alten Umgebung mit den gleichen Menschen; ich dachte, da kann nicht viel passieren, da kann sich nicht viel verändern. Ich hab mich in der ruhigen Gewissheit gewähnt, dass ich ja immer noch auf *Quit & Safe* drücken und auf den gespeicherten Spielstand im Slot *Zuhause* zurückgreifen kann, wenn das neue Level zu aufregend wird. Obwohl es eigentlich logisch ist, war es für mich verstörend, dass dieser alte Spielstand *Zuhause* sich auch verändert, ohne dass du mitspielst.

Und dann hängst du plötzlich zwischen den Welten, du kannst das Früher nicht mehr mitspielen, denn das Früher, das du verlassen hast, ist nicht mehr da, Konstanten haben sich verändert und du, du hast dich auch verändert. Berlin hat dich verändert, hat dir eine neue Sichtweise gegeben, andere Vorstellungen von *normal*.

Es fängt mit so Kleinigkeiten an wie, dass du denkst, du kannst auch nach zwölf noch ohne Probleme mit dem Bus nach Hause fahren, und dass du um acht verwundert vor geschlossenen Kiosktüren stehst und keine Zigaretten mehr bekommst. Dann stehst du in der Einbauküche deiner alten Freundin und weißt nicht genau, was es ist, ob es die Fotos in bunten Rahmen an der Wand sind, die sie mit ihrem Freund im Strandurlaub zeigen, oder die Auswahl der Comedy-Hörbücher vor der Hi-Fi-Anlage oder der kleine Krümelstaubsauger im Handschuhfach des blauen Golfs, plötzlich fällt dir nur noch eine Vokabel ein: provinziell. Du fragst dich: War sie schon immer so? Und du könntest schwören nein, aber sie war es. Und du warst es auch.

Du warst mal Teil dieser Kleinstadt, hast in ihren Begrenzungen gedacht und es nicht gemerkt. Deine alten Schulfreunde heiraten in schlecht sitzenden Anzügen, gehen zu Gemeinderatssitzungen, verlassen am Wochenende nicht mehr die Stadt, es kommt zu gemütlichen Fondue-Abenden.

Du triffst deine früher so alles könnenden Eltern in Berlin und stellst fest, mit dem simplen Liniennetz sind sie überfordert, verfahren sich, sie kommen dir alt vor, du musst ihnen helfen. Zu Hause läufst du plötzlich mitten in der Nacht von der Innenstadt bedenkenlos durch dunkle Gassen und Wege zum Haus deiner Eltern zurück, kein Funken Furcht, aber an der Haustür erinnerst du dich, dass du das früher nie getan hättest, dass du ein teures Taxi gerufen hättest, aber heute wohnst du immerhin im Wedding.

Und deine alte Stadt erscheint dir wie der vergrößerte Vorgarten des Reihenhauses deiner Eltern. Du hast dich verändert, kannst nicht mehr zufrieden sein in dem Spiel, das mal alles war, was du kanntest. Du bist nur noch Gast und verquerer Exot. Dein neues Spielfeld ist dir allerdings bisweilen zu 3D, es regt dich manchmal zu sehr auf, macht dich schlaflos mit all den Optionen, verwirrt dich, zeitweise wünschst du dir die alte Berechenbarkeit zurück.

Aber wenn du dann wieder in der Heimat bist, merkst du, dass deine Erinnerungen dich trügen, dass es berechenbarer und eindimensionaler ist, als du gedacht hast.

Plötzlich glaubst du zu wissen, wie sich diese Menschen fühlen, die doppelte Staatsbürgerschaften haben. Nicht von hier, nicht von da. Nirgendwo vollends zufrieden, nirgendwo vollkommen zu Hause. Und keiner teilt genau deine Zerrissenheit mit dir. Du taumelst lose herum, mit all den anderen, die sich in die große Stadt geschmissen haben. Ihr habt gemeinsame Berührungspunkte, aber keine gemeinsame Biografie. Ihr spielt Großstadtmikado.

»Wir können ja demnächst auch bis zum Alex fahren, mit der S-Bahn, und dann da in diesem Alexa-Einkaufszentrum essen. Da kann man gut essen. Preiswert auch. Der Martin, der sieht das anders. Der meint das gut, aber das geht nicht. Wenn ich das gewusst hätte, hätte ich ihm das vorher gesagt, aber das wusste ich ja nicht, das war alles viel zu weit und dann da auf diesen Hockern sitzen ... nee, nee ...«

»Wir hätten doch auch in diese Dingsstraße – na, wie heißt sie noch? Kantstraße – fahren können, dahin, wo er ganz am Anfang gewohnt hat. Da hätten wir uns einfach eine Taxe genommen.«

»Ja, ja, wenn wir das nächste Mal kommen, dann nehmen wir auf jeden Fall eine Taxe. Wir sagen ihm, dass wir hundert Meter laufen können, aber nicht mehr. Das geht nicht mehr. Das müssen wir ihm sagen, wenn wir mal wieder hier sind.«

»Ja, aber jetzt fahren wir erst mal 'ne Weile nicht, würde ich sagen. Jetzt haben wir ihn ja gesehen. Ich kann das nicht, das ist zu anstrengend. Da soll er uns besuchen kommen und wenn er dann nicht bei uns schlafen will, dann soll er bei einem Freund schlafen oder in der Pension. Ich zahl ihm das auch. Aber ich kann das nicht mehr. Das waren so anstrengende vier Tage. Diese Stadt! Hach nee, dafür bin ich zu alt.«

Der junge Mann mit den Kopfhörern kommt vom Klo zurück. Leise, scheppernde Bässe begleiten seine Schritte an uns vorbei.

»Möchtest du ’n Bonbon haben?«, fragt der alte Mann seine Frau, mit einem Blick in seinen Rucksack.

»Nee, nee ...«, lehnt sie ab.

Er seufzt.

»Oder gib halt eins her«, sagt sie dann.

Er gibt es ihr, sie wickelt es aus, legt es sich lustlos in den Mund.

»Salbei ist das«, sagt er.

»Ja, ja«, erwidert sie. Im lackschwarzen Bahnfenster spiegelt sich die ganze Szenerie wider, leicht verschwommen, an den Konturen leicht doppelt.

»Das tut mir echt leid, dass du so viel laufen musstest«, sagt er nach einer Weile noch mal, aber sie hat wieder ihre Augen zu.

Ladies and gentlemen, it’s happy hour in our bord bistro, hallt es schließlich lethargisch vorgetragen im lustlosesten Grundschulenglisch durch die Lautsprecher.

Ich muss schmunzeln. Dass die Bahnmenschen nach dem Ruf, der ihnen vorauseilt, die Aussprache ihrer drei Sätze Englisch, die sie immer zu sagen haben, aber auch tatsächlich nie generalüberholen, hat was bewundernswert Konsequentes.

»Der spricht ja perfekt englisch ...«, murmelt der alte Mann mir gegenüber jedoch anerkennend mit großen Augen und guckt mich an. Und ich schmunzle noch immer.

Jetzt sogar noch ein bisschen mehr.

»Hach, nee ...«, denke ich.

DIE 32. GESCHICHTE

Großstadtarroganz

Isa (24), Foto-Redakteurin aus Gevelsberg,
über
das Kontrastprogramm Heimatbesuch

Nina Schreiber steht in ihrem terracottafarben gestrichenen Wohnungsflur und grinst mich an. »Mensch, warst du lange nicht mehr hier. Schön, dass wir endlich mal wieder was zusammen machen.« Ihr Gesicht ist solariumgebräunt und glitzert im gelben Flurlicht.

»Ja, ist lange her …«

Während sie mich drückt, ruht mein Kopf auf ihrer weichen Schulter. Ein großer goldener Spiegel hängt in ihrem Flur und daneben kleine goldgerahmte Fotos. Ordentlich untereinander. Sechs Stück: Nina und Mark grinsen. Nina und Mark küssen sich. Mark küsst Nina. Nina küsst Mark. Nina legt Mark nachdenklich den Kopf auf die Schulter. Nina und Mark grinsen, umgeben von Marks grinsenden Eltern. Nina lässt mich los. »Du hast dich gar nicht schick gemacht«, bemerkt sie, nachdem sie mich noch mal kurz gemustert hat, und zieht eine Schnute, als sei sie gekränkt.

Dann verschwindet sie wieder in ihr kleines fensterloses Badezimmer. Ein Vaporisateur vaporisiert. Weitere Mengen kleiner Kleisterpartikelchen landen auf ihrem bereits hoch getürmten, gut verklebten Haarnest.

»Ich dachte, wir gehen nur auf die Geburtstagsfeier von einem Bekannten von dir …«

Aus dem Badezimmer tönt ein Pffft, Pfffffffft, dann: »Ja, aber es ist doch Wochenende …«, gefolgt von einem erneuten Pffft, Pffffffffffffffft. Dann wird klackernd etwas auf dem Waschbeckenrand abgestellt und Nina schwebt, umgeben von einer chemischen Duftwolke, aus dem Badezimmer-Kabuff.

»Guck mal, das Kleid hab ich mir gestern in der Mittagspause extra gekauft. Nur 19 Euro. Schick, ne?«, fragt sie, während sie halb mich anguckt und halb sich im großen goldenen Flurspiegel betrachtet. Nina Schreiber trägt ein kurzes rotes Kleid mit Rüschen über dem Hintern. Im terracottafarben gestrichenen Wohnzimmer läuft der Fernseher. RTL zeigt das Supertalent, den Superstar oder den Superbusen. Man weiß es nicht. Auf dem Glastisch steht eine Flasche Discount-Wodka neben einer Zwei-Liter-Plastikflasche Cola und einem großen Glas mit Lippenstiftrand.

»Nimm dir ruhig von dem Wodka, der da steht«, flötet Nina aus dem Badezimmer, als könne sie mich sehen. »Wir haben auch noch Sekt da, wenn du lieber Sekt magst. Liegt im Kühlschrank. Ein Glas kannste dir aus der Spülmaschine nehmen, die ist gelaufen.«

»Danke«, rufe ich desinteressiert zurück und lasse mich auf die himmelblaue, weiche Stoffcouch fallen. Dan Browns *Sakrileg* sitzt neben mir. Irgendwo kurz vor der Mitte ist ein Lesezeichen zwischen die Seiten geschoben. Der pinkfarbene Faden hängt raus, fällt müde runter auf das Sofa. Ich lehne mich zurück. Hier sitzt sie jeden Tag. Hier wohnt sie mit Mark Kapuscinski, 29 Jahre, Maschinenbau-Ingenieur. Das Bier, das wir damals tranken, ist der Discount-Wodka-Cola gewichen. Ihr unordentliches Zimmer mit dem Bob-Marley-Poster ist einer Neubauwohnung im Terracotta-Anstrich gewichen.

»Ich hoffe nur, Sandra, die gleich noch kommt, hat auch ein Kleidchen an. Sonst fühle ich mich so overdressed«, bemerkt sie, plötzlich wieder im Türrahmen stehend.

Unsere Blicke treffen sich. Unangenehme Stille.

»Mmmh«, macht sie, dann schaltet sie die silberne Halogen-Trio-Schiene über unseren Köpfen an und prüft im Silberspiegel, der über der Essecke hängt, noch einmal ihr Make-up: Panda-Bären-Umrandung der Augen, rötliche Kriegsbemalung entlang der Wangenknochen und schimmernder Lippenstift auf Lippen und Zähnen. Verärgert wischt Nina mit dem Zeigefinger über die Schneidezähne. Es quietscht ein bisschen.

»Wie lange bleibst du?«, fragt sie, mein Spiegelbild im Silberspiegel anguckend.

»Bis Montag, da hat meine Mutter Geburtstag.«

Sie weiß wohl nicht, was sie entgegnen soll. Also sagt sie »Schön!« und grinst mich an.

Dann klingelt es an der Tür, Nina entschwebt auf ihrer Duftwolke und ich bin erleichtert. Vor vier Jahren waren wir die engsten Freunde. Hatten die gleichen Gedanken, die gleichen Überzeugungen, die gleichen Ziele. Vor vier Jahren ist vor Berlin. Jetzt sitze ich hier in ihrer Terracotta-Wohnung und fühle mich wie eine Außerirdische.

Ich kenne ihre Stimme. Ich kenne ihr Lächeln, ihre typische, wippende Art, sich zu bewegen. All das ist angenehm vertraut, aber dennoch neu zusammengebaut, mit fremden, anderen Bauteilen verspachtelt. Verkleistert.

Nina Schreiber, Baggy-Jeans, enge Tanktops, offene Locken. Nina Schreiber, Mathegenie, hat an der Tafel schwierige Transferaufgaben von rechts oben nach links unten durchgerechnet. Auf ihre wippende Art, locker, leicht. Denn gelernt hat sie nie. Nina war ohne jede Frage cool. Und sie war meine beste Freundin. Heimlich manchmal vielleicht auch Vorbild.

Ihr Vater war damals schon über sechzig, ein gut aussehender Mann mit Zigarre, der Nina im Sommer immer auf seine Junggeselle-im-besten-Alter-Urlaube mitnahm. Kanaren, Antillen. Und Nina war stets angewiesen, sich als seine weibliche Begleitung auszugeben, um Himmels willen nicht als seine Tochter. Nina selbst war stadtbekannt. Jeder Typ kannte ihren Namen, schloss sich zu Hause im Jugendzimmer ein, nachdem er sie zufällig irgendwo an einer Bushaltestelle gesehen hatte. Rehaugen, Samthaut und große Klappe.

Nach dem Abi haben wir beide in einer Bar gejobbt, Frühschicht, Spätschicht, Kaffee, Lagerbier, Cocktails und Tresen wischen. Unseren Lohn sparten wir für den seit der elften Klasse laufenden heimlichen Plan »Umzug nach Berlin«. Wir waren uns einig, in der Heimat nichts mehr erreichen zu können, wir wollten alte Fesseln hinter uns lassen, mit Kusshand Tschüss sagen und dann eine WG in Kreuzberg oder Neukölln gründen. Dann bekam Ninas Vater Krebs. Sie blieb in Gevelsberg und nahm den Studienplatz in Duisburg-Essen an statt den an der TU Berlin. Sie studierte Informatik, arbeitet in einer großen Firma, besitzt eine Aktentasche und einen roten Nissan Micra. Sie trägt Perlenohrringe, wenn sie zur Arbeit fährt. War das alles so voraussehbar?

»Schick siehst du aus! Gut, dass du auch ein Kleidchen anhast, ich hab mich schon so overdressed gefühlt«, tönt es im Flur. Sandra fliegt ebenfalls auf einer Chemie-Duftwolke. Ihr Bouquet wird, statt von parfümierten Butangasen, deutlich von Vanille dominiert.

»Ich kenne Nina aus dem Fitnessstudio. Wir machen da zusammen Pilates. Und ihr kennt euch noch aus der Schule, ne?«, begrüßt sie mich.

Wenig später sitze ich auf der Rückbank von Ninas rotem Nissan Micra. Das Radio ballert mit voller Lautstärke einen Titel, in dem immer wieder die Wörter »day« und »night« vorkommen. Vielleicht ist es aber auch »daynight«. Da kann man sich nicht so sicher sein. Bevor wir zur Party fahren, steuert Sandra das rote Auto in die Innenstadt, wo ein noch geöffneter Dönerimbiss vermutet wird. Wir essen die vier Euro teuren Fladenbrote mit Fleischabfällen, Wassertomaten und Eisbergsalat im Auto. Es nieselt und der Nachtbus fährt an uns vorbei. Er trägt Werbung für das Erlebnisbad unweit meines alten Elternhauses.

»Dann mal auf zu Benni …«, schreit Sandra schließlich gegen das laufende Radio an, als sie das Papier ihrer Dönertasche zusammenknüllt. Der Motor startet und das kleine rote, nach Parfum, Haarspray und Döner duftende Auto fährt uns vorbei an all den Kulissen meiner Jugend: Eisdiele, erster Job, Führerscheinfahrt, Parkplatz, Schweißausbruch, Treffpunkt Brunnen, Nina und ich, Lachen, Bushaltestelle, da hat Maximilian Brodok mal sein Abendessen erbrochen, Puppenstubenstadt.

Danach geht es durch endlose Serpentinen mit 30 km/h einen Berg rauf. Links und rechts nur Dunkel und hohe Tannen. Als uns ein Auto entgegenkommt, fährt Sandra in eine mit Tannennadeln bedeckte Haltebucht. Tannennadeln! Auf der Spitze des Berges erwartet uns eine Wohnsiedlung: lauter kleine Einfamilienhäuser und Doppelhaushälften mit Vorgärten, Zäunen und niedlichen Steckfigürchen in den Beeten.

»Die Häuser sehen alle so aus, als hätte man sie auf halber Höhe abgesägt …«, stelle ich gedankenverloren fest und ernte keine Reaktion. Das Radio ist zu laut.

»Das ist jetzt hier, die zweite rechts …«, weist Nina Sandra rufend an und klappt den Sichtschutz wieder hoch, dessen Spiegel sie zuvor genutzt hat, um noch etwas Lipgloss aufzutragen. Die Geburtstagsparty findet im Keller des Elternhauses des nun 25-jährigen Benjamin Hoffmann, genannt Benni, abgebrochener Sportstudent, jetzt Fitnessstudiomitarbeiter und Kampftrinker, statt. Als wir klingeln, öffnen uns die Eltern, die uns mit einem freundlich zuvorkommenden Grinsen durch ihre Einbauküche hindurch zur Kellertür geleiten.

»Viel Spaß«, ruft Frau Hoffmann uns noch hinterher und der ergraute Herr Hoffmann nickt uns wohlwollend zu. Die Tür fällt hinter uns ins Schloss. Wie oft die beiden den Job heute Abend wohl schon gemacht haben?

»Mensch, jetzt haben wir im Auto ja gar nichts mehr getrunken«, ärgert sich Nina und schlägt mir dabei auf die Schulter. Kumpelhaft. Seltsamerweise fühlt sich das gut an.

»Dabei hatte ich doch noch so viel Sekt und Wodka zu Hause. Massig. Von Marks letztem Poker-Abend.«

Der Keller ist geräumig. Etliche Lichtampeln, kleine, sich drehende bunte Lichter und eine große Spiegelkugel sollen dem elterlichen Kellergewölbe Partyglanz verleihen. Es fehlt nur noch die Trockeneismaschine. Der nach Höherem strebenden Festbeleuchtung stehen ein paar im riesigen Raum verloren wirkende Biergartenbänke und -tische gegenüber. Sieben Partygäste sitzen daran und haben es geschafft, sich in drei Grüppchen mit massig Biergartenbankplatz zwischen ihnen aufzuteilen. Über einen Fernseher, der an einen DVD-Player angeschlossen ist, läuft eine MP3-CD. Snoop Dogg schnalzt: »Drop it like it's hot. Drop it like it's hot.Drop it like it's hot ...«

Mittlere Lautstärke. Kein allgemeines Partygemurmel. Einzelne, einsame Wörter. Ein leises Auflachen. Die Kulisse feiert, die Gäste nicht. Auf einem Tapeziertisch lauern tütenweise Nachos, Chips und Schüsseln mit Salaten. Warten geschlossen und unberührt.

»Meine Mum bringt uns später noch Würstchen runter«, verkündet Benny Hoffmann, als er bei unserer Begrüßung meinen Blick zum Buffet-Tapeziertisch bemerkt. Ich nicke.

»Du könntest es auch noch ein bisschen wärmer machen, ist ziemlich kalt hier.«

Wir setzen uns zu Sinjie und Christian. Ich kenne ihre Gesichter und obwohl ich noch nie zuvor mit ihnen zu tun gehabt habe, kann ich sie den umliegenden Schulen zuordnen, an denen sie ihren Abschluss gemacht haben. Auf eine lose Ansammlung von Namen, mit denen sie befreundet sind, kann ich auch zurückgreifen. Hier hat jeder seine Datei. Nina hält sich nicht lange auf und holt einige Flaschen Hochprozentigen vom Tapeziertisch, um uns braune, gelbe und durchsichtige Getränke zu mixen.

»Ich hätte lieber ein Bier …«, hört sie mich murmeln und schüttelt den Kopf samt Nestfrisur.

»Nix da, du bist die ganze Zeit schon so stiekum. Jetzt trinkst du mal schön was und dann haben wir Spaß.«

Sie lacht mich herzerwärmend an. Sie meint es ernst. Also heben wir die braunen, gelben und durchsichtigen Getränke in den Partyplastikbechern hoch, stoßen tonlos an und schlucken.

»Und was machst du so?«, fragt mich die blonde Sinjie mit dem Nasenstecker.

»Ich arbeite in einer Pressebild-Agentur.«

»Ah!«, Sinjie nickt. »In Dortmund?«

»Nein, in Berlin.«

Ihre Augäpfel treten mir ein Stück entgegen.

»In Berlin?!«

»Ja.«

Fast ist es mir unangenehm. Als hätte ich angegeben. Unnötig auf den Putz gehauen. Christian klinkt sich ein: »Und was machst du dann hier?«

Die bunten Lichtkugeln kugeln sich. Die Lichtampel springt von Orange auf Rot. Nina mischt sich ein: »Sie besucht mich. Wir haben uns so lange nicht mehr gesehen. Deswegen los, trink deinen Becher aus! Früher warst du doch auch nicht so ein lahmer Trinker …«

Nina lacht: »Ihr hättet sie sehen sollen, damals in Holland am Ijsselmeer, auf dem Campingplatz, hat sie eine 0,7-Liter-Jägermeister komplett alleine getrunken. Hat unter einem Baum gelegen und gesungen, die ganze Nacht. Niemand konnte sie da wegbewegen, noch nicht mal …«, sie macht das Gänsefüßchenzeichen mit den Händen, »… der schöne Noah.« Nina lacht ihre scheppernde, kehlige Lache.

»Ja, der schöne Noah! Mein Gott, was hat sie mich mit dem genervt. Aber so war sie immer, immer total von einem Typen besessen und dann links und rechts keine Augen mehr …«

»Es sei denn, sie war schön mit Schnaps abgefüllt und hat zufrieden singend unter einem Baum gelegen«, ergänze ich. Nina lacht und prostet mir zu. Wir stoßen noch mal an.

Ich habe das Gefühl, auf einer Beerdigung zu sein. Mit uralten Geschichten wird einer verstorbenen Zeit gedacht. Steifes Rumsitzen. Viel unnötiger Alkohol. Spaß muss sein, selbst wenn es auf einer Beerdigung ist.

Sinjie zieht die Augenbrauen hoch, kann mit unseren alten Geschichten nichts anfangen, fragt: »Wie ist das denn so, in Berlin zu leben? Erzähl doch mal. Ich war letztes, nein, vorletztes Jahr Silvester da. Am Brandenburger Tor ...« Natürlich, am Brandenburger Tor. Automatisch will ich wie immer antworten: »Eigentlich ist es wie in jeder anderen Stadt auch, nur größer. Berlin sind ja eigentlich viele kleine Städte auf engstem Raum zusammen.« Und dann hinterherschieben: »Anfangs ist es aufregend, klar. Aber man gewöhnt sich schnell daran und dann ist es nichts Besonderes mehr.«

Aber diese Worte bleiben mir in Benny Hoffmanns bunt leuchtendem und frostig kaltem Partykeller zum ersten Mal im Halse stecken. Eine Stadt wie jede andere ...

Ich war mal von diesen Worten überzeugt, aber wohl nur, weil Satz zwei eingetroffen war. Man gewöhnt sich schnell daran und dann ist es nichts Besonderes mehr. Ich hatte es schlicht vergessen. Vergessen, wie es war, hier zu wohnen.

»Es ist schon toll in Berlin«, will ich dann aussagekräftig von mir geben, streiche aber auch diesen Mist und sage: »Es ist schon gut, in eine andere Stadt gegangen zu sein, weit weg vom alten Leben ...«

Sinjie nickt.

Ich trinke Wodka-Fanta und denke an einen Spruch, der irgendwo in Friedrichshain auf eine Tram-Haltstelle gekritzelt steht: »Du wohnst nicht in Berlin. Berlin wohnt in dir.« Ich hab die Augen verdreht, als ich es las. Das Elternehepaar Hoffmann kommt an diesem Abend vermutlich nicht zu seinem gemütlichen

Fernsehabend mit Crackern. Etliche weitere Gäste mit mir wohlbekannten Gesichtern und Vor- und Nachnamen werden in den Partykeller geführt, Gesichter von früher, fast ohne Veränderung, außer dass die Teiche unter den Augen tiefer geworden sind und sich kleine, dünne Falten um die Mundwinkel gebildet haben, die besonders dann hervortreten, wenn sie innig an einer Zigarette ziehen. Ihre Partner haben gewechselt, ein, zwei neue Menschen sind zum einzigen Gesellschaftsspiel dieser Stadt, dem Partnerlotto, hinzugekommen, großenteils scheint aber einfach nur ein Tausch untereinander stattgefunden zu haben.

Alle fahren auf Schienen zum Zielbahnhof Leben wie unsere Eltern. Ich sehe Nina und ihr Haarnest, sehe sie lachen mit Xenia Kronfeld, die wir früher heimlich gehasst haben. Zettelchen mit bissigen Kommentaren unter der Bank, unterdrücktes Kichern, Boshaftigkeiten. Heute hat Xenia immer noch einen Vorbiss und einen Kopf wie eine Satellitenschüssel, aber auch tiefe Teiche unter den Augen und ist Kundenbetreuerin bei der Sparkasse. Sie hat ihren dicken Jerseygemischhintern direkt neben Nina auf die Biergartenbank gepflanzt. Sie lachen zusammen mit Wodka-Fanta in der Hand. Sandra vom Pilates-Kurs macht von allen Fotos.

»Schickes Kleid haste an!«, sagt Xenia Kronfeld und Nina Schreiber freut sich. Sinjie Reichenbach-Gymnasium-Ennepetal und Christian Städtisches-Gymnasium beginnen zu knutschen. Nina Schreiber schenkt mir Wodka nach.

Sandra Pilates-Kurs fotografiert die Knutschenden. Kathrin Kruse setzt sich neben mich. Sandra Pilates-Kurs kichert wegen ihres zuletzt geschossenen Fotos. Nina Schreiber will es sehen. Xenia Kronfeld auch. Sandra Pilates-Kurs zeigt Nina Schreiber das Foto. Xenia Kronfeld quetscht sich dazwischen. Stefan Brinkmeister betritt den Keller. Kathrin Kruse grinst mich künstlich an und fragt mich nach Feuer. Ich gebe ihr ein Teelicht. Nina Schreiber und Xenia Kronfeld reden über Stefan Brinkmeister. Kathrin Kruse zieht an ihrer Zigarette. Deutliche Mundwinkelfalten.

Sie war vier Stufen über mir, hat mir in der Unterstufe Schnee in den Anorak gesteckt, in der Mittelstufe mit ihren Freundinnen lautstark über mich gelacht, wenn ich im Schulflur um die Ecke kam, und in der Oberstufe auf einer Party behauptet, ich hätte ihren Freund unsittlich angetanzt. Kathrin Kruse ist die Personifizierung einer ungenießbaren Hohlfrucht. Jetzt sitzt sie bei Benny Hoffmann im Keller und lässt sich von mir ein Teelicht reichen. Es ist ihre Abendbeschäftigung der Wahl. Ich könnte woanders sein. Ich muss nicht Würstchen, Lichter, sechs Bänke und die ewig gleiche Besetzung seit den Achtzigern haben.

Für mich ist es sentimentaler Heimaturlaub, Zeitmaschine zurück, ein Blick durchs Fenster. Für euch ist es euer Alltag. Verdammte Scheiße, wie haltet ihr das aus? Wie kann das immer noch euer Alltag sein? Arrogantes Großstadtmitleid.

»Ich bin Kathrin«, sagt Kathrin Kruse und reicht mir die Hand, als wüsste sie nicht, wer ich bin. Wir sind ja jetzt erwachsen, wir müssen uns jetzt ja benehmen. Wir bedienen uns jetzt ja gegenseitig bei der Sparkasse, beim Bezirksamt oder müssen uns gegenseitig helfen, den Kinderwagen die Stufen zur alten Post hochzutragen.

»Ich bin Isa«, sage ich und komme mir scheinheilig vor.

Sie wird denken, dass ich noch hier wohne, sie wird denken, dass ich ihr nächste Woche an der Wursttheke 200 Gramm Schnittwurst zum Preis von 100 Gramm verkaufe und eine Scheibe Bärchenwurst für die Kleine gebe. »Ach, die kann noch keine Wurst? Dann iss du sie, iss du sie. Du kannst es dir erlauben. Schöne rote Jacke hast du an, man sieht sich, ja, man sieht sich …«

Und man wird sich sehen, man kommt nicht drum herum. Es ist eng, es ist klein, alles dreht sich im Kreis, ein ewiges Karussell. Ein Bumerang-Wurf. Ein nutzloses Autorennen. Man startet zusammen, überholt sich, fährt sich gegenseitig gegen die Karre, aber landet am Ende immer wieder in der gleichen Box. In dem gleichen Keller. Und alle nacheinander in der gleichen Kiste. Man kommt nirgendwo neu an,

Ich sehe Nina an, Nina unter den Tonnen von Kleinstadtspachtel. Auch die schnellsten Autos, Formel-1-Rennwagen, erkunden nie eine Strecke außerhalb ihrer asphaltierten Kurse. Ihr Mund öffnet sich, die x-te Wodka-Cola-Fanta-Sprite-Plörre vor zwölf. Es wird Spaß getankt. Stefan Brinkmeister legt mir eine Hand auf die Schulter. »Isa, Isa, was machen Sie denn hier?«, fragt er.

»Sitzen.«

»Geistreich wie immer.«

»Richtig.«

»Schön, dass du da bist«, sagt er, tätschelt meinen Rücken und geht weiter.

Sinnlos. Sandra Pilates-Kurs fotografiert mich.

»Für meinVZ, für meinVZ ...«, gackert sie, Nina Schreiber springt von der Bank auf und stellt sich hinter mich, bückt sich, presst ihre Wange gegen meine.

»Dann haben wir mal wieder ein aktuelles Foto von uns«, sagt ihr auf meiner Schulter liegender, stark nach Make-up riechender Kopf, dann grinsen wir, bis es knipst. Sinjie Reichenbach-Gymnasium-Ennepetal gerät derweil in Verlegenheit, weil Stefan Brinkmeister ihr Exfreund ist. Christian Städtisches-Gymnasium lächelt deswegen selbstgefällig. Xenia Kronfeld beginnt mit Kathrin Kruse ein Gespräch über den Job. Und mein Handy klingelt. Eine halbe Stunde später ist er da. Kommt ironisch grinsend durch die Kellertür, winkt einmal allen und kommt dann zu mir.

»Hier treibst du dich rum. Schön, schön ...«, sagt er und ich lege meinen Zeigefinger an die Lippen. »Verrat's keinem.« Dann umarme ich ihn. »Wirklich schön, dass du da bist«, flüstere ich und just in dem Moment geht die Kellertür erneut auf. Frau Hoffmann bringt die Bockwürstchen. Er runzelt die Stirn: »Und dazu *Drop it like it's hot*!«

»Das lief vorhin schon.«

»Auch das noch! Lass uns da vorne hinsetzen, ja? Da sind wir ein bisschen ungestört ...«, zwinkert er mir zu und wir setzen uns auf hochkant stehende Bierkisten am Rande des Raumes, mit Blick auf das Buffet, das in regelmäßigen Abständen Bockwurst-Abholer empfängt.

»Wie läuft's in München?«, frage ich ihn.

»Ganz gut. Ich mach jetzt mein Referendariat, wohne immer noch mit Martin zusammen.« Er hält inne. »Was könnte ich noch erzählen? Ja, mein Opa ist gestorben. Deswegen bin ich überhaupt hier. Und du?«

»Meine Mutter hat Montag Geburtstag, da dachte ich, ich nehme das Wochenende gleich auch noch mit.«

Er nickt, lässt den Blick durch den Raum gleiten und fragt: »Und, gute Idee?«

»Schon. Ich hatte vergessen, wie es ist. Komplett vergessen.«

Er zündet sich eine Zigarette an, guckt mich aus seinen grünen Augen verständnislos an.

»Was vergessen?«

»Wie es hier ist. Oder besser gesagt, wie mein Leben vorher war. Es ist verrückt, mir kommt alles so klein vor, wie Playmobil. Wie alte Kulissen meiner Kindheit und Jugend, die jetzt von den Verbliebenen noch weiter bespielt werden, bis sie auseinanderfallen. Ich weiß nicht, aber ich hab das Gefühl, die leben alle in einer Box. Einer Erinnerungskiste. Auf der einen Seite nichts Neues, nie, auf der anderen Seite, guck dir Nina an, sie trägt Rüschen im Keller ...«

Er lacht trocken.

»Sie ist jetzt halt 'ne Dame.«

Ich gucke ihn tadelnd an. Er lacht noch mal trocken. Hat mich schon verstanden.

»Sie hat ein paar Jahresringe Kleinstadtklüngel zugelegt, aber die alten Ringe sind noch da, sind irgendwo da drunter unter der Borke. Unter den Rüschen ...«

»Ich versteh das nicht«, schüttle ich den Kopf, »was hat die Großstadt mit uns gemacht, was mit denen nicht passiert ist?

Warum bin ich so arrogant? Warum denke ich: Oh Gott, wie provinziell?! Warum kommt es mir so vor, als wäre das früher nicht so gewesen, aber wenn ich dann Tatsachen vergleiche, ist es früher auch so gewesen, alles, außer vielleicht den Rüschen, aber ...« Ich seufze, mag meine eigenen Wort gewordenen Gedanken nicht, rede nicht mehr weiter.

Bert bläst Rauch aus: »Im Grunde hast du hier das wahre Leben. Hier siehst du all die Möglichkeiten, die dir das Leben wirklich bietet. Unverschnörkelt. Große Städte machen Spaß, weil sie dich an jeder Stelle ablenken, verwirren, versuchen, alles neu zu erfinden, und dir vorgaukeln, dass es zwischen Geburt und Tod Millionen Möglichkeiten gibt. Hier siehst du das Leben entzerrter, klarer. Kind, Jugendlicher, erstes Mal, Ausbildung, Job, Erwachsener, feste Freundin, Zusammenziehen, Verloben, Heiraten, beruflicher Aufstieg oder beruflicher Abstieg, Kinderkriegen, Rente, bums. Alles andere ist Firlefanz. Wir leben alle in einer Box, in Berlin oder München fliegt nur so viel nutzloser Krempel rum, dass du die Wände nicht so stark siehst ...«

»Mmh.«

»Hier werden die Leute einfach nicht abgelenkt, haben immer ihre zwei Möglichkeiten oder auch nur eine direkt vor der Nase. Auch in der Liebe. Deswegen sind die auch alle schon verheiratet: Nadine Rittmann und Richard Adamczyck, Nalan Özer und Hennig Veldhoen. Sarah Meyer und Noah Berg ...«

»Der schöne Noah?«, entweicht es mir atemlos. »Mit Schlaftabletten-Sarah? Das ist die Ex einer seiner besten Freunde?! Er kennt sie seit der Unterstufe. Wo kommt denn da auf einmal Liebe her?«

Er sieht mich an.

»Isa, das ist deren Heiratsmarkt. Das. Dieser Schützenfest-trifft-Landschulheim-Partykeller. Hier dreht sich auch heute Abend das gesellschaftliche Rad weiter. Hier wird Ausschau gehalten. Hier wird Politik gemacht. Da kommen keine zweitausend Unbekannte jeden Tag und keine zweitausend Unbekannte jede Nacht dazwischen. Hier ist alles klarer. Hier heiratet die böse Königin einen von den zwei bösen Königen. Und ...«, er macht eine Pause, »... ich sag dir was, wenn wir noch hier wohnen würden, wären auch wir nach diesem Abend ziemlich schnell ein Paar ...«

»Scheiße, jetzt bereue ich zum ersten Mal, dass ich nicht mehr hier wohne ...«

Er schmunzelt, guckt mich an, schaut mir tief in die Augen, dann rappelt es unweit von uns. Kathrin Kruse fischt mit der Gabel ein Würstchen aus Frau Hoffmanns Edelstahl-Kochtopf. Und abrupt schüttle ich den Kopf: »Nein, nein, Bert. Fast hätte ich dir recht gegeben, aber das hier ist nicht das wahre Leben. Das hier sind Pinguine im Zoo, Großstädte sind Pinguine auf Packeis. Zwar immer Auge in Auge mit dem Eisbären, aber dafür voller Möglichkeiten statt nur Fisch ausm Eimer um drei.«

»Um halb eins!«, korrigiert er mich, auf seine Lederuhr guckend. Ich lache.

»Ach, hattest du eben eigentlich gesagt, dass dein Opa gestorben ist?«, frage ich noch mal nach.

Er nickt.

»Mein Beileid.«

Kathrin Kruse lächelt uns unsicher an, als sie sich mit ihrer Bockwurst wieder zu Nina Schreiber, Xenia Kronfeld und den wieder knutschenden Sinjie und Christian begibt. Sie können das wieder unbedarft tun, denn Stefan Brinkmeister ist bereits nach Hause gefahren. Ab ins Bett.

DIE 33. GESCHICHTE

Großstadtaffäre

Dorothee (26), Veranstaltungsmanagerin aus Viersen,
über
ihre Beziehung zu Berlin

Es war erst neun Uhr, als er ging. Und es war erst neun Uhr, als ich in meiner weißen Unterhose im Flur stand und die ins Schloss gefallene Tür anstarrte. Zu. Da gingen sie hin, die Erlebnisse, das Leben der letzten vier Tage, das ich für harte Zeiten in meinem Kopf tiefkühlen würde.

»Bis bald.«

Noch kurz freundlich gelächelt, dann war er zügig mit seinem Koffer die Stufen hinuntergelaufen. Dieses schnelle Trappeln in Eile. Züge waren zu kriegen. Seine Reise sollte zurück in die Provinz führen.

Und als die Tür klickend ins Schloss einrastete, stand ich noch immer regungslos auf dem Fleck, wo gerade die Verabschiedung stattgefunden hatte, fühlte noch seinen flüchtigen Kuss, halbfeucht über meinem rechten Mundwinkel. Und ich wusste, alles was ich von ihm wiedersehen würde, war sein Facebook-Profil. Und das immer wieder. Müde lächelte ich in mich rein. Gehen war leichter als zurückgelassen werden. Wenn man ging, veränderte sich das Umfeld und man kam auf andere Gedanken. Blieb man aber zurück, konnte man bei einer Stimmung hängen bleiben, die längst vorbei war. Und ich blieb.

Blieb in meiner Wohnung, in der die Erinnerung an die vergangenen Tage noch hing wie ein schwerer Vorhang: die dicke, zeratmete Luft aus Schlaf, Sex und Schweiß, die angebrochene Wasserflasche neben dem Bett, die unordentlichen Laken, erst vor einer halben Stunde verlassen, meine Sweatjacke vom letzten Abend über der Couch, der eingetrocknete Cookie-Eisfleck am Kragen, sein ABC-Tagesticket auf der Kommode, unsere Weingläser – eins leer, eins mit schaler Neige – noch auf dem Küchentisch. Es hatte kein Frühstück gegeben und so knallte die frühe Morgensonne durch das fettig trübe Glas vom Vortag.

Auch die Knochen, der Kartoffelmatsch und die Saucenreste vom Abend verharrten noch auf den Tellern im Ausgussbecken und sein Handtuch, noch feucht, nach Duschgel riechend, lag auf dem Fußboden. Es war von der Lehne des Schreibtischstuhls gefallen.

Ich hob das Handtuch auf, öffnete das Fenster, frische Luft strömte herein, auf der Fensterbank stand die alte weiße Teetasse von Oma, als Aschenbecher missbraucht, dunkle Asche, feucht verschmiert, zwei verkohlte Streichhölzer lagen daneben und sein grünes Feuerzeug. Er hatte es vergessen!

Es war ganz warm, die Sonne hatte darauf geschienen, es ungesund erhitzt. Irgendwie freute ich mich darüber, dass er es vergessen hatte, es war ein Überbleibsel, etwas, das ich zurückbehalten konnte, etwas, das blieb, geblieben war. Ich setzte mich mit dem halben Hintern auf die breite Fensterbank, schaute raus, konnte nichts entdecken, sprang wieder herunter, schritt ziellos durch die Wohnung.

Es waren schöne Tage gewesen mit ihm. Alles wie beim ersten Mal. Obwohl alles schon hundertmal gesehen und erlebt, zeigten mir seine Reaktionen wieder das Besondere, das Nicht-Alltägliche an der Stadt: Open-Air-Karaoke im Mauerpark, ein bunter Sonnenschirm, ein Lautsprecher und ein Mikro, plötzliche Gänsehaut, als das spontane Publikum, Hunderte von Menschen, anfing zu klatschen, die Freude im Gesicht der griechischstämmigen Mutti im Kittelkleid, als sie einen Titel von Aretha Franklin performte, und der oberkörperfreie ewige Geologiestudent, der eigentlich singen wollte, aber, kaum am Mikro, merkte, dass er es nicht konnte, und sich dann irgendwas über den Prenzlauer Berg zusammenreimte: »Ick liebe dich, Prenzlauer Berg. Ick liebe dich, weil du so schö-hön bist.« Jubel. Noch ein paar Mätzchen. Hüpfen und Hüftwackeln. Und wieder der völlig irrationale, dichte Applaus eines Stadionpublikums.

Fassungslos hatte er den Kopf geschüttelt.

Ringsum die kleinen Stände mit Selbstgebackenem, Privatleute, die ihre zu Hause zubereiteten Suppen, Kuchen und Gebäck anboten, illegal, Kokosnüsse mit türkisfarbenen Strohhalmen, panierte Garnelen, Cupcakes und *homemade lemonade* in Isokannen. Die Stadt – dein Buffet. Er kaufte überall was, hier eine Kleinigkeit, da etwas noch nie Gegessenes, er probierte sich durch.

Und über allem der süße Geruch von Marihuana.

»Verdammt, das ist ein ganz anderes Leben hier. Wie soll ich denn übermorgen wieder zurück nach Essen fahren?«

Er ließ die Frage in der Sommerhitze hängen und seine Augen weiter über das bunte Geschehen tanzen, das bunte Geschehen auf einem Gelände, das noch vor etwa zwanzig Jahren gefährliches Grenzgebiet gewesen war. Und da fiel es mir wieder ein. Mir fiel wieder ein, was es eigentlich hieß, in Berlin zu leben. Mir fiel wieder ein, dass andere einen durchgängig um etwas beneideten, das man gar nicht mehr wahrnahm.

Normale Konstante.

»Das ist nicht einfach ein Stadtteil, das ist so eine Art Festival ...«, freute er sich in sein Telefon, als er mit einem Kumpel aus seiner Heimat sprach.

An einem anderen Tag führte ich ihn zum Wannsee. Wir liefen durch den kleinen Wald, querfeldein, auf dem Trampelpfad zum kleinen Bootsverleih, fuhren auf das glitzernde, eiskalte Wasser raus, bis er sich einfach so auszog, die Anziehsachen achtlos auf den schmutzigen Boden des weißen Bootes warf, weiß und nackt dastand, das kräuslige, dunkle Haar an seiner Brust, an seinen Lenden, vorbeifahrende Boote drehten die Köpfe weg, er dachte gar nicht darüber nach, stand da in einer Selbstverständlichkeit, sprang in aller Selbstverständlichkeit kopfüber ins Wasser, schrie vor Kälte, spritzte um sich, machte mich nass und trank kurz darauf im Biergarten der *Loretta* seine erste Berliner Weiße. Am nächsten Tag standen wir erst zum Abend hin auf, gingen spontan ins Deutsche Theater, die Bühne drehte sich immerzu, kam erst zum Ende des Stückes zum Stillstand und wir fuhren dann nach Kreuzberg, an den Kanal, aßen Burger, während ein Saxofonspieler vor uns auf und ab lief, und er freute sich über das alles.

Freute sich und meinte, dass er nun wisse, das Richtige getan zu haben, dass es richtig war, dass er den Job angenommen hatte, dass es richtig war, dass er zum ersten August nach Berlin gehen würde. Diese Leichtigkeit in dieser Stadt, das gäbe es einfach kein zweites Mal. Und ob ich nicht auch das Gefühl hätte, dass es in Berlin auf ganz andere Werte ankäme, dass hier Geld nicht das Sein bestimmen würde, sondern dass es hier wirklich eher darauf ankam, was man mache, und zwar nicht beruflich, sondern einfach *was* man mache, und – vor allem – ob man Spaß dabei habe.

Ich trank mein Bier in einem Zug aus.

Und er sagte mir, dass er zu Hause ja noch diese unabgeschlossene Geschichte hätte. Ich fragte nicht weiter nach, aber er erzählte weiter, dass ihm eine Claire seit Monaten nicht aus dem Kopf gegangen wäre, er habe sie nie gekriegt, sie hätte psychische Probleme und das mache das Ganze weder weniger kompliziert noch weniger verführerisch. Schließlich hätte er sich gedacht, dass er sich alle etwaigen Chancen auf sie verspielen würde, wenn er den Job in Berlin annähme und ginge. Das wäre das Ende.

Zwischenzeitlich hätte er seine Entscheidung also bereut, sich zuletzt auch noch ständig gefragt, ob er denn das Richtige tue, aber jetzt, hier in diesen Tagen in Berlin, sei ihm klar geworden, dass es sehr wohl das Richtige für ihn war.

Berlin ist die richtige Entscheidung, sagte er noch einmal und guckte mir dabei so eindringlich in die Augen, dass ich verstand, nicht nur die Stadt, sondern auch ich könnte die richtige Entscheidung für ihn sein. Und ich lächelte nur. Und sagte nichts weiter. Nicht innerhalb dieser vier Tage. Nicht innerhalb dieses belanglosen Vergnügens, abseits von jedem Alltag. Nachts liefen wir von Friedrichshain nach Tiergarten, legten uns auf die Wiese vorm Reichstag, legten uns aufeinander, küssten uns, fummelten und schliefen fast unbemerkt miteinander.

Leben, als wäre es für immer, nicht an das Ende denken, das kommt schon noch früh genug, warum jetzt darüber nachdenken, wenn man einfach hineinleben konnte in den Tag, in Tag eins, Tag zwei, Tag drei, Tag vier, als wäre all die Freizeit, als wären all die Vergnügungen leicht zu haben, als könnte man auch jeden weiteren Tag all diesen Spaß haben. Das konnte man aber nicht. Nichts blieb. Nichts blieb in Berlin. Und mir blieb nur das grüne Feuerzeug. Mit dem Werbeaufdruck eines Berliner Fahrradladens. Und natürlich die Erinnerungen, die warmen Gedanken für einen kühlen Kopf.

Bis bald.

Ich hab es ihm auch nicht gesagt, als er so eilig aus meiner Wohnung ging. Denn es gab keine Verbindlichkeit. Keinen Plan für ein Telefonat. Keinen Plan für eine Zukunft. Eine halbe Stunde zuvor hatten wir noch miteinander geschlafen, als würden wir uns mögen, als würden wir vielleicht nicht ohne einander können, als wollten wir für immer aneinander festhalten, aber alles war letztlich nur leerer Performance-Tanz. *Bis bald.*

Tschüss.

Ich ließ mich auf meine Couch sinken. Drehte am Zündrad des grünen Feuerzeugs. Immerzu. Flamme. Zischen. Nichts. Flamme. Zischen. Nichts.

Am vorherigen Tag hatten wir noch im glänzend gefliesten U-Bahnhof Moritzplatz gesessen. Und wie das so ist, wenn man jemanden nicht so gut kennt, nahm man Rücksicht, fragte, wonach dem anderen der Sinn stand.

Ich fragte ihn also, ob wir zu mir nach Hause fahren wollten oder ob er lieber noch woandershin wollte oder was essen oder ...

Er grinste. »Alles gut«, sagte er.

Unbeschwichtigt wollte ich wieder ansetzen, da meinte er: »Wir haben doch alle Zeit der Welt. Hier – siehste? Die nächste U-Bahn kommt in vier Minuten. Wir nehmen sie nicht. Und die in neun Minuten auch nicht. Siehste? Kein Druck. Wir bleiben sitzen. Lassen uns treiben ...«

Ein Grinsen. Ein Kuss. Als wäre es so. Als hätte man wirklich alle Zeit der Welt und nicht nur diese vier Tage.

Oder vier Jahre.

Denn wann immer man durch Berlin geht, denkt man nicht daran, dass all das nur eine Leihgabe ist. Im Gegenteil, man ist froh, angekommen zu sein. Angekommen in der Weltstadt. Endlich dieses Leben führen, das man sich erträumt hat. Dabei sein. Ereignisse und Erlebnisse werden zuhauf an dich herangetragen, anfangs stürzt man sich noch rein, nimmt alles mit, aber irgendwann ist man merkwürdig gesättigt, beginnt, Einladungen und Ereignisse verstreichen zu lassen, weil man ahnt, dass immer wieder neue Einladungen kommen, neue Ereignisse, und man denkt, man hat alle Zeit der Welt. Man muss es ja nicht *jetzt* machen. Man kann ja *immer*. Man wohnt doch schließlich in Berlin.

Deine eigne Geschichte teilt sich in zwei Etappen.

Die Zeit vor Berlin. Und das Jetzt, dein neues, richtiges Leben in der Metropole. Müde grinsend denkst du an deine alten Provinz-Zeiten, als wären sie das Trainingscamp gewesen, das Ausbildungslager für das richtige Leben, das du jetzt hier führst.

Berlin ist Leben für Erwachsene, denkst du.

»Unglaublich, dass manche Menschen hier aufgewachsen sind. Dass sie nie etwas anderes kannten ... Wissen die ihre Stadt genauso zu schätzen? Kennen sie auch dieses unwirkliche Gefühl, als sei man in einen Film gefallen? Oder fehlt denen das? Es muss ihnen doch fehlen, oder? Sie können all das hier doch nicht genauso sehen wie wir Provinzler, oder?!«, fragte er mit dem Kopf an meiner Schulter, als wir am Kanal saßen, Teelichter schwammen an uns vorbei, irgendwer musste eine ganze Armee von ihnen ins Wasser gesetzt haben.

»Ich weiß nicht«, erwiderte ich. »Auch ich hab mich nach vier Jahren an Berlin gewöhnt. Es ist normal geworden, das Lebensgefühl hier. Es ist normal geworden, dass jede Wiese zu einer Party wird und dass alles immer in Bewegung ist, dass immer irgendwo etwas passiert, dass sich ständig alles mischt, sich verändert. Das Berlin von heute ist jetzt schon vorbei, weil morgen wieder irgendwas anders sein wird.«

Er sah mich an.

»Wann immer ich wieder in einer kleineren Stadt bin, hab ich das Gefühl, dass die Leute dort irgendwas aufhält, irgendwas einengt, keine Ahnung, irgendwas fehlt in diesen Städten, was hier so mühelos geht. Und ich denke, vielleicht fehlen wir da, wir Weggezogenen. Schließlich kommen wir nach Berlin, weil wir Veränderung suchen und Spannung, Party, das pralle Leben. Also kommen wir hierher und stellen es auf die Beine. Vielleicht sind wir wirklich die Energie dieser Stadt ...«

Er nahm seinen Kopf von meiner Schulter, gab mir einen Kuss auf die Wange, guckte mich schräg von unten an, gab mir noch einen Kuss und lachte. Dann hielt er inne, sagte: »Ich freu mich drauf, dich hier wiederzusehen ...«

Über uns die Sterne, vor uns die Teelichter auf dem Wasser und ich sagte wieder nichts.

Ich speicherte den Moment in meinem Kopf. Weil ich wusste, wir sind nur eine Affäre. Er und ich und auch Berlin und ich.

Berlin ist schließlich nichts weiter als eine Schlampe, hängt emotional an niemandem, ist ohne Ende kompliziert, aber all das macht sie nicht weniger verführerisch. So viele gingen mit der Stadt eine Affäre ein, und sie gaukelte ihnen besonders im Sommer die große Liebe vor, nur um sie dann im Winter eiskalt zurückzuweisen. Ein Spiel. Zuckerbrot und Peitsche. Denn jedes Mal im Frühling und im darauffolgenden Sommer machte sie wieder mehr gut, als sie ihnen je angetan hatte.

Es war keine gesunde Beziehung. Es war keine Liebe. Es war eine Affäre, nichts für immer. Eine Ablenkung, eine Zerstreuung, viel zu anstrengend, viel zu irreal, um sie für immer aufrechtzuerhalten. Es war eine Affäre, die man anfing, um etwas zu erleben, bevor einen die Pflicht wieder zurück auf den Plan rief. Denn Jobs hatte Berlin nicht für all seine Verehrer. Und wenn man sich nicht selbst einen schuf, was man Start-up, Freelancer oder Lebenskünstler nannte, dann stand man eines Tages an dem Punkt, wo man sich entscheiden musste: bleiben oder arbeiten.

Und irgendwann nahm man dann doch den Zug nach Augsburg, Düsseldorf oder Trier. Die Pflicht rief. Aber im Kopf, da hatte man sie ja, die Bilder der Affäre mit einer Stadt. Warme Gedanken für einen kühlen Kopf.

Bis bald.

Die Stadt bekam einen neuen Liebhaber, einen mit großen, aufgeregten Augen und Vergangenheit in der Provinz, der hier alles geben würde, der hier alles leben wollen würde, was er zu Hause nicht gewagt hätte. Und ich ging. Ließ die Stadt zurück. Ging für einen Job nach Düsseldorf. Die Verträge waren unterschrieben, ich war raus aus der Sache, ich hatte es geschafft, Berlin den Rücken zu kehren. Und ich hatte es ihm nicht gesagt.

Er würde mich hier ohnehin nicht mehr suchen, wenn er erst hier war. Berlin wird schon wissen, wie er abzulenken ist. Aber ich, ich wusste nicht mehr, wie sich eine ruhige, vernünftige Stadt, kein Heiß und Kalt, eine feste Beziehung und deren Grenzen anfühlen würden? Werde ich es genießen? Diese Sicherheit? Diese Beständigkeit? Oder werde ich mich eingeengt fühlen? Das große Abenteuer vermissen. Betrügen?

Bis bald.

Ja, Berlin werde ich wohl irgendwann wiedersehen. Da kommt man gar nicht drum herum …

Danke

Danke meinen Eltern, Linda, ich liebe euch. Danke meiner gesamten Familie, besonders Edelgard, Lotti, Ulrike, Paul – danke. Danke Christian, mein Bester. Danke Daniel. Fetten Dank Linda Marlene. Danke Laura Isabelle Veronika. Danke Anna Katharina. Danke Carolin, Daniela Anna, Kirsten und Victoria. Danke Moritz. Danke Jonas. Danke Alisa. Danke Vanessa. Danke Nicky. Danke Jan W. Danke Jan G. Danke Madlen und Marco S. Danke Jennifer, Judith und Julia. Danke Ulrike. Danke Christiane Lehmann. Danke Aneta. Danke Christian D. Danke Jan H. Danke Kristina. Danke Marcel S. Danke Natalie. Danke Alex und Klaas von *MTV Home*. Danke Norma und Stefan von *TV total*. Danke Jessie von Les Mads. Danke *Spiegel Online*. Danke *Hamburger Abendblatt*. Danke LitPop Leipzig. Danke jetzt.de. Danke *Woman*. Danke Julia von *Brigitte Young Miss*. Danke für die Berichterstattung über *Herzmist*. Danke Caro, Liane, Nadine, Momo und Susanne. Danke Nelli. Danke Marcel W. Danke Patrick W. Danke Robin H. Danke Charlotte. Danke allen bei Schwarzkopf & Schwarzkopf. Danke den Vertretern. Danke den Buchhändlern. Danke an alle, die mir ihre Geschichten erzählt haben, die mich mitgenommen haben, die ich porträtieren durfte – danke. Danke auch denen, deren Geschichten ich nicht verwendet habe.

Danke allem Lob und aller Kritik. Danke allen Zuschriften, die ich bekommen habe – den charmanten und den nassgeschwitzten. Danke allen Lesern – danke, danke, danke.

DIE AUTORIN

Juleska Vonhagen wurde 1985 im Ruhrgebiet geboren. Sie hat Germanistik, Geschichte, Publizistik und Kommunikationswissenschaften an der FU Berlin studiert. Ihr erstes Buch »Herzmist«, für das sie die Mädchengespräche mit ihren Freundinnen protokollierte, war 2009 auf der »Spiegel«-Bestsellerliste.

Juleska Vonhagen
GROSS.STADT.FIEBER
33 Geschichten vom Auswandern in die Hauptstadt –
Neuberliner aus ganz Deutschland erzählen

ISBN 978-3-89602-587-6

Titelfoto: © Moritz Thau | Lektorat: Sabine Tuch

KATALOG
Wir senden Ihnen gern kostenlos unseren Katalog.
Schwarzkopf & Schwarzkopf Verlag GmbH
Kastanienallee 32, 10435 Berlin
Telefon: 030 – 44 33 63 00
Fax: 030 – 44 33 63 044

INTERNET | E-MAIL
www.schwarzkopf-schwarzkopf.de
info@schwarzkopf-schwarzkopf.de